TIEPOLO

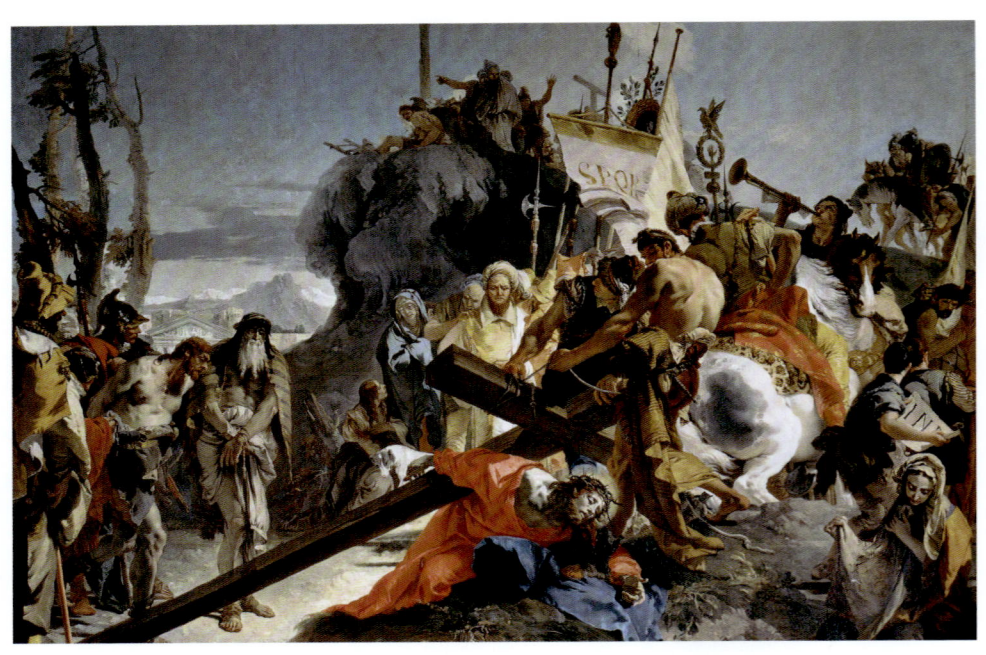

TIEPOLO

DANIEL KIECOL

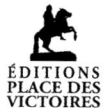

ÉDITIONS
PLACE DES
VICTOIRES

KÖNEMANN

p. 2

The Bearing of the Cross

La Montée au Calvaire

Die Kreuztragung

Cristo llevando la Cruz

O rolamento transversal

De kruisdraging

1738-40, Oil on canvas/Huile sur toile, 450 × 517 cm, Sant' Alvise, Venezia

KÖNEMANN

© 2019 koenemann.com GmbH
www.koenemann.com

ÉDITIONS
PLACE DES
VICTOIRES

© Éditions Place des Victoires
6, rue du Mail – 75002 Paris
www.victoires.com
ISBN: 978-2-8099-1755-0

Concept, Project Management: koenemann.com GmbH
Text: Daniel Kiecol
Editing: Kristina Menzel
Translation into French: Virginie de Bermond-Gettle
Translation into English, Spanish, Portuguese and Dutch: koenemann.com GmbH

Layout: Jenny Ameta

ISBN: 978-3-95588-671-4 (international)

Printed in China by Shyft Publishing/Hunan Tianwen Xinhua Printing Co., Ltd

Contents Sommaire Inhalt Índice Indice Inhoud

À propos

Tiepolo - The painter the princes loved
Giovanni Battista Tiepolo was born
on 5 March 1696 in Venice. After the
early death of his father, he grew up in
modest circumstances. At a very young
age he began his apprenticeship with
Gregorio Lazzarini, the most important
Venetian painter at the time. In addition,
he learned from the great models of
the art of the lagoon city, that is Titian,
Tintoretto and especially Paolo Veronese.
The lunette paintings for the Chiesa
dell' Ospedaletto in Venice (c. 1724) are
considered his first known commission.
From the 1730s his work reached a
visible maturity, which is reflected in

Tiepolo – Le peintre aimé des princes
Né le 5 mars 1696 à Venise, Giovanni
Battista (ou Giambattista) Tiepolo perd
son père très tôt et passe son enfance
dans la pauvreté. Il entre très jeune en
apprentissage chez Gregorio Lazzarini,
qui est alors le premier peintre à Venise.
Par ailleurs, il étudie de son propre chef
les grands maîtres vénitiens, Titien,
Tintoret et en particulier Paul Véronèse.
Les lunettes de l'église dell'Ospedaletto
(v. 1724), à Venise, sont sa première
commande connue. À partir des années
1730, sa maturité de peintre s'affirme,
notamment dans les œuvres réalisées
pour diverses églises du Nord de l'Italie.

**Tiepolo – Der Maler, den
die Fürsten liebten**
Giovanni Battista Tiepolo wurde am
5. März 1696 in Venedig geboren. Nach
dem frühen Tod seines Vaters wuchs
er in bescheidenen Verhältnissen auf.
Schon sehr jung ging er in die Lehre
bei Gregorio Lazzarini, dem zu dieser
Zeit wichtigsten venezianischen Maler.
Außerdem schulte er sich selbst an
den großen Vorbildern der Kunst der
Lagunenstadt, also Tizian, Tintoretto
und besonders Paolo Veronese. Als
erster bekannter Auftrag gelten die
Lünettenbilder für die Chiesa dell'
Ospedaletto in Venedig (c. 1724).

Portrait of Giovanni Battista Tiepolo
Portrait de Giovanni Battista Tiepolo
Bildnis Giovanni Battista Tiepolos
Retrato de Giovanni Battista Tiepolo
Retrato de Giovanni Battista Tiepolo
Portret van Giovanni Battista Tiepolo

Rosalba Carriera (1675–1757)
c. 1726, Oil on canvas/Huile sur toile, 76 × 62,5 cm,
Scarpa Art Company, Venezia

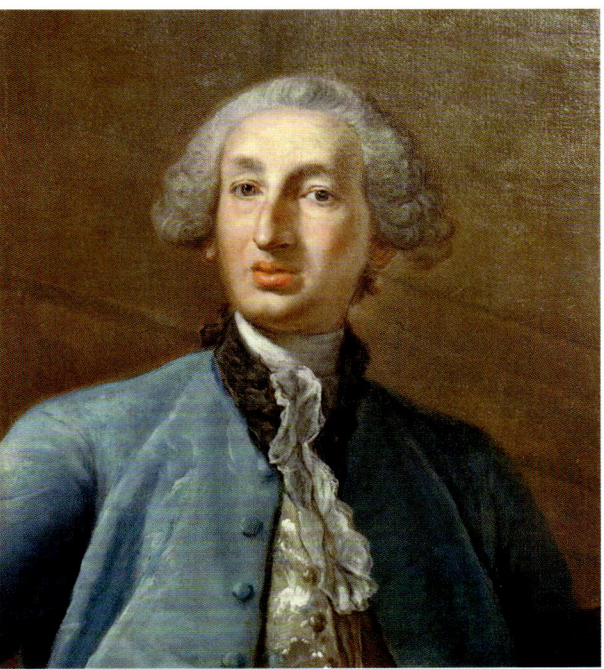

Tiepolo - El pintor que amaban los príncipes

Giovanni Battista Tiepolo nació el 5 de marzo de 1696 en Venecia. Después de la muerte prematura de su padre, creció en circunstancias modestas. Desde muy joven comenzó su aprendizaje con Gregorio Lazzarini, el pintor veneciano más importante de la época. Además, aprendió de forma autodidacta fijándose en los grandes modelos del arte de la ciudad de los canales, es decir, Tiziano, Tintoretto y sobre todo Paolo Veronese. Las pinturas de biselespara la Chiesa dell' Ospedaletto en Venecia (c. 1724) se encuentran entre uno de

Tiepolo - O pintor que os príncipes adoraram

Giovanni Battista Tiepolo nasceu a 5 de Março de 1696 em Veneza. Depois da morte precoce do seu pai, ele cresceu em circunstâncias modestas. Desde muito jovem começou a sua aprendizagem com Gregorio Lazzarini, o mais importante pintor veneziano da época. Além disso, ele ensinava grandes nomes da arte da cidade lagunar, como Ticiano, Tintoretto e especialmente Paolo Veronese. As pinturas lunares da Chiesa dell' Ospedaletto de Veneza (c. 1724) são consideradas a primeira comissão conhecida. A partir da década de 1730,

Tiepolo – een schilder van wie prinsen hielden

Giovanni Battista Tiepolo werd geboren op 5 maart 1696 in Venetië. Na het vroege overlijden van zijn vader groeide hij onder bescheiden omstandigheden op. Hij begon zijn leertijd bij Gregorio Lazzarini, de belangrijkste Venetiaanse schilder uit die tijd, op zeer jonge leeftijd. Daarnaast bekwaamde hij zich aan de hand van de grote voorbeelden van de kunst uit de lagunestad – werken van Titiaan, Tintoretto en vooral Paolo Veronese. De lunettenschilderingen voor de Chiesa dell' Ospedaletto in Venetië (ca. 1724) gelden als zijn eerste bekende

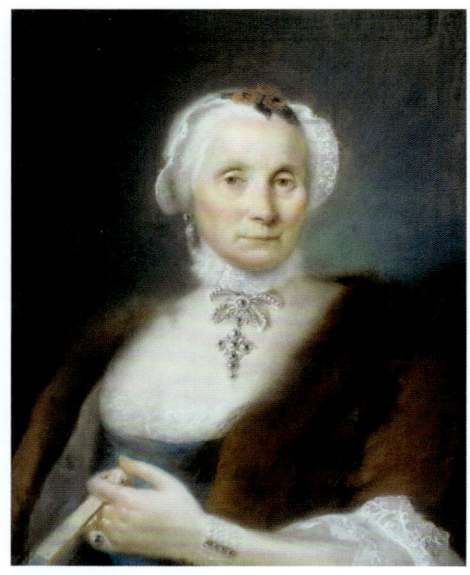

his works for northern Italian churches. In their congenial interplay with the architecture of Balthasar Neumann his numerous frescoes in the residence of the Würzburg prince-bishop Greiffenclau can almost be regarded as the culmination of late Baroque splendor. They are still regarded as his main works today. Tiepolo spent the last years of his tenure at the Spanish royal court. This phase of his work was overshadowed by intrigues and constant competition with Anton Raphael Mengs, the most important representative of early classicism, who was also active there. On 27 March 1770 Giovanni Battista Tiepolo died in Madrid.

In spite of his enormous fame during his lifetime, in the dawn of classicism, which overshadowed everything that

C'est cependant à Würzburg qu'il peint son chef-d'œuvre, les fresques de la Résidence, à la demande du prince-évêque von Greiffenclau. Elles fusionnent si bien avec l'architecture de Balthasar Neumann que l'ensemble en devient l'un des hauts lieux du baroque tardif. Tiepolo passe les dernières années de sa vie active à la Cour d'Espagne. Cette période est assombrie par des intrigues et la rivalité incessante avec Anton Raphael Mengs, lui aussi peintre du roi et chef de file du classicisme. Giovanni Battista Tiepolo est mort le 27 mars 1770, à Madrid.

Tiepolo, qui jouit d'une renommée considérable de son vivant, va finir presque oublié, dépassé par le classicisme qui domine pendant quelques décennies, en particulier en

Ab den 1730er-Jahren erreichte sein Schaffen eine sichtbare Reife, die sich in der Folge vor allem in seinen für norditalienische Kirchen geschaffenen Werken niederschlägt. Als Hauptwerk gelten bis heute jedoch die zahlreichen Fresken, die er im Auftrag des Würzburger Fürstbischofs Greiffenclau in dessen Residenz hinterließ und die, im kongenialen Zusammenspiel mit der Architektur Balthasar Neumanns geradezu als Höhepunkt spätbarocker Prachtentfaltung angesehen werden können. Die letzten Jahre seines Wirkens verbrachte Tiepolo am spanischen Königshof. Diese Werkphase wurde überschattet von Intrigen und der ständigen Konkurrenz zum ebenfalls dort tätigen Anton Raphael Mengs, dem wichtigsten Vertreter des frühen

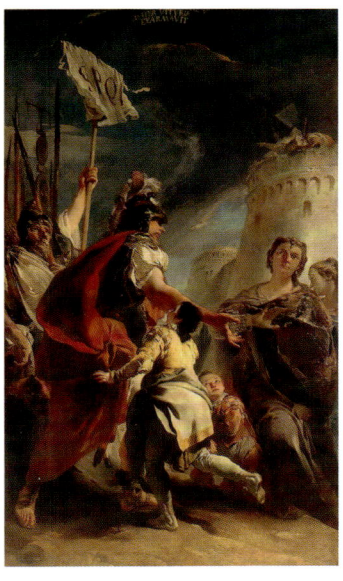

sus primeros encargos conocidos. A partir de la década de 1730 su obra alcanzó una madurez visible, que se refleja en sus obras para las iglesias del norte de Italia. Los numerosos frescos que realizó por encargo del príncipe obispo Greiffenclau de Wurzburgo en la residencia del príncipe y que, en su agradable interacción con la arquitectura de Balthasar Neumann, pueden considerarse casi como la culminación del esplendor del Barroco tardío, siguen siendo considerados hoy en día como sus obras principales. Tiepolo pasó los últimos años de actividad en la corte real española. Esta fase de su obra se vio ensombrecida por las intrigas y la competencia constante con Anton Raphael Mengs, el representante más importante del clasicismo temprano, que

sua obra atingiu uma maturidade visível, que se reflete em suas obras para as igrejas do norte da Itália. Os numerosos afrescos que ele deixou na residência do príncipe-bispo de Würzburg Greiffenclau em nome do príncipe-bispo de Würzburg e que, em sua interação agradável com a arquitetura de Balthasar Neumann, pode quase ser considerado como o culminar do esplendor barroco tardio, ainda são considerados como suas principais obras de hoje. Tiepolo passou os últimos anos do seu mandato na corte real espanhola. Esta fase do seu trabalho foi ensombrada por intrigas e constante competição com Anton Raphael Mengs, o mais importante representante do classicismo inicial, que também foi ativo lá. A 27 de Março de 1770, Giovanni Battista Tiepolo morreu em Madrid.

opdracht. Vanaf 1730 bereikte zijn werk een zichtbare volwassenheid, die tot uiting kwam in zijn werken voor Noord-Italiaanse kerken. Zijn belangrijkste werken zijn de talrijke fresco's die hij in opdracht van prins-bisschop Greiffenclau in diens residentie achterliet en die in een congeniaal samenspel met de architectuur van Balthasar Neumann tot op heden als een van de hoogtepunten van de laatbarokke pracht en praal worden beschouwd. Tiepolo werkte de laatste jaren van zijn carrière aan het Spaanse koninklijk hof. Deze werkfase werd overschaduwd door intriges en een voortdurende wedijver met Anton Raphael Mengs, de belangrijkste vertegenwoordiger van het vroege neoclassicisme, die daar ook werkte. Op 27 maart 1770 overleed Giovanni Battista

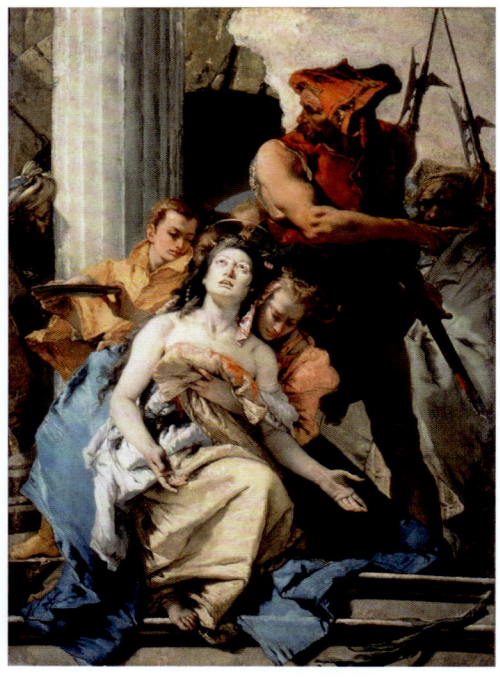

The Martyrdom of Saint Agathe

Le Martyre de sainte Agathe

Das Martyrium der Heiligen Agathe

El martirio de Santa Águeda

O Martírio de Santo Agathe

Het martelaarschap van de heilige Agatha van Sicilië

Giovanni Battista Tiepolo (1696–1770)

c. 1750, Oil on canvas/Huile sur toile, 184 × 131 cm, Gemäldegalerie, Berlin

preceded it for a few decades. Tiepolo was almost forgotten, especially in Spain, where Goya became the first to follow in his footsteps, as the French romantic Géricault did in France. Since then, however, his significance has steadily increased and he has been honoured with several major exhibitions, especially in the last decades of the 20th century.

Espagne. Goya le redécouvrira, de même que le romantique Géricault en France. Depuis cette époque, sa renommée ne cesse de croître et plusieurs expositions majeures lui ont rendu hommage dans les dernières années du xxᵉ siècle.

Klassizismus. Am 27. März 1770 starb Giovanni Battista Tiepolo in Madrid. Trotz seines enormen Ruhms zu Lebzeiten sorgte der beginnende, und einige Jahrzehnte alles überstrahlende Klassizismus dafür, dass Tiepolo fast in Vergessenheit geriet, insbesondere in Spanien, wo erst Goya wieder an ihn anknüpfte, so wie der französische Romantiker Géricault dies in Frankreich tat. Doch seit dieser Zeit steigt seine posthume Bedeutung stetig an, sodass er gerade in den letzten Jahrzehnten des 20. Jahrhunderts mit mehreren großen Ausstellungen gewürdigt wurde.

Martyrdom of St. Clement in the Presence of the Trinity
Le Martyre de saint Clément
Martyrium des Hl. Papst Clemens im Beisein der Trinität
Martirio de San Clemente en presencia de la Trinidad
Martírio de São Clemente na presença da Trindade
Het martelaarschap van Sint-Clemens in aanwezigheid van de Triniteit

Giovanni Battista Tiepolo (1696–1770)

c. 1735, Oil on canvas/Huile sur toile, 58,5 × 32,5 cm, Courtauld Institute of Art, London

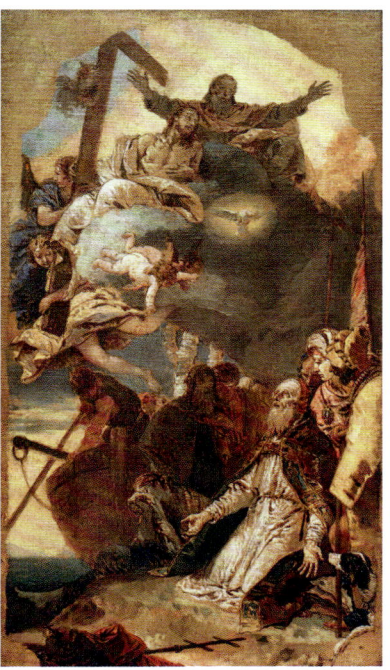

también estuvo activo allí. El 27 de marzo de 1770 Giovanni Battista Tiepolo muere en Madrid.

A pesar de su enorme fama a lo largo de su vida, el clasicismo inicial, que eclipsó todo durante algunas décadas, hizo que Tiepolo fuera casi olvidado, especialmente en España, donde Goya fue el primero en seguir sus pasos, al igual que el romántico francés Géricault en Francia. Desde entonces, sin embargo, su importancia póstuma no ha dejado de aumentar, por lo que ha sido honrado con varias exposiciones importantes, especialmente en las últimas décadas del siglo XX.

Apesar de sua enorme fama durante sua vida, o classicismo inicial, que ofuscou tudo por algumas décadas, fez com que Tiepolo fosse quase esquecido, especialmente na Espanha, onde Goya foi o primeiro a seguir seus passos, assim como o romântico francês Géricault fez na França. Desde então, porém, a sua importância póstumo tem vindo a aumentar progressivamente, pelo que tem sido homenageado com várias exposições importantes, especialmente nas últimas décadas do século XX.

Tiepolo in Madrid.

Ondanks de enorme roem tijdens zijn leven raakte Tiepolo door het opkomende neoclassicisme, dat een paar decennia lang alles zou overschaduwen, bijna vergeten, vooral in Spanje, waar Goya in zijn voetsporen trad. In Frankrijk nam de Franse romanticus Géricault zijn rol over. Nadien nam zijn belang postuum echter gestaag toe, waardoor hij met name in de laatste decennia van de 20e eeuw met enkele grote tentoonstellingen werd geëerd.

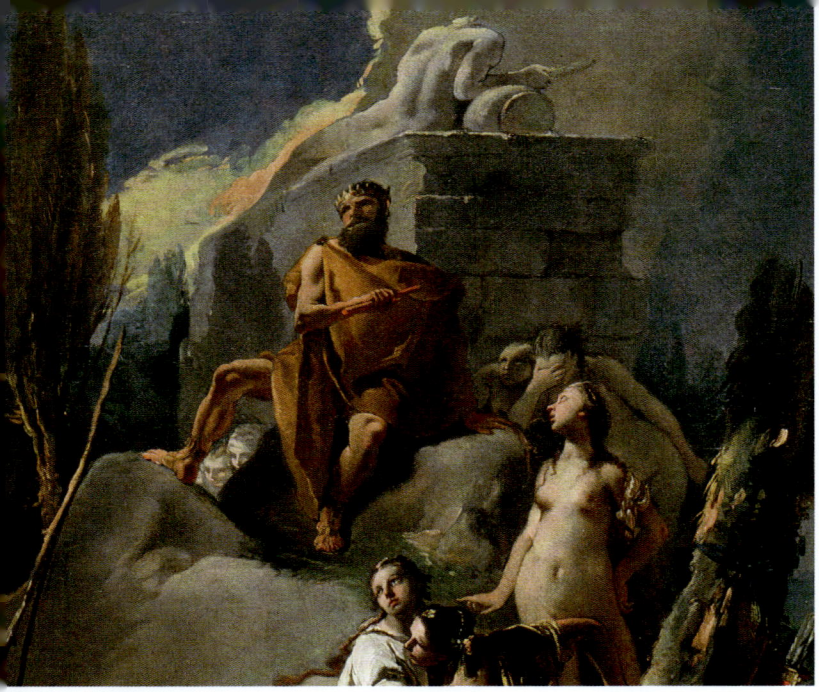

Early work 1715-1730

In his early work, Giovanni Battista Tiepolo's work was still very much influenced by the work of his teacher Gregorio Lazzarini. From him he adopted not only the rather dark colouring, but also the stiff, academically influenced way of representation. Other contemporary painters who were somewhat older than he, especially Sebastiano Ricci, Giovanni Battista Piazetta and Federico Bencovich, exerted a similar influence on him. He knew how to intelligently merge these different influences and use them for the development of his own style. This included a painting style that became increasingly loose and informal as well

La jeunesse 1715-1730

Dans sa jeunesse, Giovanni Battista Tiepolo peint encore à la manière de son maître, Gregorio Lazzarini. Il reprend son coloris plutôt sombre, mais aussi son style assez rigide, très académique. Il est tout aussi influencé par la fréquentation d'autres peintres contemporains, mais un peu plus âgés que lui, tels que Sebastiano Ricci, Giovanni Battista Piazzetta et Federico Bencovich. Avec une grande intelligence, il a su combiner ces influences diverses et en tirer parti pour trouver son propre style. Sa touche se fait toujours plus libre et spontanée et ses couleurs acquièrent une luminosité inégalable, surtout dans ses fresques qui n'ont rien perdu de leur

Frühwerk 1715–1730

In seinem Frühwerk war das Schaffen Giovanni Battista Tiepolos noch sehr bestimmt von den Einflüssen seines Lehrers Gregorio Lazzarinis Von ihm übernahm er nicht nur das eher dunkle Kolorit, sondern auch die eher steife, akademisch geprägte Darstellungsweise. Ähnlich prägend war aber auch der Kontakt mit anderen zeitgenössischen Malern, die etwas älter waren als er, darunter vor allem Sebastiano Ricci, Giovanni Battista Piazzetta und Federico Bencovich. In hochintelligenter Weise wusste er diese unterschiedlichen Einflüsse zu verschmelzen und für die Entwicklung seines eigenen Stils nutzbar zu machen. Hierzu gehörten

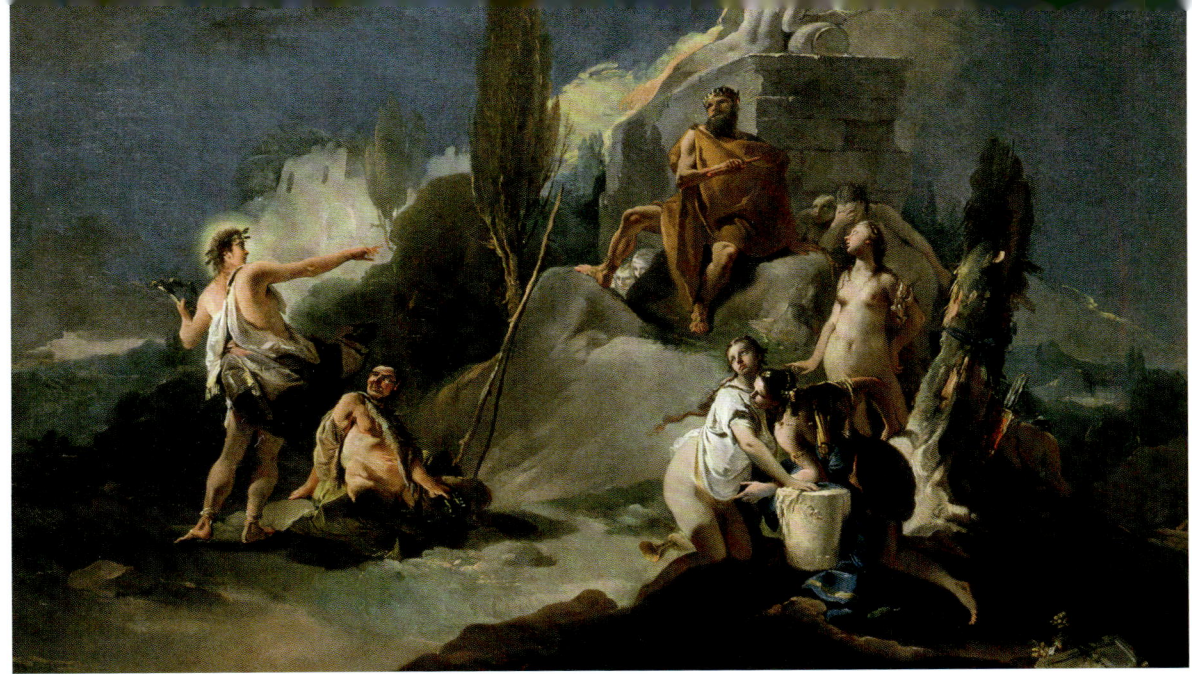

Obra temprana 1715-1730

En sus primeros trabajos, la obra de Giovanni Battista Tiepolo sigue estando muy influenciada por la obra de su maestro Gregorio Lazzarini, de quien adopta no sólo el color más bien oscuro, sino también la forma de representación más bien rígida e influenciada académicamente. Igualmente influyente, sin embargo, fue su contacto con otros pintores contemporáneos que eran algo mayores que él, especialmente Sebastiano Ricci, Giovanni Battista Piazetta y Federico Bencovich. De una manera muy inteligente supo fusionar estas diferentes influencias y hacerlas útiles para el desarrollo de su propio estilo. Esto incluía una mayor libertad

Trabalhos antecipados 1715-1730

Em seu trabalho inicial, a criação de Giovanni Battista Tiepolo era ainda muito influenciada pelo trabalho de seu professor Gregorio Lazzarini. A partir dele ele adotou não só a coloração bastante escura, mas também a forma de representação bastante dura, academicamente influenciada. Igualmente influente, porém, foi o seu contacto com outros pintores contemporâneos um pouco mais velhos do que ele, especialmente Sebastiano Ricci, Giovanni Battista Piazetta e Federico Bencovich. De uma forma muito inteligente ele soube fundir estas diferentes influências e torná-las utilizáveis para o desenvolvimento do

Vroeg werk 1715-1730

De vroege werken van Giovanni Battista Tiepolo waren nog sterk beïnvloed door het werk van zijn leraar Gregorio Lazzarini. Van hem nam Tiepolo niet alleen de tamelijk donkere kleurstelling over, maar ook de nogal stijve, academisch beïnvloede manier van weergeven. Even belangrijk was zijn contact met andere, iets oudere schilders van zijn tijd, met name Sebastiano Ricci, Giovanni Battista Piazetta en Federico Bencovich. Hij zag kans om deze verschillende invloeden op een zeer intelligente manier samen te voegen en bruikbaar te maken voor de ontwikkeling van zijn eigen stijl. Die werd steeds losser en informeler.

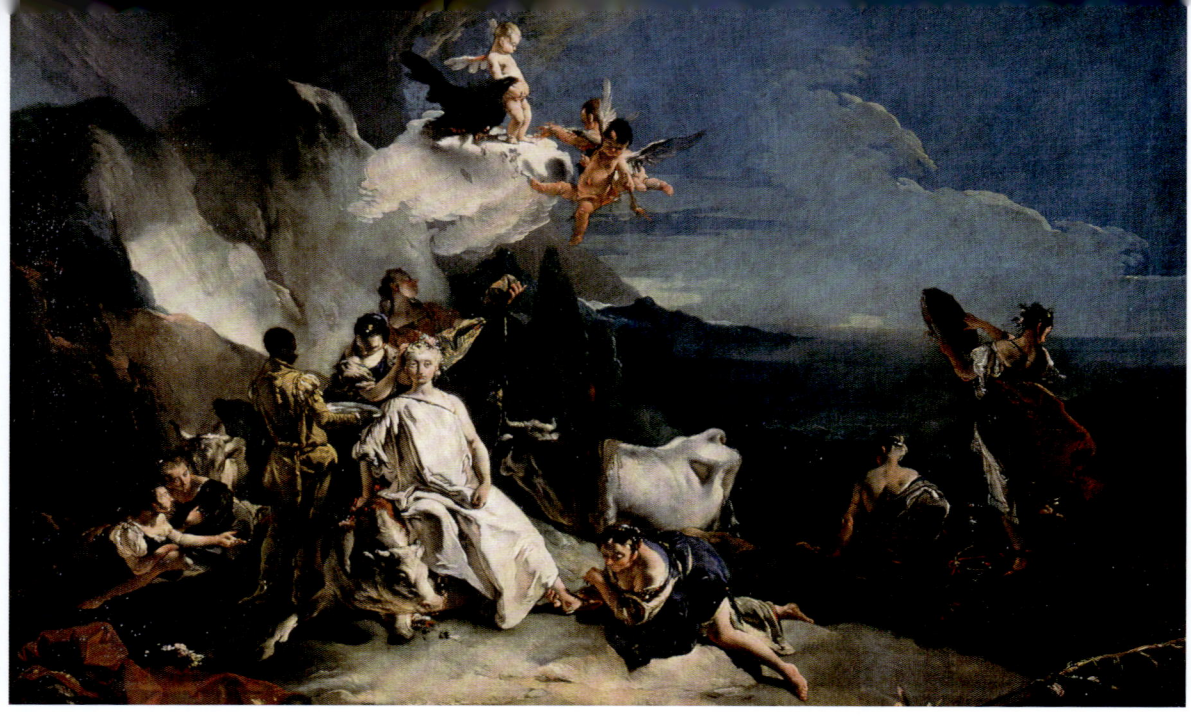

as the creation of incredibly bright colours, especially in the frescoes, whose luminosity continues to this day. Despite the joy of innovation in his narrative style, he achieved a sublimity that was to remain characteristic of his entire oeuvre.

Venice and Udine were the formative places of his early work. From this early work, the frescoes in the Archbishop's Palace (Palazzo Patriarcale) of Udine, which he created from the middle of the 1720s, stand out with the chiaroscuro of his colouring. He had already worked in the family palace in Venice of Patriarch Dolfin, who commissioned him. In Udine Tiepolo was able to show everything that would subsequently make him one of

éclat. Si ce peintre aime innover, comme en témoigne la diversité des thèmes abordés, ses œuvres sont empreintes d'une noblesse qui caractérisera toute sa production.

Venise et Udine vont jouer un rôle décisif pour l'œuvre de jeunesse de Tiepolo. Les fresques du palais archiépiscopal (Palazzo Patriarcale) d'Udine, qu'il commence dans les années 1720, sont indéniablement l'expression la plus réussie de cette première manière que son clair-obscur rend facile à cerner. Il a déjà travaillé dans le palais vénitien de la famille du patriarche Dolfin, qui lui confie cette commande. À Udine, Tiepolo a pu donner la preuve des qualités qui allaient faire de lui l'un des artistes

eine immer größere Lockerheit und Ungezwungenheit des Malduktus sowie die Schaffung ungemein leuchtender Farben, insbesondere bei den Fresken, deren Leuchtkraft bis heute andauert. Bei aller Innovationsfreude, was die Erzählweise anbetrifft, erreichte er dennoch eine Erhabenheit, die für sein gesamtes Schaffen charakteristisch bleiben sollte.

Die beiden Städte Venedig und Udine bildeten die bestimmenden Orte seines Frühwerks. Aus diesem, durch das Chiaroscuro seines Kolorits deutlich abzugrenzendem frühen Schaffen ragen zweifellos die Fresken im Erzbischöflichen Palast (Palazzo Patriarcale) von Udine heraus, die er

The Rape of Europa
L'Enlèvement d'Europe
Raub der Europa
La violación de Europa
Roubo da Europa
De roof van Europa

Giovanni Battista Tiepolo (1696–1770)

1725/26, Oil on canvas/Huile sur toile, 100 × 135 cm,
Galleria dell'Accademia, Venezia

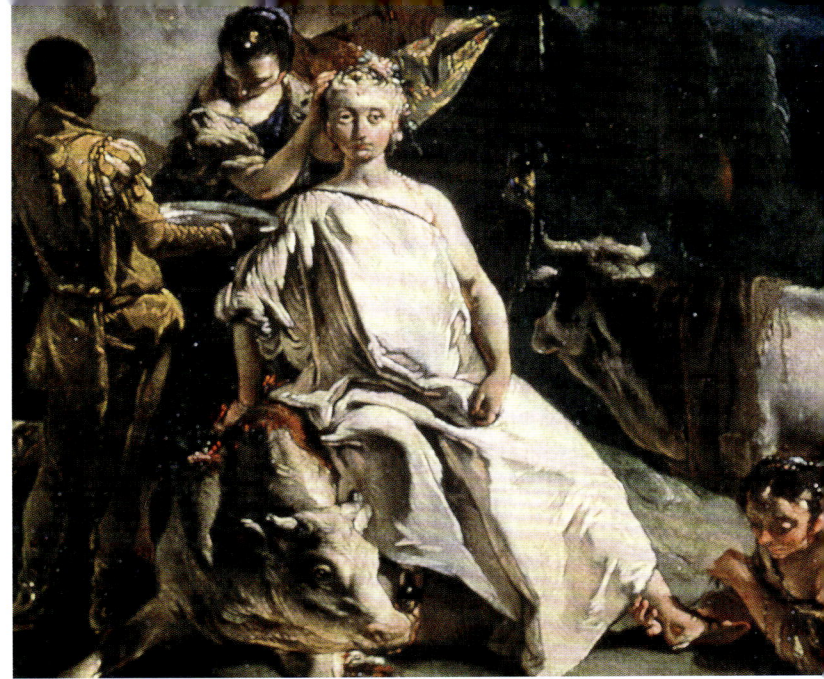

e informalidad en el estilo pictórico, así como la creación de colores increíblemente brillantes, especialmente en los frescos, cuya luminosidad continúa hasta el día de hoy. A pesar de la alegría de la innovación en su estilo narrativo, logró una sublimidad que iba a seguir siendo característica de toda su obra.

Las dos ciudades, Venecia y Udine, fueron los lugares determinantes de su primera obra. De esta primera obra, que se distingue claramente por el claroscuro de su colorido, destacan los frescos del Palacio Patriarcal de Udine, que creó a partir de mediados de la década de 1720. Ya había trabajado para el Patriarca Dolfin, el cual le realizó el

seu próprio estilo. Isto incluiu uma cada vez maior soltura e informalidade do estilo de pintura, bem como a criação de cores incrivelmente brilhantes, especialmente nos frescos, cuja luminosidade continua até hoje. Apesar da alegria da inovação em seu estilo narrativo, ele conseguiu, no entanto, uma sublimidade que deveria permanecer característica de toda a sua obra.

As duas cidades Veneza e Udine formaram os lugares determinantes de seu trabalho inicial. Desta primeira obra, claramente distinguida pelo claro-escuro da sua coloração, destacam-se os frescos do Palácio do Arcebispo (Palazzo Patriarcale) de Udine, que criou a partir

Bovendien maakte hij ongekend felle kleuren, vooral voor zijn fresco's, die tot op heden hun helderheid en kracht hebben behouden. Ondanks alle innovatievreugde in zijn verhalende stijl bereikte hij toch een grootsheid die zijn hele oeuvre zou blijven kenmerken. De twee steden Venetië en Udine vormden de bepalende plaatsen van zijn vroege werk. Van dit vroege werk, dat duidelijk herkenbaar is aan het clair-obscur van zijn coloriet, vallen vooral de fresco's in het aartsbisschoppelijk paleis (Palazzo Patriarcale) van Udine op, die hij vanaf omstreeks 1725 maakte. Voor de patriarch Dolfin, die hem de opdracht ervoor gaf, had hij al in diens familiepaleis in Venetië

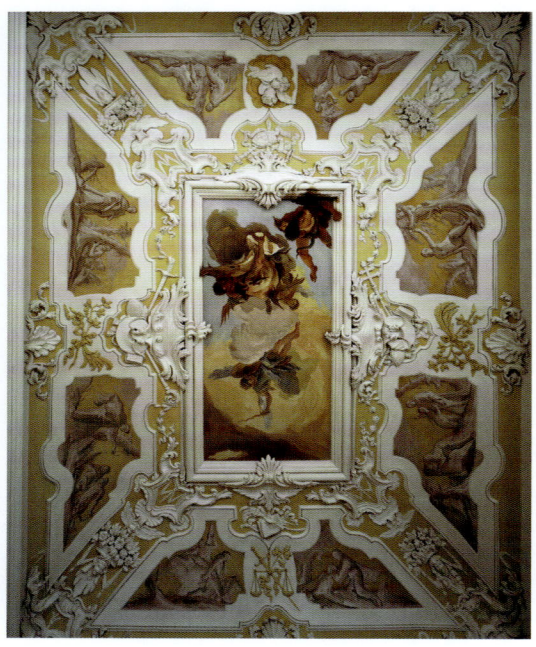

The Fall of the Angels
La chute des anges
Der Engelssturz
La caída de los ángeles
A Queda dos Anjos
De val van de engelen

Giovanni Battista Tiepolo (1696–1770)

1726–28, Fresco/Fresque, 420 x 180cm,
Palazzo Arcivescovile, Udine

the most versatile artists of his time: The magnificent angel's lintel in the stairwell, false reliefs, and panel paintings with Old Testament scenes. As for the frescoes, Tiepolo was already supported here by one of the most experienced quadrature painters of his time, Girolamo Mengozzi (called Colonna), a master of illusionist architecture who contributed significantly to the overwhelming effect of Tiepolo's frescoes.

les plus polyvalents de son temps : la superbe Chute des anges rebelles, dans l'escalier, les reliefs peints et des retables dont il trouve les sujets dans l'Ancien Testament. En ce qui concerne les fresques, il se fait déjà assister là par l'un des maîtres de l'illusion de son époque, Girolamo Mengozzi (dit Colonna). Si les fresques de Tiepolo produisent un effet aussi prodigieux, c'est dû en grande partie à ce spécialiste éminent des architectures feintes.

ab der Mitte der 1720er-Jahre schuf. Für den Patriarchen Dolfin, der ihm den Auftrag gab, war er bereits in dessen Familienpalast in Venedig tätig gewesen. In Udine konnte Tiepolo alles zeigen, was ihn in der Folge zu einem der vielseitigsten Künstler seiner Zeit machen sollte: Der großartige Engelssturz im Treppenhaus, fingierte Reliefs, und Tafelbilder mit alttestamentarischen Szenen. Bei den Fresken wurde Tiepolo schon hier von einem der versiertesten Quadraturmaler seiner Zeit, Girolamo Mengozzi (genannt Colonna) unterstützt, einem Meister der illusionistischen Architektur, der maßgeblich zur überwältigenden Wirkung von Tiepolos Fresken beitrug.

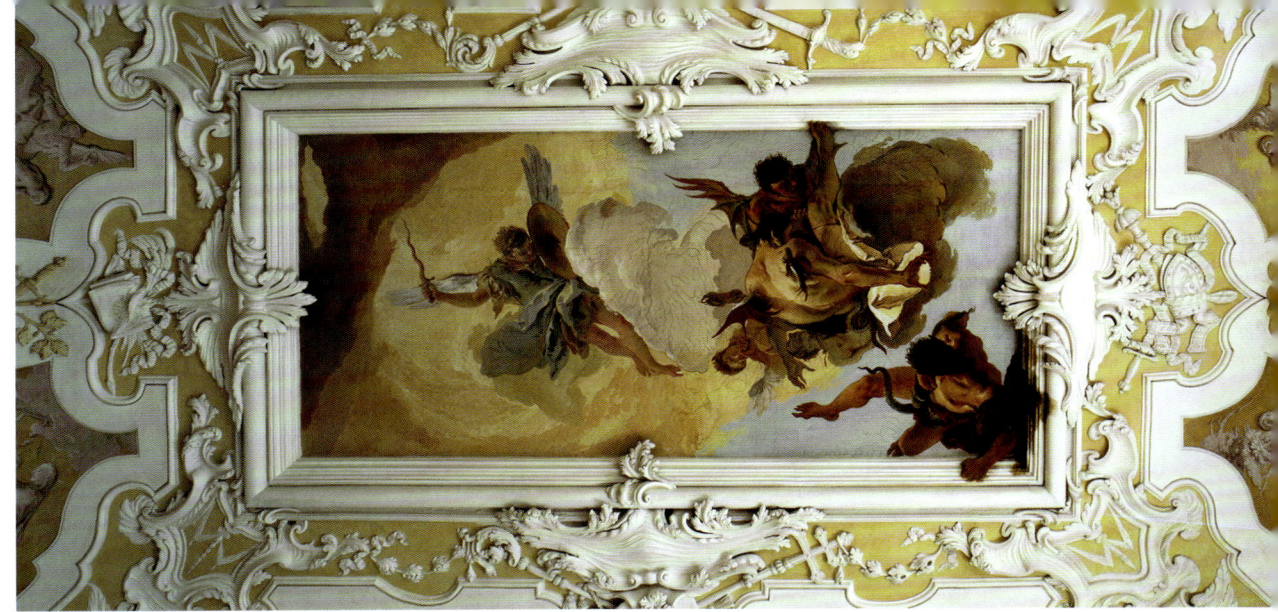

encargo, en el palacio de su familia en Venecia. En Udine, Tiepolo pudo mostrar todo lo que lo convertiría en uno de los artistas más versátiles de su tiempo: el magnífico dintel de ángeles en el hueco de la escalera, relieves ficticios y pinturas de paneles con escenas del Antiguo Testamento. En cuanto a los frescos, Tiepolo ya contaba con el apoyo de uno de los pintores de quadratura más experimentados de su época, Girolamo Mengozzi (llamado Colonna), un maestro de la arquitectura ilusionista que contribuyó de manera significativa al efecto abrumador de los frescos de Tiepolo.

de meados da década de 1720. Para o Patriarca Dolfin, que o comissionou, ele já havia trabalhado em seu palácio familiar em Veneza. Em Udine Tiepolo foi capaz de mostrar tudo o que faria dele um dos artistas mais versáteis do seu tempo: O magnífico lintel do anjo na escadaria, relevos fictícios e painéis de pintura com cenas do Antigo Testamento. Quanto aos afrescos, Tiepolo já era apoiado aqui por um dos mais experientes pintores quadrados de sua época, Girolamo Mengozzi (chamado Colonna), um mestre da arquitetura ilusionista que contribuiu significativamente para o efeito esmagador dos afrescos de Tiepolo.

gewerkt. In Udine kon Tiepolo alles laten zien wat hem later tot een van de veelzijdigste kunstenaars van zijn tijd zou maken: de prachtige 'val van de engelen' in het trappenhuis, fictieve reliëfs en paneelschilderingen met oudtestamentische taferelen. Wat de fresco's betreft, werd Tiepolo al ondersteund door een van de meest ervaren kwadratuurschilders van zijn tijd, Girolamo Mengozzi (genaamd Colonna), een voortreffelijk schilder van illusionistische architectuur, die een belangrijke bijdrage leverde aan het overweldigende effect van Tiepolo's fresco's.

The Power of Eloquence
The ceiling fresco depicts the power of conviction in several episodes from mythology: Eurydice is led by Orpheus of Hades; Bellerophon, riding on Pegasus, kills the Chimera; Amphion's music makes Thebes' walls erect by themselves; and the way the Percopes make Hercules laugh so that he releases them after he has first captured them.

Le Pouvoir de l'éloquence
Les fresques de ce plafond décrivent en quelques épisodes puisés dans la mythologie la force de l'éloquence : Orphée fait sortir Eurydice des Enfers. Bellerophon chevauchant Pégase tue la Chimère. La musique d'Amphion attire les pierres qui formeront les remparts de Thèbes. Prisonniers d'Hercule, les Cercopes le font rire à tel point qu'il les libère.

Die Macht der Beredsamkeit
Das Deckenfresko schildert in mehreren Episoden aus der Mythologie die Kraft der Überzeugung: Eurydike wird von Orpheus aus dem Hades geführt; der auf dem Pegasus reitende Bellerophon tötet die Chimäre; Amphions Musik lässt die Mauern Thebens sich von selbst errichten; und die Kerkopen, wie sie Herkules derart zum Lachen bringen, dass er sie freilässt, nachdem er sie zunächst gefangen hat.

Alegoría de el poder de la elocuencia
El fresco del techo representa el poder de la convicción en varios episodios de la mitología: Orfeo guía a Eurícides en el camino de salida del Hades; Belerofonte, montando en Pegaso, mata a la Quimera; la música de Anfhion hace que las paredes de Tebas se erijan por sísolas; y losCercopes hacen reír a Hércules de tal manera que éste los libera después de haberlos capturado por primera vez.

O poder da eloquência
O afresco do teto retrata o poder de convicção em vários episódios da mitologia: Eurídice é liderada por Orfeu de Hades; Bellerophon, montando em Pegasus, mata a Quimera; a música de Amphion's faz as paredes de Tebas erguerem-se sozinhas; e os Percopes, como fazem Hércules rir de tal forma que ele as liberta depois de as ter capturado pela primeira vez.

De macht van welsprekendheid
Het plafondfresco verbeeldt de kracht van overtuiging in verschillende episodes uit de mythologie: Eurydice werd door Orpheus uit de Hades geleid, de op zijn Pegasus rijdende Bellerophon doodde de Chimaera, door Amphions muziek richtten Thebe's muren zichzelf op en de Cercopen maakten Hercules zo aan het lachen dat hij ze losliet nadat hij ze eerst had gevangen.

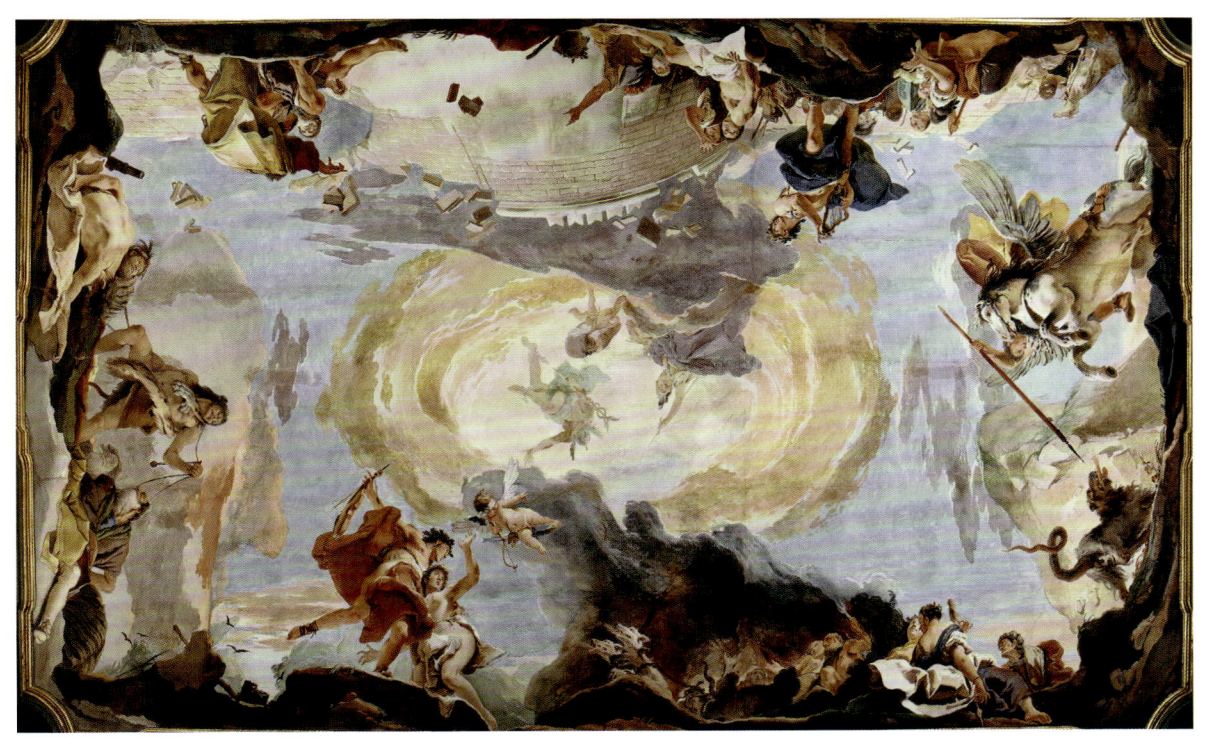

The Power of Eloquence
Le Pouvoir de l'éloquence
Die Macht der Beredsamkeit
Alegoría de el poder de la elocuencia
O poder da eloquência
De macht van welsprekendheid

Giovanni Battista Tiepolo (1696–1770)

1724/25, Fresco/Fresque, 660 × 1070 cm,
Palazzo Sandi-Porto, Venezia

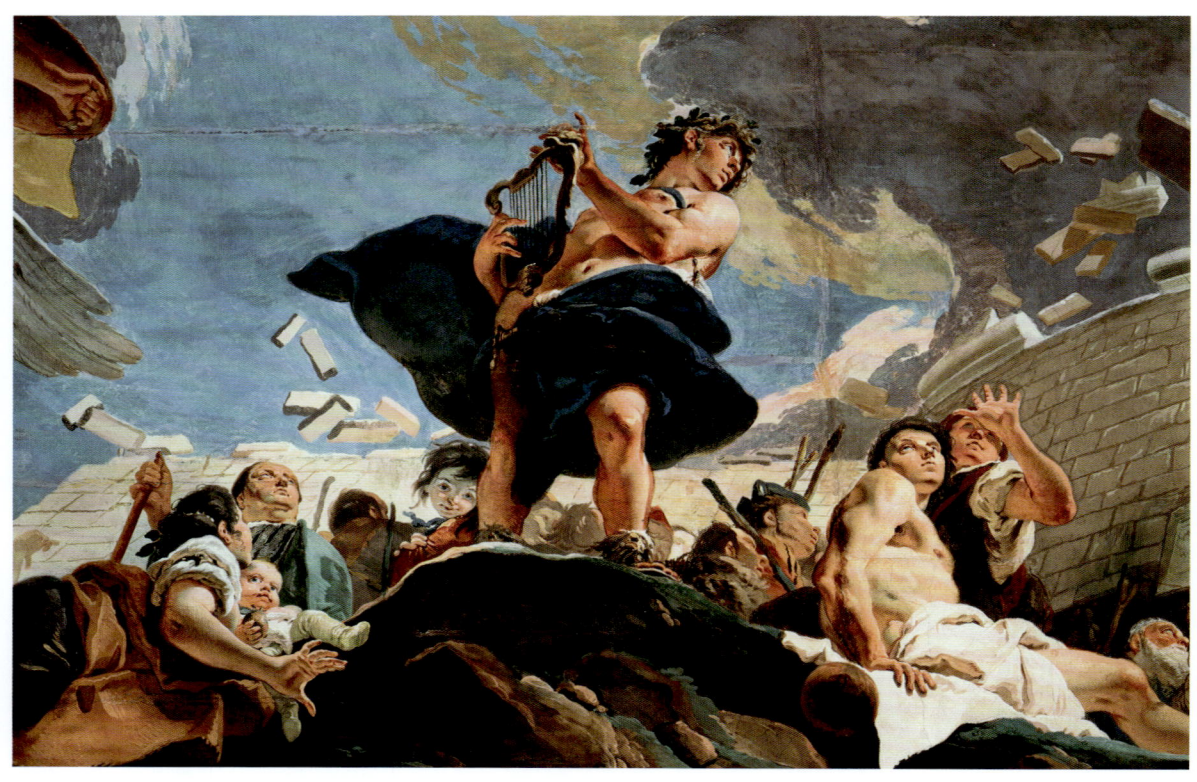

The Power of Eloquence: Amphion Builds the Walls of Thebes with the Music of his Lyre

Le Pouvoir de l'éloquence : Amphion construit les murs de Thèbes avec sa lyre

Die Macht der Beredsamkeit: Amphion erbaut mit seiner Lyra die Mauern Thebens

Alegoría de el poder de la elocuencia: Anfión construye los muros de Tebas con su lira

O poder da eloquência: Amphion constrói as paredes de Tebas com sua linhagem

De macht van welsprekendheid: Amphion bouwt de muren van Thebe met zijn lier

Giovanni Battista Tiepolo (1696–1770)

1724/25, Fresco/Fresque, 650 × 1070 cm, Palazzo Sandi-Porto, Venezia

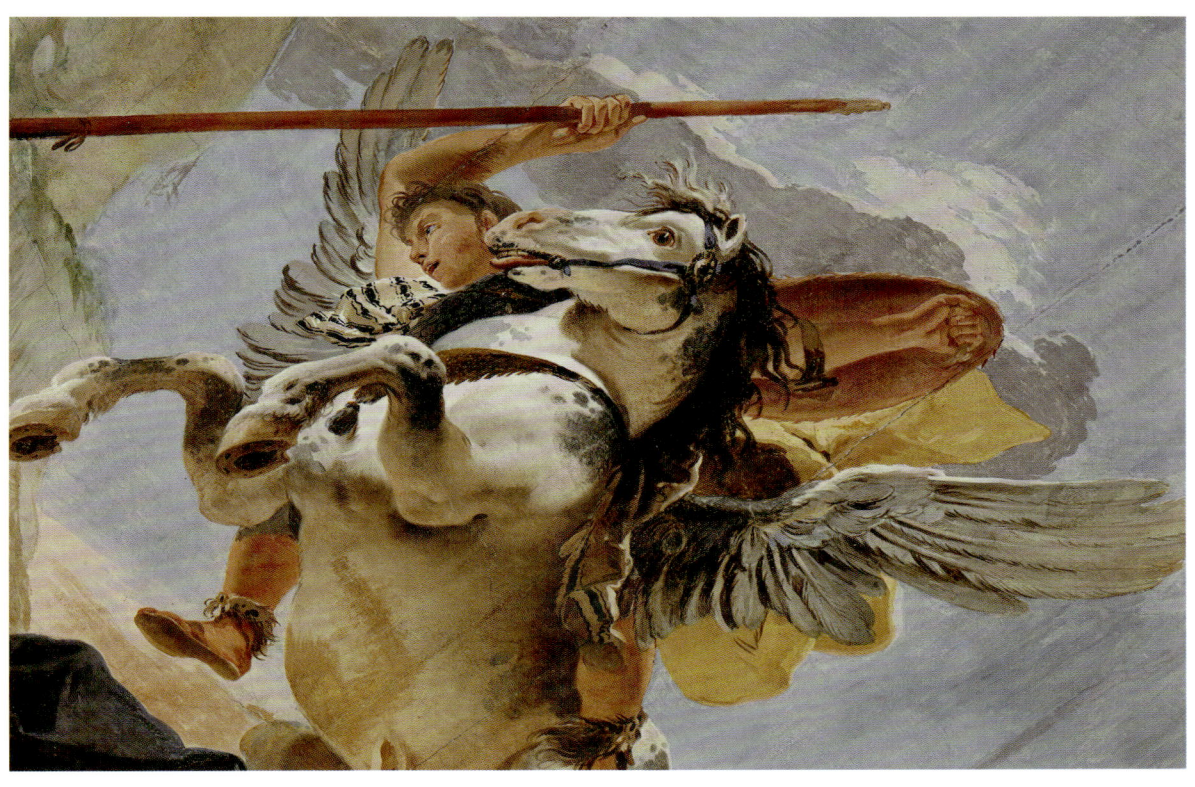

The Power of Eloquence: Bellerophon Slays the Chimera
Le Pouvoir de l'éloquence : Bellérophon tue la chimère
Die Macht der Beredsamkeit: Bellerophon tötet die Chimäre
Alegoría de el poder de la elocuencia: Bellerophon mata a la quimera
O Poder da Eloquência: Bellerophon Mata a Quimera
De macht van welsprekendheid: Bellerophon doodt de Chimaera
Giovanni Battista Tiepolo (1696–1770)
1724/25, Fresco/Fresque, 650 × 1070 cm, Palazzo Sandi-Porto, Venezia

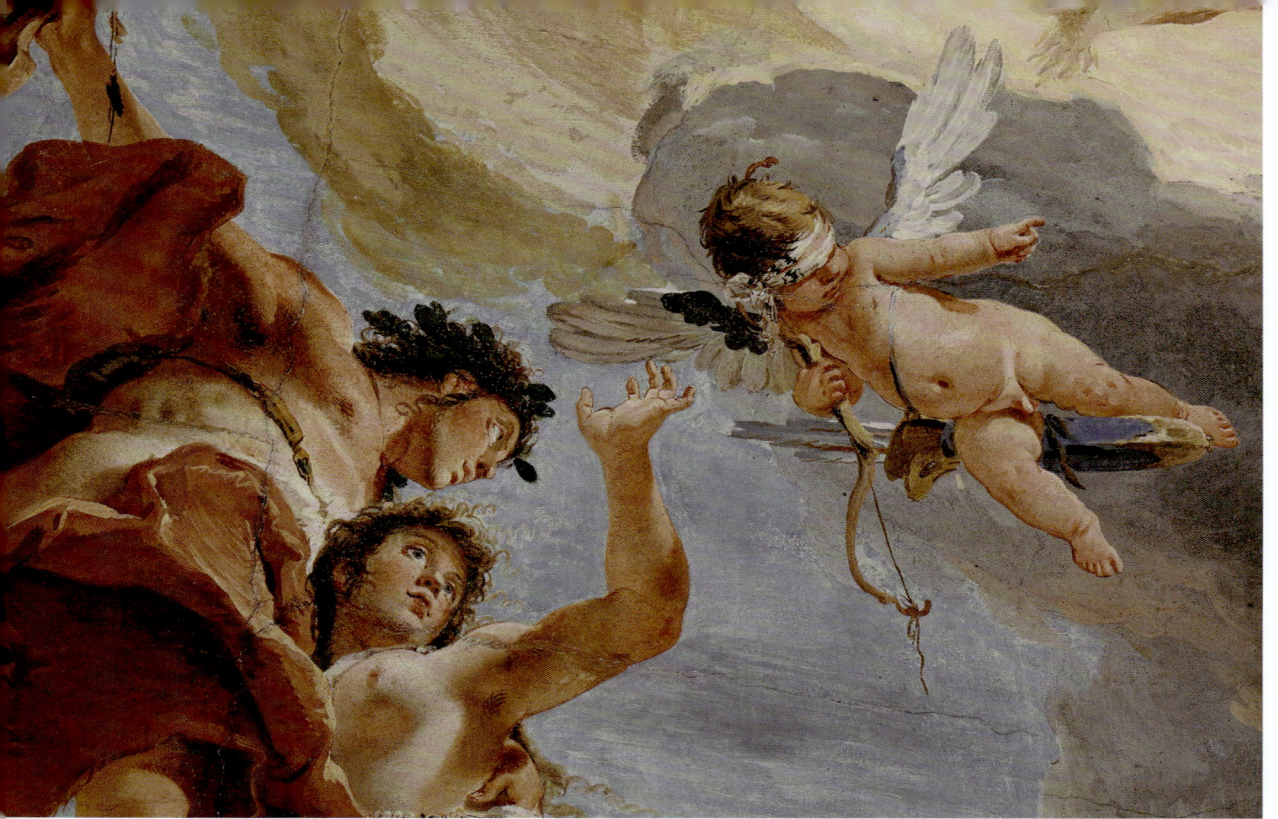

*The Power of Eloquence: Orpheus
Leads Eurydice from Hades*

*Le Pouvoir de l'éloquence : Orphée mène
Eurydice hors du royaume d'Hadès*

*Die Macht der Beredsamkeit: Orpheus
führt Eurydike aus dem Hades*

*Alegoría de el poder de la elocuencia:
Orfeo guia a Eurídice a salir del Hades*

*O Poder da Eloquência: Orfeu Conduz
Eurídice a partir de Hades*

*De macht van welsprekendheid:
Orpheus leidt Eurydice uit de Hades*

Giovanni Battista Tiepolo (1696–1770)

*1724/25, Fresco/Fresque, 650 × 1070 cm, Palazzo
Sandi-Porto, Venezia*

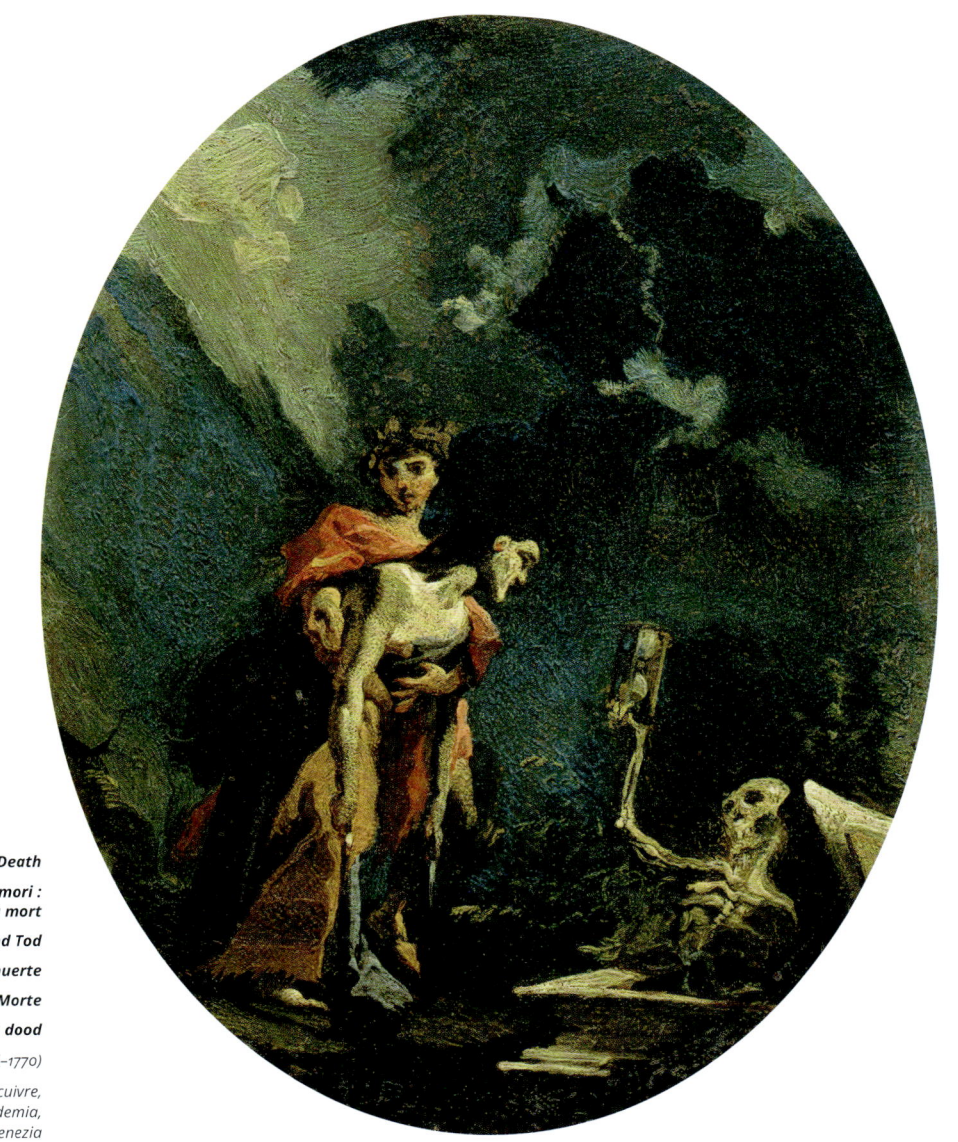

Memento Mori: Age and Death

**Memento mori :
la vieillesse et la mort**

Memento Mori: Alter und Tod

Memento Mori: edad y muerte

Memento Mori: Idade e Morte

Memento mori: ouderdom en dood

Giovanni Battista Tiepolo (1696–1770)

c. 1715, Oil on copper/Huile sur cuivre,
11,5 × 9 cm, Galleria dell'Accademia,
Venezia

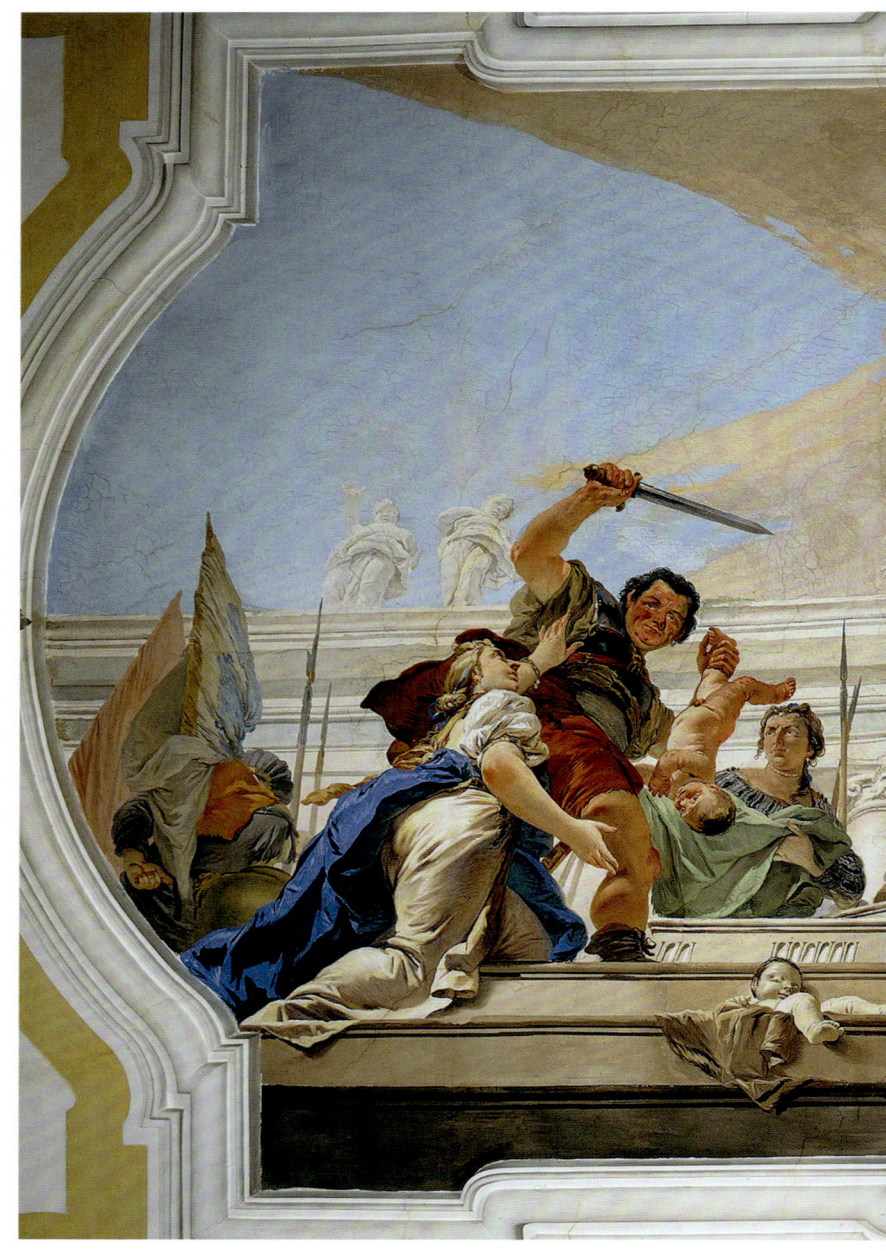

The Judgment of Solomon
Le Jugement de Salomon
Das Urteil Salomos
El juicio de Salomón
O julgamento de Salomão
Het oordeel van Salomo

Giovanni Battista Tiepolo (1696–1770)

1727-30, Fresco/Fresque, 360 × 655 cm,
Palazzo Arcivescovile, Udine

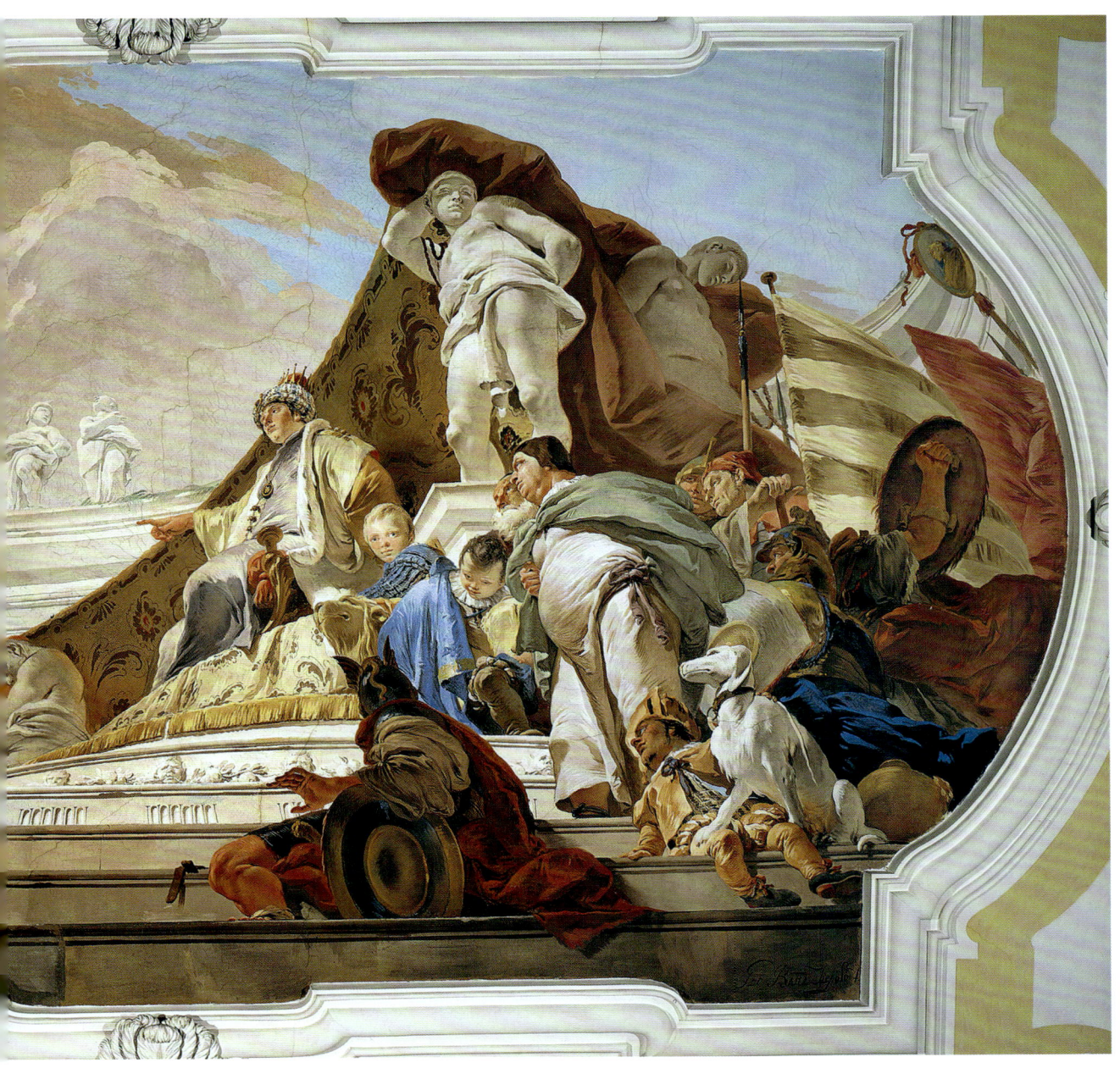

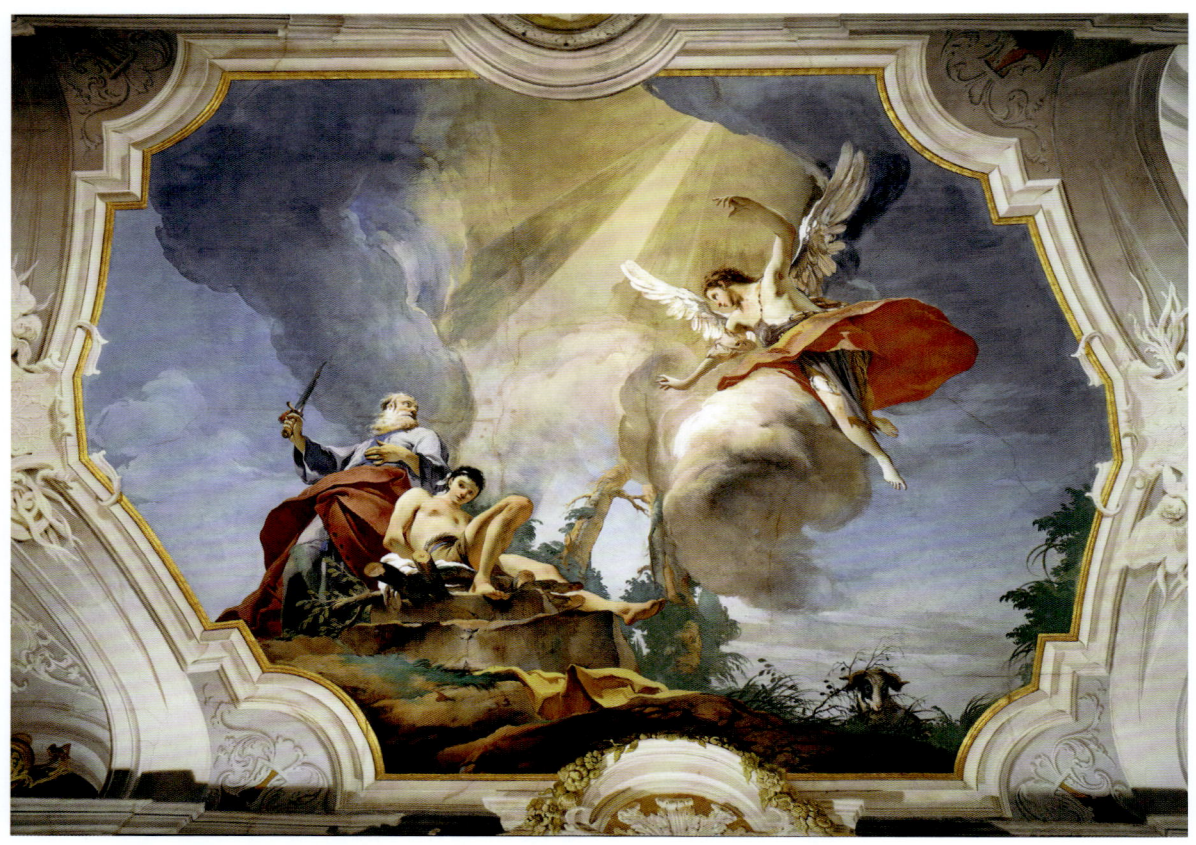

The Sacrifice of Isaac
Le Sacrifice d'Isaac
Die Opferung Isaaks
El sacrificio de Isaac
O sacrifício de Isaac
De opoffering van Isaak

Giovanni Battista Tiepolo (1696–1770)

1726-28, Fresco/Fresque, 400 × 500 cm,
Palazzo Arcivescovile, Udine

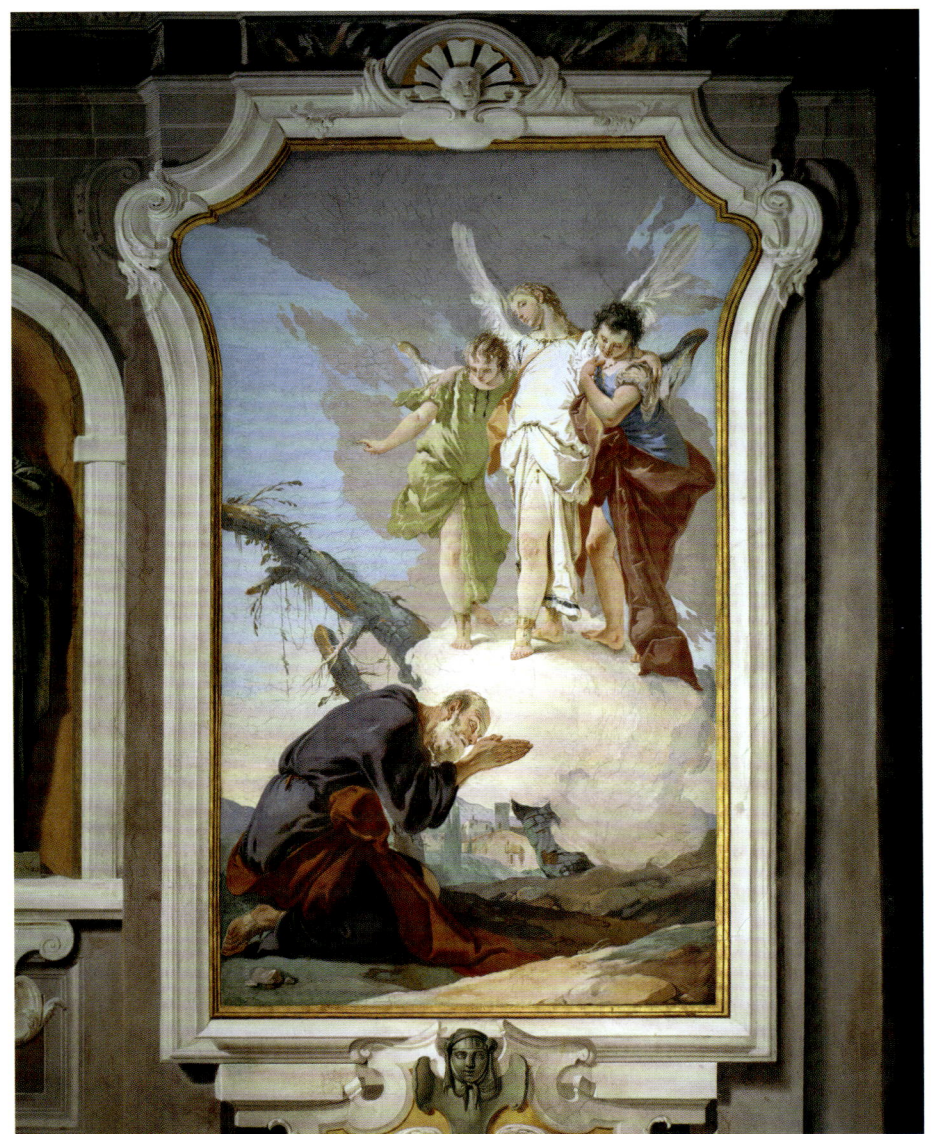

**The Three Angels
Appearing to Abraham**

*Abraham reçoit la
visite de trois anges*

Die drei Engel bei Abraham

Los tres ángeles de Abraham

Os três anjos em Abraão

De drie engelen bij Abraham

Giovanni Battista Tiepolo
(1696–1770)

c. 1727/28, Fresco/Fresque,
400 × 200 cm, Palazzo
Arcivescovile, Udine

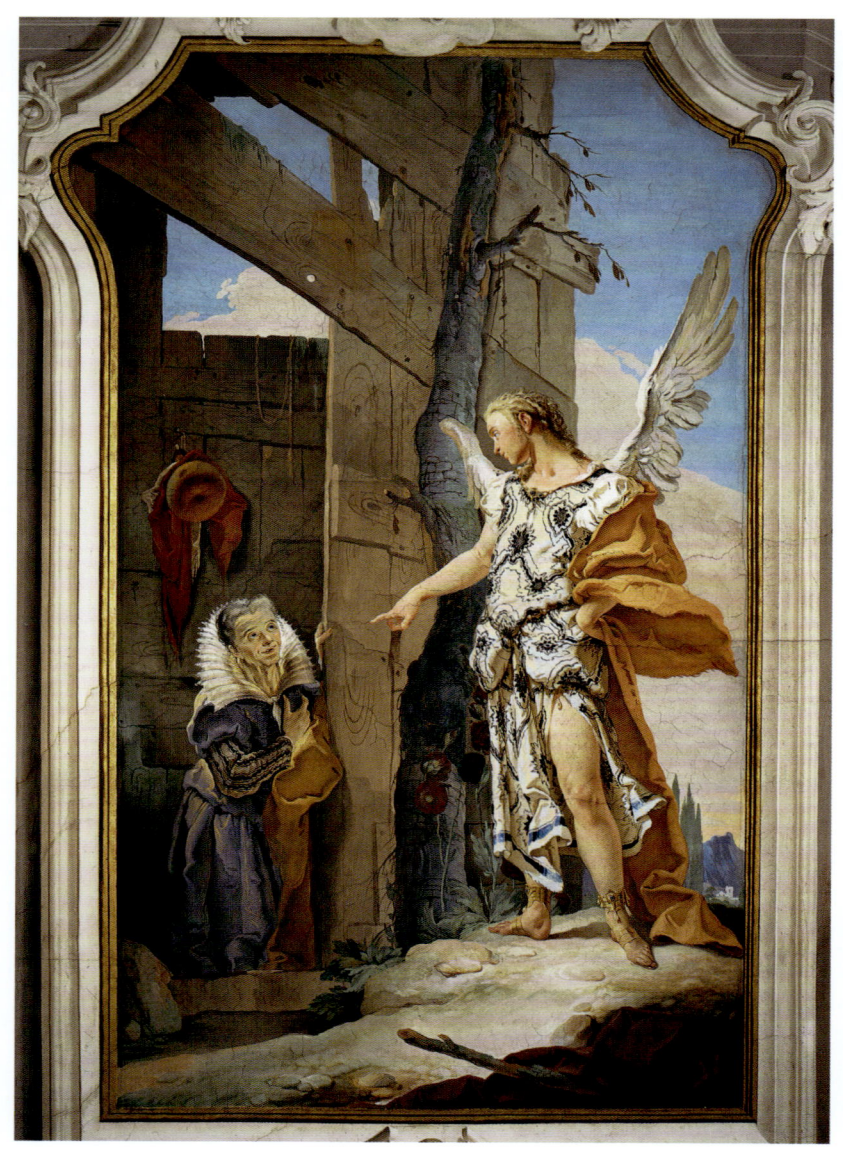

Sarah and the Angel
Sarah et l'ange
Sarah und der Engel
Sarah y el ángel
Sarah e o anjo
Sarah en de enge

Giovanni Battista Tiepolo (1696–1770)

1727/28, Fresco/Fresque, c. 400 × 200 cm,
Palazzo Arcivescovile, Udine

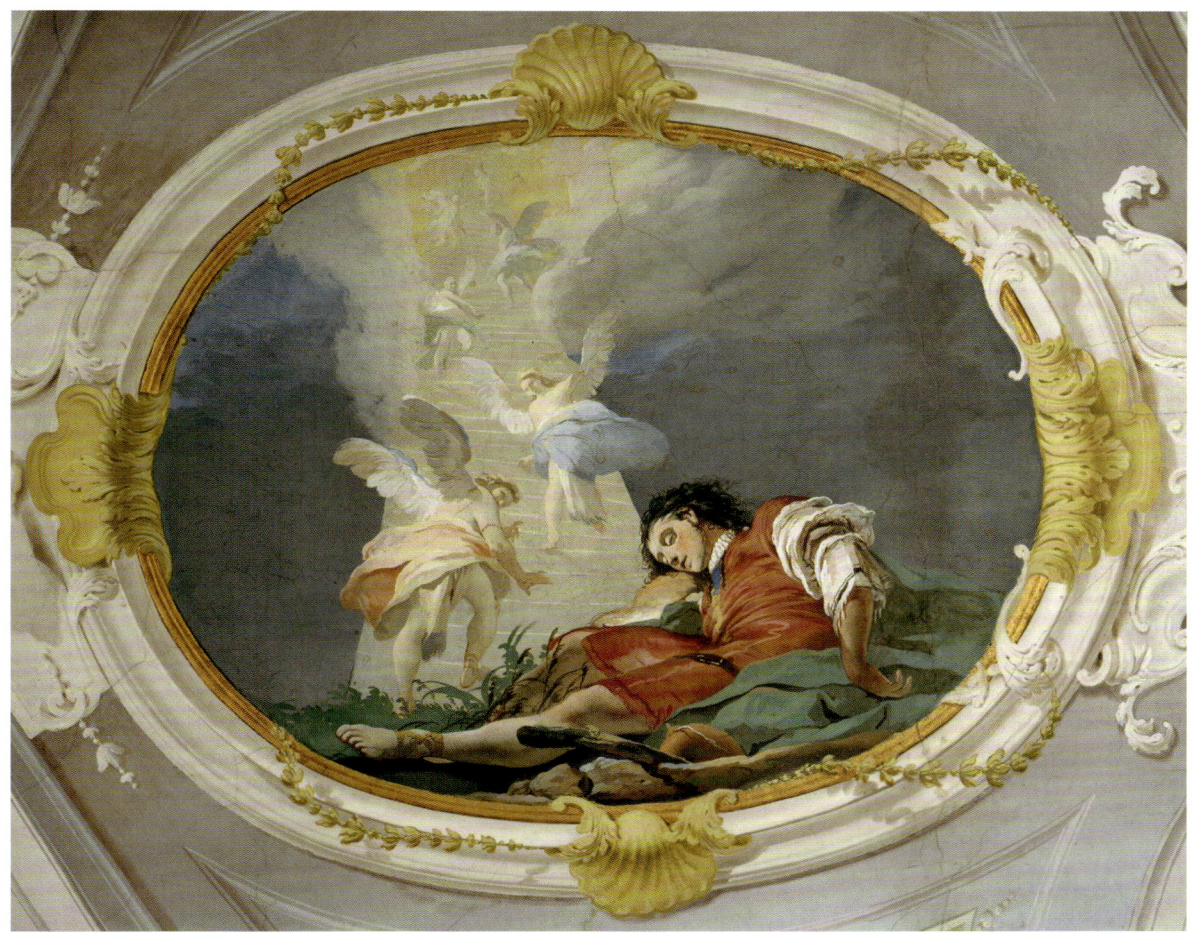

Jacob's Ladder

Le Songe de Jacob

Giovanni Battista Tiepolo (1696–1770)

1727-29, Fresco/Fresque, Palazzo Arcivescovile, Udine

Jakobs Traum von der Himmelsleiter

El sueño de Jacob

O sonho de Jacó da escada do céu

Jakobs droom van de hemelse ladder

**Laban Searches for the Images
of God Hidden by Rahel**
Among the numerous grandiose works
Tiepolo produced in Udine, the Old
Testament scenes stand out. Already
here he proves his preference for rarely
depicted episodes. In this case it is the
scene in which Rahel hides her stolen
idols from her father Laban. The tent
entrance becomes the stage curtain for
this late baroque play.

**Rachel cachant les idoles
de son père Laban**
Les scènes de l'Ancien Testament
sont considérées comme le sommet
des œuvres aussi nombreuses que
grandioses de Tiepolo à Udine. Il
démontre ici sa prédilection pour les
thèmes rarement représentés. Rachel
tente de cacher à son père Laban les
idoles qu'elle lui a dérobées. L'entrée
de la tente tient lieu de rideau de scène
dans ce spectacle du baroque tardif.

**Laban sucht die von Rahel
verborgenen Götterbilder**
Unter den zahlreichen grandiosen
Arbeiten, die Tiepolo in Udine anfertigte,
ragen die alttestamentarischen Szenen
heraus. Schon hier stellt er seine
Vorliebe für nur selten dargestellte
Episoden unter Beweis. In diesem Fall
ist es die Szene, in der Rahel die von ihr
entwendeten Götzenbilder vor ihrem
Vater Laban versteckt. Der Zelteingang
wird zum Bühnenvorhang für dieses
spätbarocke Schauspiel.

**Labán busca las imágenes de los
dioses escondidas por Rahel**
Entre las numerosas obras grandiosas
que Tiepolo realizó en Udine, destacan
las escenas del Antiguo Testamento.
Ya aquí demuestra su preferencia por
episodios raramente representados.
En este caso es la escena en la que
Rahel esconde los ídolos robados de su
padre Labán. La entrada de la carpa se
convierte en el telón de fondo de esta
obra de teatro del barroco tardío.

**Laban procura as imagens dos
deuses escondidos por Rahel**
Entre as numerosas obras grandiosas
que Tiepolo produziu em Udine,
destacam-se as cenas do Antigo
Testamento. Já aqui ele prova a sua
preferência por episódios raramente
retratados. Neste caso é a cena em que
Rahel esconde seus ídolos roubados
de seu pai Laban. A entrada da tenda
torna-se a cortina do palco para esta
peça barroca tardia.

**Rachel verstopt de afgodsbeelden
van haar vader Laban**
Onder de vele grandioze werken die
Tiepolo in Udine maakte, vallen de
oudtestamentische scènes op. Hier
bewijst hij al zijn voorkeur voor zelden
afgebeelde episodes. In dit geval is het
de scène waarin Rachel de gestolen
afgodsbeelden voor haar vader Laban
verbergt. De ingang van de tent wordt
het toneelgordijn voor dit laatbarokke
schouwspel.

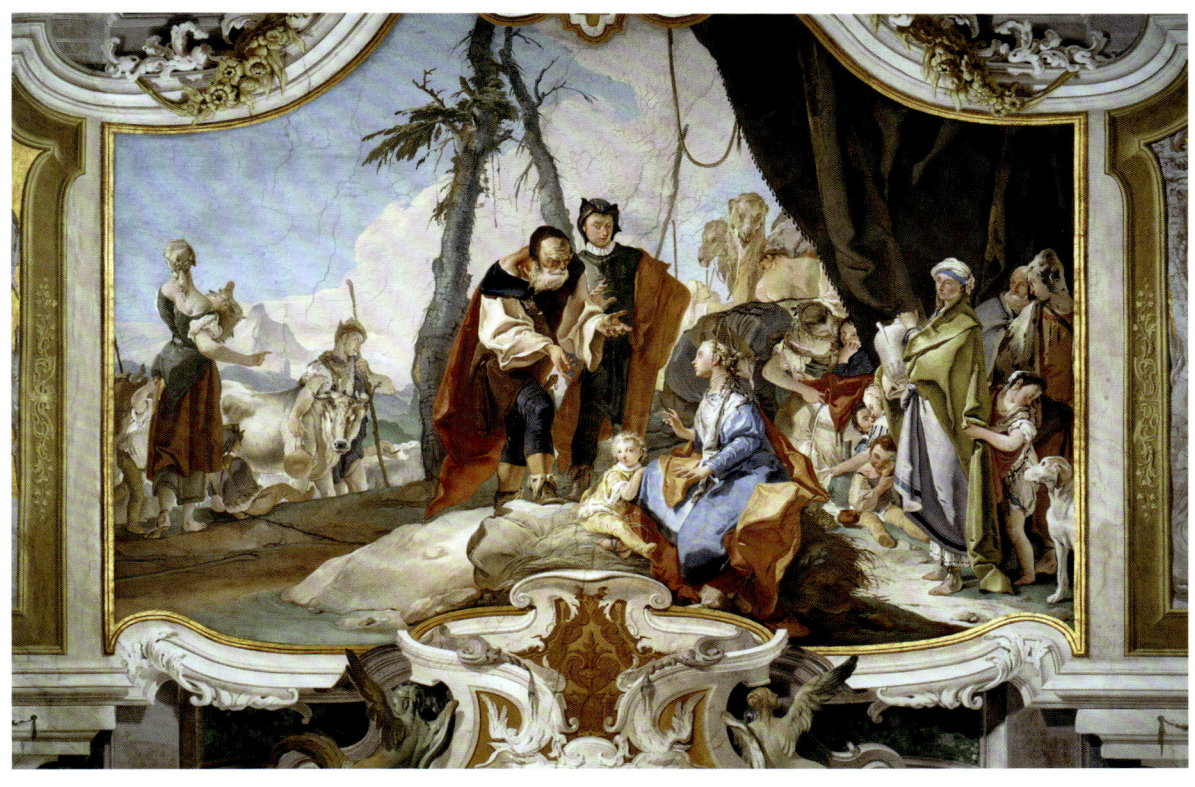

Laban Searches for the Images of God Hidden by Rahel
Rachel cachant les idoles de son père Laban
Laban sucht die von Rahel verborgenen Götterbilder
Labán busca las imágenes de los dioses escondidas por Rahel
Laban procura as imagens dos deuses escondidos por Rahel
Rachel verstopt de afgodsbeelden van haar vader Laban
Giovanni Battista Tiepolo (1696–1770)
c. 1726-28, Fresco/Fresque, 400 × 500 cm, Palazzo Arcivescovile, Udine

31

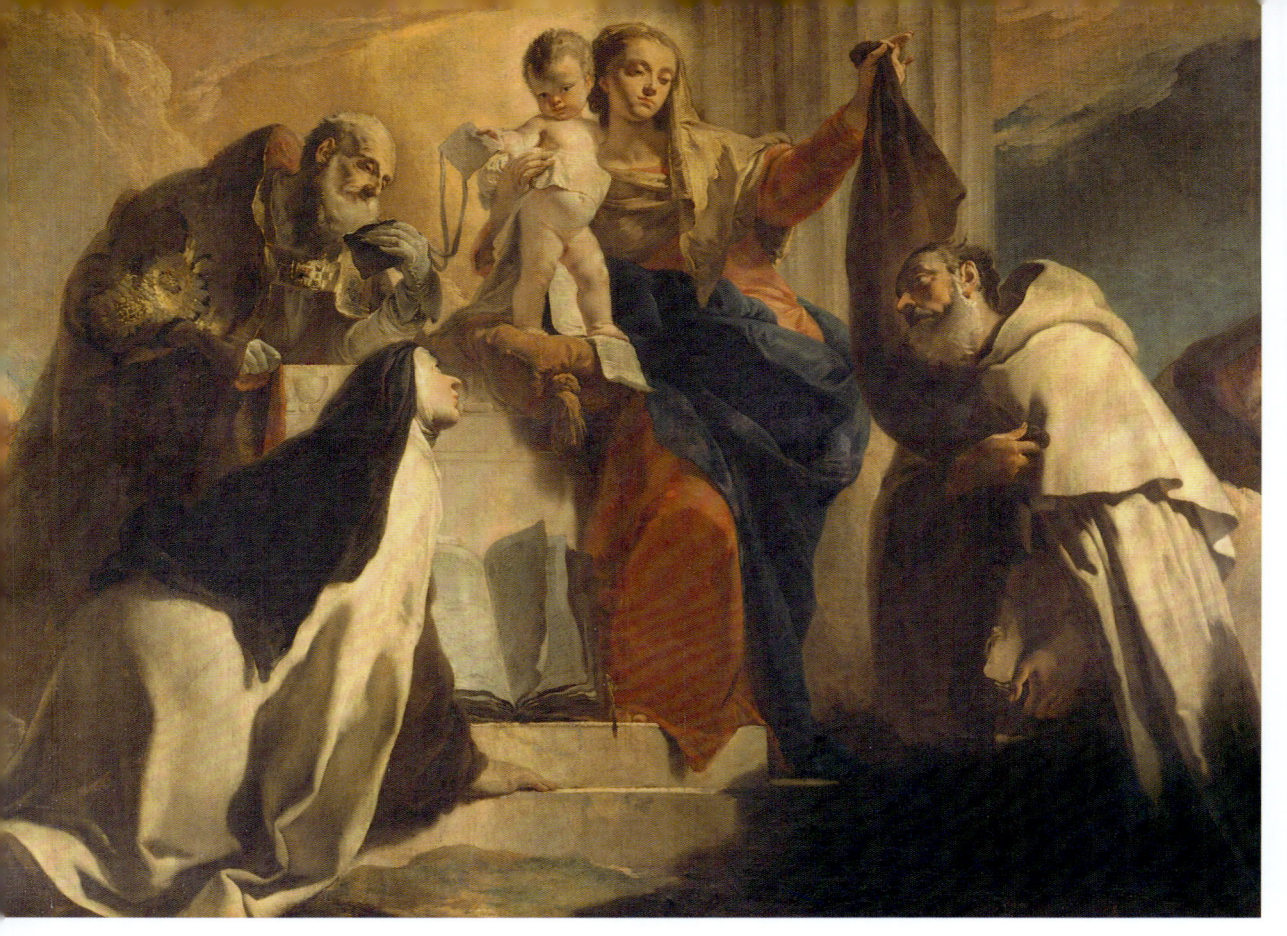

Carmelite Madonna and Saints (excerpt)

La Madone du Mont-Carmel et les saints (détail)

Karmelitermadonna und Heilige (Ausschnitt)

Virgen Carmelita y Santos (extracto)

Madona Carmelita e Santos (excerto)

Karmeliet Madonna en heiligen (uitsnede)

Giovanni Battista Tiepolo (1696–1770)

1745, Oil on canvas/Huile sur toile, 210 × 650 cm, Pinacoteca di Brera, Milano

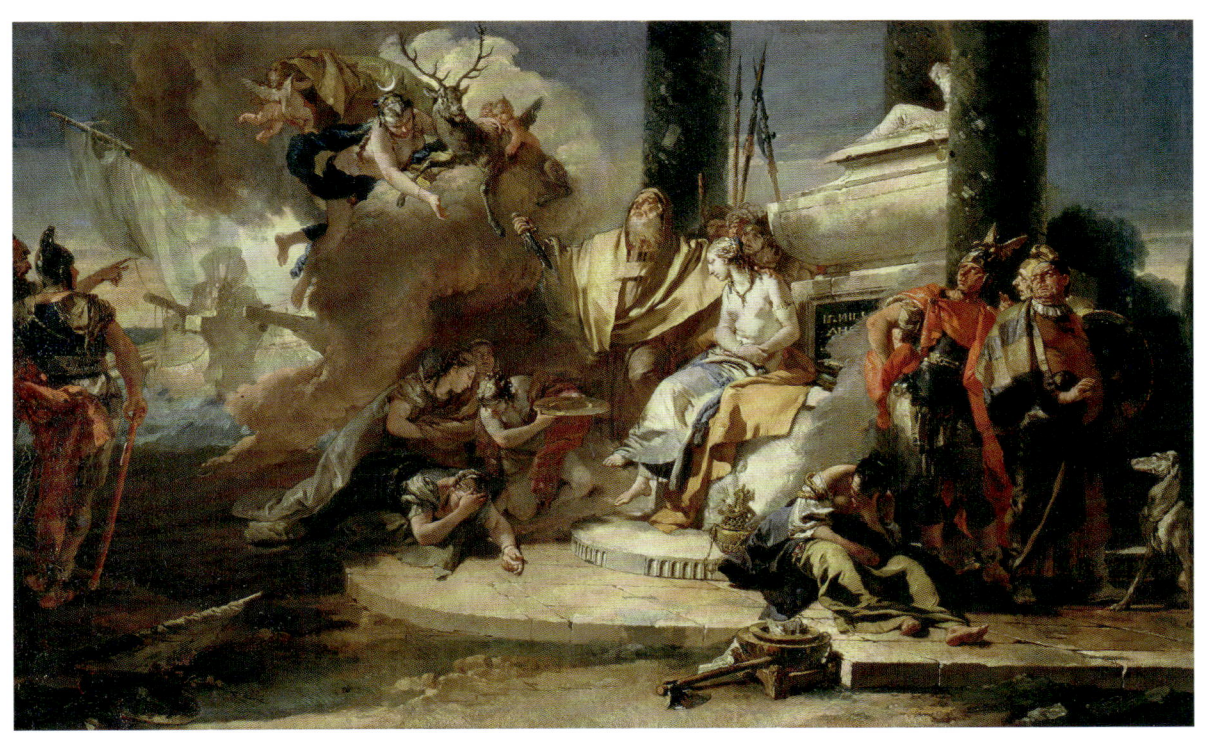

The Sacrifice of Iphigenia
Le Sacrifice d'Iphigénie
Die Opferung der Iphigenie
El sacrificio de Ifigenia
O sacrifício de Ifigênia
De opoffering van Iphigenia

Giovanni Battista Tiepolo (1696–1770)

1728/30, Oil on canvas/Huile sur toile, 65 × 112 cm,
Collection Contessa Giustinian, Venezia

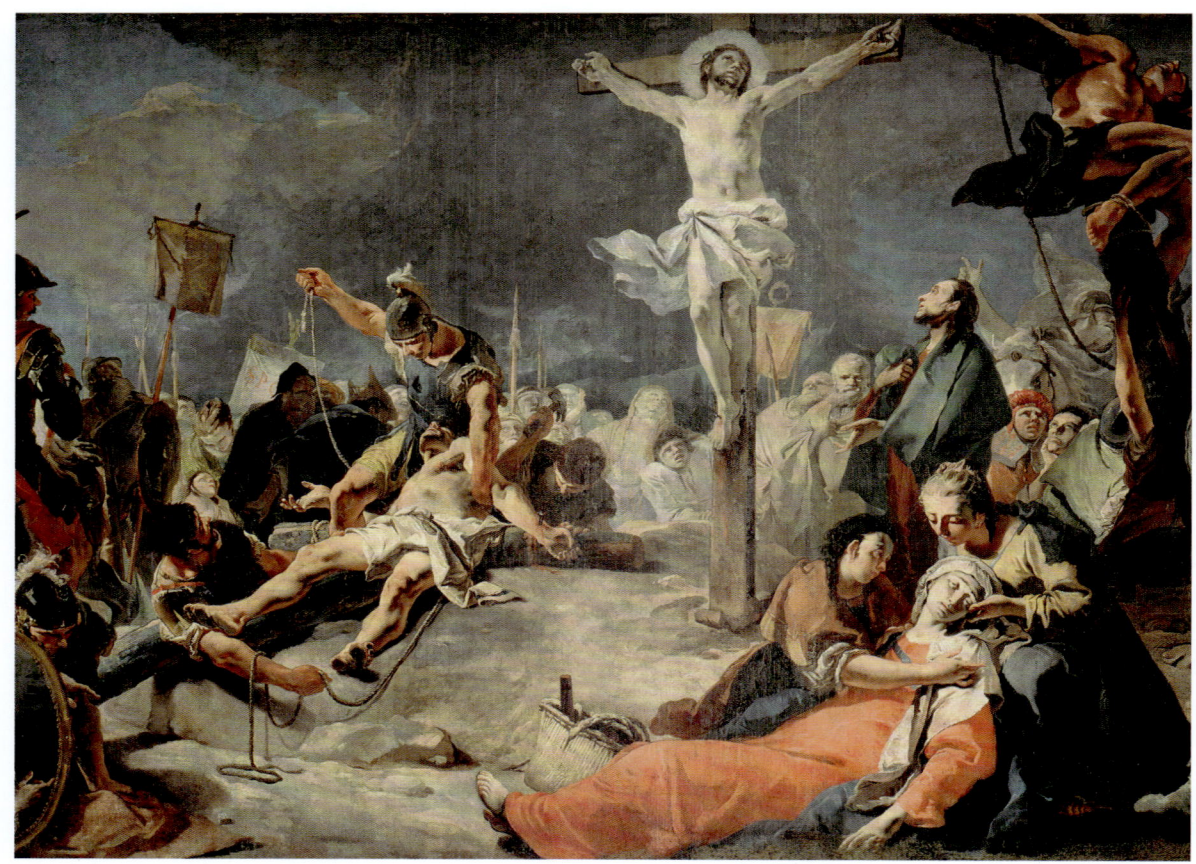

Crucifixion

La Crucifixion

Kreuzigung

Crucifixión

Crucificação

Kruisiging

Giovanni Battista Tiepolo (1696–1770)

1724/25, Oil on canvas/Huile sur toile, 250 × 400 cm,
San Martino, Burano

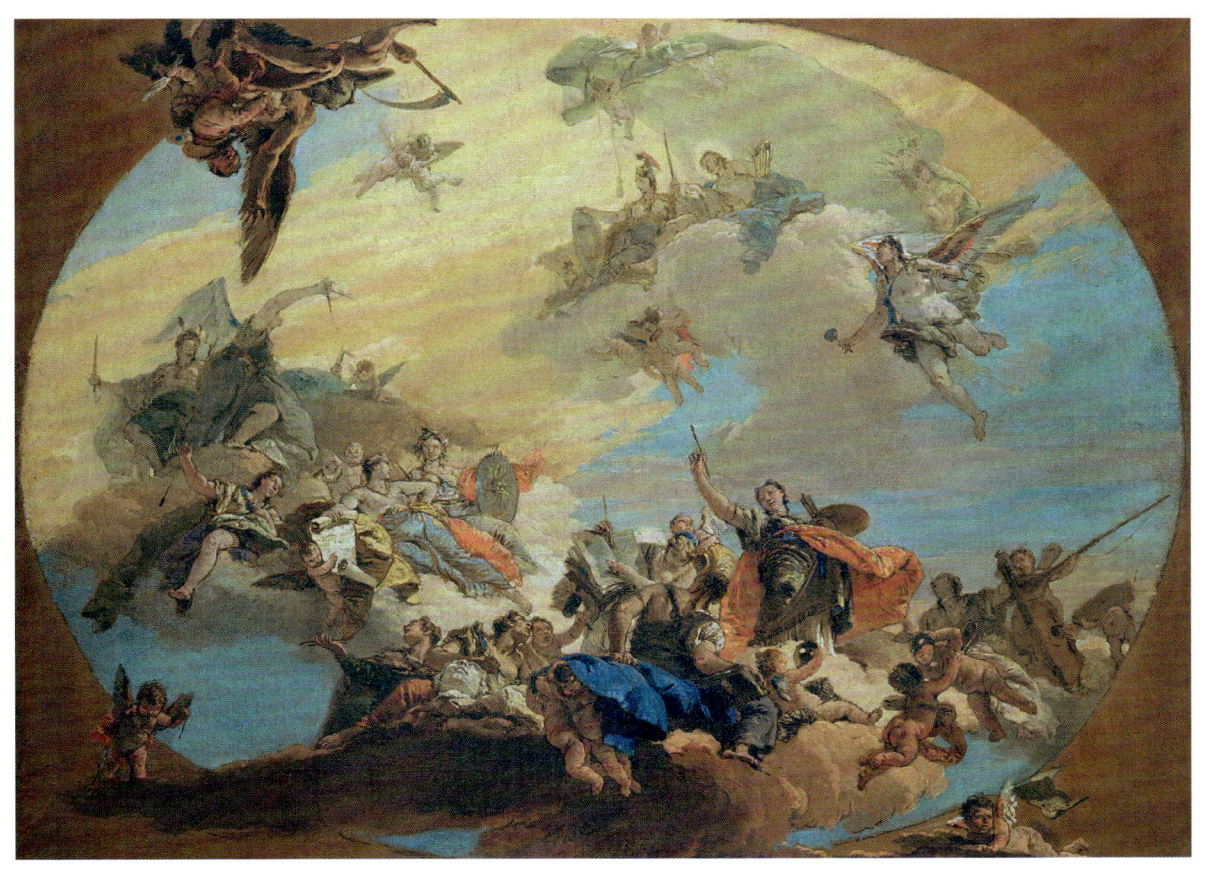

The Triumph of the Arts
Le Triomphe des Arts
Der Triumph der Künste
El triunfo de las artes
O Triunfo das Artes
De triomf van de kunsten

Giovanni Battista Tiepolo (1696–1770)

c. 1730, Oil on canvas/Huile sur toile, 55,5 × 72 cm,
Museu Nacionale de Arte Antiga, Lisboa

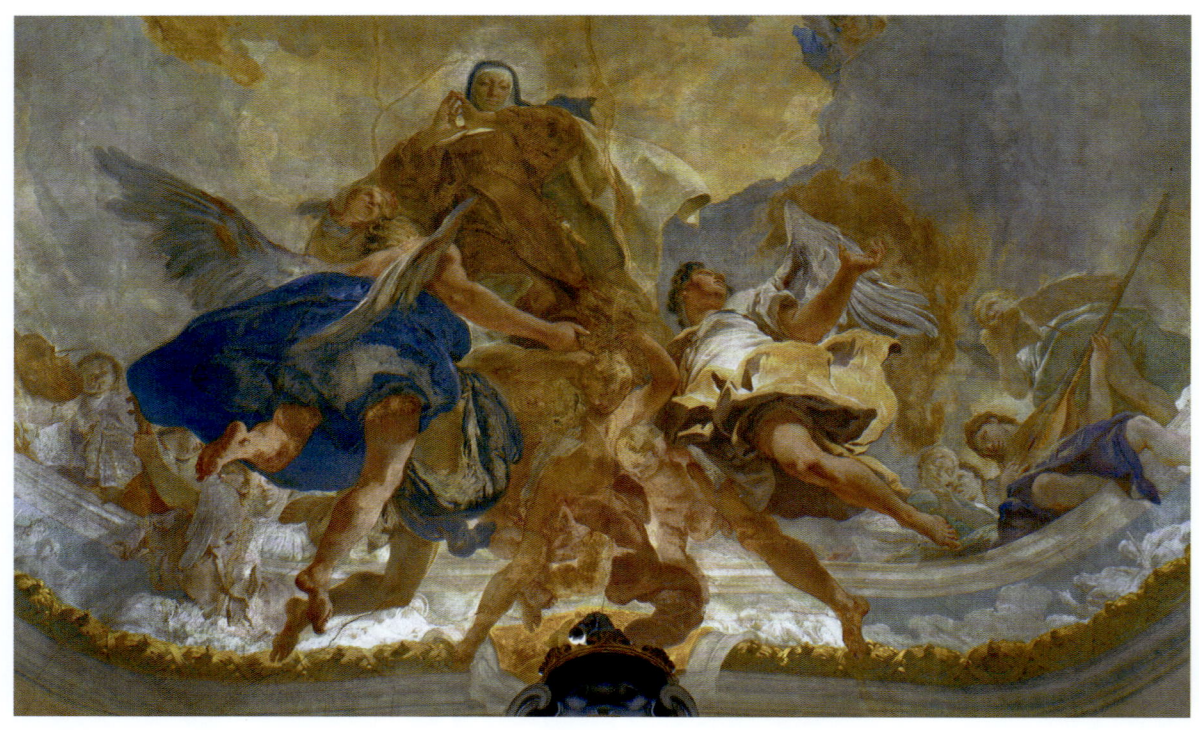

The Apotheosis of Saint Teresa
L'Apothéose de sainte Thérèse
Die Apotheose der Heiligen Teresa
La Apoteosis de Santa Teresa
A apoteose de Santa Teresa
De apotheose van de heilige Theresia
Giovanni Battista Tiepolo (1696–1770)
1724/25, Fresco/Fresque, 610 × 750 cm,
S. Maria degli Scalzi, Venezia

Saint Dominic in Glory
La Gloire de saint Dominique
Der Heilige Dominikus in der Glorie
Santo Domingo en la Gloria
São Domingos em Glória
De heilige Dominicus in de heerlijkheid
Giovanni Battista Tiepolo (1696–1770)
c. 1725-27, Oil on canvas/Huile sur toile,
87 × 77 cm, Galleria dell'Accademia, Venezia

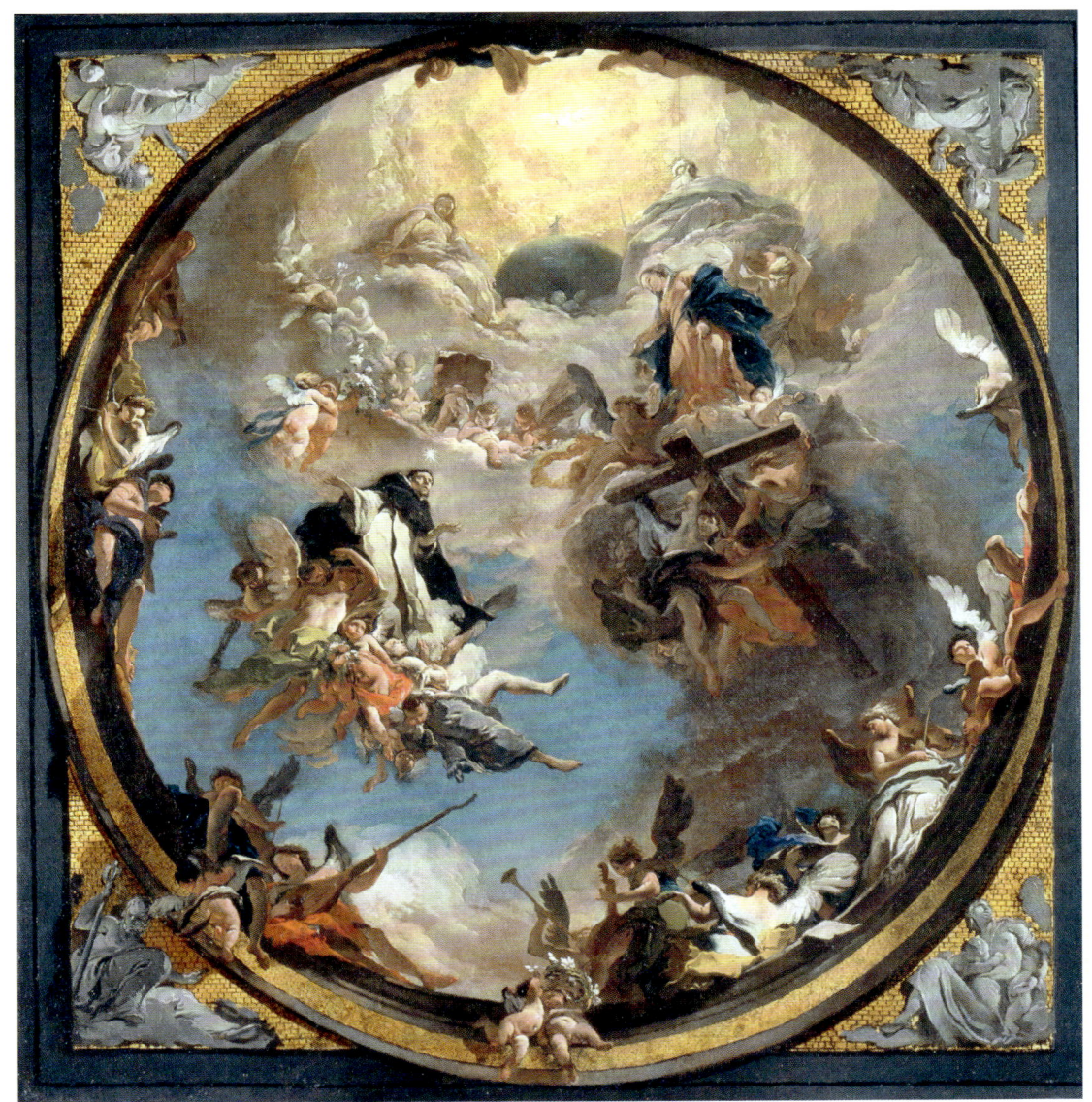

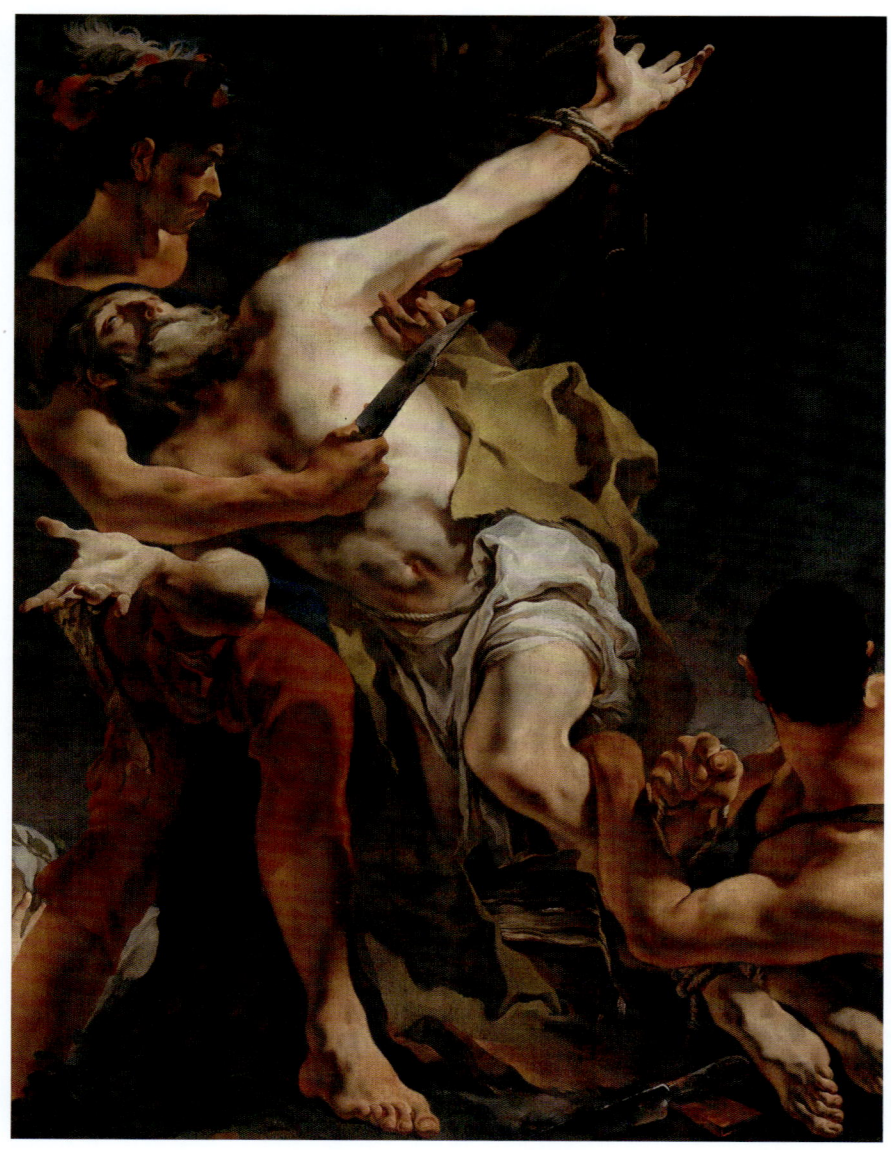

The Martyrdom of Saint Bartholomew

Le Martyre de saint Barthélemy

Das Martyrium des Heiligen Bartholomäus

El martirio de San Bartolomé

O Martírio de São Bartolomeu

Het martelaarschap van de heilige Bartholomeus

Giovanni Battista Tiepolo (1696–1770)

c. 1721-23, Oil on canvas/Huile sur toile, 167 × 139 cm, San Stae, Venezia

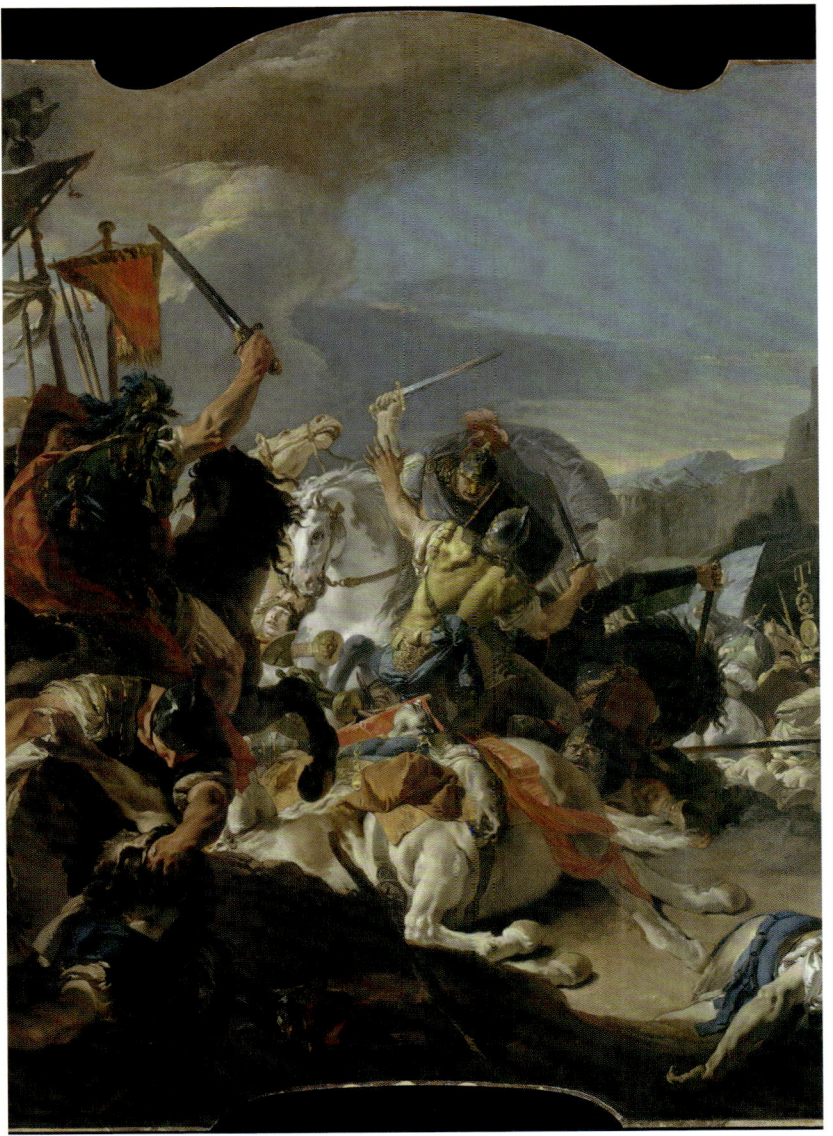

The Battle of Vercellae
La Bataille de Vercellæ
Die Schlacht von Vercellae
La batalla de Vercellae
A Batalha de Vercellae
De slag bij Vercellae

Giovanni Battista Tiepolo (1696–1770)

c. 1725-29, Oil on canvas/Huile sur toile, 411,5 × 376,9 cm, Metropolitan Museum of Art, New York

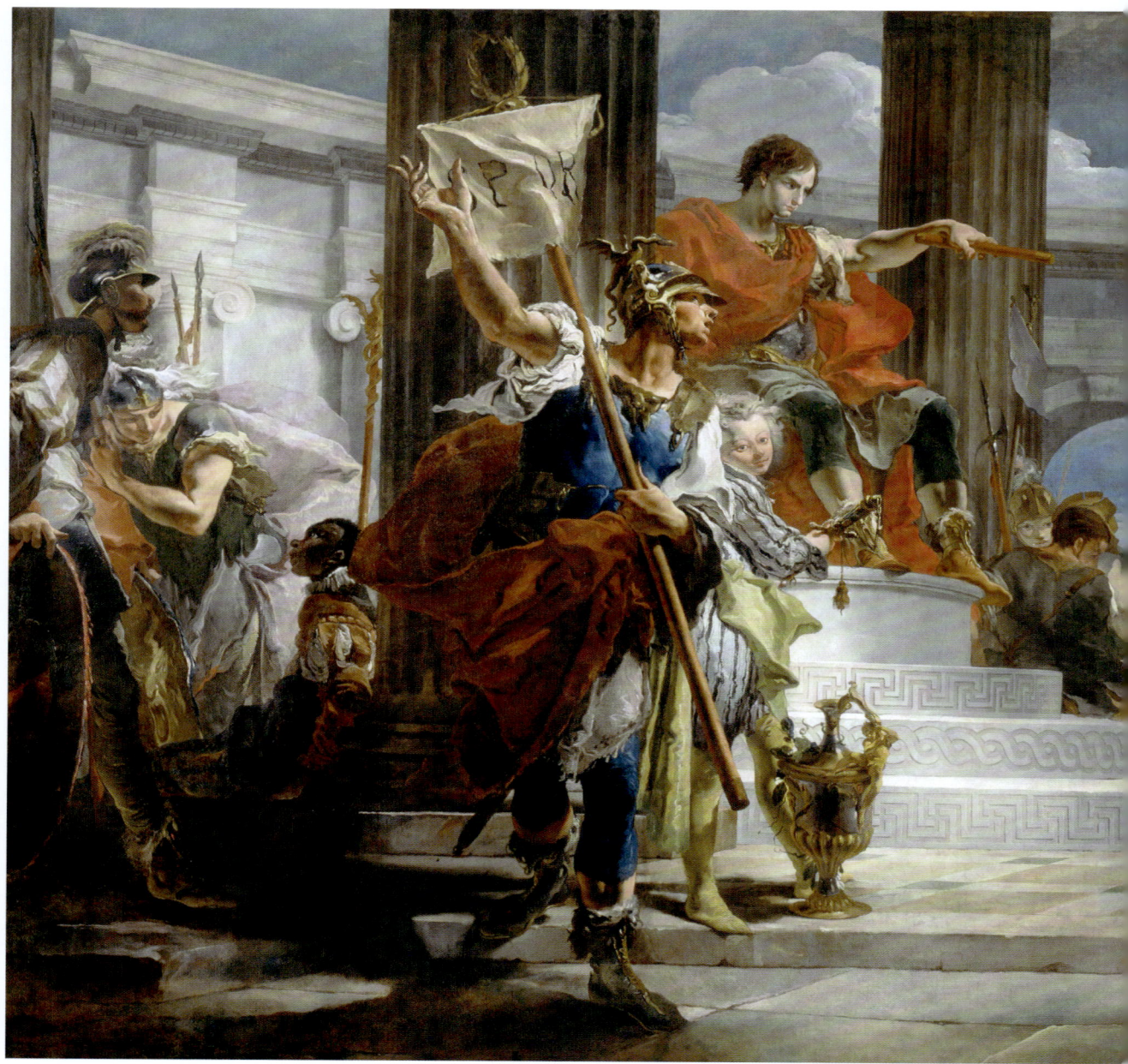

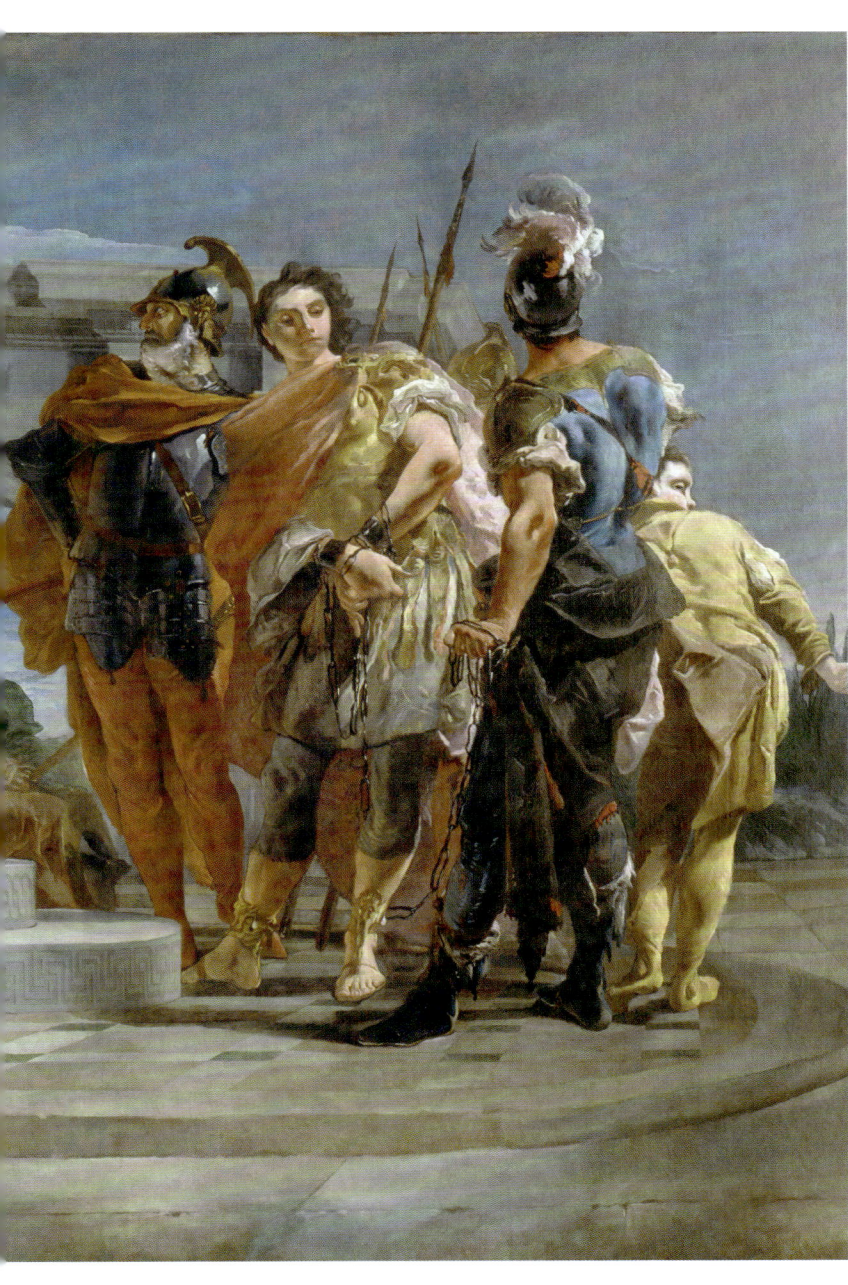

Scipio Africanus Freeing Massiva
Scipion l'Africain libère Massiva
Scipio Africanus schenkt Massiva die Freiheit
Escipión el africano liberando a Massiva
Scipio Africanus dá liberdade a Massiva
Scipio Africanus schenkt Massiva de vrijheid

Giovanni Battista Tiepolo (1696–1770)

1719-21, Oil on canvas/Huile sur toile,
279,4 × 487,6 cm, Walters Art Museum, Baltimore

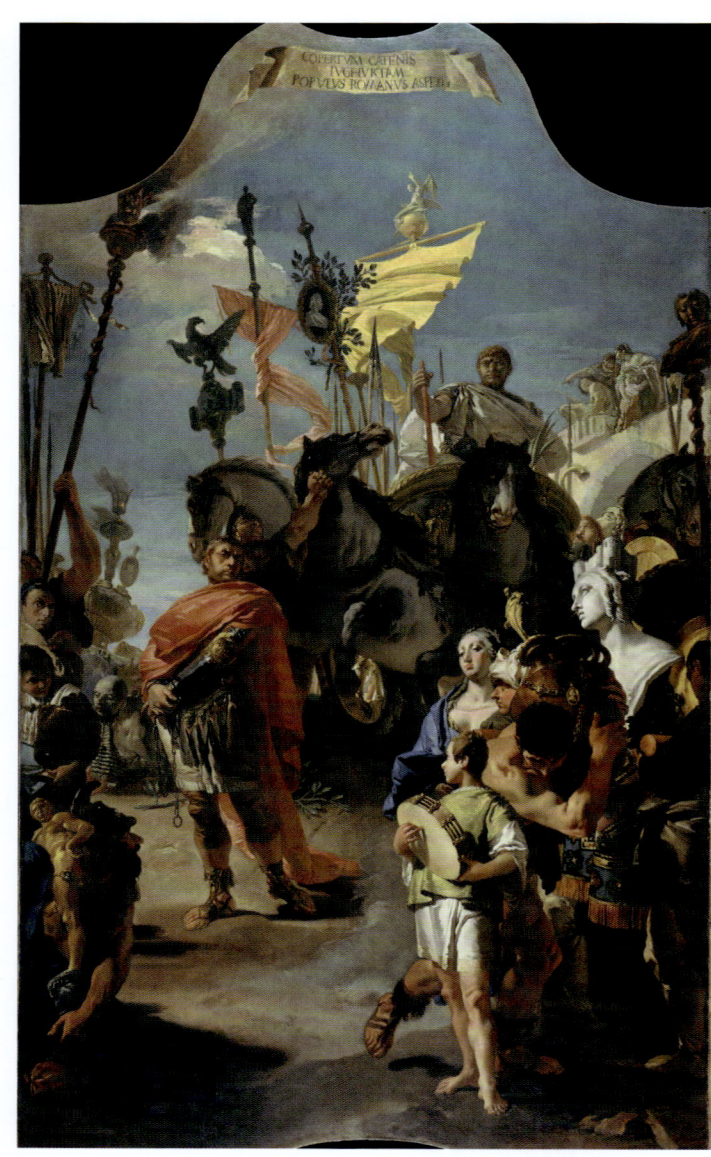

The Triumph of Marius

Le Triomphe de Marius

Der Triumph des Marius

El triunfo de Mario

O triunfo de Marius

De triomf van Marius

Giovanni Battista Tiepolo (1696–1770)

*1729, Oil on canvas/Huile sur toile,
558,8 × 326,7 cm, Metropolitan Museum
of Art, New York*

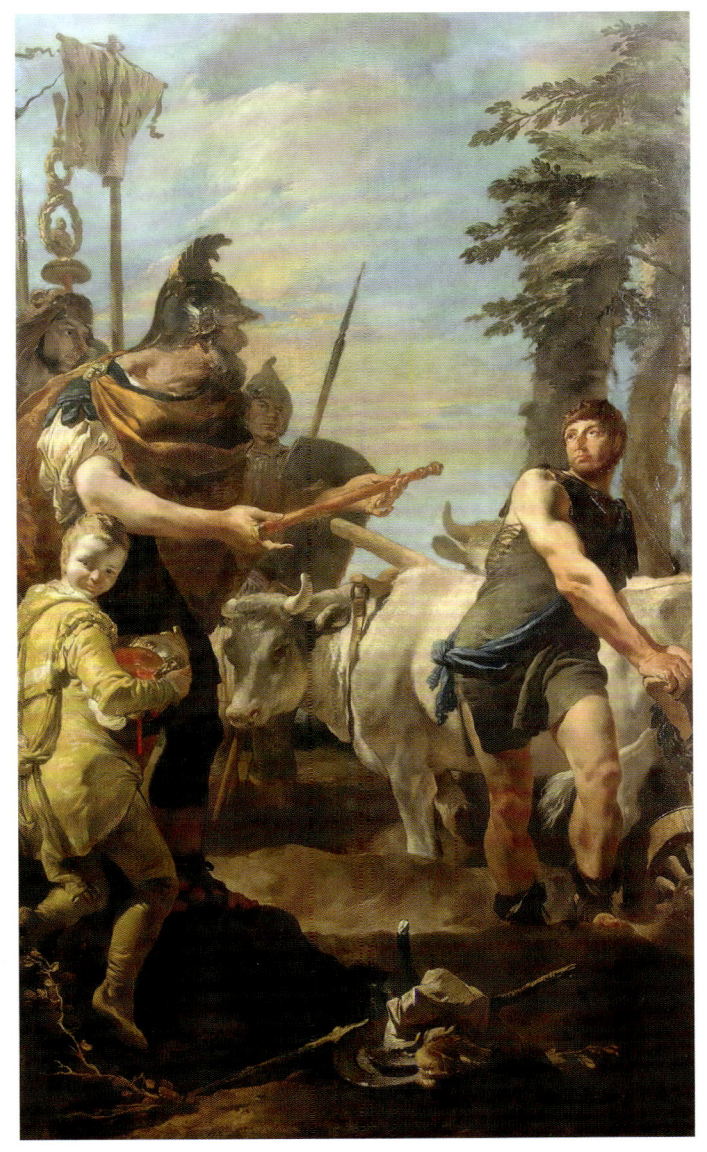

Cincinnatus Appointed Dictator
Cincinnatus nommé dictateur
Cincinnatus wird zum Diktator berufen
Cincinato nombrado dictador
Cincinnatus nomeado ditador
Cincinnatus wordt tot dictator benoemd

Giovanni Battista Tiepolo (1696–1770)

c. 1730, Oil on canvas/Huile sur toile,
387 × 227 cm, State Hermitage Museum,
St. Petersburg

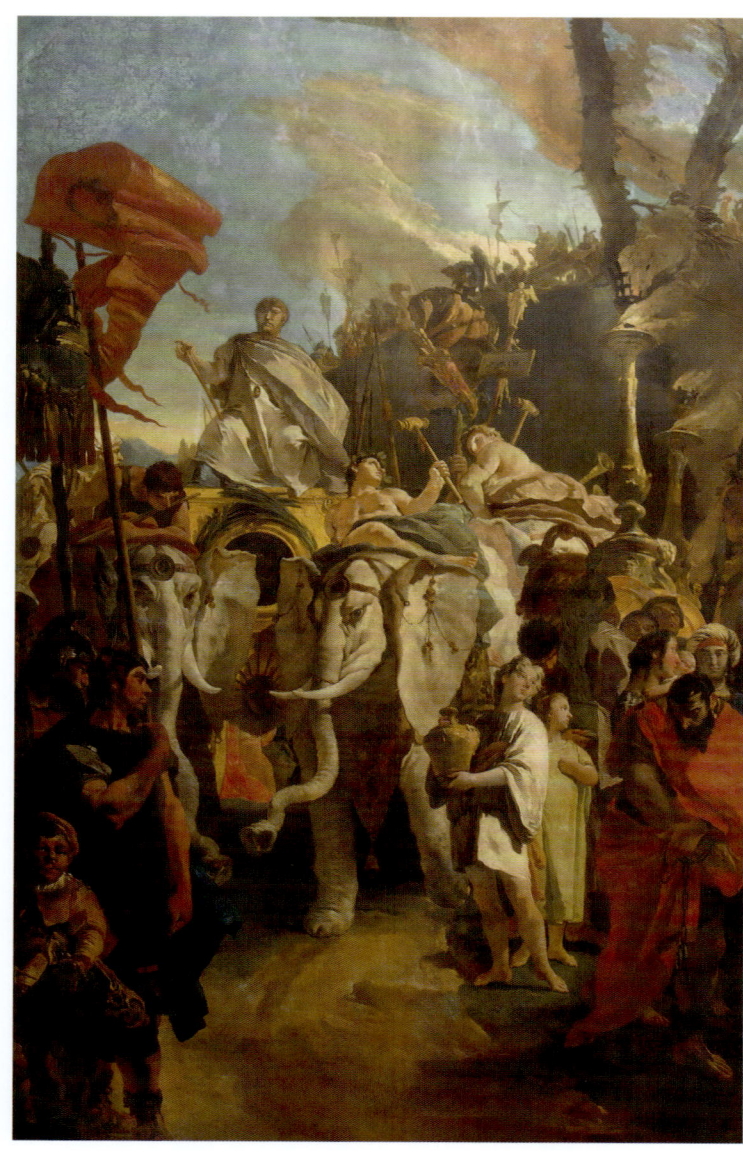

The Triumph of Manius Curius Dentatus

Le Triomphe de Manius Curius Dentatus

Der Triumph des Manius
Curius Dentatus

El triunfo de Manius Curius Dentatus

O Triunfo de Manius Curius Dentatus

De triomf van Manius Curius Dentatus

Giovanni Battista Tiepolo (1696–1770)

c. 1730, Oil on canvas/Huile sur toile,
550 × 322 cm, State Hermitage Museum,

St. Petersburg

**The Triumph of Manius
Curius Dentatus**
Dionisio Dolfin, Patriarch of Aquileia, commissioned several paintings on Roman history for his palace in Venice, the so-called Ca' Dolfin. In 275 BC, Manius Curius Dentatus defeated the troops of Pyrrhus, King of Epirus. Tiepolo showed the triumph of the Roman army. The artist was less interested in the individuals than in the overall impression of the colourful crowd.

**Le Triomphe de Manius
Curius Dentatus**
Dionisio Dolfin, patriarche d'Aquilée, commande plusieurs peintures sur l'histoire romaine pour son palais de Venise, la Ca'Dolfin. En 275 avant J.-C., Manius Curius Dentatus avait vaincu Pyrrhus, roi d'Épire. Tiepolo montre le défilé triomphal de l'armée romaine. Il s'intéresse moins aux individus qu'à l'impression d'ensemble produite par cette foule bigarrée.

**Der Triumph des Manius
Curius Dentatus**
Dionisio Dolfin, Patriarch von Aquileia, beauftragte mehrere Gemälde zur römischen Geschichte für seinen Palast in Venedig, den sogenannten Ca' Dolfin. Im Jahre 275 v. Chr. besiegte Manius Curius Dentatus die Truppen von Pyrrhus, dem König von Epirus. Tiepolo zeigte den Siegeszug der römischen Armee. Der Künstler interessierte sich weniger für die Individuen als den Gesamteindruck der bunten Menge.

El triunfo de Manius Curius Dentatus
Dionisio Dolfin, Patriarca de Aquileia, encargó varias pinturas sobre la historia romana para su palacio de Venecia, el llamado Ca' Dolfin. En el año 275 a.C., Manius Curius Dentatus derrotó a las tropas de Pirro, rey de Epiro. Tiepolo mostró el triunfo del ejército romano. El artista estaba menos interesado en los individuos que en la impresión general de la colorida multitud.

O Triunfo de Manius Curius Dentatus
Dionísio Dolfin, Patriarca de Aquileia, encomendou várias pinturas sobre a história romana para o seu palácio em Veneza, o chamado Ca' Dolfin. Em 275 AC, Manius Curius Dentatus derrotou as tropas de Pirro, Rei de Épiro. Tiepolo mostrou o triunfo do exército romano. O artista estava menos interessado nos indivíduos do que na impressão geral da multidão colorida.

De triomf van Manius Curius Dentatus
Dionisio Dolfin, patriarch van Aquileia, gaf opdracht voor enkele schilderijen over de Romeinse geschiedenis voor zijn paleis in Venetië, het zogenaamde Ca' Dolfin. In 275 v.Chr. versloeg Manius Curius Dentatus de troepen van Pyrrhus, de koning van Epirus. Tiepolo toonde de triomftocht van het Romeinse leger. De kunstenaar was minder geïnteresseerd in de individuen dan in de algemene indruk van de bonte menigte.

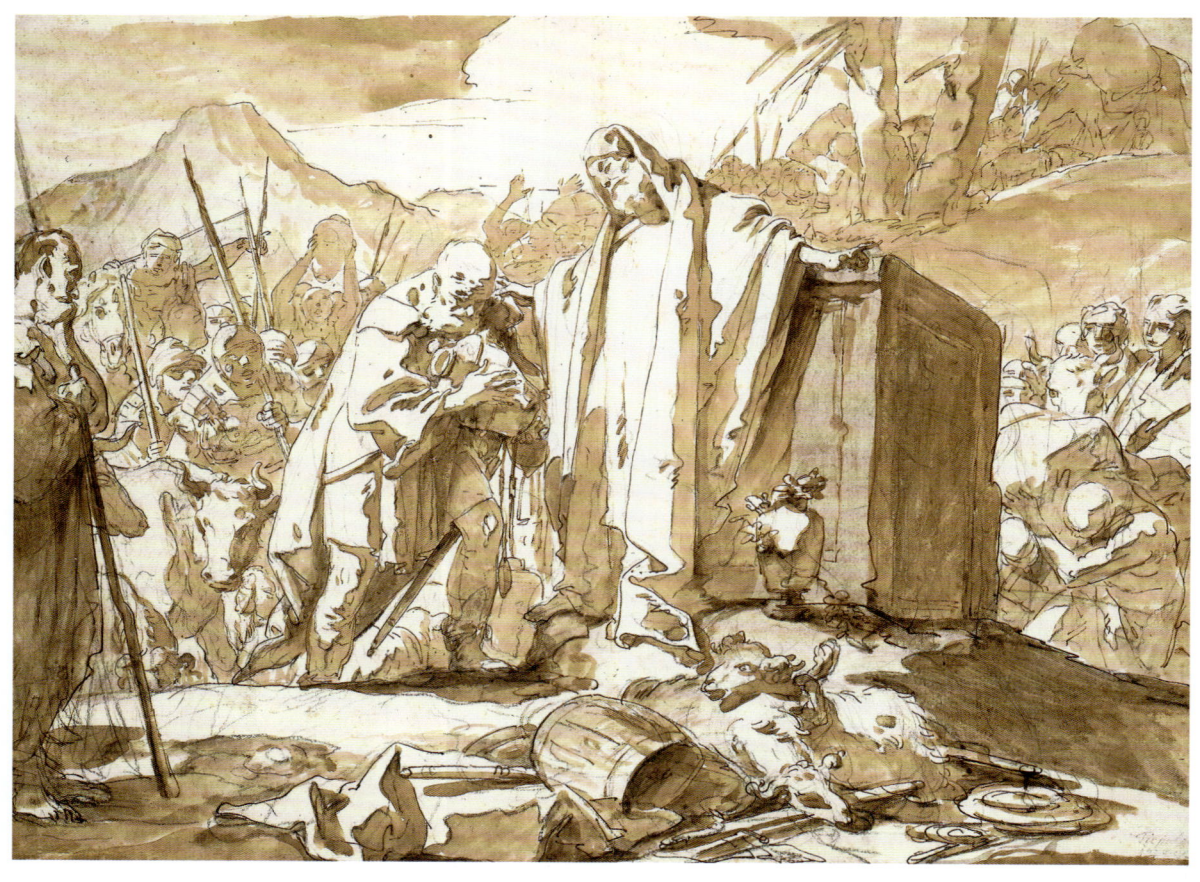

The Meeting of Abraham and Melchisidech
La Rencontre d'Abraham et Melchisédek

Die Begegnung vom Abraham und Melchisedek
El encuentro de Abraham y Melquisedec

O Encontro de Abraão e Melquisedeque
De ontmoeting van Abraham en Melchizedek

Giovanni Battista Tiepolo (1696–1770)

1709/1725, Pen and brown ink, brush, and brown grey wash, with black chalk, on ivory Vergé paper/Plume et encre brune, pinceau et lavis gris-brun, craie noire sur papier vergé ivoire, 37 × 51,1 cm, Art Institute of Chicago

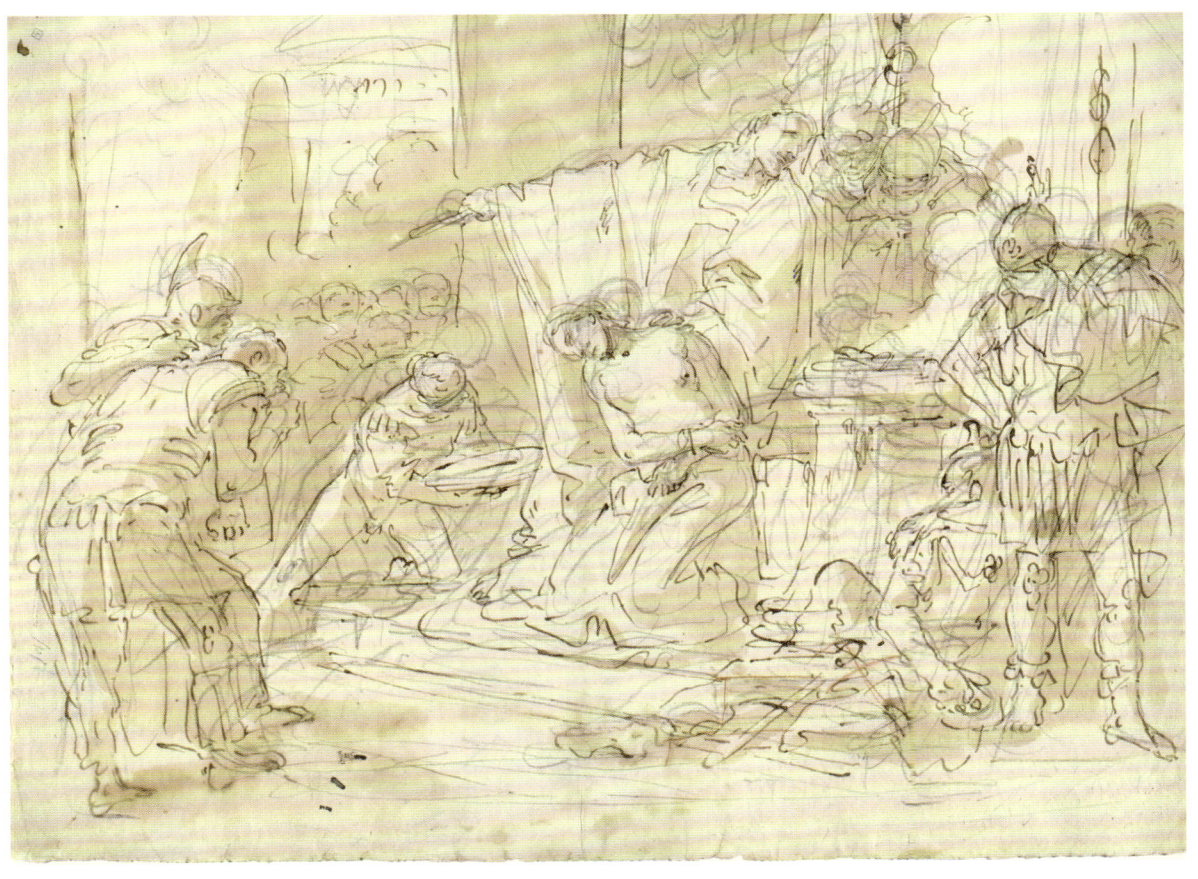

The Sacrifice of Iphigenia

Le Sacrifice d'Iphigénie

Die Opferung der Iphigenie

El sacrificio de Ifigenia

O sacrifício de Ifigênia

De opoffering van Iphigeniak

Giovanni Battista Tiepolo (1696–1770)

c. 1726, Pen and brown ink, washed brown, over black chalk, on/Plume et encre brune, pinceau et lavis gris-brun, craie noire, 43,3 × 56,2 cm, National Gallery of Art, Washington

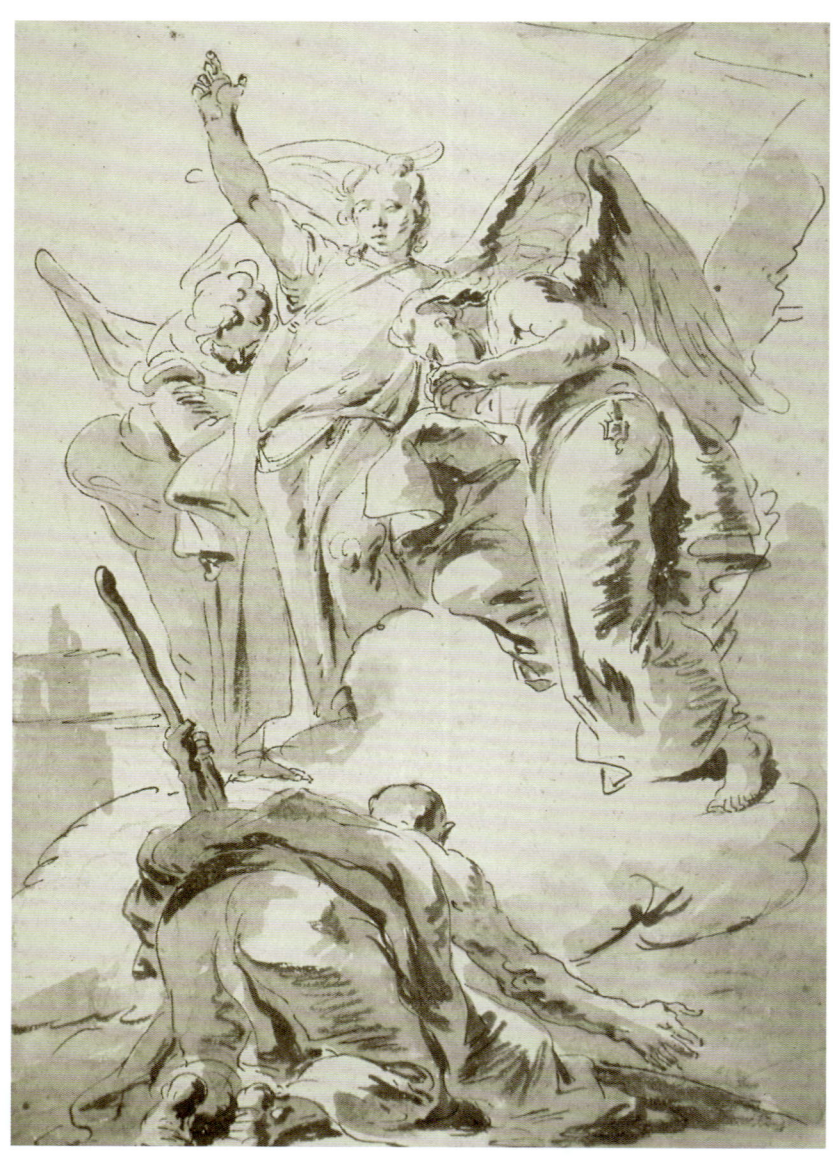

Three Angels Appearing to Abraham
Trois anges apparaissent à Abraham
Drei Engel erscheinen Abraham
Tres ángeles se le aparecen a Abraham
Aparecem três anjos a Abraão
Drie engelen verschijnen aan Abraham

Giovanni Battista Tiepolo (1696–1770)

*1723-33, Pen and brown ink, brush,
washed brown and grey, over black chalk,
on ivory Vergé-paper/Plume et encre
brune, pinceau et lavis gris-brun, craie
noire sur papier vergé ivoire, 431 × 285 cm,
Art Institute of Chicago*

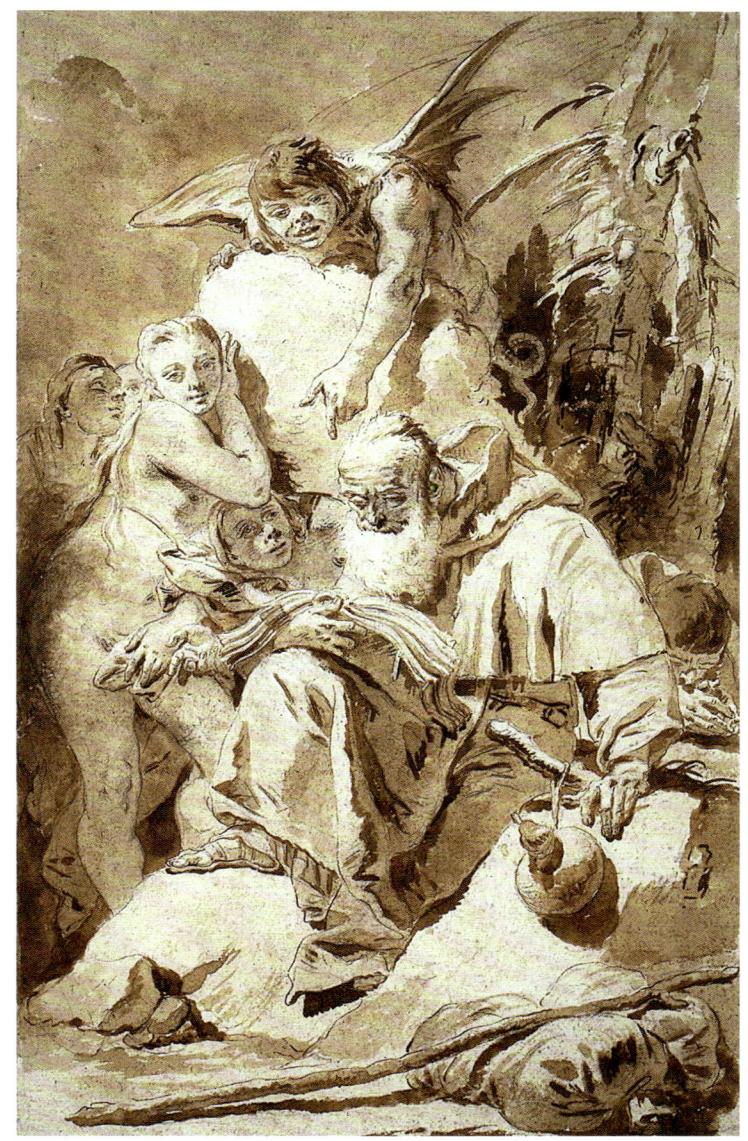

The Temptation of Saint Anthony
La Tentation de saint Antoine
Die Versuchung des Heiligen Antonius
La Tentación de San Antonio
A tentação de Santo António
De verzoeking van de heilige Antonius

Giovanni Battista Tiepolo (1696–1770)

1720-34, Pen-and-ink and black ink, brush, grey wash, with black chalk and traces of charcoal, with raised white gouache, aif ivory Vergé paper/Plume et encre noire, pinceau et lavis gris, craie noire et traces de fusain, rehaussées de gouache blanche sur papier vergé ivoire, 400 × 247 cm, Art Institute of Chicago

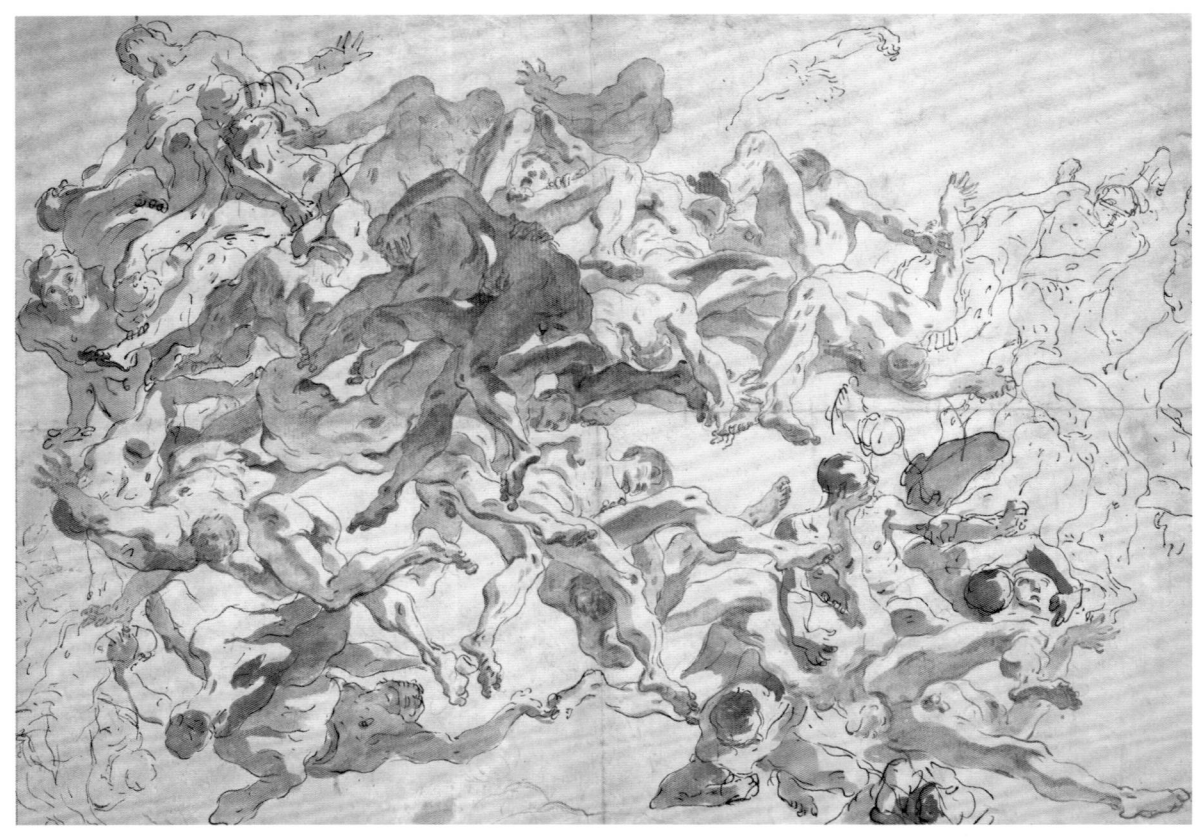

The Fall of the Rebel Angels

La Chute des anges rebelles

Der Fall der gestürzten Engel

La caída de los ángeles rebeldes

A queda dos anjos caídos

De val van de gevallen engelen

Giovanni Battista Tiepolo (1696–1770)

1712-15, Pen-and-ink and brown ink, grey wash, over black chalk; pen-and-ink and black ink, grey wash, scattered, unrelated traces of red chalk on left hand side/Plume et encre brune, lavis gris sur craie noire ; plume et encre noire, lavis gris, traces éparses et non apparentées de craie rouge sur le côté gauche, 34,5 × 46,7 cm, National Gallery of Art, Washington

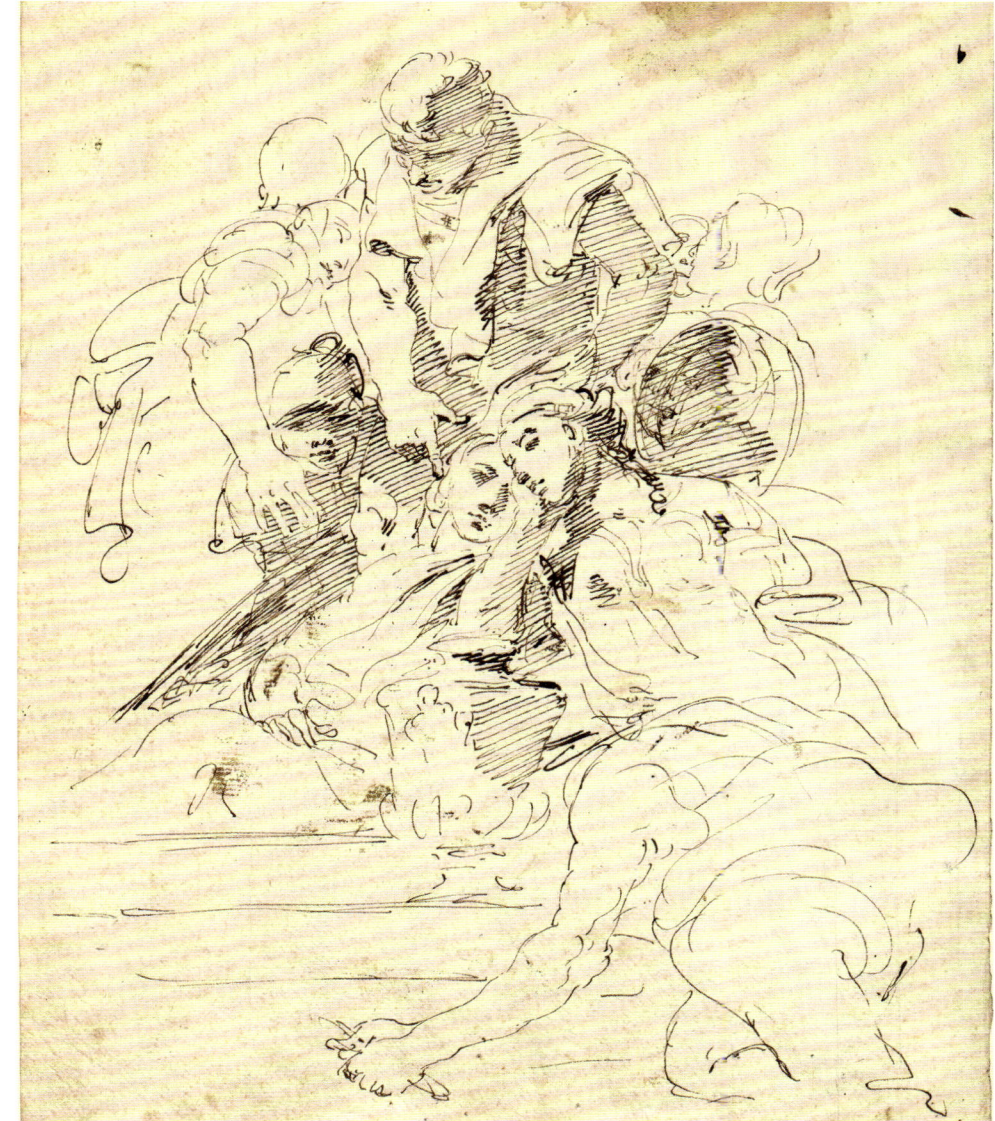

***Classical Fgures
Gathered Around
an Urn***

***Figures classiques
réunies autour
d'une urne***

***Klassische Figuren
um eine Urne
gruppiert***

***Figuras clásicas
agrupadas
alrededor de
una urna***

***Figuras clássicas
agrupadas em
torno de uma urna***

***Klassieke figuren
gegroepeerd
rond een urn***

*Giovanni Battista
Tiepolo (1696–1770)*

*1724-29, Pen and
brown ink on Vergé
paper, black chalk
on the reverse side/
Plume et encre brune
sur papier vergé,
craie noire au verso,
33 × 27 cm,
National Gallery of
Art, Washington*

First stage of maturity 1731-1749

The talent that he had already demonstrated in his earliest works helped Tiepolo to win numerous further commissions, limited for the next two decades initially to Northern Italy. In 1731 he was called to Milan, where he decorated the Palazzo Archinto with mythical scenes. It was later destroyed in the Second World War. A little later he created the decoration of the Cappella Colleoni in Bergamo with stories of John the Baptist. For the first time he used airy landscape backgrounds . Here also for the first time Tiepolo created unusual background motifs. It is not always clear how the clowns, orientals or nursing mothers fit into the overall

La première phase de la maturité 1731-1749

Le talent qui éclate dès ses débuts aide Tiepolo à décrocher une foule de commandes, mais son activité se limite à l'Italie du Nord pendant les vingt années suivantes. En 1731, il est appelé à Milan, où il peint des scènes mythologiques au palais Archinto, détruit pendant la Seconde Guerre mondiale. Peu de temps après, il décore la chapelle Colleoni, à Bergame, où il représente des épisodes de la vie de saint Jean-Baptiste. C'est la première fois qu'il recourt à des fonds où l'air occupe tant de place, mais aussi à ces personnages souvent insolites qui caractérisent son œuvre – des saltimbanques, des Orientaux, des

Erste Reifephase 1731–1749

Das Talent, das er bereits in seinen frühesten Werken unter Beweis stellte, verhalf Tiepolo in der Folge zu zahlreichen weiteren Aufträgen, wobei sich seine Tätigkeit für die nächsten zwei Jahrzehnte zunächst auf Oberitalien beschränken sollte. 1731 wurde er nach Mailand berufen, wo er den im Zweiten Weltkrieg zerstörten Palazzo Archinto mit mythischen Szenen ausschmückte. Wenig später schuf er die Dekoration der Cappella Colleoni in Bergamo, mit Geschichten von Johannes dem Täufer. Erstmals verwendete er hier luftige Landschaftshintergründe. Offen zutage aber trat hier erstmals auch die oft ungewöhnliche Komparserie in den

Bellerophon Riding Pegasus
Béllerophon sur Pégase
Bellerophon auf Pegasus
Belerofonte montado a Pegaso
Bellerophon em Pegasus
Bellerophon op Pegasus

Giovanni Battista Tiepolo (1696–1770)
1746/47, Fresco/Fresque, Palazzo Labia, Venezia

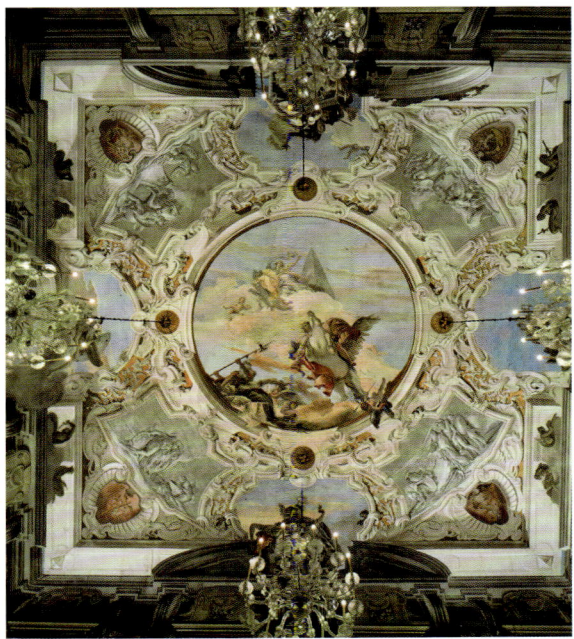

Primera fase de madurez 1731-1749

El talento que ya había demostrado en sus primeros trabajos ayudó a Tiepolo a ganar numerosos encargos más, aunque sus actividades durante las dos décadas siguientes se limitaron inicialmente al norte de Italia. En 1731 fue llamado a Milán, donde decoró el Palacio Archinto, destruido en la Segunda Guerra Mundial, con escenas míticas. Poco después creó la decoración de la capilla Colleoni de Bérgamo, con historias de Juan Bautista. Aquí utilizó por primera vez fondos de paisaje aireado. Sin embargo, la a menudo inusual serie comparativa en las obras de Tiepolo también salió a la luz aquí por primera vez. Payasos, orientales, madres lactantes - no siempre

Primeira fase de maturidade 1731-1749

O talento que ele já havia demonstrado em seus primeiros trabalhos ajudou Tiepolo a ganhar muitas outras encomendas, embora as suas atividades para as próximas duas décadas fossem inicialmente limitadas ao norte da Itália. Em 1731 foi chamado a Milão, onde decorou o Palácio Archinto, destruído na Segunda Guerra Mundial, com cenas míticas. Pouco depois criou a decoração da Cappella Colleoni em Bérgamo, com histórias de João Batista. Pela primeira vez, ele usou fundos paisagísticos arejados aqui. No entanto, a série extra muitas vezes incomum em obras de Tiepolo também veio à luz aqui pela primeira vez. Palhaços, orientais, mães

Eerste volwassen fase 1731-1749

Door het talent dat hij al in zijn vroegste werken had laten zien, kreeg Tiepolo tal van andere opdrachten, waarbij zijn werkterrein in de eerstvolgende twee decennia vooral beperkt zou blijven tot Noord-Italië. In 1731 kreeg hij een aanstelling in Milaan, waar hij het in de Tweede Wereldoorlog verwoeste Palazzo Archinto met mythische taferelen versierde. Iets daarna decoreerde hij de Cappella Colleoni in Bergamo, met verhalen van Johannes de Doper. Voor het eerst gebruikte hij hier luchtige landschapsachtergronden. Maar ook de vaak ongebruikelijke figuratie in Tiepolo's werk kwam hier voor het eerst aan het licht. Clowns, oosterse lieden,

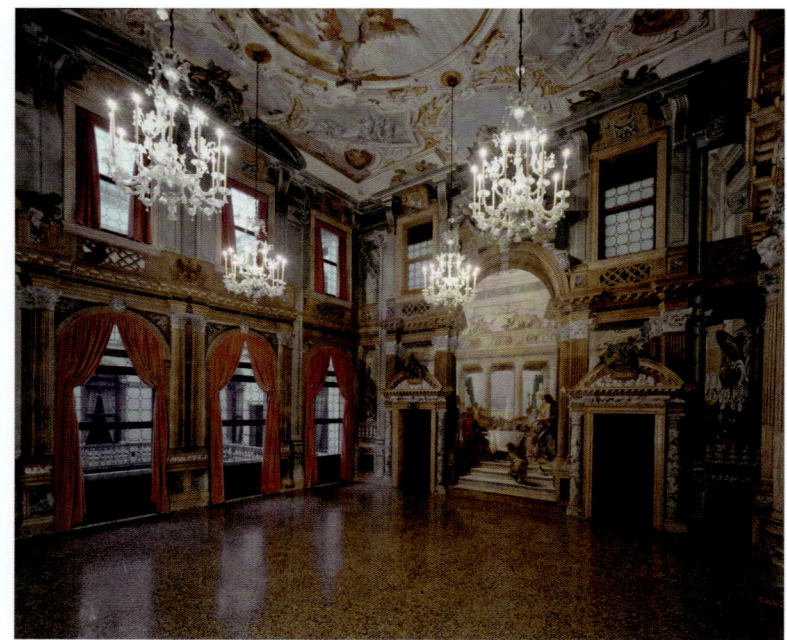

Palazzo Labia, Ballroom
Palazzo Labia, salle de bal
Palazzo Labia, Ballsaal
Palazzo Labia, salón de baile
Palazzo Labia, salão de dança
Palazzo Labia, balzaal
Palazzo Labia, Venezia

narrative concept as individual elements. For the decoration of the Villa Loschi near Vicenza, today known as Villa Zileri, he first created a wonderful series of drawings, which once again proves his extraordinary talent as a draughtsman. Tiepolo's style also underwent some changes in the following years, for example in the treatment of the body and the colourfulness of his frescoes. From the end of the 1730s onwards he was increasingly active for clients outside Italy, for example, with the magnificent panel painting *The Veneration of the Trinity of the Holy Pope Clement,* which he created for the Nymphenburger Altar and which can

mères allaitant, dont on ne sait pas trop quelle est leur place dans la narration. Pour le décor de la villa Loschi, près de Vicence, aujourd'hui villa Zileri, il réalise une série d'études merveilleuses qui prouvent une fois de plus son talent exceptionnel de dessinateur.
Au cours des années suivantes, le style de Tiepolo évolue encore, par exemple dans le traitement des corps et la puissance du coloris de ses fresques. À partir de la fin des années 1730, il travaille davantage à l'étranger. Son magnifique tableau pour l'autel de Nymphenburg, *Le Pape Clément adorant la Trinité,* est conservé aujourd'hui à l'Alte Pinakothek de Munich.

Werken Tiepolos. Clowns, Orientalen, stillende Mütter – nicht immer wird deutlich, wie die einzelnen Elemente sich in das narrative Gesamtkonzept einfügen. Für die Ausschmückung der Villa Loschi nahe Vicenza, heute als Villa Zileri bekannt, fertigte er zunächst eine wundervolle Zeichenserie an, die einmal mehr sein außerordentliches zeichnerisches Talent belegt.
Auch in den Folgejahren sollte Tiepolos Stil noch einige Wandlungen durchlaufen, etwa bei der Körperbehandlung und der Farbigkeit seiner Fresken. Ab Ende der 1730er-Jahre war er dann vermehrt auch für Auftraggeber außerhalb Italiens tätig, wie es etwa der Fall war bei dem

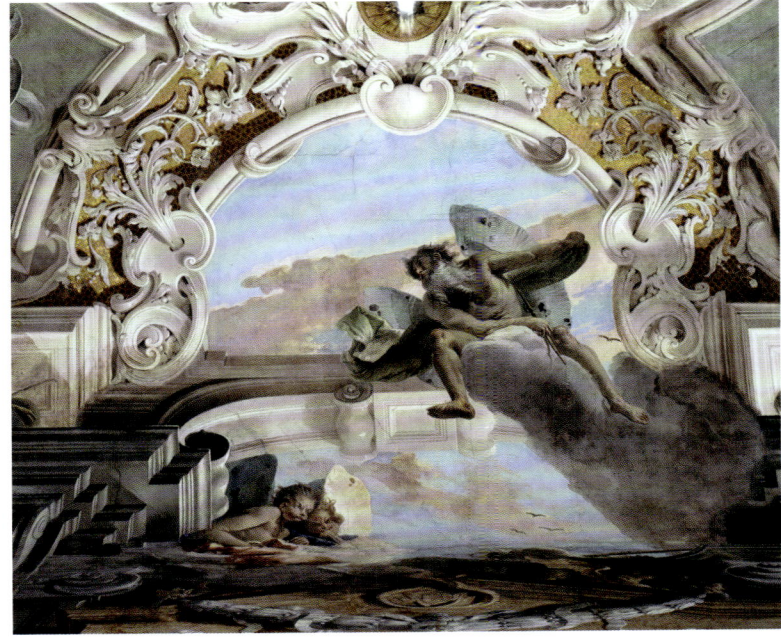

está claro cómo encajan los elementos individuales en el concepto narrativo general. Para la decoración de la Villa Loschi cerca de Vicenza, hoy conocida como Villa Zileri, creó por primera vez una maravillosa serie de dibujos, lo que demuestra una vez más su extraordinario talento como dibujante. El estilo de Tiepolo también experimentó algunos cambios en los años siguientes, por ejemplo en el tratamiento del cuerpo y el colorido de sus frescos. A partir de finales de la década de 1730 se dedicó cada vez más a clientes de fuera de Italia, como fue el caso, por ejemplo, del magnífico cuadro de paneles *El Papa san Clemente adorando a la Trinidad,* que creó para el altar de Nymphenburg

lactantes - nem sempre é claro como os elementos individuais se encaixam no conceito narrativo global. Para a decoração da Villa Loschi perto de Vicenza, hoje conhecida como Villa Zileri, ele primeiro criou uma maravilhosa série de desenhos, que mais uma vez demonstram seu extraordinário talento como desenhista.
O estilo de Tiepolo também sofreu algumas mudanças nos anos seguintes, por exemplo no tratamento do corpo e no colorido dos seus frescos. A partir do final da década de 1730 foi também cada vez mais activo para clientes fora de Itália, como foi o caso da magnífica pintura de painéis *A Veneração da Trindade de São Clemente,* que criou para

zogende moeders – het is niet altijd duidelijk hoe de losse elementen in het totale narratieve concept passen. Voor de inrichting van Villa Loschi bij Vicenza, nu bekend als Villa Zileri, voltooide hij een prachtige serie tekeningen, die eens te meer zijn buitengewone tekentalent bewezen.
Ook in de jaren daarna onderging Tiepolo's stijl enkele veranderingen, bijvoorbeeld in de lichaamsweergave en kleurigheid van zijn fresco's. Vanaf omstreeks 1740 werkte hij steeds meer voor opdrachtgevers buiten Italië, bijvoorbeeld voor het prachtige paneelschilderij *Clemens van Rome aanbidt de Drievuldigheid,* dat hij voor het Nymphenburger altaar maakte en dat

55

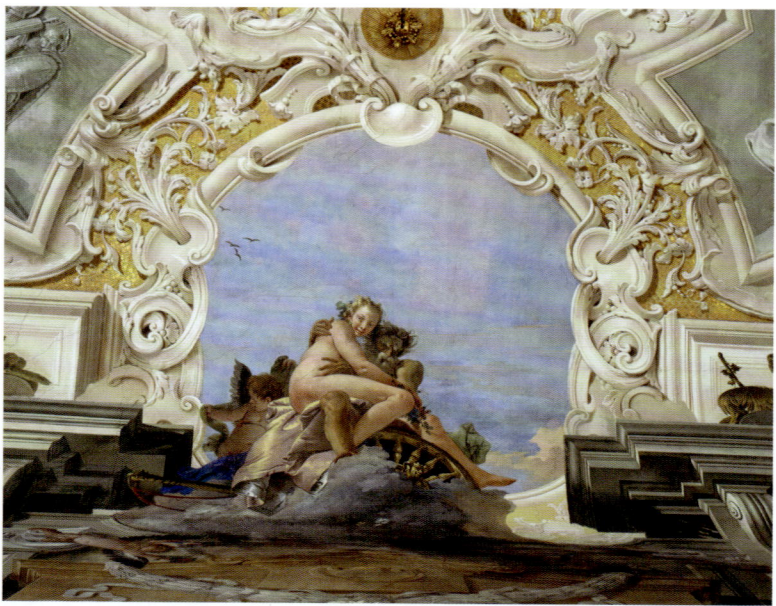

Time Steals Away Beauty

Le Temps enlevant la Beauté

Die Zeit raubt die Schönheit

El tiempo roba la belleza

O tempo rouba a beleza

Tijd rooft de schoonheid

Giovanni Battista Tiepolo (1696–1770)

c. 1746/47, Fresco/Fresque, Palazzo Labia, Venezia

today be admired in the Alte Pinakothek in Munich.

The 1740s were a period of unbroken creativity and productivity for Tiepolo. He came into contact with the works of his French contemporaries, Boucher and Van Loo, whose influence can be seen in some of his works from this period bear, such as the paintings he made for the Saxon minister Brühl. At the end of the 1740s Tiepolo created another key work, the decoration of the Palazzo Labia in Venice, in particular the frescoes in the large ballroom.

Les années 1740 sont marquées par une production impressionnante et une créativité débridée. Tiepolo découvre le travail de ses contemporains, les Français Boucher et Van Loo, qui va déteindre sur certaines de ses œuvres, telles celles exécutées pour le ministre de Saxe, Brühl. À la fin des années 1740, Tiepolo s'attaque à une autre entreprise de grande envergure, la décoration du Palazzo Labia à Venise, et en particulier de sa grande salle de bal.

großartigen Tafelbild *Die Verehrung der Trinität des heiligen Papst Clemens,* das er für den Nymphenburger Altar schuf und heute in Alten Pinakothek in München zu bestaunen ist.

Die 1740er-Jahre waren für Tiepolo eine Phase der ungebrochenen Kreativität und Produktivität. Er kam in Berührung mit den Arbeiten seiner französischen Zeitgenossen Boucher und Van Loo, wovon einige seiner Werke aus dieser Zeit Zeugnis ablegen, wie die Gemälde, die er für den sächsischen Minister Brühl anfertigte. Das Ende der 1740er-Jahre sah ein weiteres Schlüsselwerk im Schaffen Tiepolos, nämlich die Ausschmückung des Palazzo Labia in Venedig, insbesondere die Fresken im großen Ballsaal.

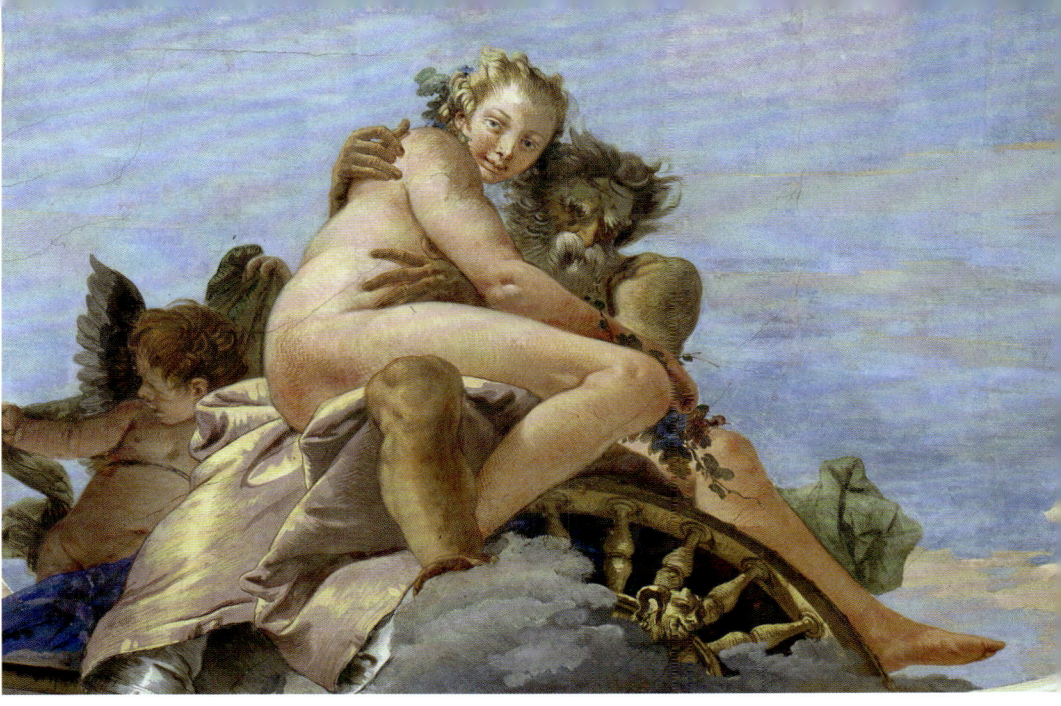

y que hoy se puede admirar en la Alte Pinakothek de Múnich.

La década de 1740 fue un período de creatividad y productividad ininterrumpida para Tiepolo. Entró en contacto con las obras de sus contemporáneos franceses Boucher y Van Loo, de las que son testigos algunas de sus obras de este período, como las pinturas que realizó para el ministro sajón Brühl. A finales de la década de 1740, otra obra clave de Tiepolo fue la decoración del Palazzo Labia de Venecia, en particular los frescos del gran salón de baile.

o Altar de Nymphenburg e que hoje pode ser admirada no Alte Pinakothek em Munique.

Para a Tiepolo, a década de 1740 foi um período de criatividade e produtividade ininterruptas. Ele entrou em contato com as obras de seus contemporâneos franceses Boucher e Van Loo, das quais algumas de suas obras dessa época são testemunhas, como as pinturas que fez para o ministro saxão Brühl. No final da década de 1740, na obra de Tiepolo, a decoração do Palazzo Labia em Veneza, em particular os frescos no grande salão de baile, foi outra das principais obras da obra de Tiepolo.

tegenwoordig in de Alte Pinakothek in München te bewonderen is.

De periode van 1740 en 1750 was voor Tiepolo een fase van doorlopende creativiteit en productiviteit. Hij kwam in aanraking met werken van zijn Franse tijdgenoten Boucher en Van Loo, waarvan enkele van zijn werken uit deze periode getuigen, zoals de schilderijen die hij voor de Saksische minister Brühl maakte. Aan het einde van de jaren 1740 schiep Tiepolo een ander belangrijk werk, namelijk de decoratie van het Palazzo Labia in Venetië, met name de fresco's in de grote balzaal.

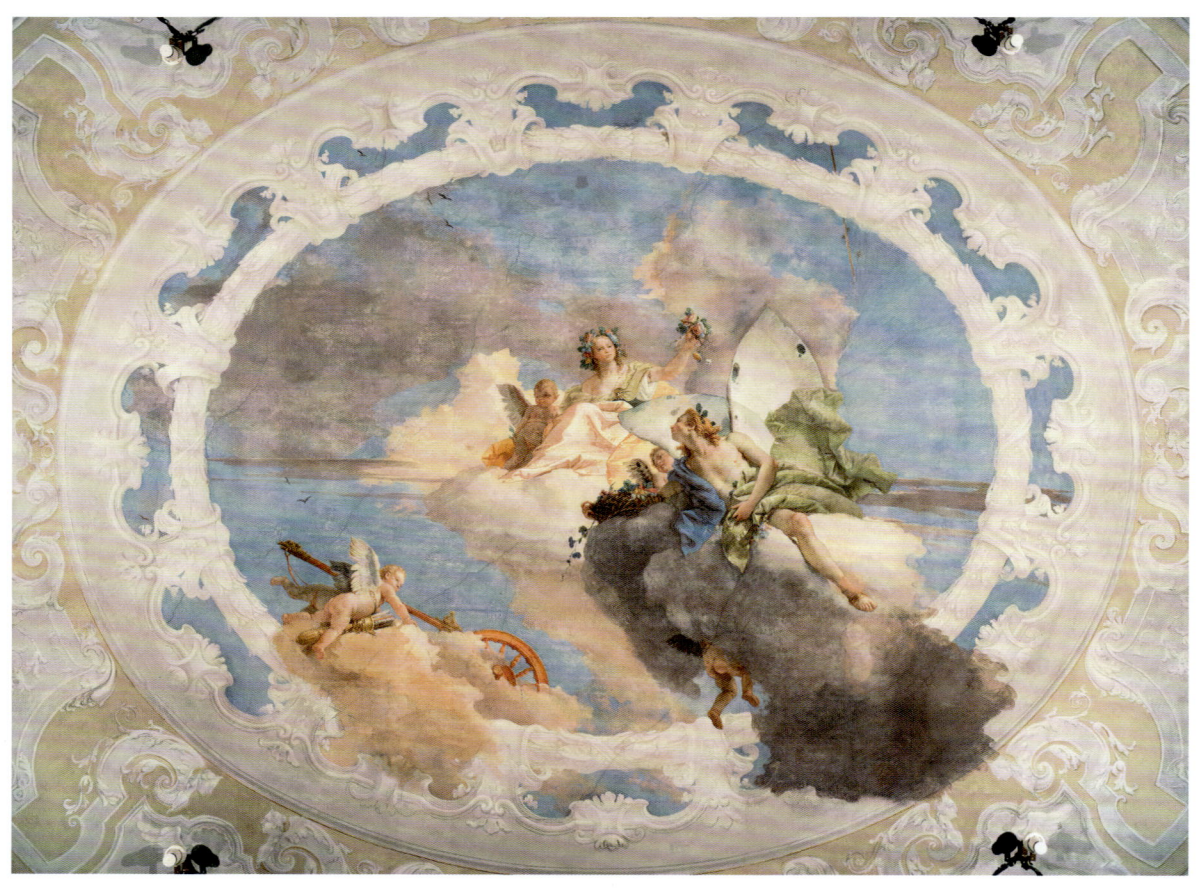

Flora and Zephir (Allegory of Spring)

Flore et Zéphyr (Allégorie du printemps)

Flora und Zephir (Allegorie des Frühlings)

Flora y Zephir (Alegoría de la primavera)

Flora e Zephir (Alegoria da Primavera)

Flora en Zephyros (Allegorie van de lente)c

Giovanni Battista Tiepolo (1696–1770)

1746/47, Fresco/Fresque, 220 × 400 cm, Palazzo Labia, Venezia

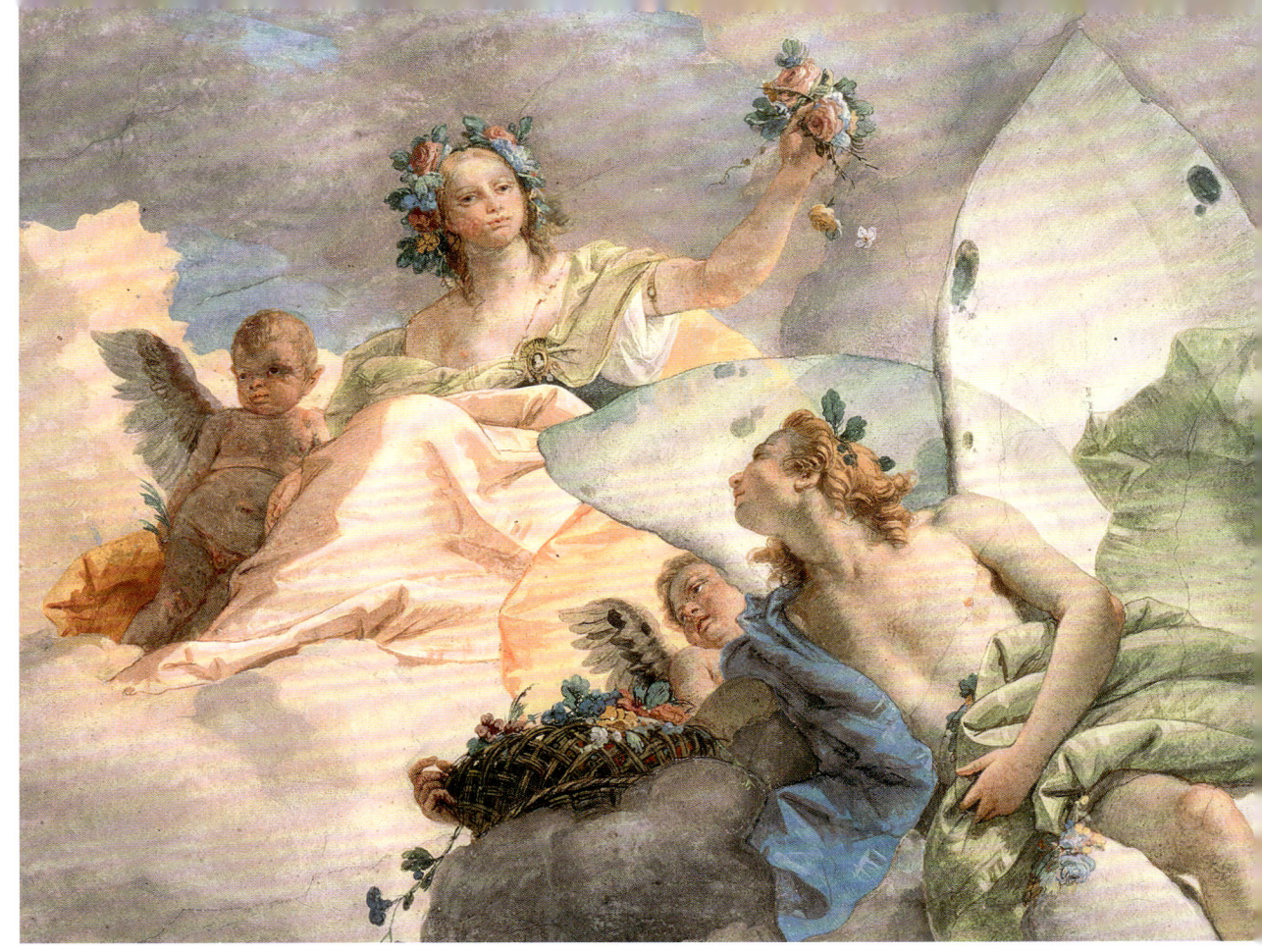

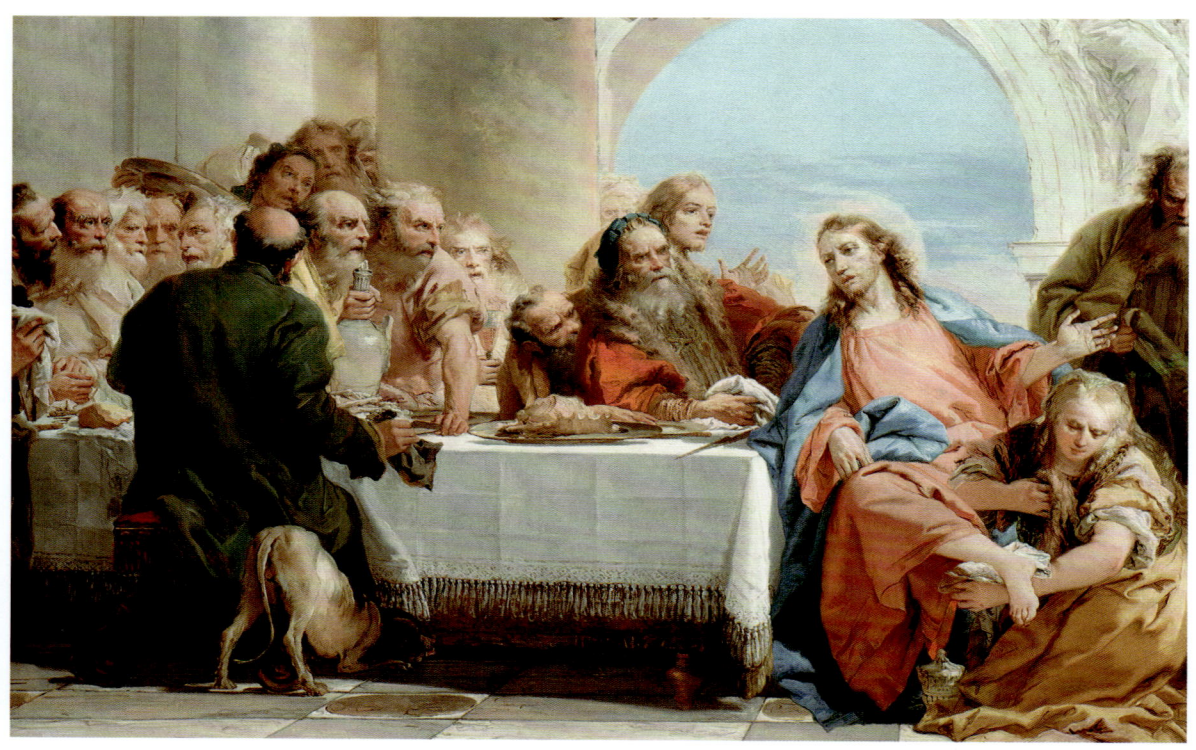

**Christ and Magdalena in the
House of the Pharisee Simon**

*Le Christ et Marie-Madeleine
chez Simon le pharisien*

*Christus und Magdalena im
Hause des Pharisäers Simon*

*Cristo y Magdalena en la
casa del fariseo Simón*

*Cristo e Madalena na Casa
do Fariseu Simão*

*Christus en Maria Magdalena in
het huis van de farizeeër Simon*

Giovanni Domenico Tiepolo (1727–1804)

1752, Oil on canvas/Huile sur toile,
99,2 × 149,3 cm, Staatsgalerie, Würzburg

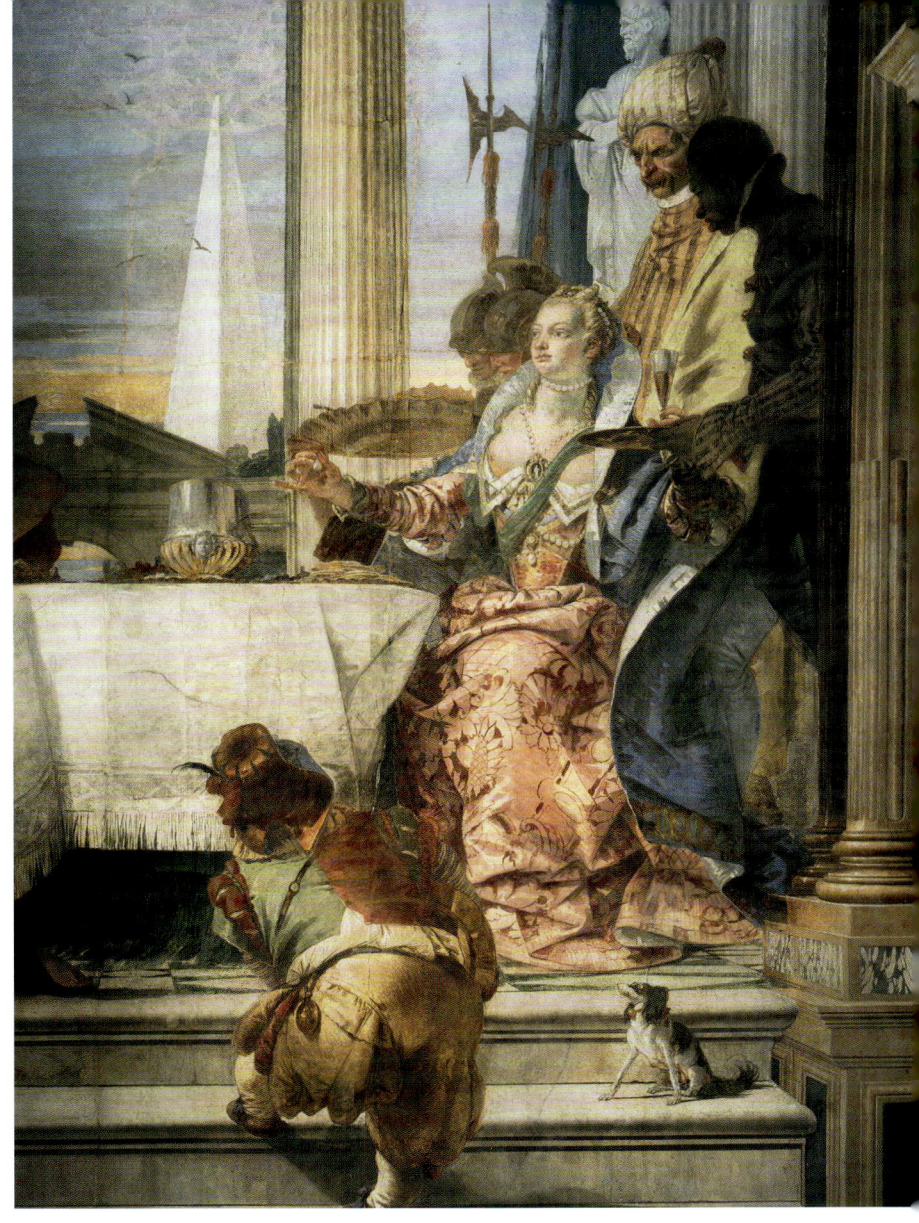

Cleopatra's Banquet (detail)
Le Banquet de Cléopâtre (détail)
Das Gastmahl der Kleopatra (Detail)
El banquete de Cleopatra (detalle)
Banquete de Cleópatra (detalhe)
Het feestmaal van Cleopatra (detail)
Giovanni Battista Tiepolo (1696–1770)

1746/47, Fresco/Fresque, 650 × 300 cm,
Palazzo Labia, Venezia

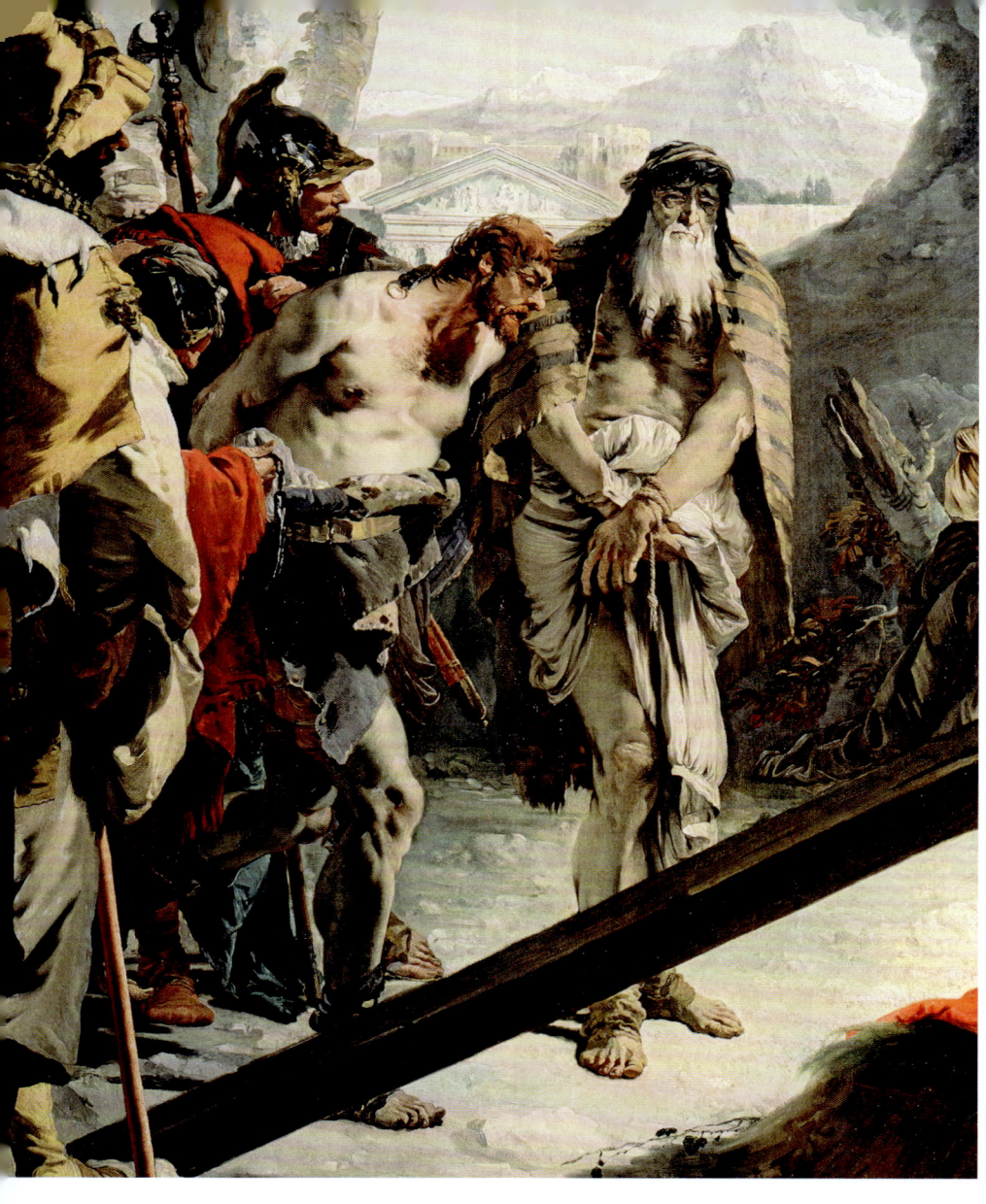

*The Cross Bearing:
The Thieves*

*La Montée au Calvaire:
les voleurs (détail)*

*Die Kreuztragung:
Die Schächer*

*Cristo llevando la Cruz:
los ladrones*

*A cruz que transportava:
Os ladrões*

*De kruisdraging:
de slachters*

*Giovanni Battista Tiepolo
(1696–1770)*

*1738-40, Oil on canvas/Huile
sur toile, 450 × 517 cm,
Sant' Alvise, Venezia*

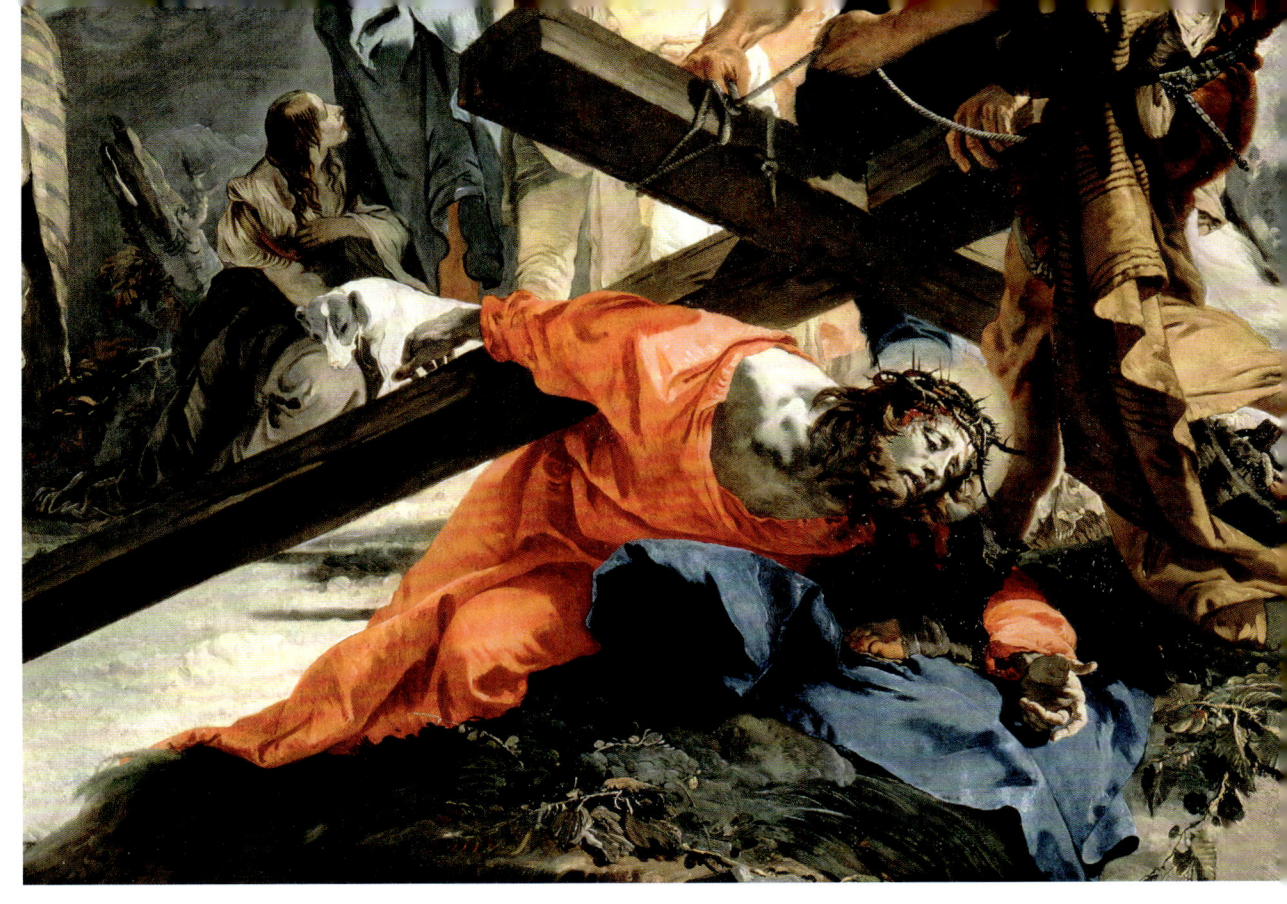

The Cross Bearing (excerpt)
La Montée au Calvaire (détail)
Die Kreuztragung (Ausschnitt)
Cristo llevando la Cruz (extracto)
O rolamento transversal (excerto)
De kruisdraging (uitsnede)

Giovanni Battista Tiepolo (1696–1770)

1738-40, Oil on canvas/Huile sur toile, 450 × 517 cm,
Sant' Alvise, Venezia

63

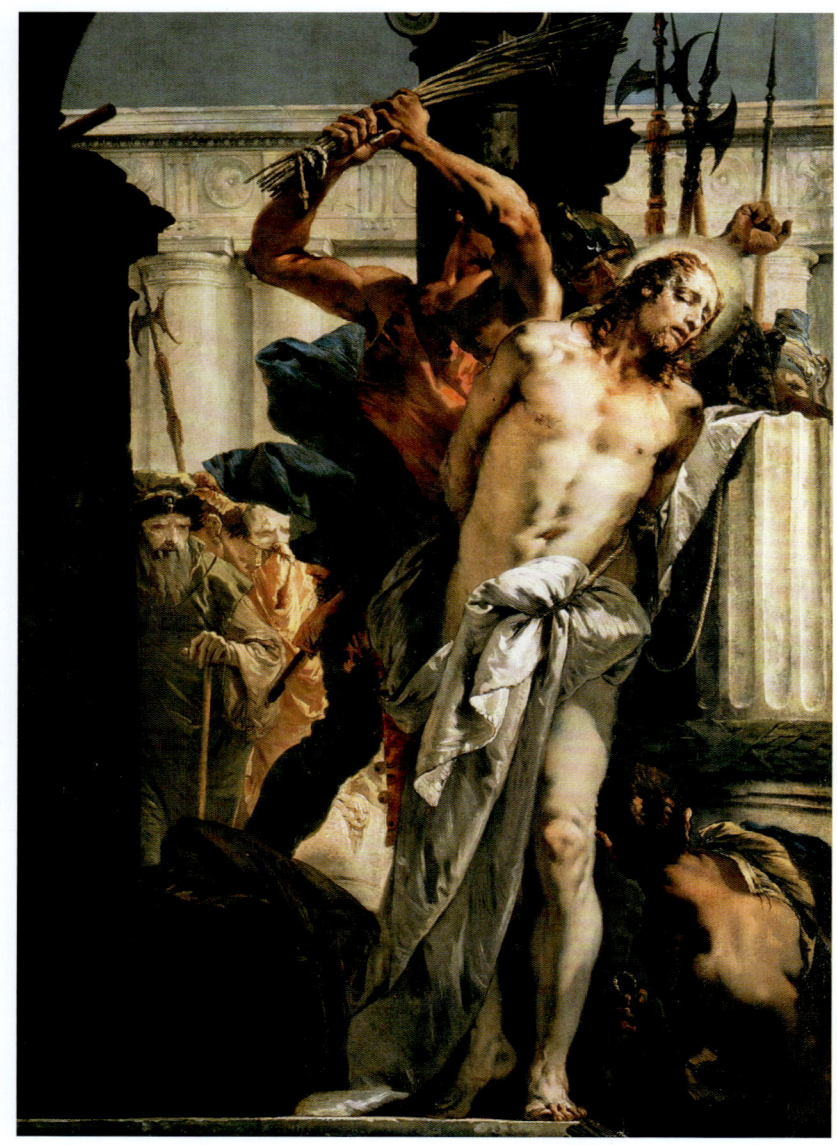

Flagellation of Christ
La Flagellation du Christ
Geißelung Christi
La flagelación de Cristo
Flagelação de Cristo
Geseling van Christus

Giovanni Battista Tiepolo (1696–1770)

1738-40, Oil on canvas/Huile sur toile,
450 × 194 cm, Sant' Alvise, Venezia

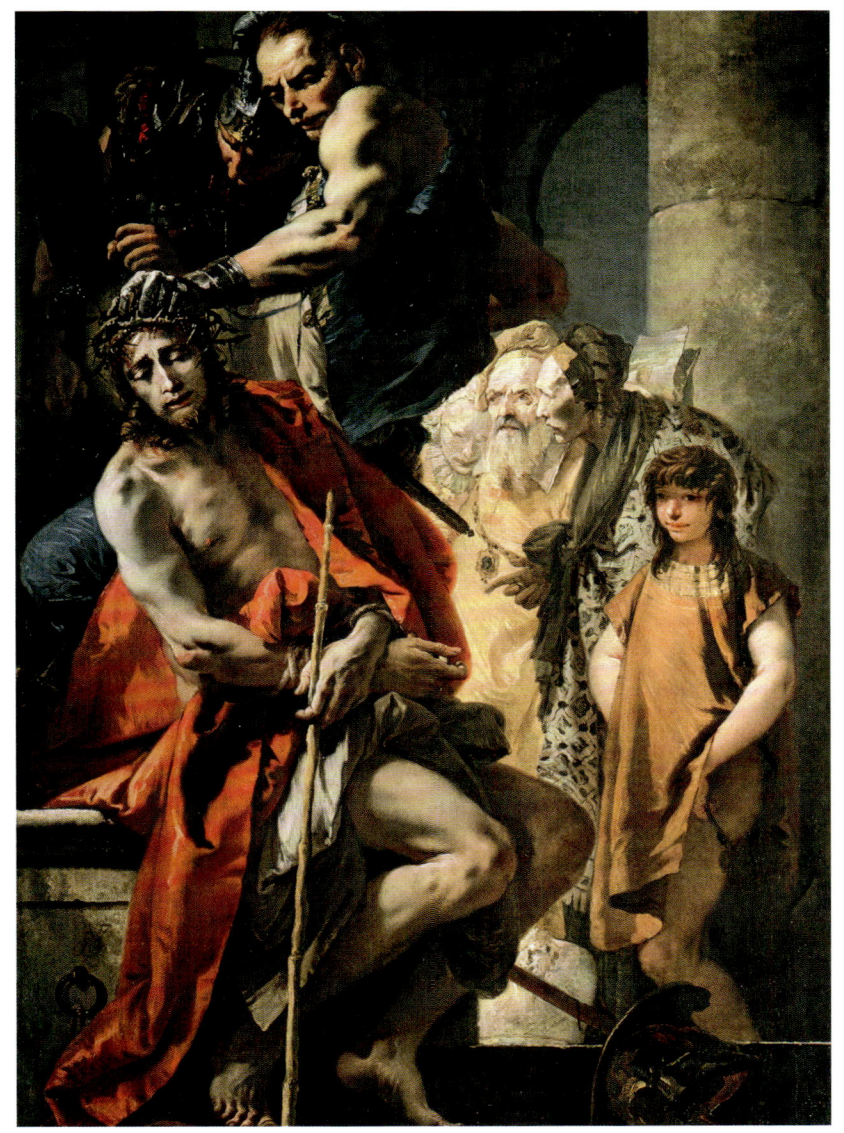

The Crowning with Thorns
Le Couronnement d'épines
Die Dornenkrönung
La Coronación de espinas
A coroação de espinhos
De doornenkroning

Giovanni Battista Tiepolo (1696–1770)

1738-40, Oil on canvas/Huile sur toile,
450 × 135 cm, Sant' Alvise, Venezia

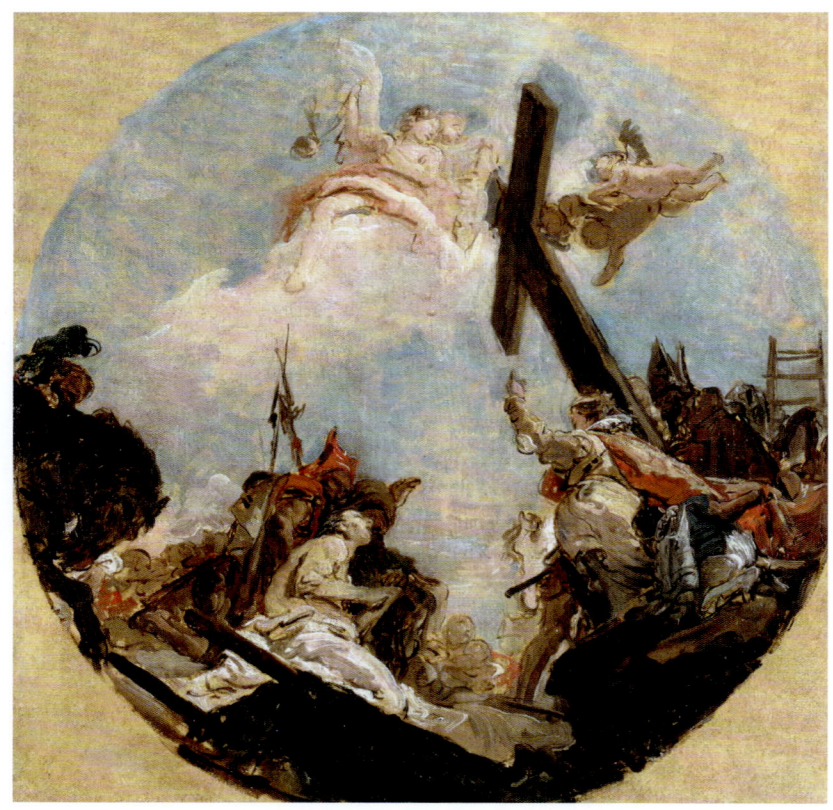

The Discovery of the True Cross by Saint Helen

L'Exaltation de la Croix par sainte Hélène

Die Wiederauffindung des Kreuzes
durch die Heilige Helena

El hallazgo de la Cruz por Santa Elena

A recuperação da cruz por Santa Helena

De terugvinding van het kruis
door de heilige Helena

Giovanni Battista Tiepolo (1696–1770)

c. 1740, Oil on canvas/Huile sur toile, Galleria
dell'Accademia, Venezia

The Glorification of the Cross

L'Exaltation de la Croix

Die Verherrlichung des Kreuzes

La Glorificación de la Cruz

A Glorificação da Cruz

De verheerlijking van het kruis

Giovanni Battista Tiepolo (1696–1770)

c. 1740, Oil on canvas/Huile sur toile, Galleria
dell'Accademia, Venezia

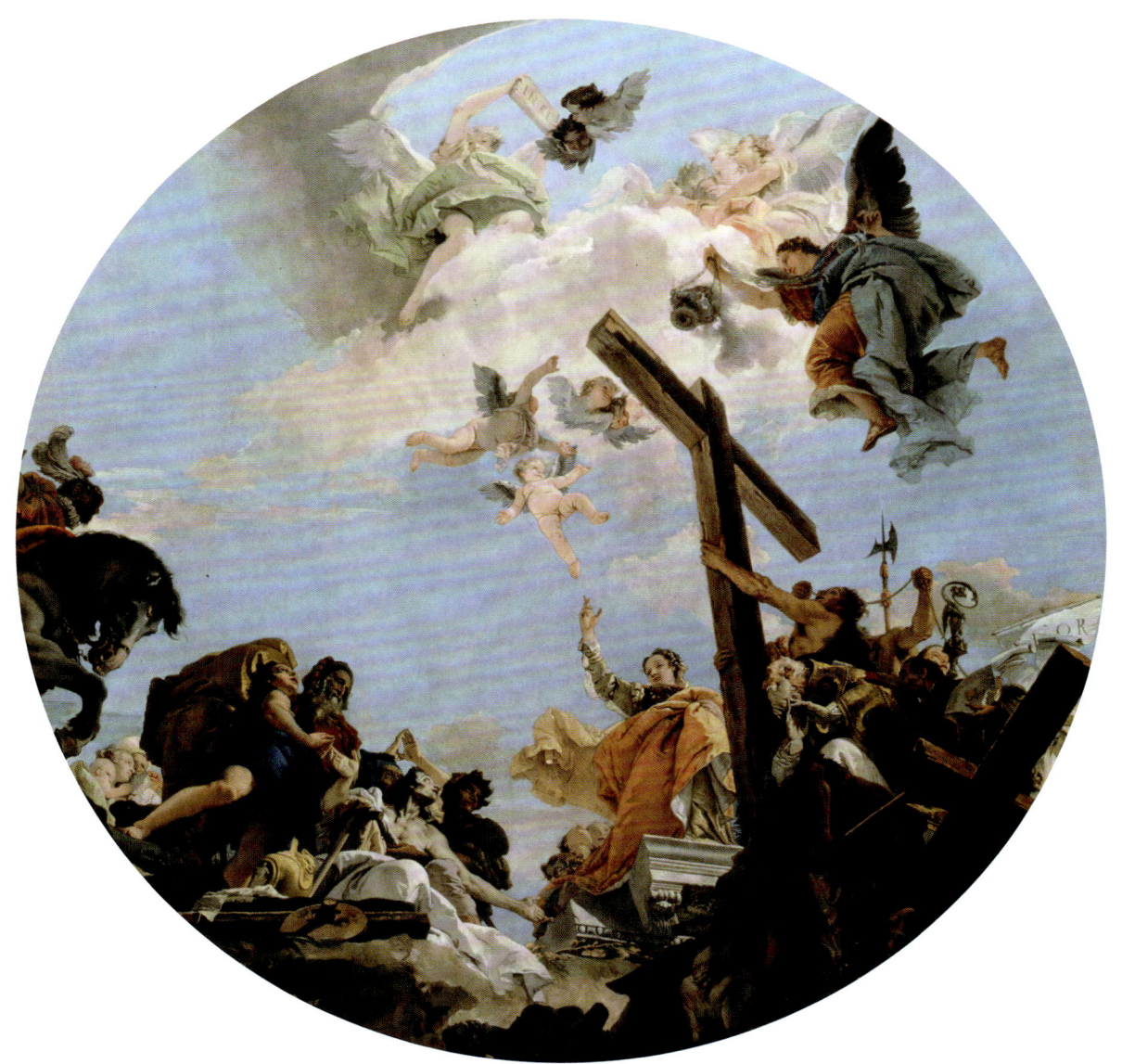

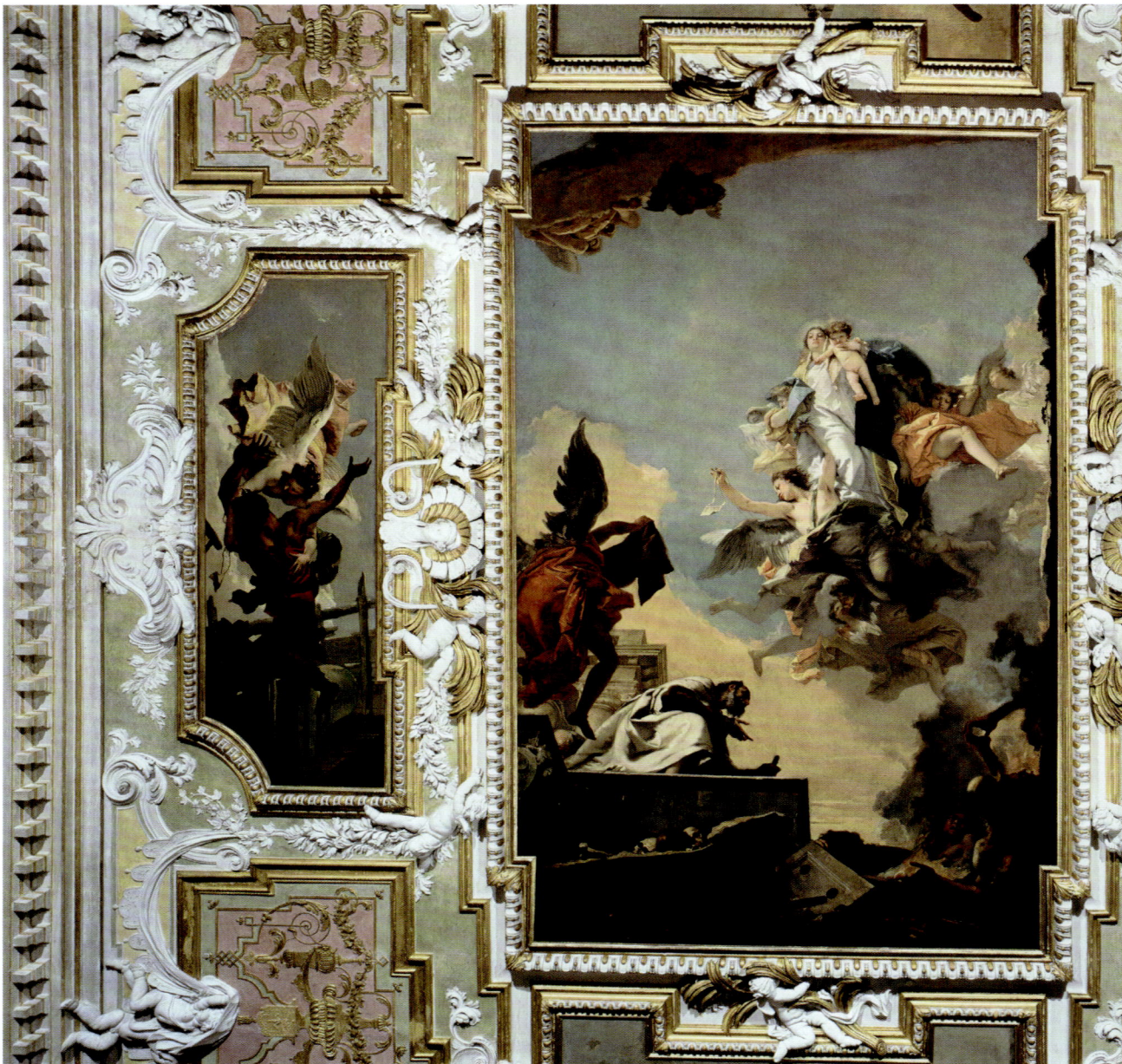

**Mary Hands over the Scapular
to St. Simon Stock**

**Marie remet le scapulaire au
bienheureux Simon Stock**

**Maria übergibt dem seligen
Simon Stock das Skapulier**

**María entrega el escapulario
al Beato Simón Stock**

**Maria entrega o escapulário
ao Beato Simão Stock**

**Maria overhandigt de gezegende
Simon Stock het scapulier**

Giovanni Battista Tiepolo (1696–1770)

*1744, Oil on canvas/Huile sur toile, 533 × 342 cm,
Scuola Grande dei Carmini, Venezia*

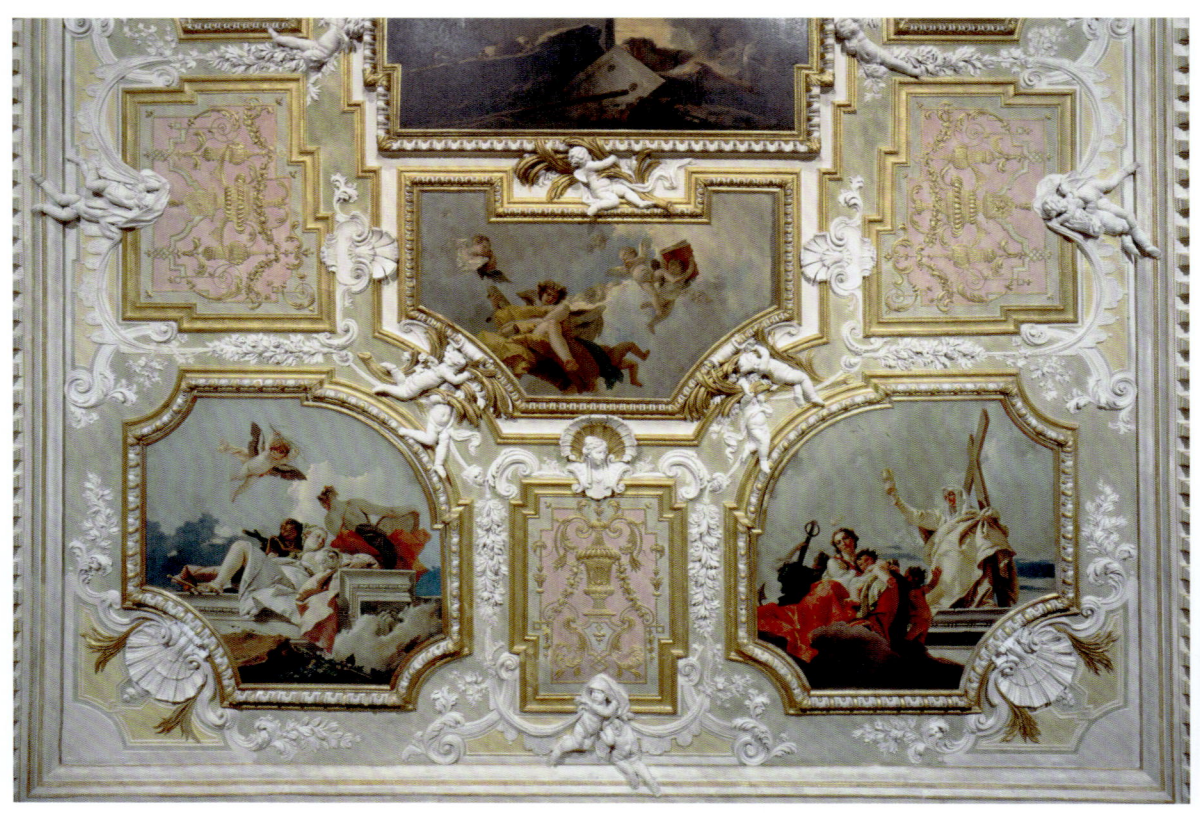

Ceiling Fresco of the Scuola Grande dei Carmini
Plafond de la Scuola Grande dei Carmini
Deckengemälde der Scuola Grande dei Carmini
Fresco del techo de la Escuela Grande dei Carmini
Pintura do teto da Scuola Grande dei Carmini
Plafondschildering van de Scuola Grande dei Carmini
Giovanni Battista Tiepolo (1696–1770)
1744, Fresco/Fresque, Scuola Grande dei Carmini, Venezia

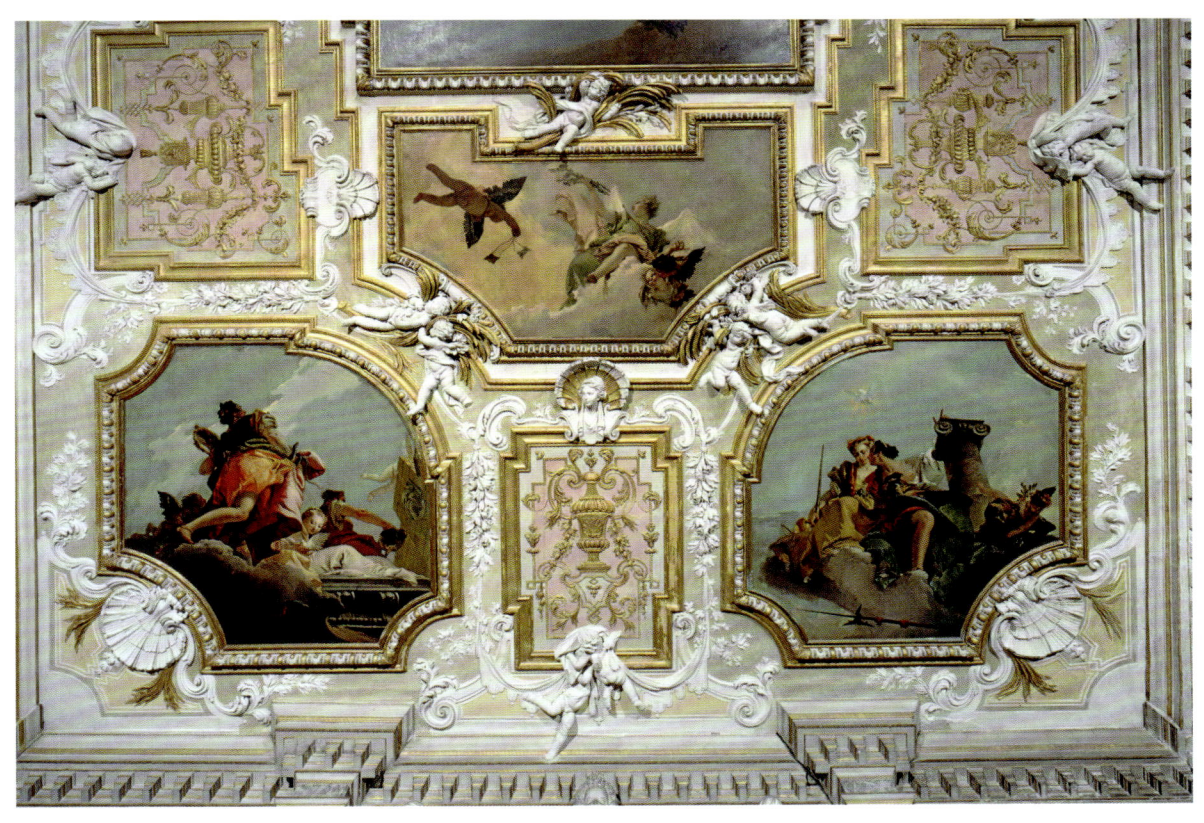

Ceiling Fresco of the Scuola Grande dei Carmini
Plafond de la Scuola Grande dei Carmini
Deckengemälde der Scuola Grande dei Carmini
Fresco del techo de la Escuela Grande dei Carmini
Pintura do teto da Scuola Grande dei Carmini
Plafondschildering van de Scuola Grande dei Carmini
Giovanni Battista Tiepolo (1696–1770)
1744, Fresco/Fresque, Scuola Grande dei Carmini, Venezia

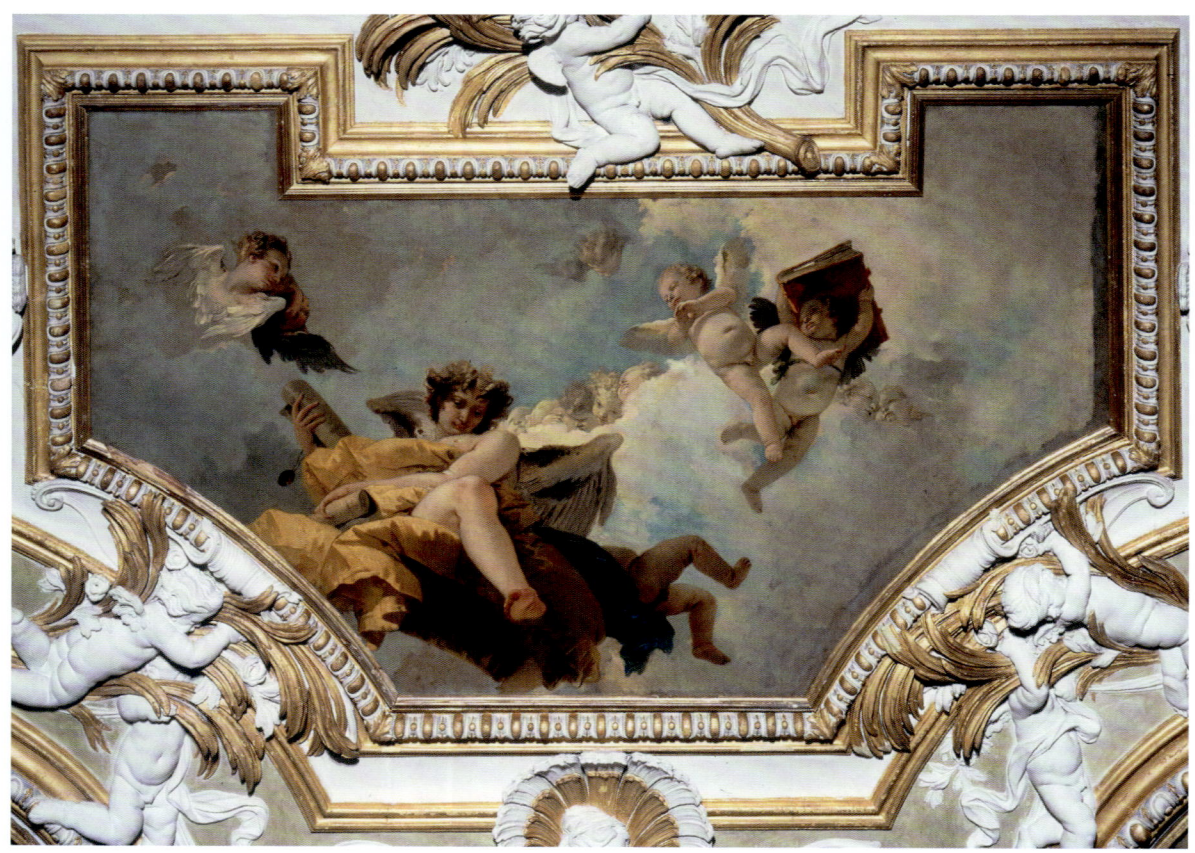

Angel with Scroll and Book

Ange avec des parchemins

Engel mit Schriftrolle und Buch

Ángel con pergamino y libro

Anjo com pergaminho e livro

Engel met schriftrol en boek

Giovanni Battista Tiepolo (1696–1770)

1744, Fresco/Fresque, 164 × 270 cm, Scuola Grande
dei Carmini, Venezia

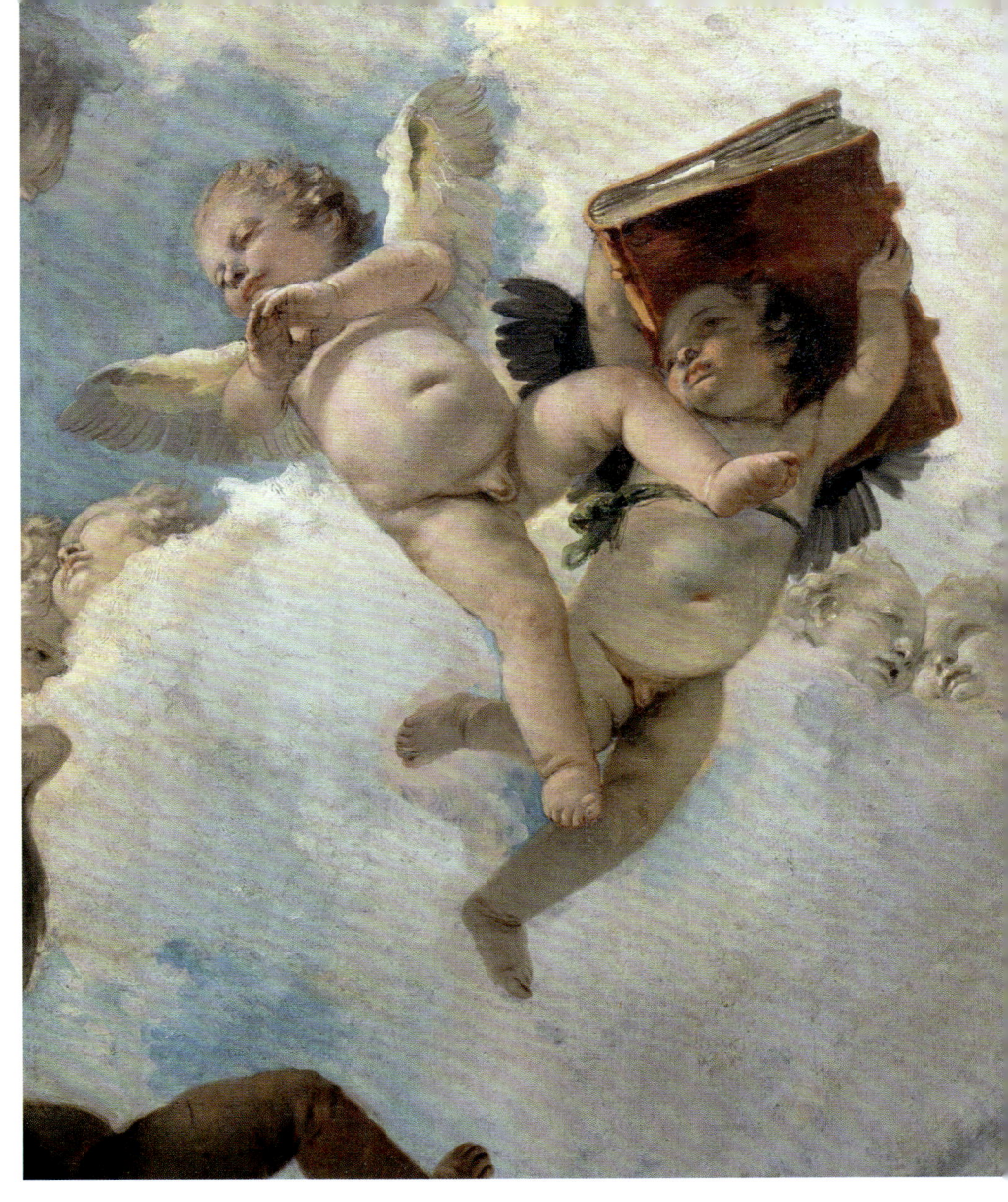

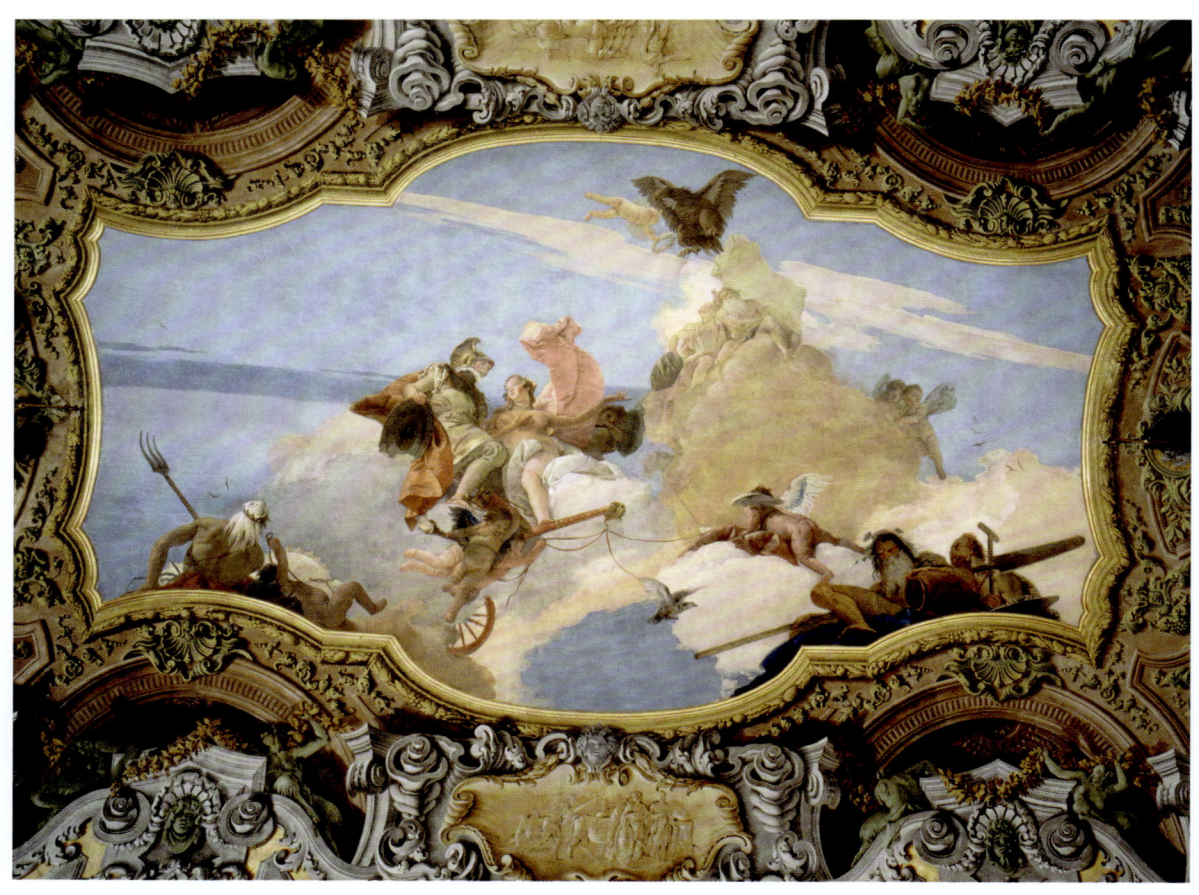

The Apotheosis of Admiral Vettor Pisani
Vénus reçoit Mars (Apothéose de l'amiral Vettor Pisani)
Venus empfängt Mars (Apotheose des Admirals Vettor Pisani)
Venus recibe a Marte (apoteosis del Almirante Vettor Pisani)
Vênus Recebe Marte (Apoteose do Almirante Vettor Pisani)
Venus ontvangt Mars (Apotheose van admiraal Vettor Pisani)
Giovanni Battista Tiepolo (1696–1770)
1743, Fresco/Fresque, Palazzo Pisani-Moretta, Venezia

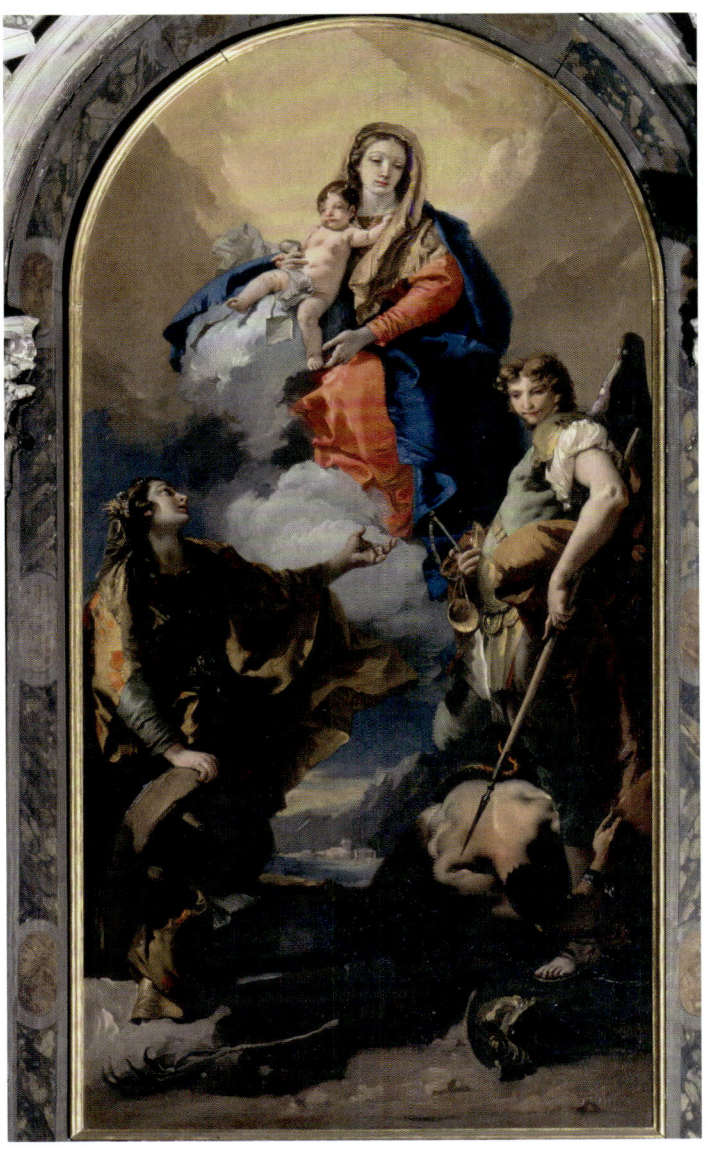

**Mary with Child, Saint Catherine
and the Archangel Michael**

*Vierge à l'Enfant avec sainte
Catherine et l'Archange Michel*

**Maria mit Kind, der heiligen Katharina
und dem Erzengel Michael**

*María con el Niño, Santa Catalina
y el Arcángel Miguel*

**Maria com Criança, Santa
Catarina e o Arcanjo Miguel**

*Maria met kind, de heilige Catharina
en de aartsengel Michaël*

Giovanni Battista Tiepolo (1696–1770)

1736/37, Oil on canvas/Huile sur toile,
262 × 128 cm, San Martino, Padova

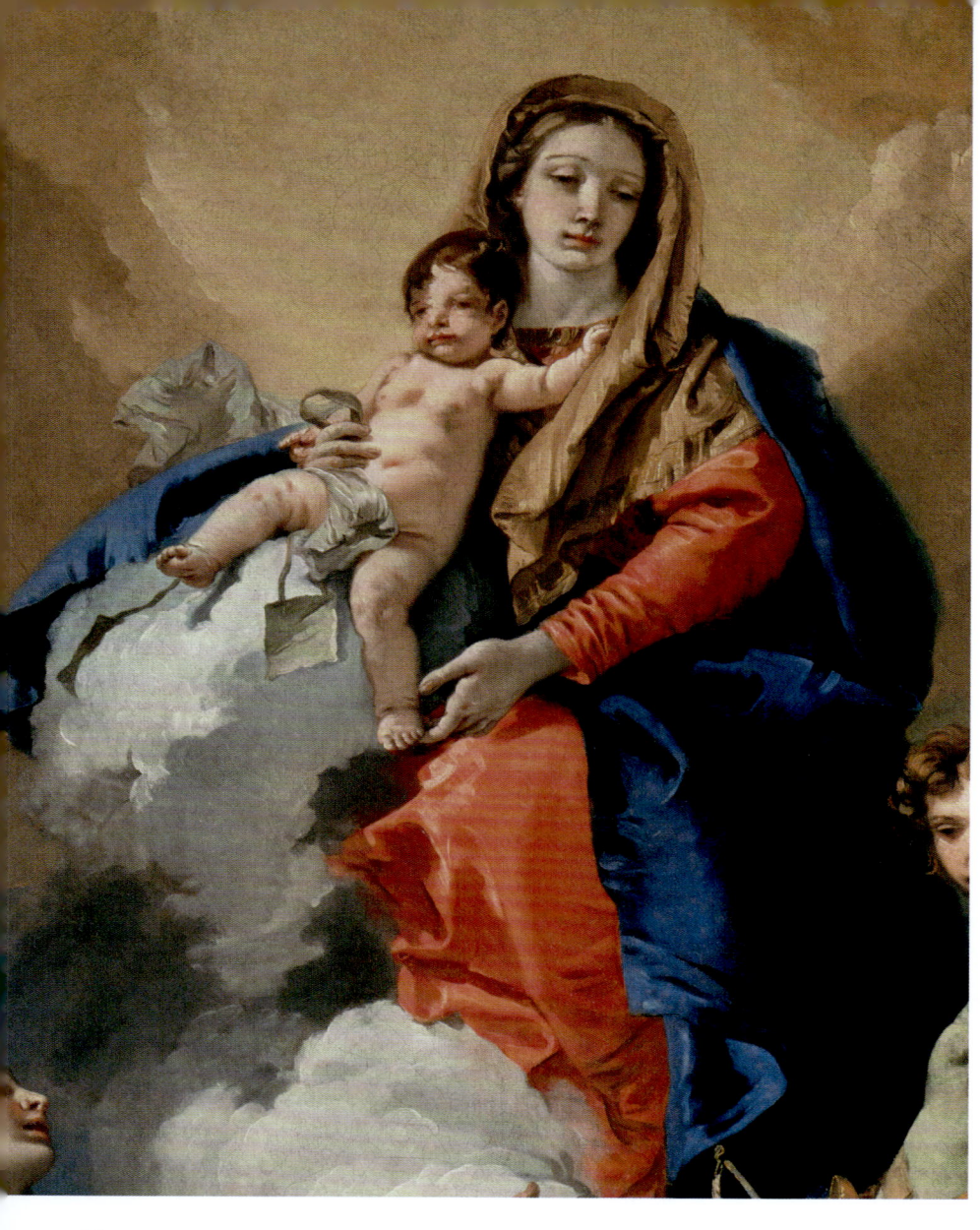

Mary with Child, St. Catherine and the Archangel Michael (detail)

Vierge à l'Enfant avec sainte Catherine et l'Archange Michel (détail)

Maria mit Kind, der heiligen Katharina und dem Erzengel Michael (Detail)

María con el Niño, Santa Catalina y el Arcángel Miguel (detalle)

Maria com Criança, Santa Catarina e o Arcanjo Miguel (detalhe)

Maria met kind, de heilige Catharina en de aartsengel Michaël (detail)

Giovanni Battista Tiepolo
(1696–1770)

1736/37, Oil on canvas/Huile sur toile, 262 × 128 cm, San Martino, Padova

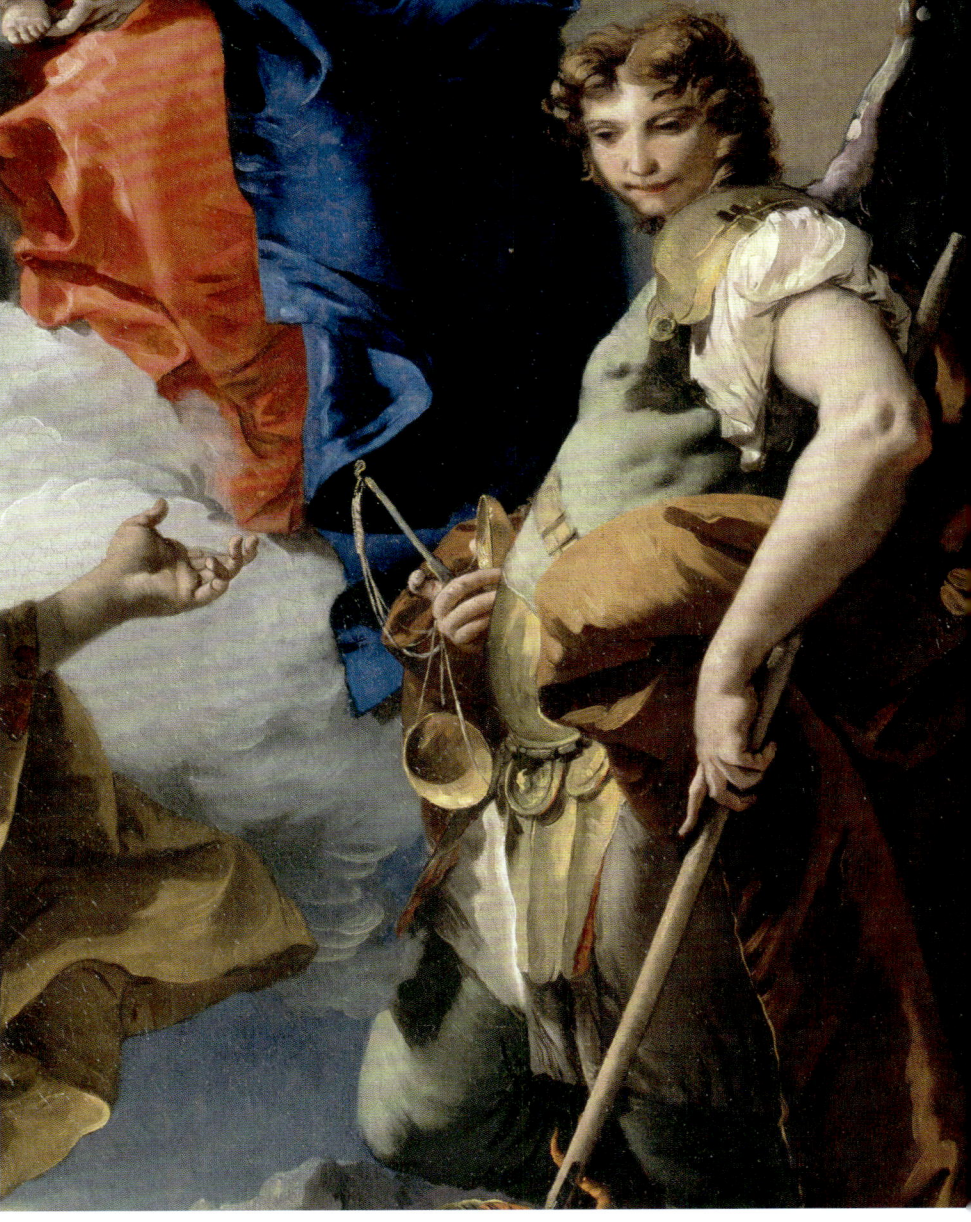

Mary with Child, St. Catherine and the Archangel Michael (detail)

Vierge à l'Enfant avec sainte Catherine et l'Archange Michel (détail)

Maria mit Kind, der heiligen Katharina und dem Erzengel Michael (Detail)

María con el Niño, Santa Catalina y el Arcángel Miguel (detalle)

Maria com Criança, Santa Catarina e o Arcanjo Miguel (detalhe)

Maria met kind, de heilige Catharina en de aartsengel Michaël (detail)

Giovanni Battista Tiepolo
(1696–1770)

1736/37, Oil on canvas/Huile sur toile, 262 × 128 cm, San Martino, Padova

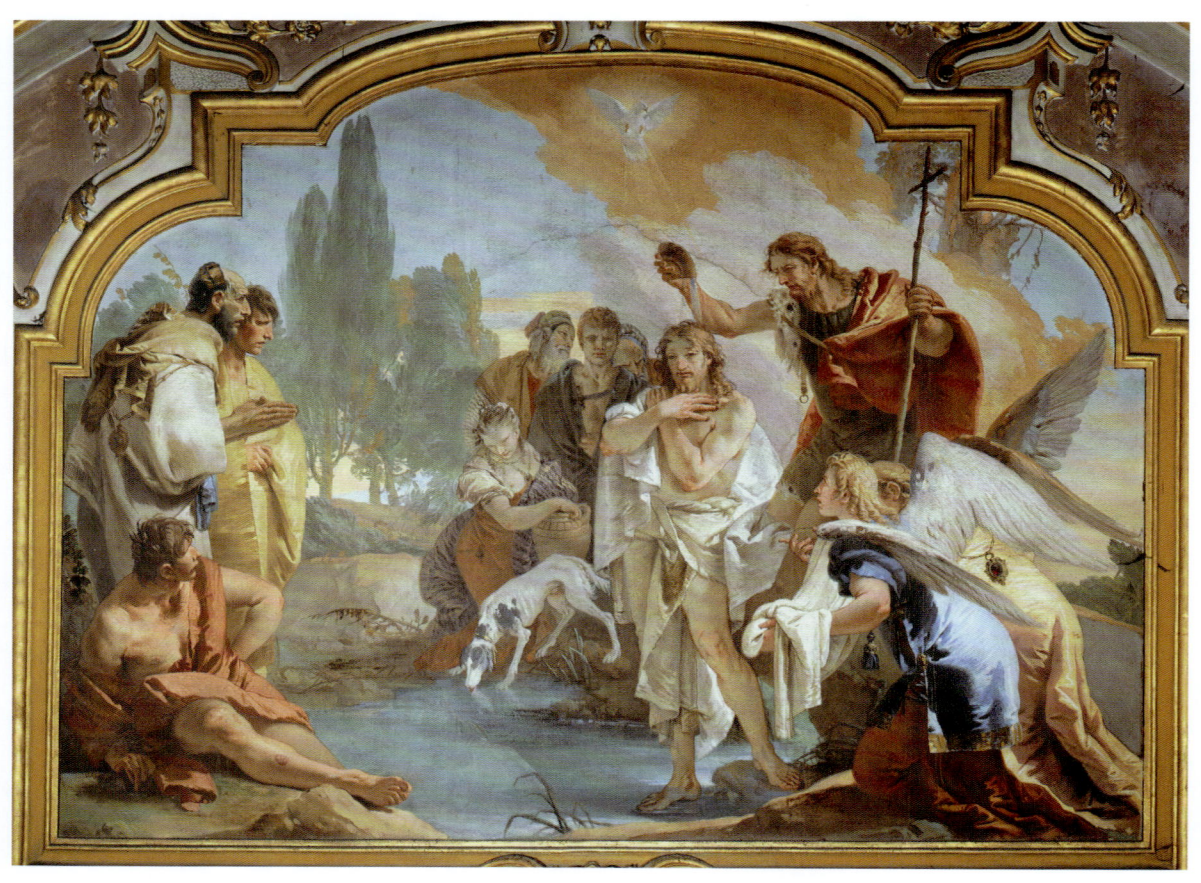

Sermon of John the Baptist

Le Baptême du Christ

Predigt Johannes des Täufers

Sermón de Juan el Bautista

Sermão de João Batista

Preek van Johannes de Doper

Giovanni Battista Tiepolo (1696–1770)

1732, Fresco/Fresque, Capella Colleoni, Bergamo

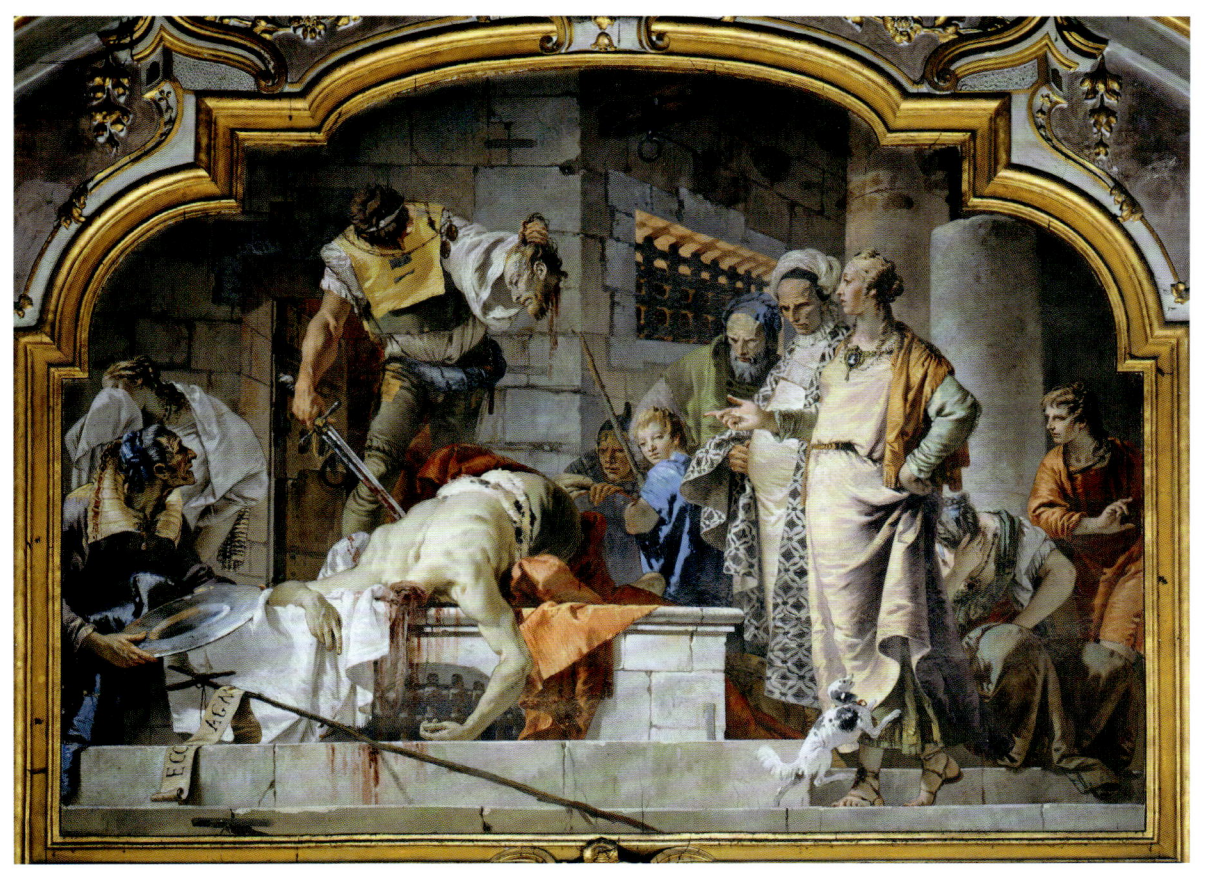

Beheading of John the Baptist
La Décapitation de saint Jean-Baptiste
Enthauptung Johannes des Täufers
Decapitación de Juan el Bautista
Decapitação de João Batista
Onthoofding van Johannes de Doper
Giovanni Battista Tiepolo (1696–1770)
1732, Fresco/Fresque, Capella Colleoni, Bergamo

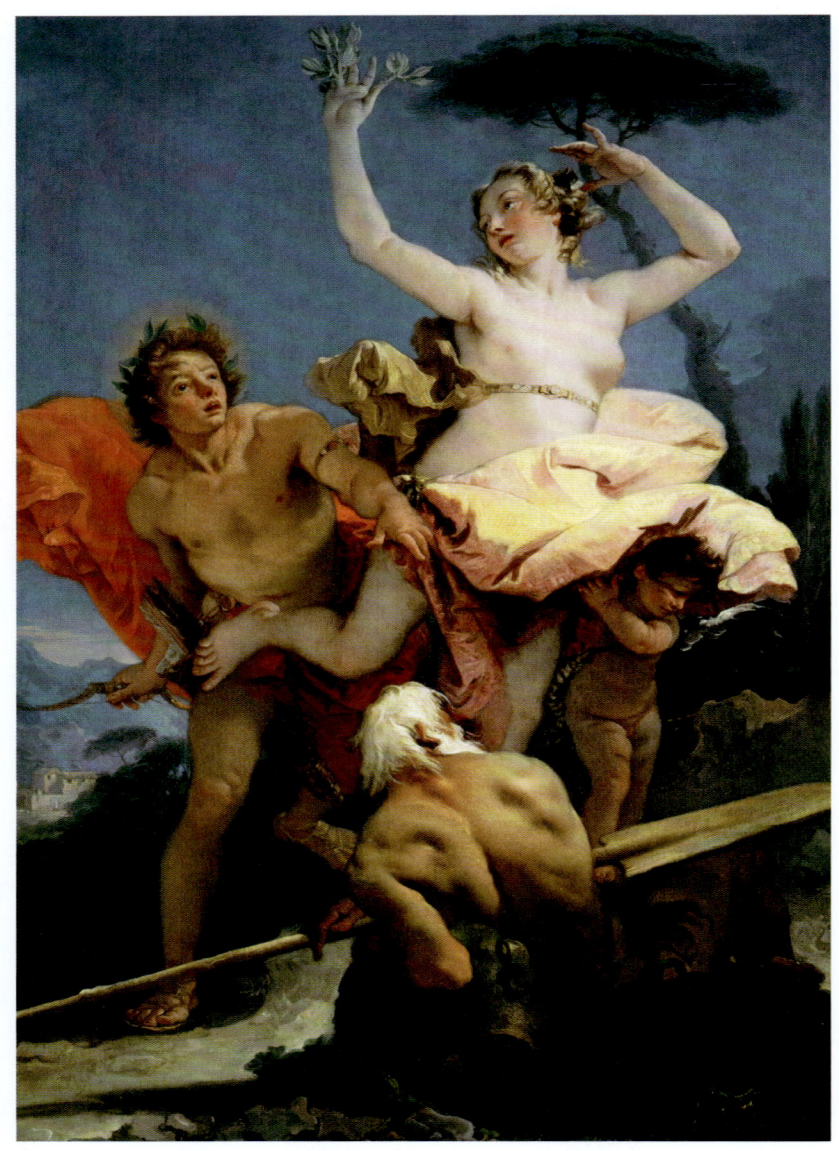

Apollo and Daphne

Apollon et Daphné

Apollo und Daphne

Apolo y Dafne

Apolo e Daphne

Apollo en Daphne

Giovanni Battista Tiepolo (1696–1770)

*1743/44, Oil on canvas/Huile sur toile,
96 × 79 cm, Musée du Louvre, Paris*

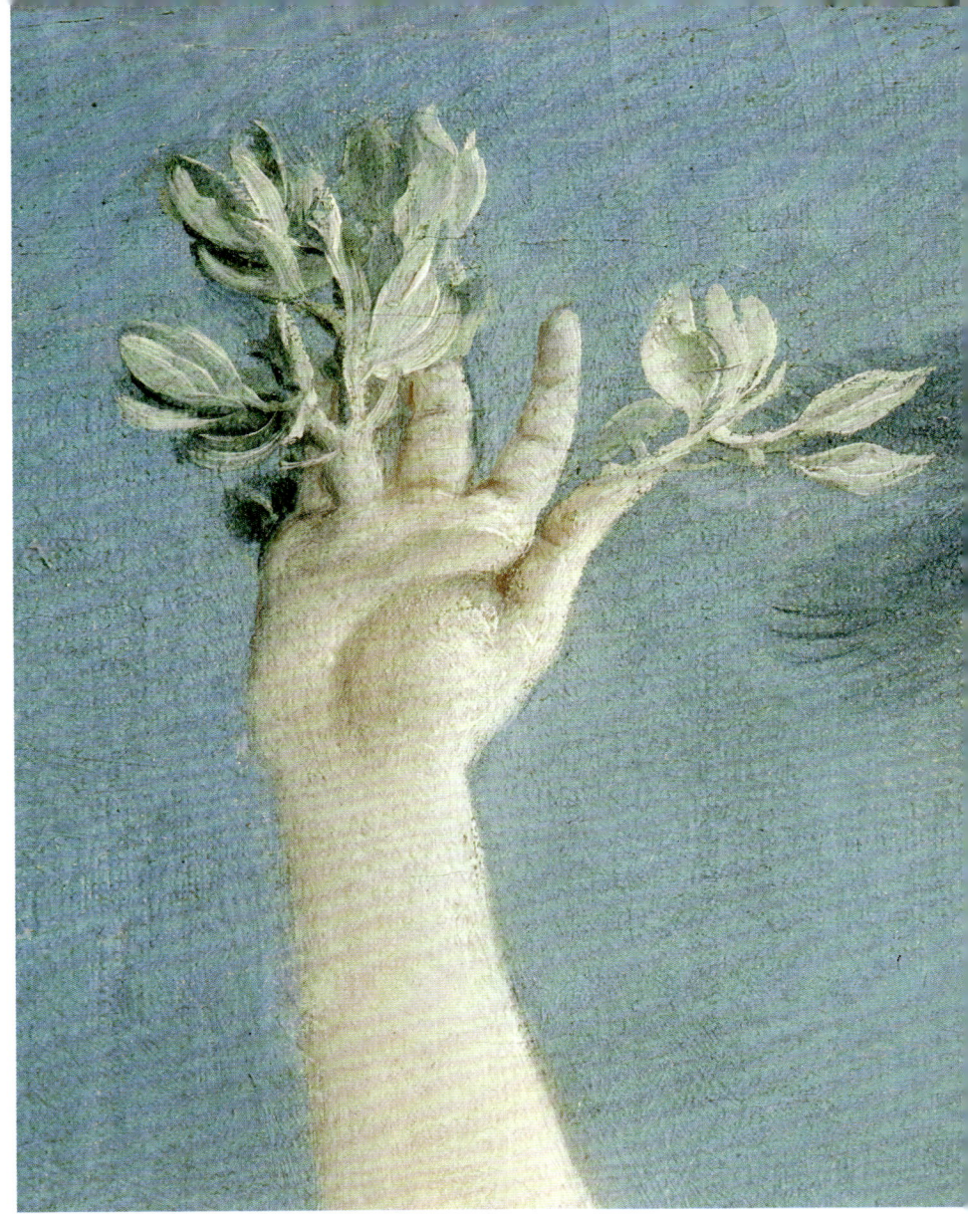

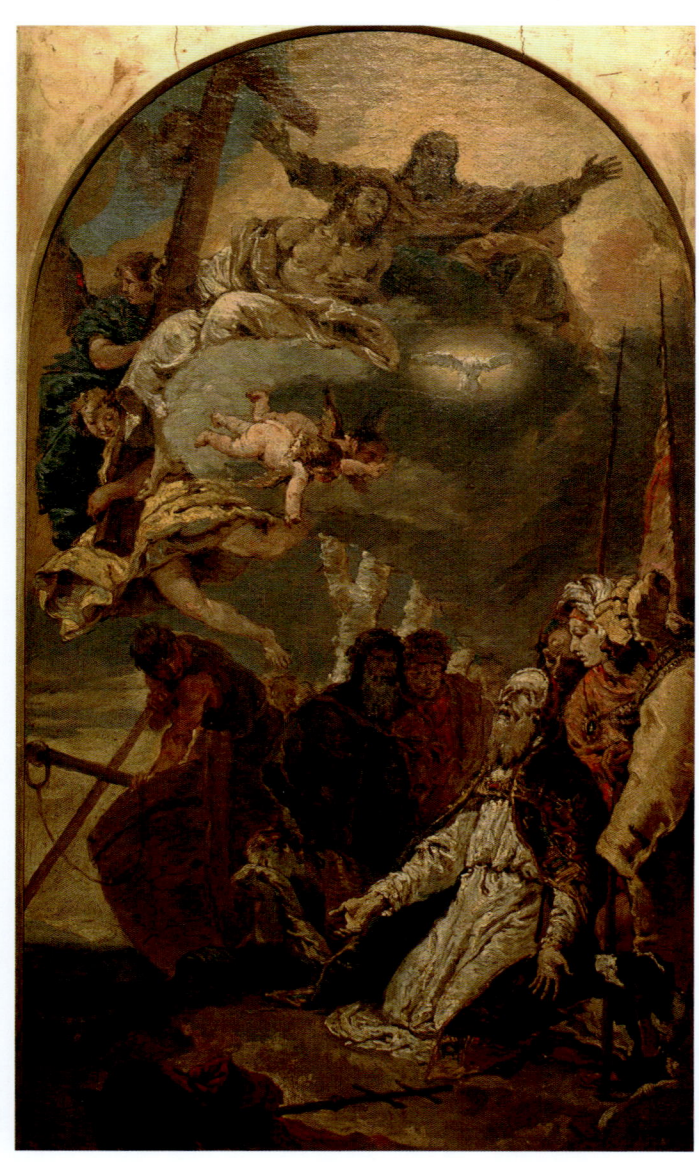

Martyrdom of Pope Clement

Le Martyre de saint Clément en présence de la Trinité

Martyrium des Heiligen Clemens im Beisein der Trinität

Martirio de San Clemente en presencia de la Trinidad

Martírio de São Clemente na presença da Trindade

*Het martelaarschap van Sint-Clemens
in aanwezigheid van de Triniteit*

Giovanni Battista Tiepolo (1696–1770)

c. 1735, Oil on canvas/Huile sur toile, 68 × 39 cm, Galleria
dell'Accademia Carrara, Bergamo

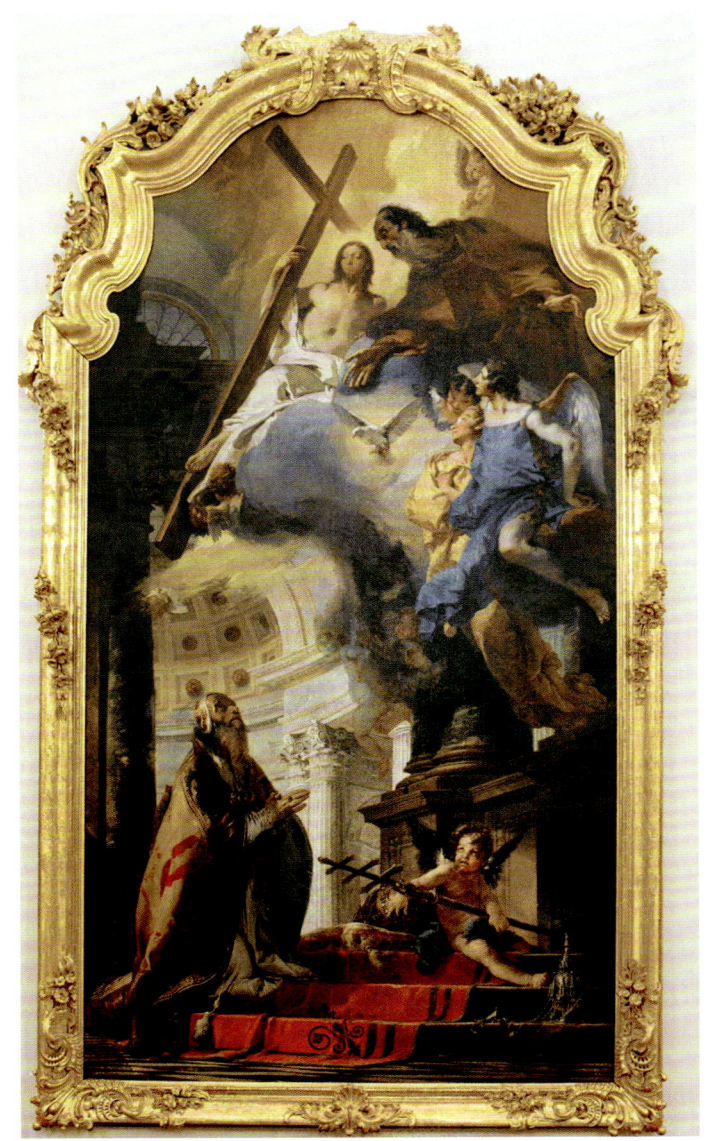

Pope St. Clement Adoring the Trinity
Le Pape Clément adorant la Trinité
Die Verehrung der Trinität durch den Heiligen Clemens
El culto a la Trinidad por el Papa Clemens
A adoração da Trindade por S. Papa Clemens
Sint-Clemens aanbidt de Triniteit

Giovanni Battista Tiepolo (1696–1770)

c. 1737/38, Fresco/Huile sur toile, 388 × 256 cm,
Alte Pinakothek, München

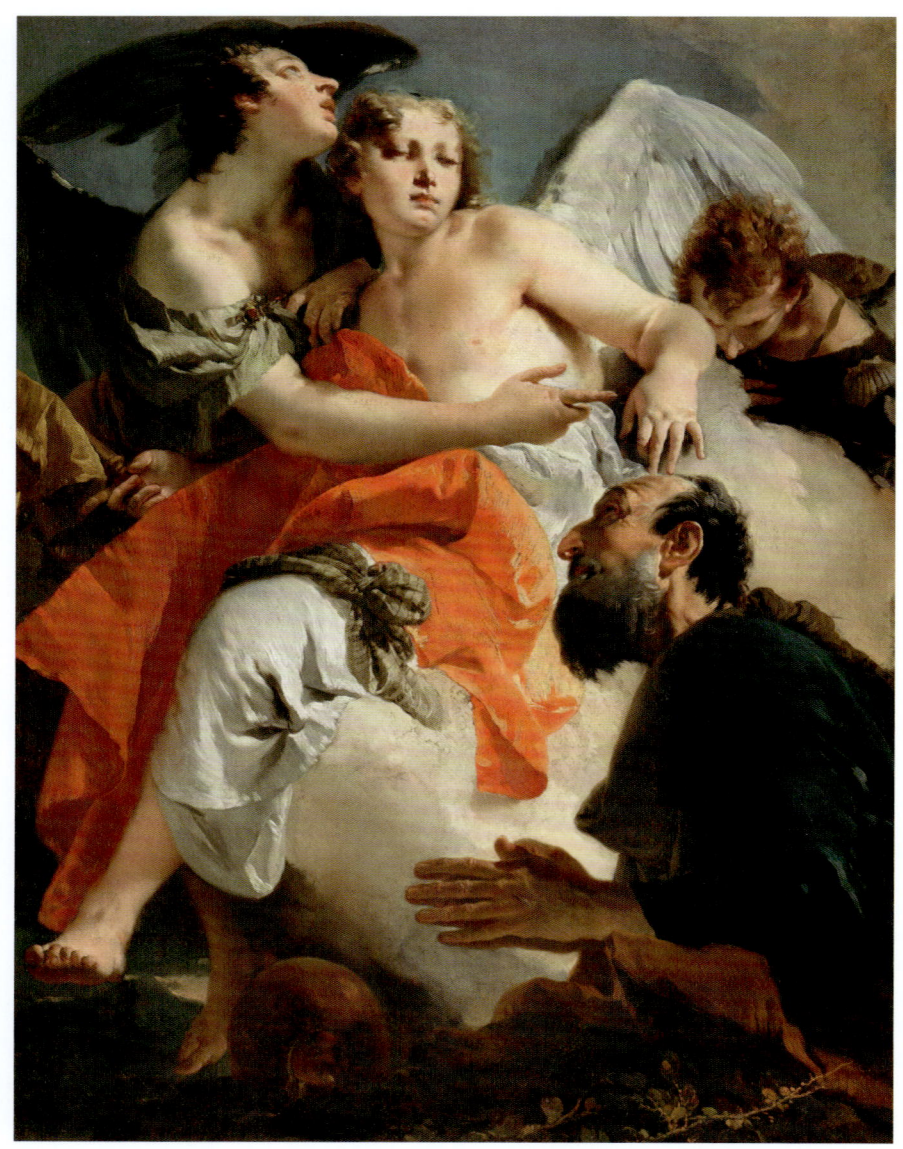

**The Three Angels
Appearing to Abraham**

Abraham et les trois anges

Die drei Engel bei Abraham

Los tres ángeles de Abraham

Os três anjos em Abraão

De drie engelen bij Abraham

*Giovanni Battista Tiepolo
(1696–1770)*

*c. 1732, Oil on canvas/Huile sur
toile, 140 × 120 cm, Scuola Grande
di San Rocco, Venezia*

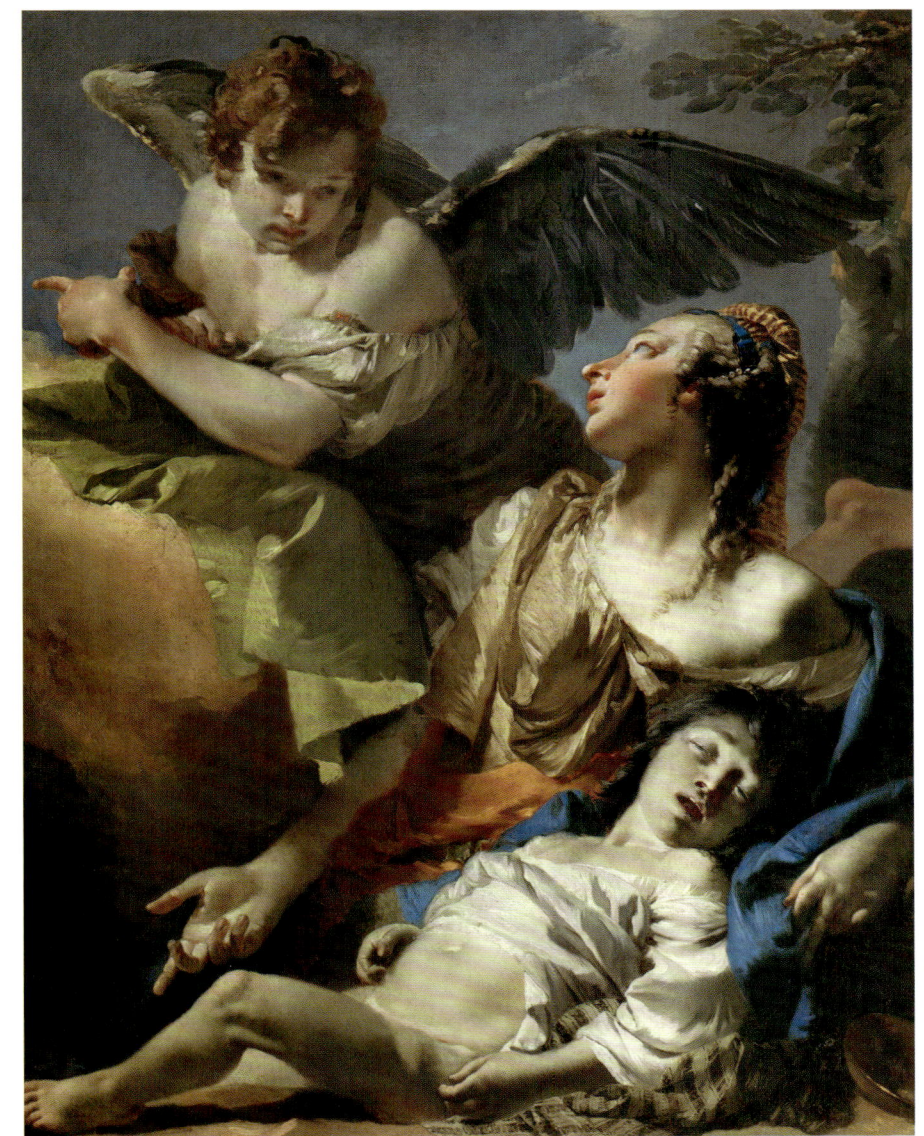

***Hagar and Ismael
in the Desert***

Agar et Ismaël dans le désert

***Hagar und Ismael
in der Wüste***

Agar e Ismael en el desierto

Hagar e Ismael no deserto

***Hagar en Ismaël in
de woestijn***

*Giovanni Battista Tiepolo
(1696–1770)*

*c. 1732, Oil on canvas/Huile
sur toile, 140 × 120 cm, Scuola
Grande di San Rocco, Venezia*

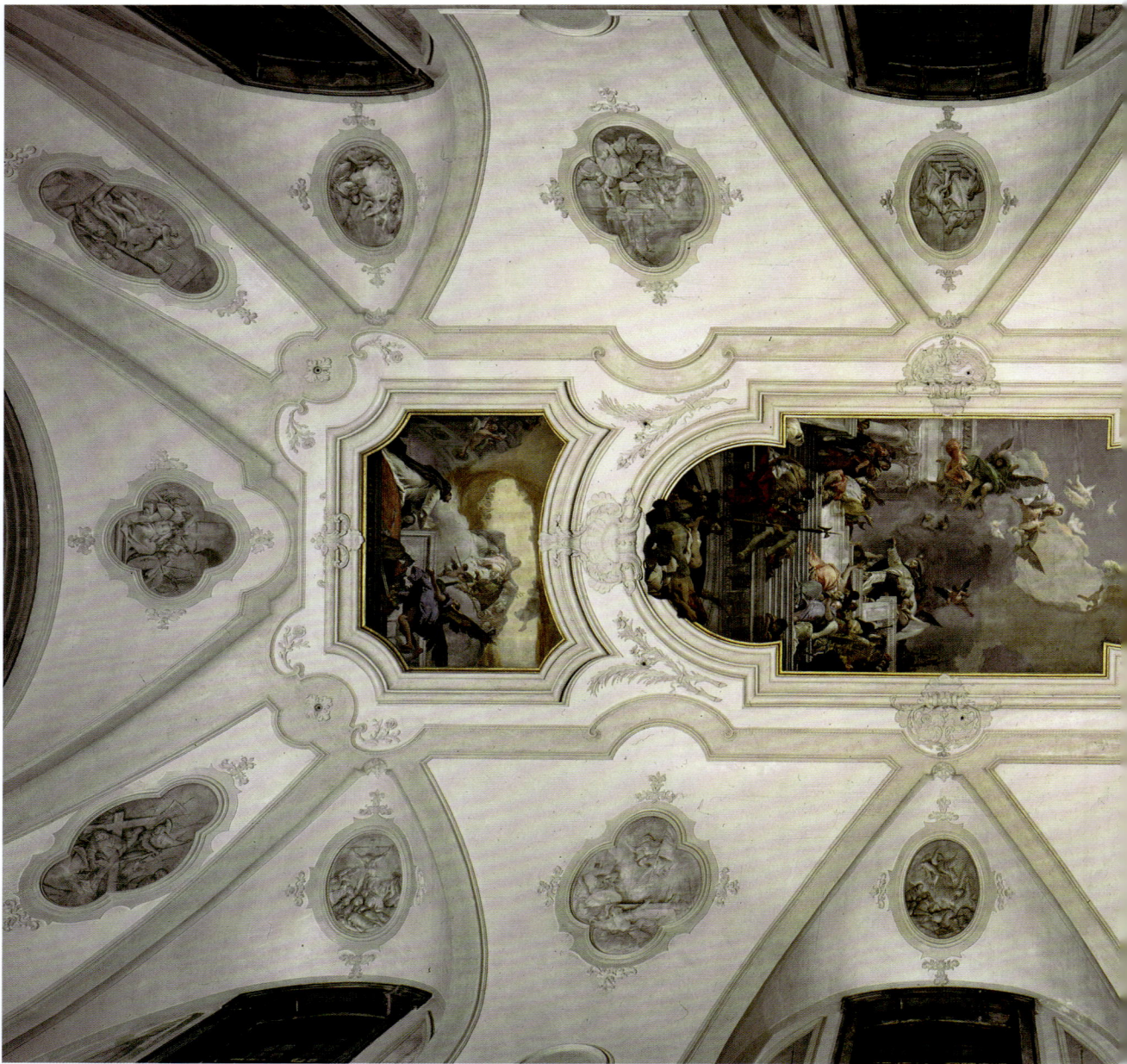

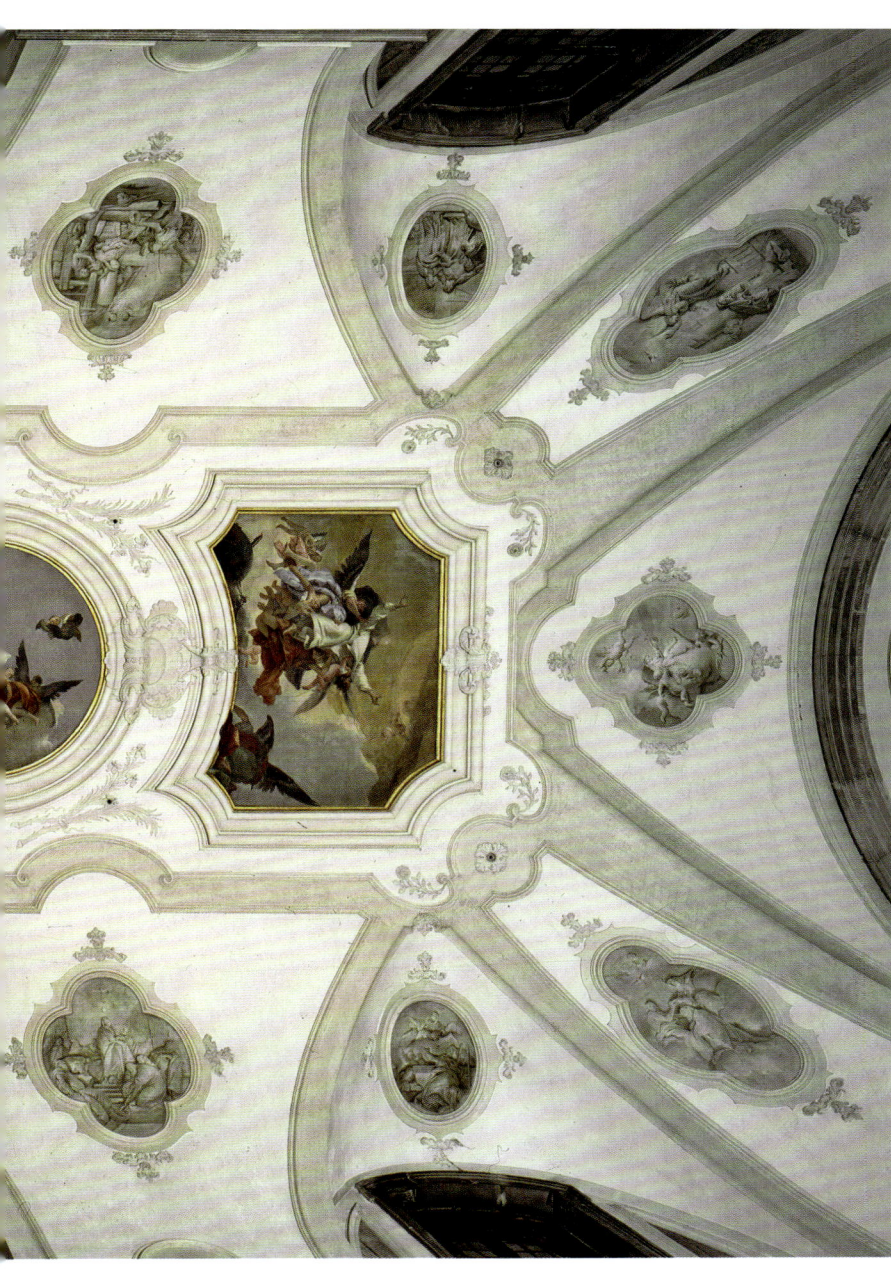

Interior View of the Church of
Santa Maria del Rosario with
The Institution of the Rosary

*Vue intérieure de l'église de Santa
Maria del Rosario avec la fresque
de Tiepolo sur le sujet du rosaire*

*Innenansicht der Kirche Santa Maria
del Rosario mit Tiepolos Fresko
Einsetzung des Rosenkranzes*

*Vista interior de la Iglesia de Santa
María del Rosario con el fresco
de Tiepolo Inserción del Rosario*

*Vista interior da Igreja de Santa
Maria del Rosario com o afresco
de Tiepolo Inserção do Rosário*

*Interieur van de kerk Santa Maria
dei Rosario met Tiepolo's fresco
Het inzetten van de rozenkransa*

Giovanni Battista Tiepolo (1696–1770)

1739, Fresco/Fresque, S. Maria del
Rosario (I Gesuati), Venezia

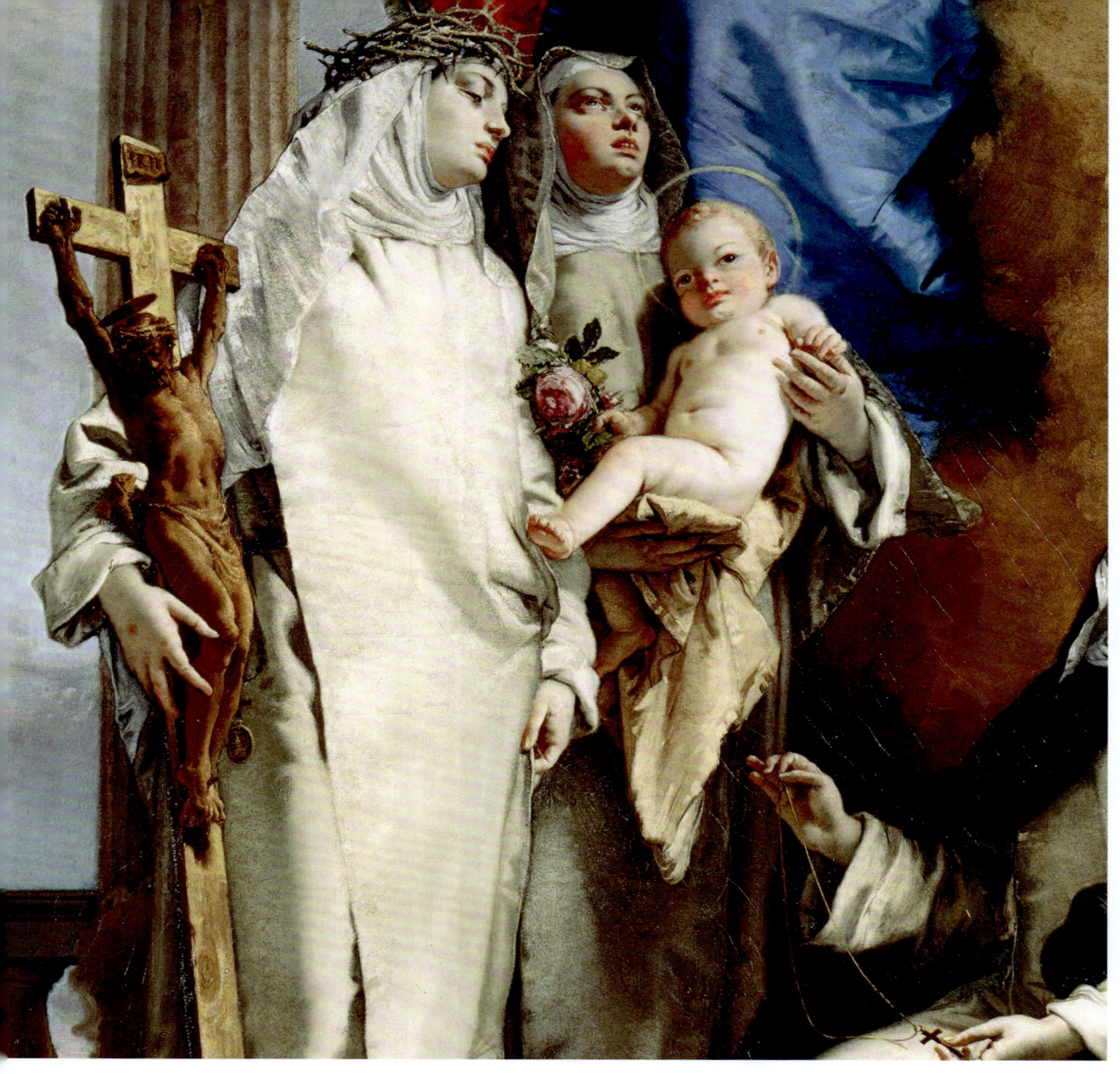

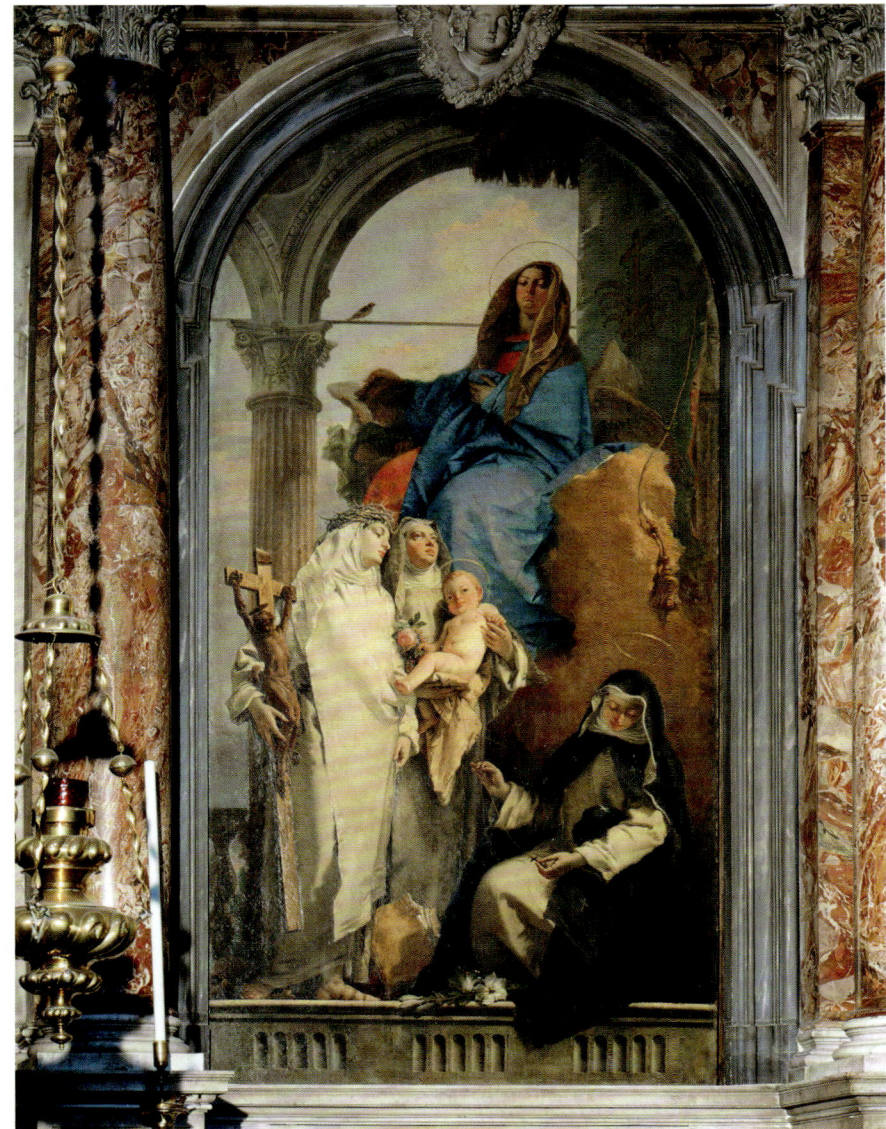

Virgin Appearing To St Catherine Of Siena Rosa Of Lima And Agnes Of Montepulciano

La Vierge et les saintes dominicaines

Maria mit den Heiligen drei Dominikanerinnen Katharina von Siena, Rosa von Lima und Agnes von Montepulciano

María con las tres santas hermanas dominicas Catalina de Siena, Rosa de Lima y Inés de Montepulciano

Maria com os Santos três irmãs dominicanas: Catarina de Siena, Rosa de Lima e Agnes de Montepulciano

Maria met de drie dominicaner zusters Catherine van Siena, Rosa van Lima en Agnes van Montepulcianos

Giovanni Battista Tiepolo (1696–1770)

c. 1747/48, Oil on canvas/Huile sur toile, 340 × 168 cm, S. Maria del Rosario (I Gesuati), Venezia

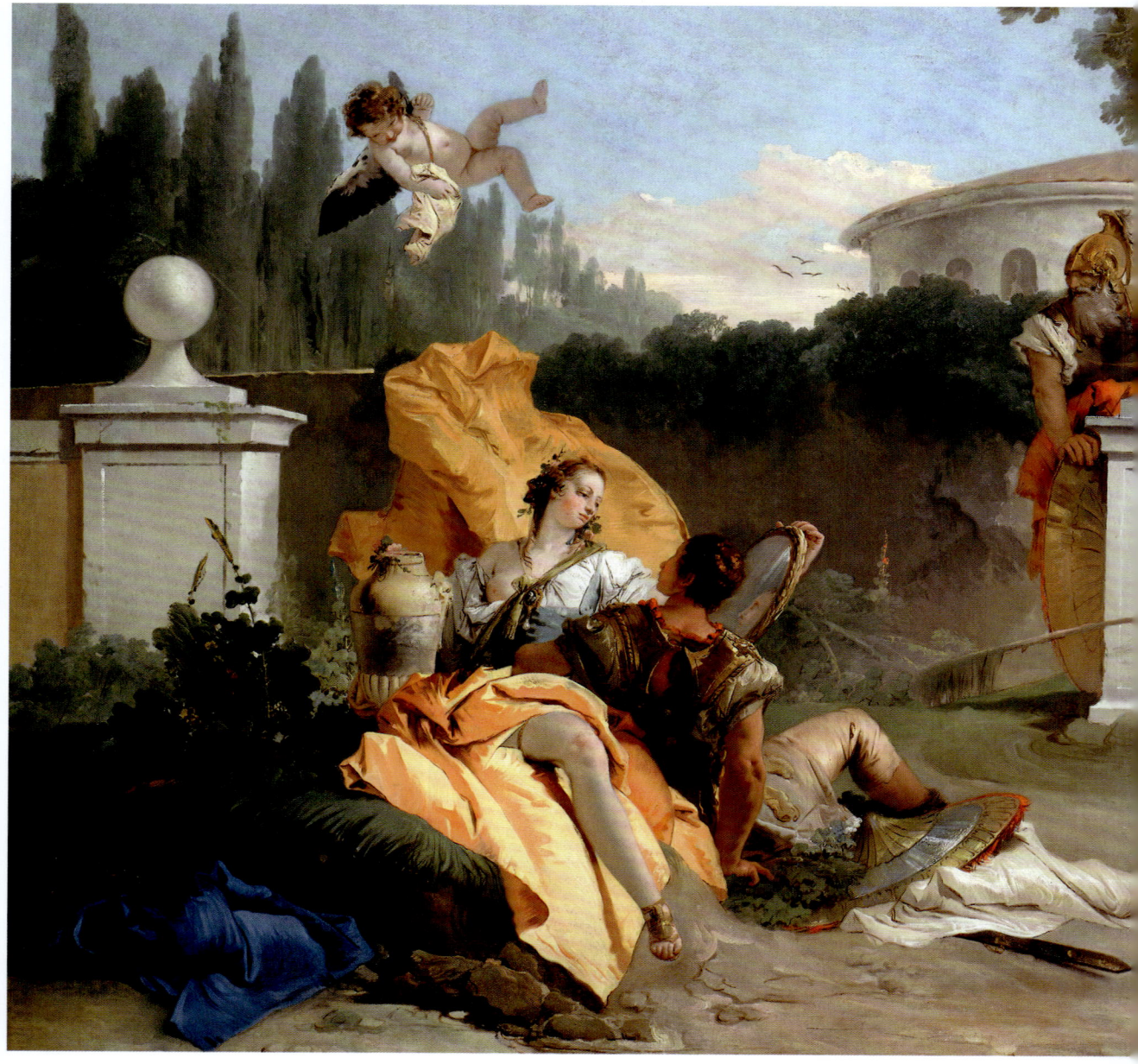

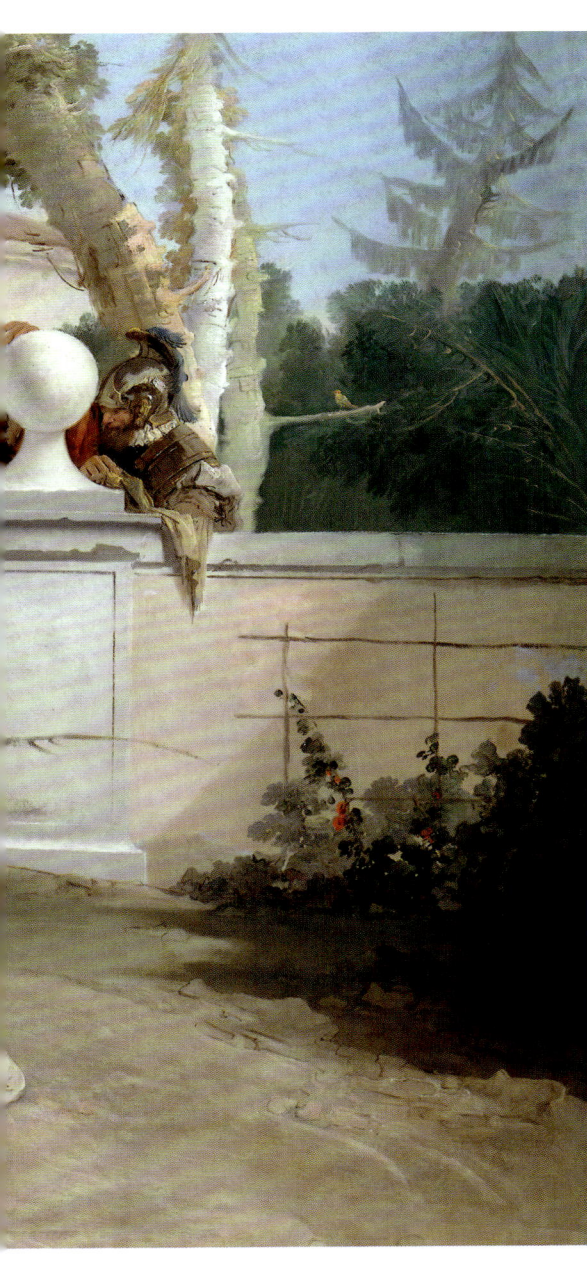

Rinaldo and Armida in Her Garden
Renaud et Armide dans le jardin
Rinaldo und Armida im Garten
Rinaldo en el jardín de Armida
Rinaldo e Armida no jardim
Rinaldo en Armida in de tuin

Giovanni Battista Tiepolo (1696–1770)

1742/45, Oil on canvas/Huile sur toile,
186 × 259,4 cm, Art Institute of Chicago

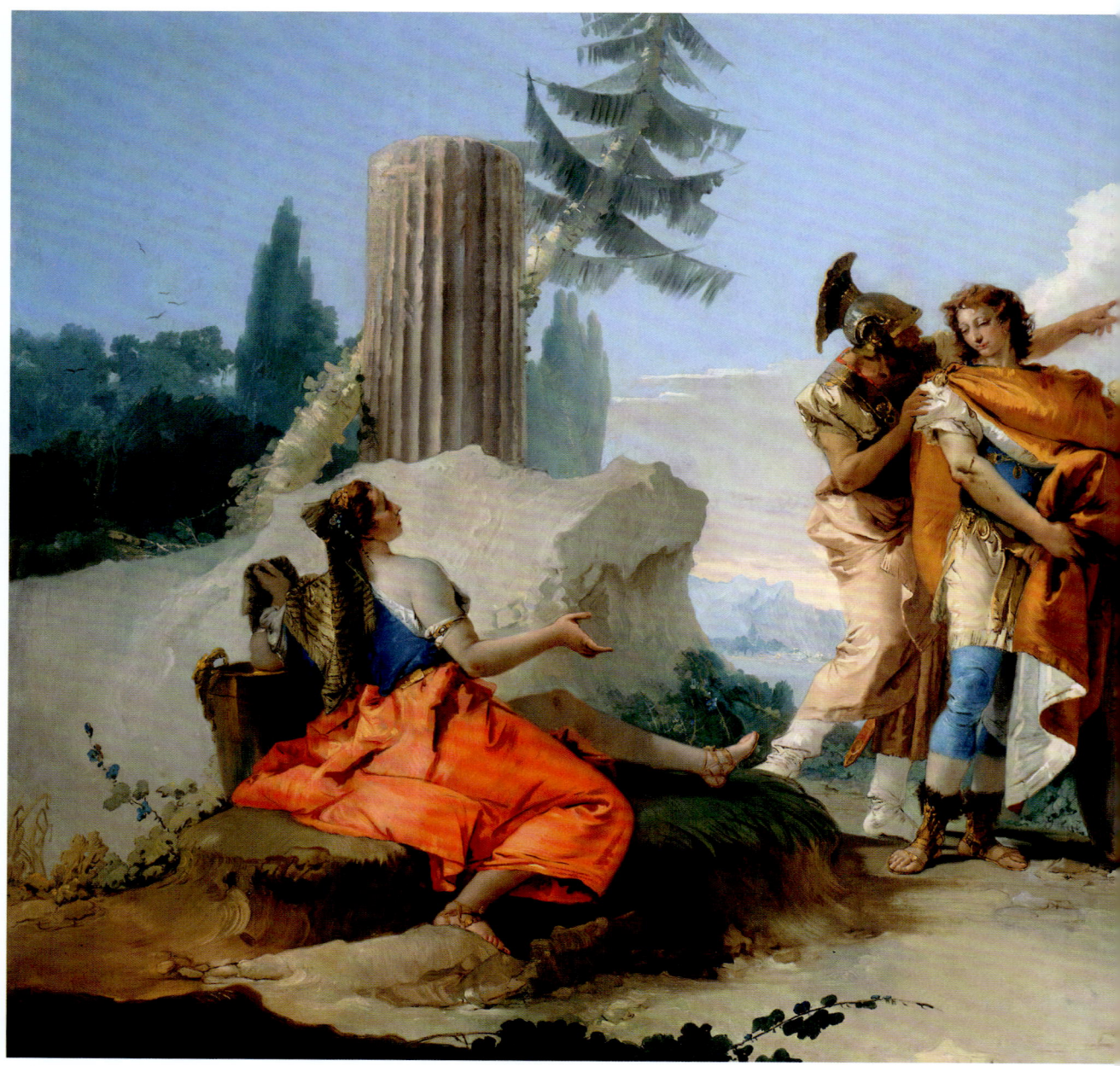

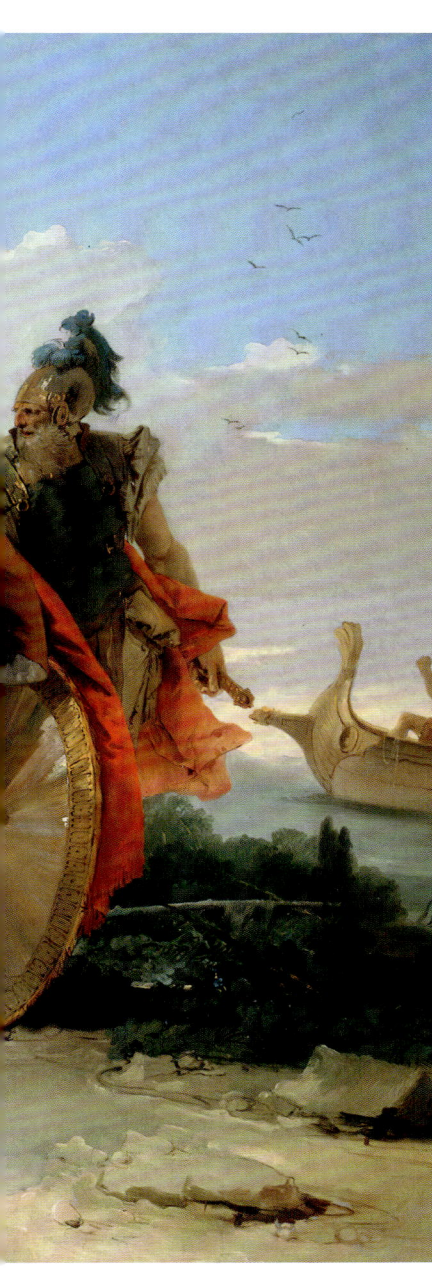

Rinaldo Leaves Armida
Armide abandonnée par Renaud
Rinaldo verlässt Armida
Rinaldo abandona Armida
Rinaldo deixa Armida
Rinaldo verlaat Armida
Giovanni Battista Tiepolo (1696–1770)
1742/45, Oil on canvas/Huile sur toile, 186,8 × 259,9 cm, Art Institute of Chicago

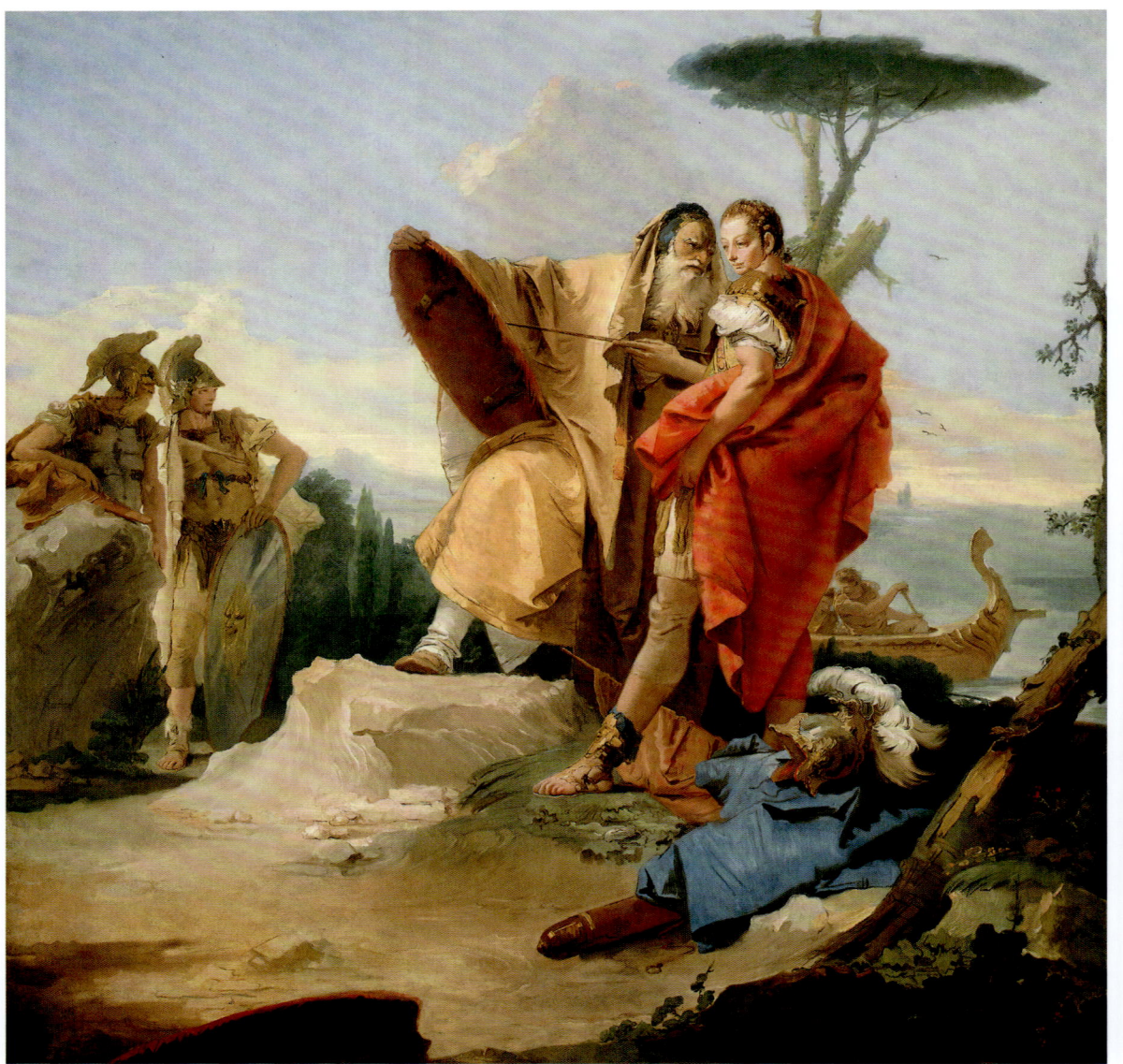

Rinaldo and the Wizard of Ascalon
Renaud et le magicien d'Ascalon
Rinaldo und der Zauberer von Ascalon
Rinaldo y el Mago de Ascalón
Rinaldo e o Feiticeiro de Ascalon
Rinaldo en de tovenaar van Ashkelon

Giovanni Battista Tiepolo (1696–1770)

1757, Oil on canvas/Huile sur toile,
182,9 × 188 cm, Art Institute of Chicago

Rinaldo and the Wizard of Ascalon

Representative of some other works for which Tiepolo was inspired by Torquato Tasso's epic *The Liberated Jerusalem*, this work also captivates with the airiness of its colouring and the original landscapes. For the first time, when decorating a patrician house, he did not resort to mythological sources, but to a literary model popular at the time.

Renaud et le magicien d'Ascalon

Cette œuvre, représentative de plusieurs autres tirées du poème épique du Tasse, *La Jérusalem délivrée*, séduit aussi pour son coloris atmosphérique et ses paysages réalistes. C'est la première fois que Tiepolo n'emprunte pas son thème à la mythologie pour décorer un palais, mais choisit un poème célèbre.

Rinaldo und der Zauberer von Ascalon

Stellvertretend für einige weitere Werke, für die sich Tiepolo von Torquato Tassos Epos *Das befreite Jerusalem* inspirieren ließ, besticht auch dieses Werk durch die Luftigkeit seiner Farbgebung und die originellen Landschaften. Erstmals griff er bei der Ausschmückung eines Patrizierhauses nicht auf mythologische Quellen, sondern auf eine zur damaligen Zeit beliebte literarische Vorlage zurück.

Rinaldo y el Mago de Ascalón

Representativa de algunas otras obras para las que Tiepolo se inspiró en la epopeya de Torquato Tasso *Jerusalén Liberada*, esta obra también cautiva por la ligereza de su colorido y los paisajes originales. Por primera vez, al decorar una casa patricia, no recurrió a fuentes mitológicas, sino a un modelo literario popular en la época.

Rinaldo e o Feiticeiro de Ascalon

Representante de algumas outras obras para as quais Tiepolo se inspirou no épico de Torquato Tasso *A Jerusalém Liberada*, esta obra também cativa com o arejamento de sua coloração e as paisagens originais. Pela primeira vez, ao decorar uma casa patrícia, ele não recorreu a fontes mitológicas, mas a um modelo literário popular na época.

Rinaldo en de tovenaar van Ashkelon

Dit werk, dat representatief is voor enkele andere waarvoor Tiepolo zich liet inspireren door Torquato Tasso's epos *Jeruzalem bevrijd*, boeit ook door de luchtigheid van het kleurgebruik en de originele landschappen. Voor het eerst nam hij bij de versiering van een patriciërshuis niet zijn toevlucht tot mythologische bronnen, maar tot een destijds populair literair voorbeeld.

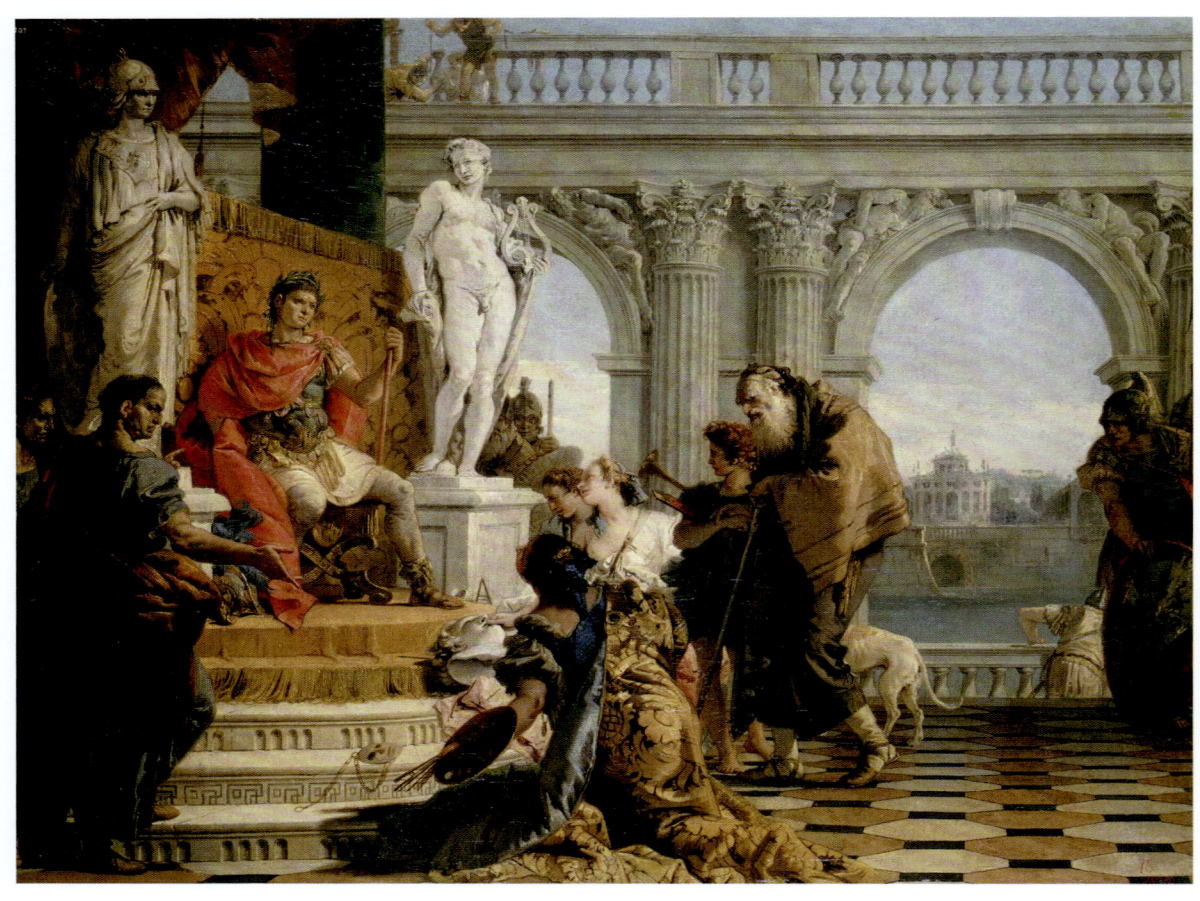

Maecenas Recommends the Arts, Symbolized by Women, to the Protection of Augustus

Mécène présente les Arts à Auguste

Maecenas empfiehlt die Künste dem Schutze des Augustus

Mecenas recomienda las artes a la protección de Augusto

Maecenas recomenda as artes à proteção de Augusto

Mecenas leidt de vrije kunsten voor keizer Augustus

Giovanni Battista Tiepolo (1696–1770)

1743, Oil on canvas/Huile sur toile, 69,5 × 89 cm, State Hermitage Museum, St. Petersburg

**Maecenas Recommends the
Arts, Symbolized by Women, to
the Protection of Augustus**
Conceived as a gift for the art-loving
Count von Brühl, the influential
minister of the Saxon Elector August
III, the painting can be regarded as an
interesting key work. On the one hand,
the Brühl summer residence on the
Elbe can be seen in the background; on
the other hand, the figures of Emperor
August and Maecenas can be regarded
as embodiments of the Elector and his
minister.

**Mecenas recomienda las artes
a la protección de Augusto**
Concebido como un regalo para el
amante del arte, el conde von Brühl, el
influyente ministro del elector sajón
Augusto III, el cuadro puede considerarse
como una interesante obra clave. Por un
lado, la residencia de verano Brühl en el
Elba se puede ver en el fondo; por otro
lado, las figuras del emperador Augusto
y Mecenas pueden considerarse como la
encarnación del elector y de su ministro.

Mécène présente les Arts à Auguste
Ce tableau, destiné à être offert au
comte de Brühl, ami des arts et ministre
influent d'Auguste III, électeur de Saxe,
est une œuvre à clés. Le prince et son
ministre pouvaient en effet reconnaître
la résidence d'été de Brühl au bord de
l'Elbe, à l'arrière-plan, mais aussi leurs
propres personnes sous les traits de
l'empereur Auguste et de Mécène.

**Maecenas recomenda as artes
à proteção de Augusto**
Concebida como um presente para
o amante da arte Conde von Brühl,
o influente ministro do Eleitor
Saxão Agosto III, a pintura pode ser
considerada como uma obra-chave
interessante. Por um lado, a residência
de verão de Brühl no Elba pode ser vista
ao fundo; por outro lado, as figuras do
Imperador Agosto e Maecenas podem ser
consideradas como personificações do
Eleitor e do seu ministro.

**Maecenas empfiehlt die Künste
dem Schutze des Augustus**
Gedacht als Geschenk für den
kunstsinnigen Grafen von Brühl, den
einflussreichen Minister des sächsischen
Kurfürsten August III., kann das Gemälde
als interessantes Schlüsselwerk gelten.
Zum einen ist im Hintergrund die
Brühlsche Sommerresidenz an der Elbe
zu erkennen, zum anderen können
die Figuren des Kaisers August und
Maecenas als Verkörperungen des
Kurfürsten und seines Ministers gelten.

**Mecenas leidt de vrije kunsten
voor keizer Augustus**
Dit schilderij, ontworpen als geschenk
voor de kunstzinnige graaf von Brühl, de
invloedrijke minister van de Saksische
keurvorst August III van Polen, is op te
vatten als een interessant sleutelwerk.
Enerzijds is op de achtergrond het
zomerverblijf van Brühl aan de Elbe te
zien, anderzijds zijn de figuren van keizer
Augustus en de mecenas te beschouwen
als de belichaming van de keurvorst en
zijn minister mythologische bronnen,
maar tot een destijds populair literair
voorbeeld.

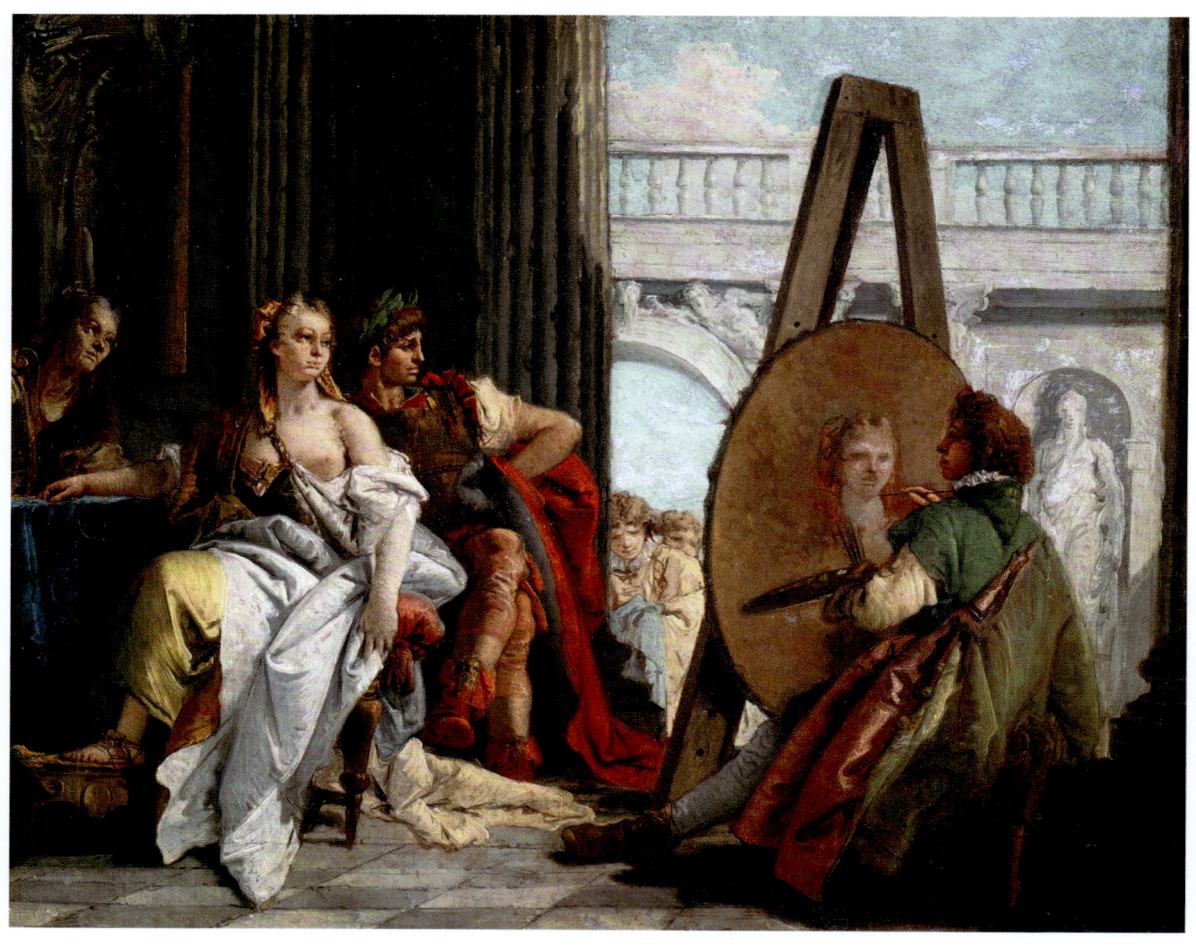

Apelles Paints Campaspe

**Alexandre le Grand et Campaspe
dans le studio d'Apelles**

Apelles malt Campaspe

Apelles pintando a Campaspe

Apelles pinta Campaspe

Apelles schildert Campaspe

Giovanni Battista Tiepolo (1696–1770)

c. 1736/37, Oil on canvas/Huile sur toile, 42 × 54 cm, J. Paul Getty Museum, Los Angeles

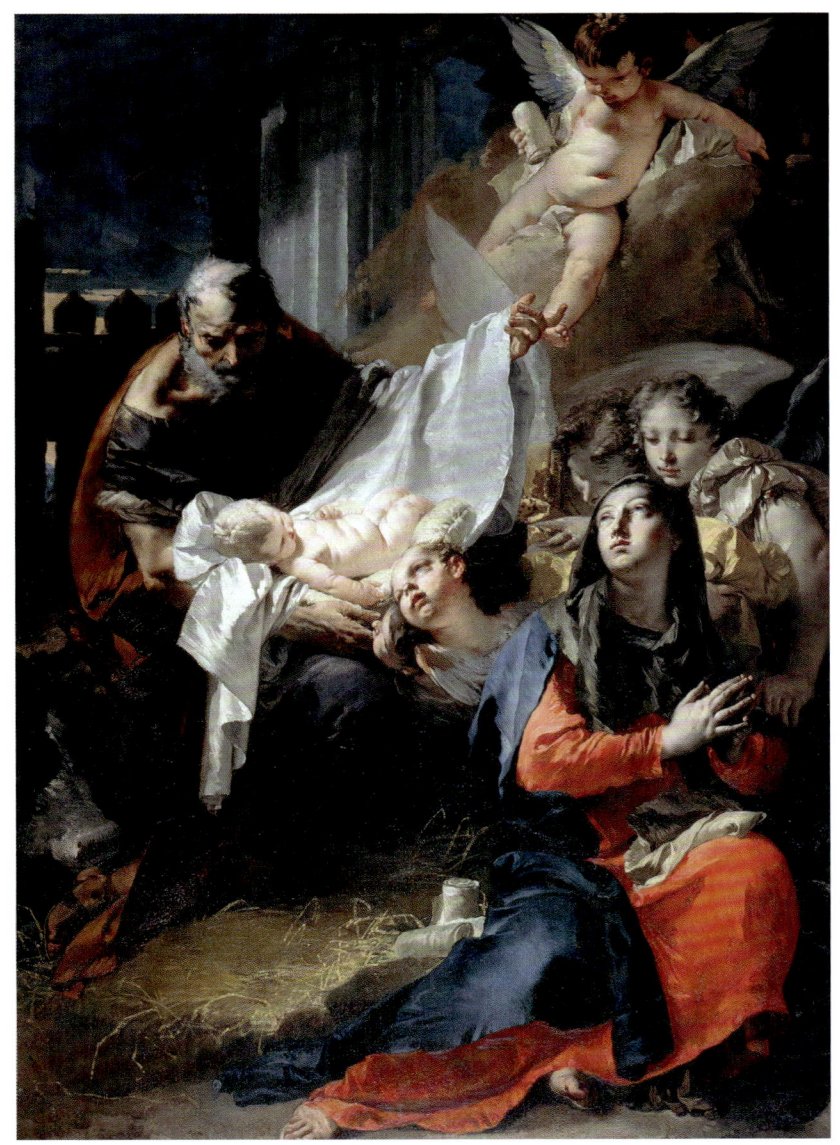

Adoration of the Child
Adoration de l'Enfant
Anbetung des Kindes
Adoración del niño
Adoração da criança
Aanbidding van het kind

Giovanni Battista Tiepolo (1696–1770)

1732, Oil on canvas/Huile sur toile,
228 × 160 cm, San Marco, Venezia

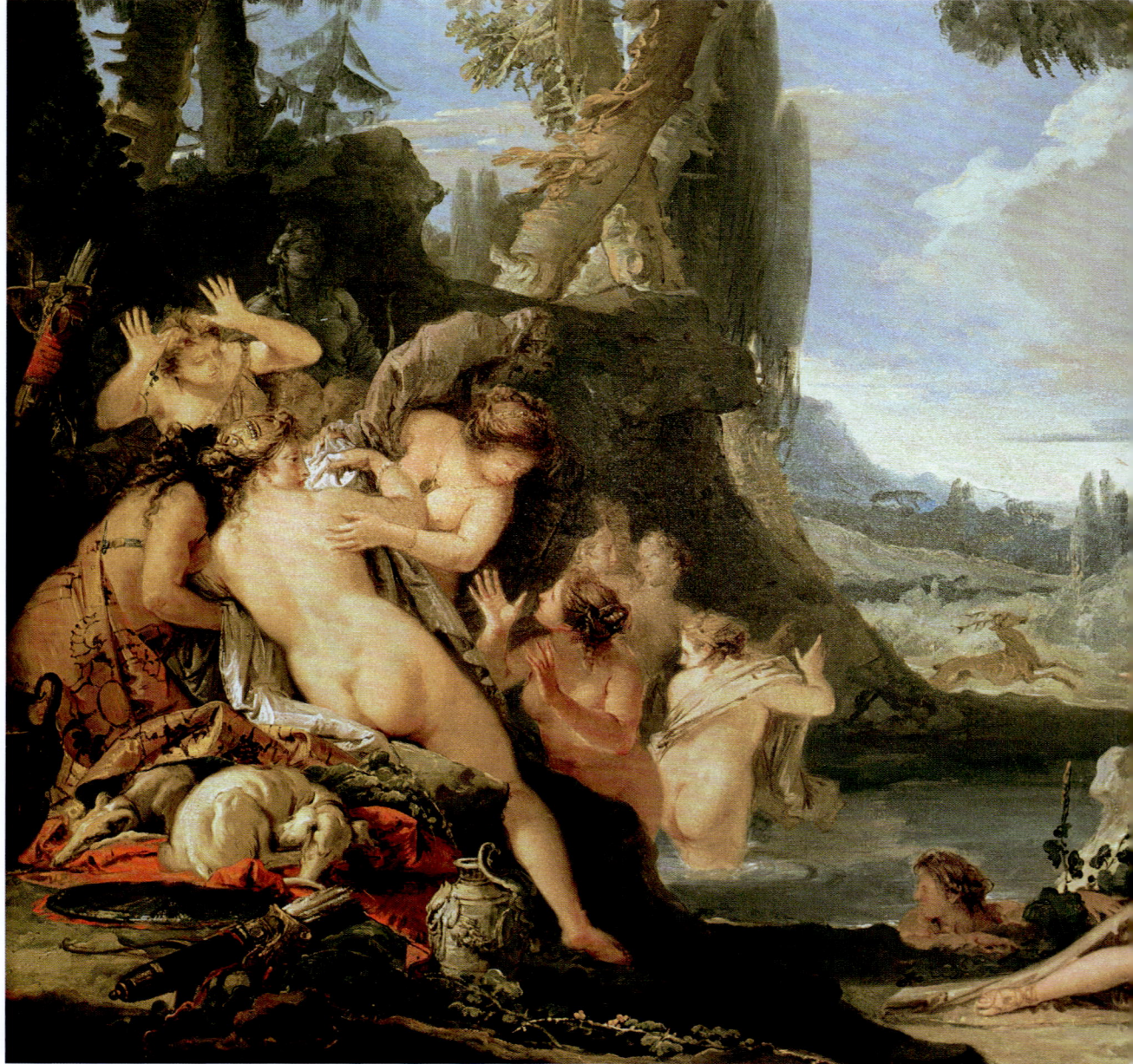

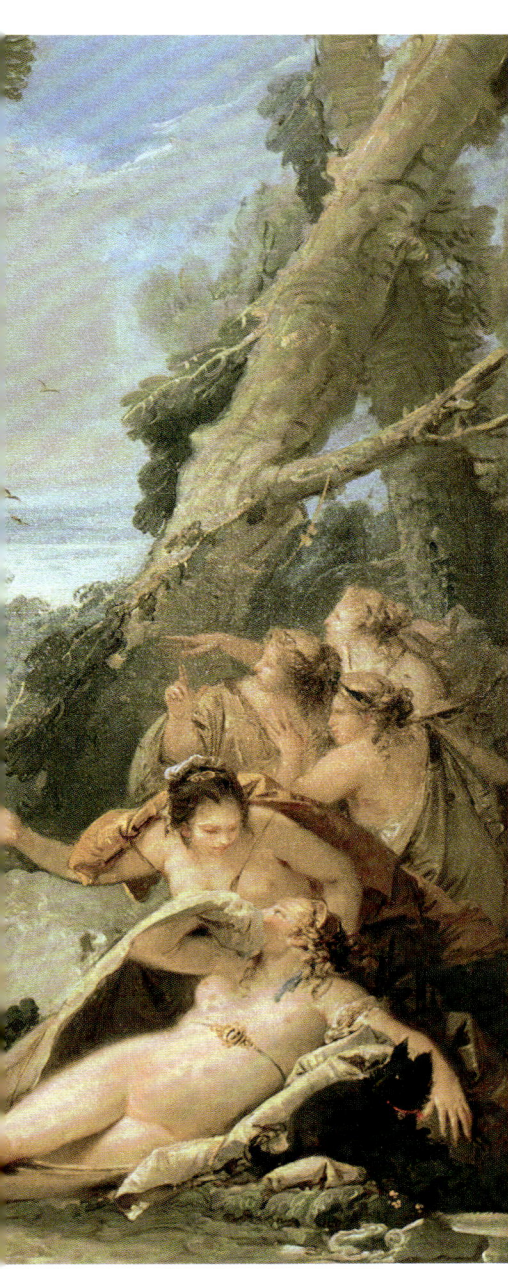

The Bath of Diana

Le Bain de Diane

Das Bad der Diana

El baño de Diana

O banho de Diana

Het bad van Diana

Giovanni Battista Tiepolo (1696–1770)

c. 1743/44, Oil on canvas/Huile sur toile, 79 × 90 cm,
Private collection

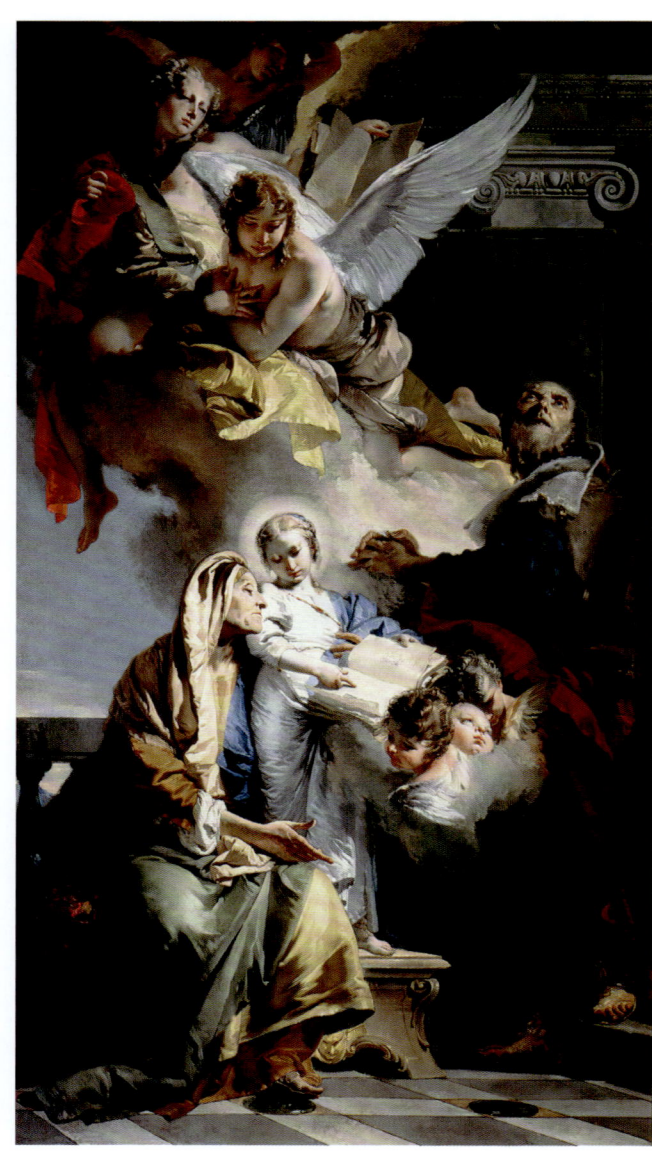

Instruction of Mary

L'Éducation de la Vierge

Unterweisung Mariens

La educación de la Virgen

Instrução de Maria

Het onderwijs van de Maagd

Giovanni Battista Tiepolo (1696–1770)

c. 1732, Oil on canvas/Huile sur toile,
362 × 200 cm, S. Maria della Fava
(della Consolazione), Venezia

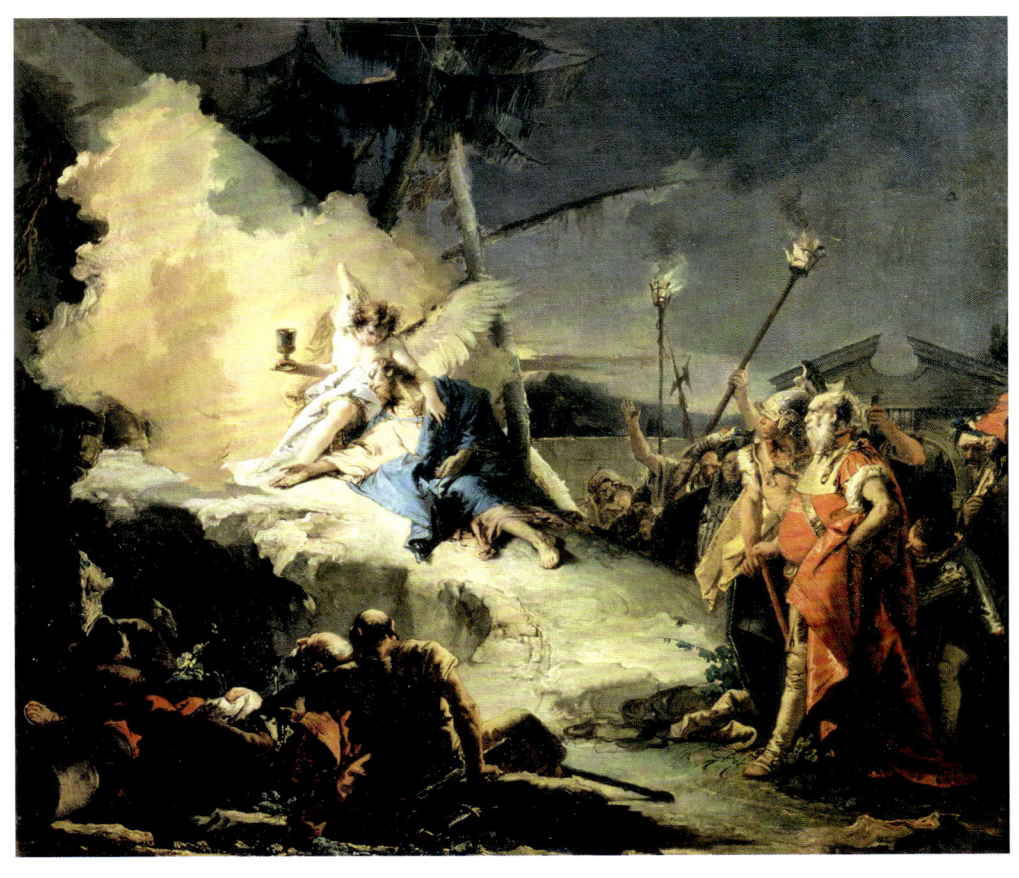

Christ in Gethsemane
Le Christ dans le jardin de Gethsémani
Christus in Gethsemane
Cristo en Getsemaní
Cristo no Getsêmani
Christus in Gethsemane

Giovanni Battista Tiepolo (1696–1770)

c. 1745-50, Oil on canvas/Huile sur toile,
79,4 × 88,5 cm, Hamburger Kunsthalle, Hamburg

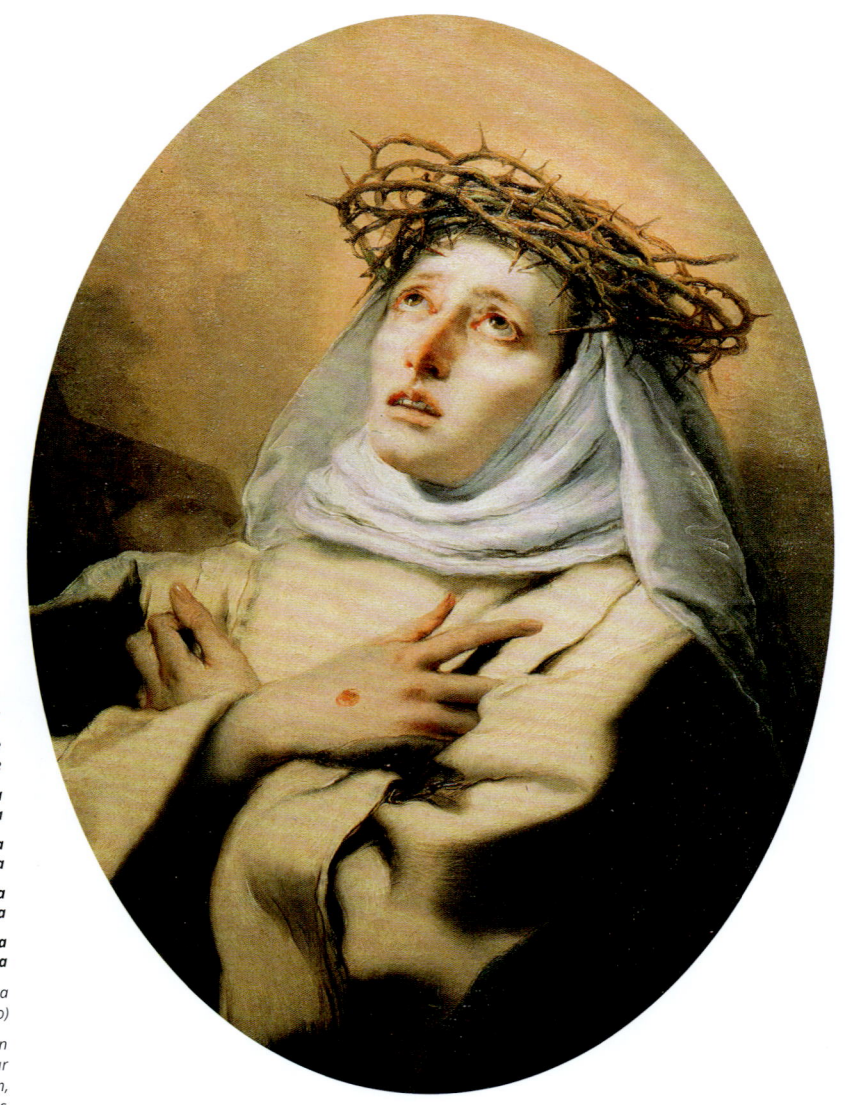

Saint Catherine of Siena

Sainte Catherine de Sienne

Die heilige Katharina von Siena

Santa Catalina de Siena

Santa Catarina de Siena

De heilige Catharina van Siena

Giovanni Battista Tiepolo (1696–1770)

c. 1746, Oil on canvas/Huile sur toile, 70 × 52 cm, Kunsthistorisches Museum, Wien

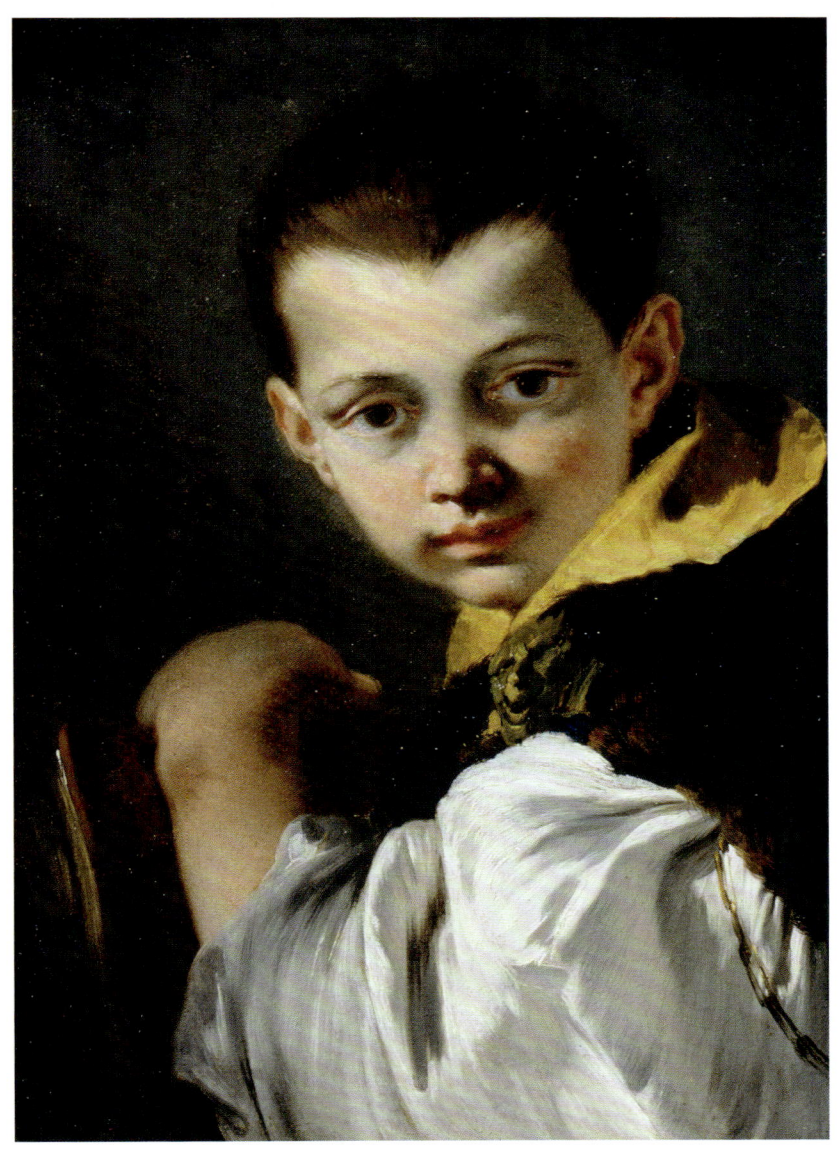

Boy with Book (Portrait of Lorenzo Tiepolo)

Jeune garçon avec un livre (portrait de Lorenzo Tiepolo)

Knabe mit Buch (Bildnis des Lorenzo Tiepolo)

Niño con libro (Retrato de Lorenzo Tiepolo)

Menino com livro (Retrato de Lorenzo Tiepolo)

Jongen met boek (Portret van Lorenzo Tiepolo)

Giovanni Battista Tiepolo (1696–1770)

c. 1743, Oil on canvas/Huile sur toile, 48,3 × 39,1 cm, Museum of Art, New Orleans

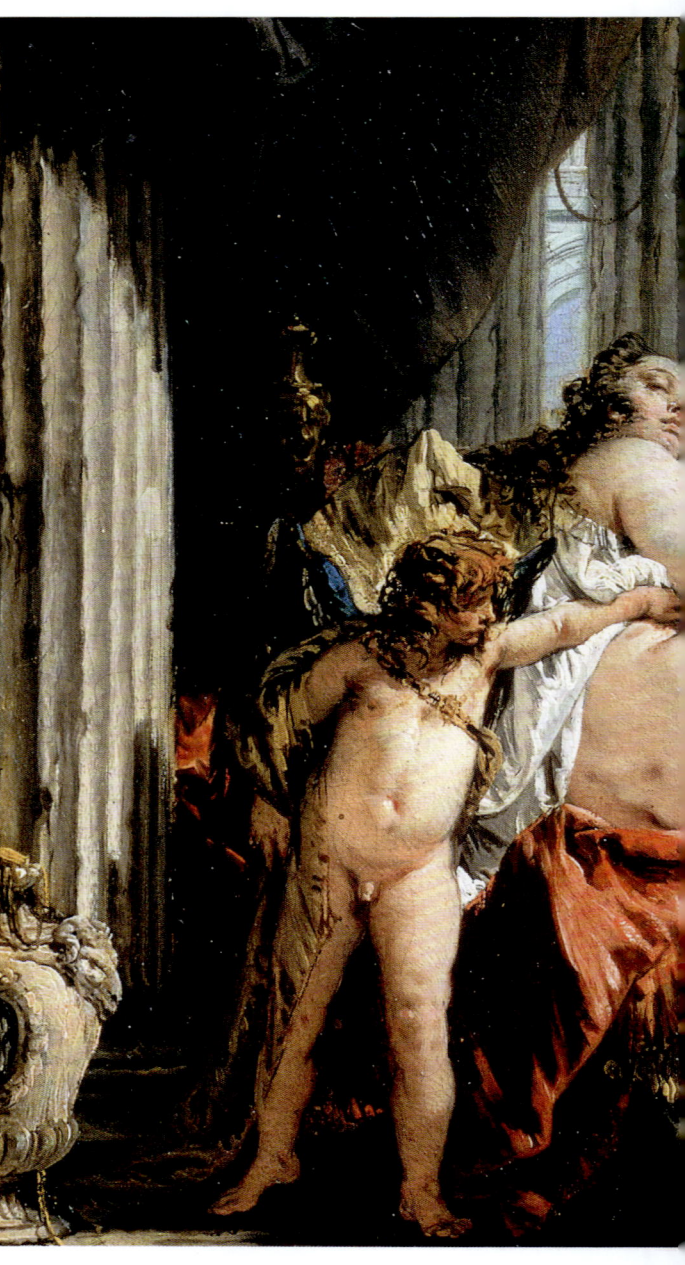

Danae

Danaé

Danae

Dánae

Danae

Danaë

Giovanni Battista Tiepolo (1696–1770)

1736, Oil on canvas/Huile sur toile, 41 × 53 cm,
Universitet Konsthistoriska Institutionen, Stockholm

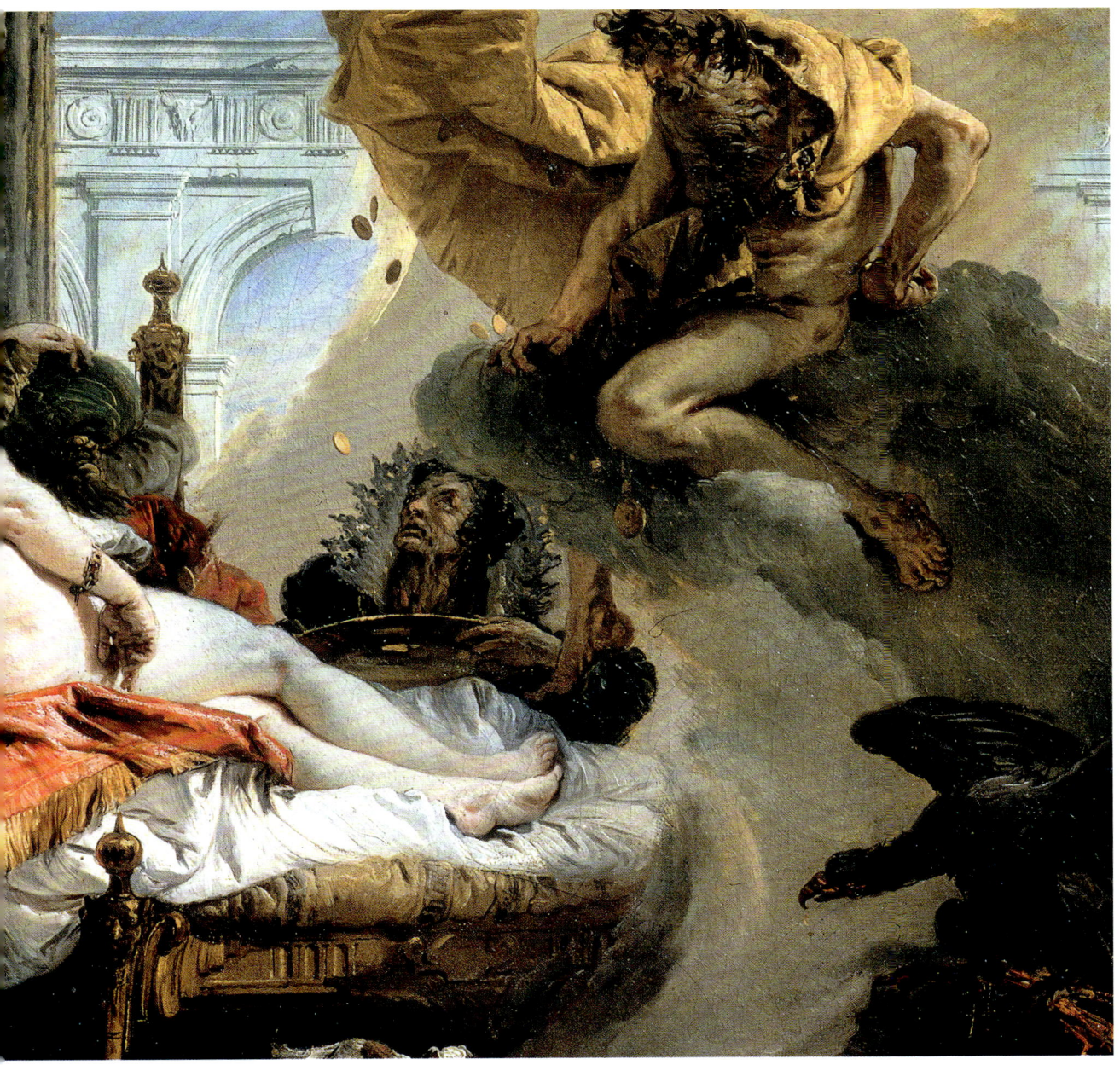

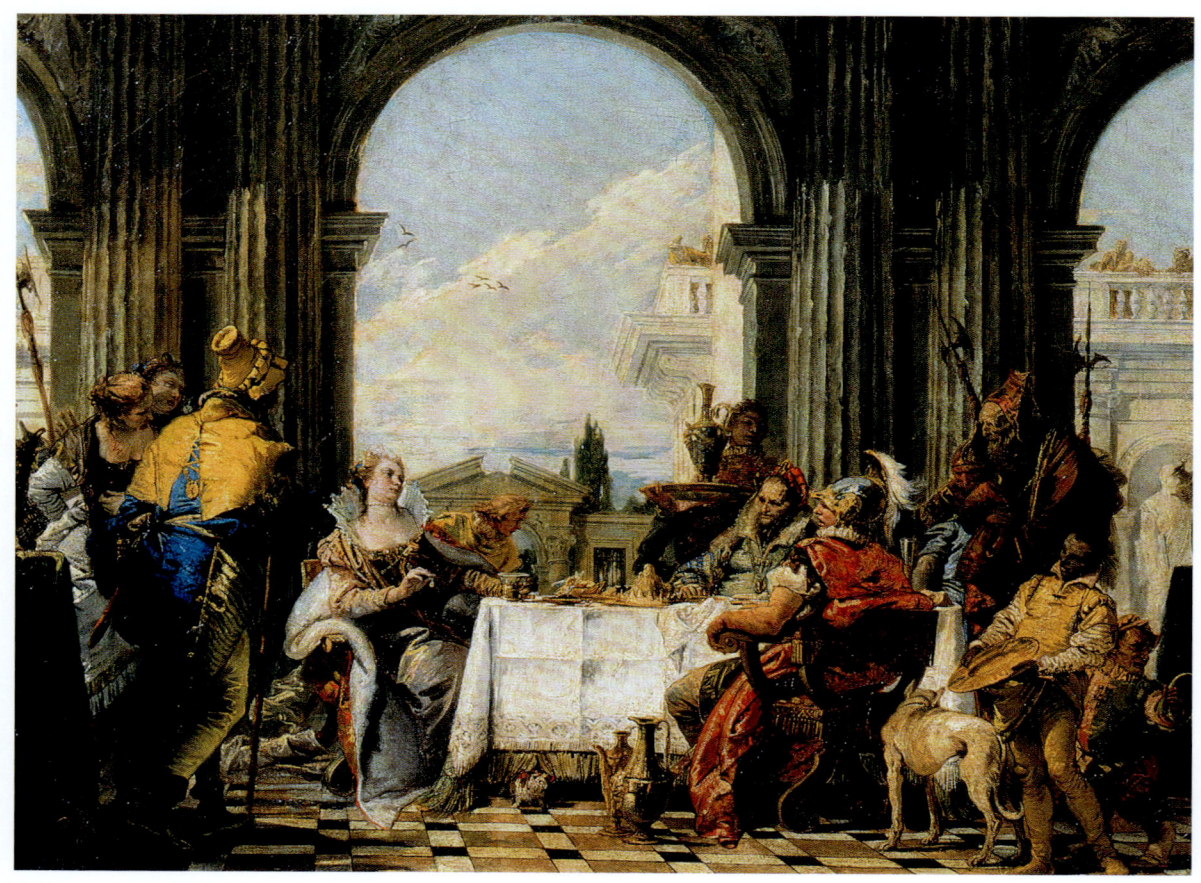

The Cleopatra Feast
Le Banquet de Cléopâtre
Das Gastmahl der Kleopatra
El banquete de Cleopatra
A festa de Cleópatra
Het feestmaal van Cleopatra

Giovanni Battista Tiepolo (1696–1770)

c. 1742/43, Oil on canvas/Huile sur toile, 50,5 × 69 cm, Musée Cognaqc-Jay, Paris

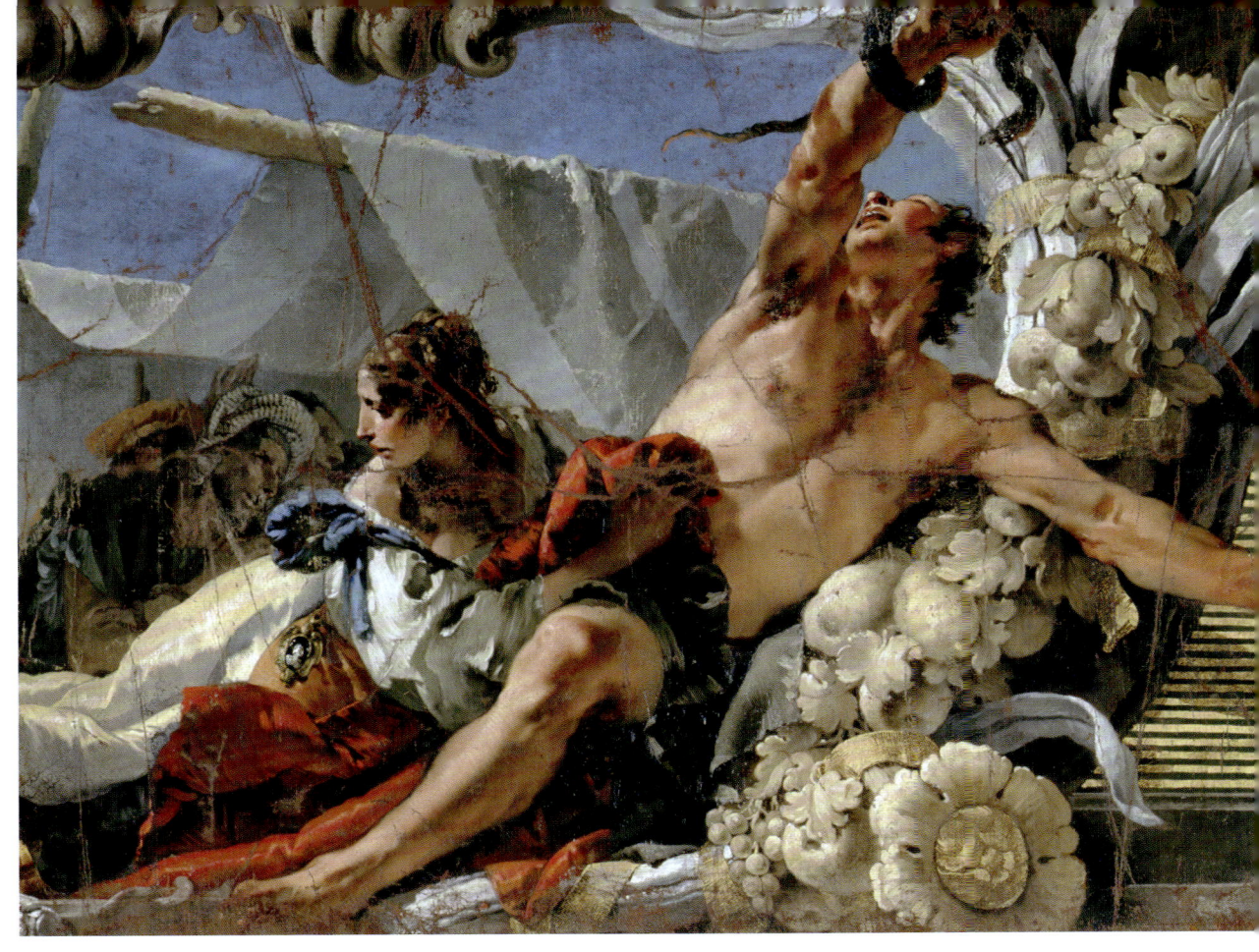

The Bronze Snake (excerpt)
Le Serpent d'airain (détail)
Die eherne Schlange (Ausschnitt)
La serpiente de bronce (extracto)
A serpente de bronze (excerto)
De koperen slang (uitsnede)

Giovanni Battista Tiepolo (1696–1770)

c. 1735, Oil on canvas/Huile sur toile, 164 × 1356 cm, Galleria dell'Accademia, Venezia

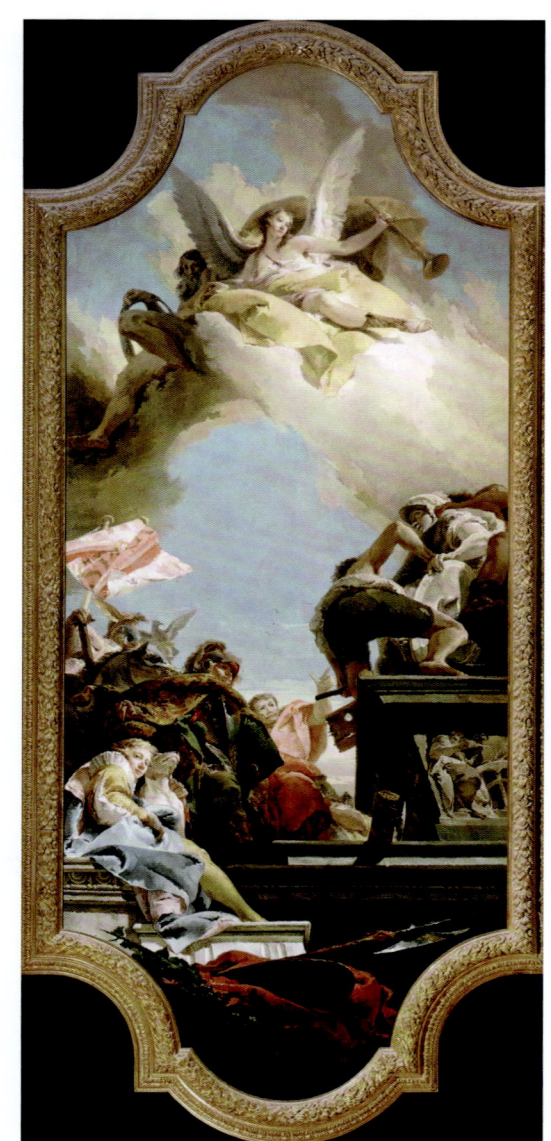

Erection of an Imperator Statue

Élévation d'une statue

Errichtung einer Imperatorenstatue

***Levantamiento de una estatua
en honor a un emperador***

***Montagem de uma Estátua
do Imperador***

Oprichting van een keizerbeeld

Giovanni Battista Tiepolo (1696–1770)

*c. 1734/35, Oil on canvas/Huile sur
toile, 420 × 176 cm, Gallerie degli Uffizi,
Firenze*

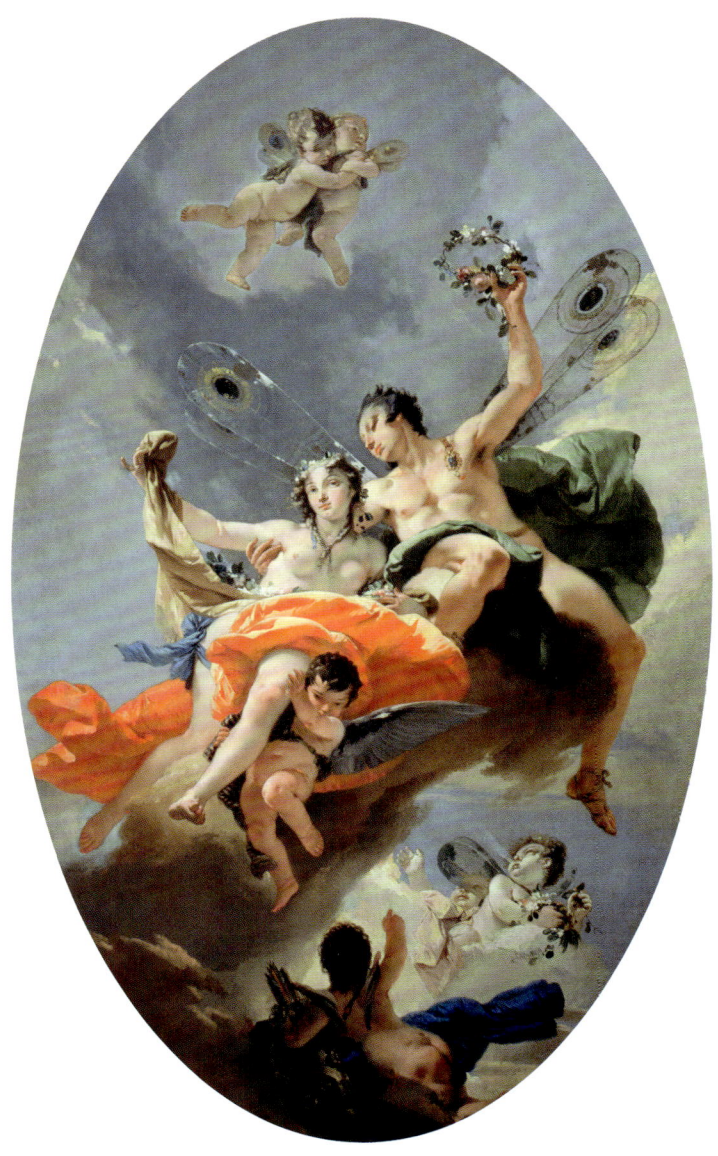

*The Triumph of
Zephyr and Flora
(Allegory of Spring)*

*Le Triomphe de Zéphyr
et Flore (Allégorie
du printemps)*

*Der Triumph von Zephir
und Flora (Allegorie
des Frühlings)*

*El triunfo de Zephir
y Flora (Alegoría de
la primavera)*

*O Triunfo de Zephyr
e Flora (Alegoria
da Primavera)*

*De triomf van Zephyros
en Flora (Allegorie
van de lente)*

Giovanni Battista Tiepolo
(1696–1770)

c. 1734/35, Oil on
canvas/Huile sur toile,
395 × 225 cm, Ca'
Rezzonico, VeneziaScuola
Grande di San Rocco,
Venezia

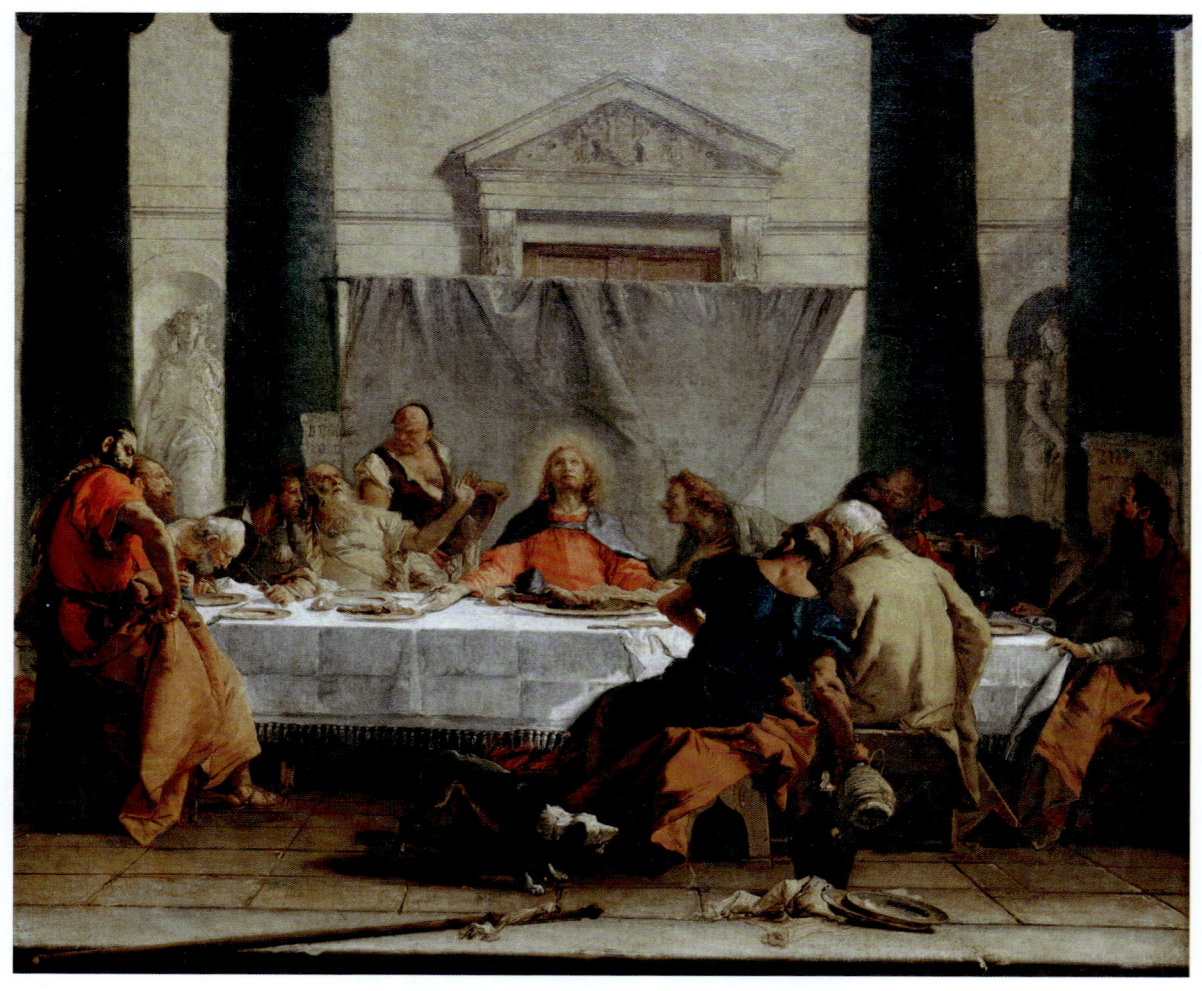

The Last Supper
La Cène

Das Abendmahl
La Última Cena

A Última Ceia
Het laatste avondmaal

Giovanni Battista Tiepolo (1696–1770)

1745-47, Oil on canvas/Huile sur toile, 80,5 × 89,5 cm, Musée du Louvre, Paris

The Last Supper

In contrast to Leonardo da Vinci's Last Supper, which clearly inspired the artist here, Tiepolo renounced its strict symmetry. He also seems to focus less on the moment when Jesus announces Judas' betrayal to his disciples than on the symbolic theme of the Eucharist.

La Cène

Se démarquant de la Cène de Léonard de Vinci qui, de toute évidence, l'a clairement inspiré ici, Tiepolo rejette sa symétrie rigoureuse. De plus, la scène semble moins se concentrer sur le moment où Jésus annonce à ses disciples la trahison de Judas que sur le thème symbolique de l'Eucharistie.

Das Abendmahl

Im Unterschied zum Abendmahl Leonardo da Vincis, von dem sich der Künstler hier deutlich hat inspirieren lassen, verzichtet Tiepolo auf dessen strenge Symmetrie. Auch scheint er den Fokus weniger auf den Moment zu legen, in dem Jesus seinen Jüngern den Verrat des Judas ankündigt, als auf das symbolische Thema der Eucharistie.

La Última Cena

En contraste con la Última Cena de Leonardo da Vinci, que claramente inspiró al artista aquí, Tiepolo renunció a su estricta simetría. También parece centrarse menos en el momento en que Jesús anuncia la traición de Judas a sus discípulos que en el tema simbólico de la Eucaristía.

A Última Ceia

Em contraste com a Última Ceia de Leonardo da Vinci, que claramente inspirou o artista aqui, Tiepolo renunciou à sua estrita simetria. Parece também concentrar-se menos no momento em que Jesus anuncia a traição de Judas aos seus discípulos do que no tema simbólico da Eucaristia.

Het laatste avondmaal

In tegenstelling tot Leonardo da Vinci's Laatste avondmaal waardoor de kunstenaar zich duidelijk had laten inspireren, zag Tiepolo af van een strikte symmetrie. Hij lijkt zich ook minder te richten op het moment dat Jezus het verraad van Judas aan zijn discipelen aankondigt dan op het symbolische thema van de eucharistie

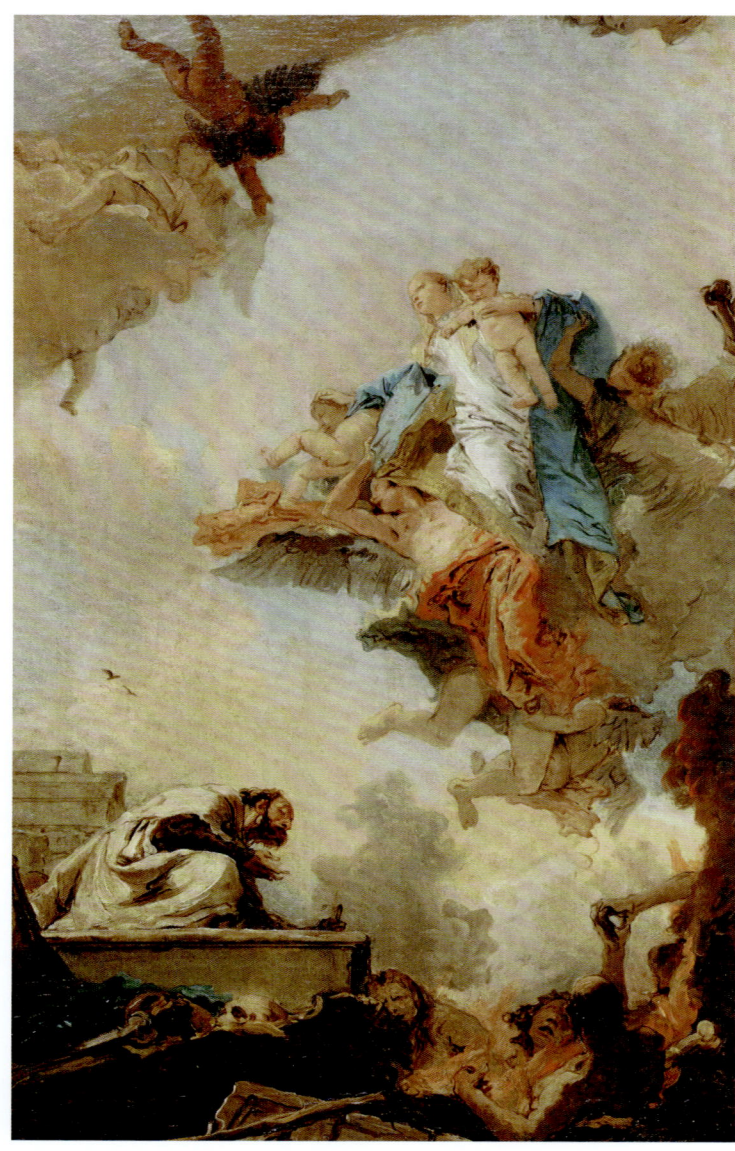

*Mary Hands over the Scapular
to St Simon Stock (sketch)*

*La Vierge du Carmel apparaissant
à saint Simon Stock*

*Maria übergibt dem seligen Simon
Stock das Skapulier (Skizze)*

*María entrega el escapulario al
Beato Simón Stock (boceto)*

*Maria entrega o Skapulier ao
Beato Simão Stock (sketch)*

*Maria overhandigt de gezegende
Simon Stock het scapulier (schets)*

Giovanni Battista Tiepolo (1696–1770)

*1743-45, Oil on canvas/Huile sur toile,
65 × 41 cm, Musée du Louvre, Paris*

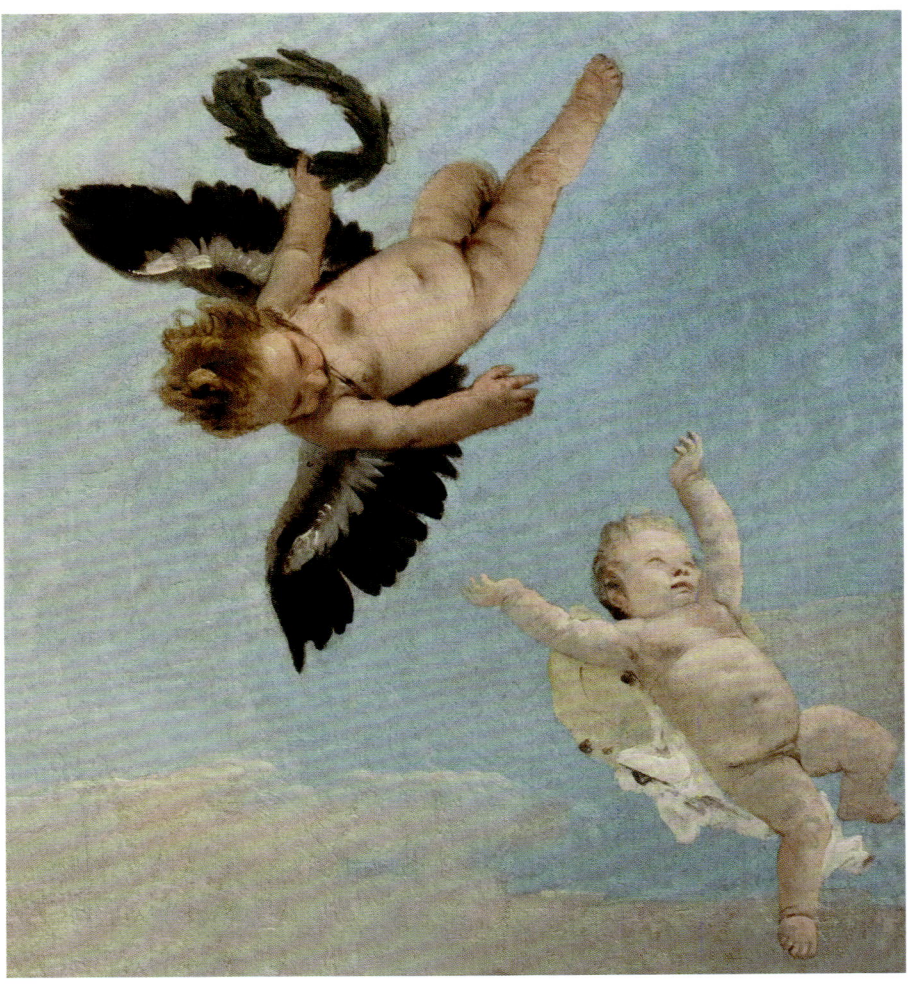

Two Flying Cherubim
Deux putti volant

Zwei fliegende Putten
Dos querubines voladores

Dois putti voadores
Twee vliegende putti

Giovanni Battista Tiepolo (1696–1770)

c. 1740-50, Oil on canvas/Huile sur toile, 78 × 67 cm, Gallerie degli Uffizi, Firenze

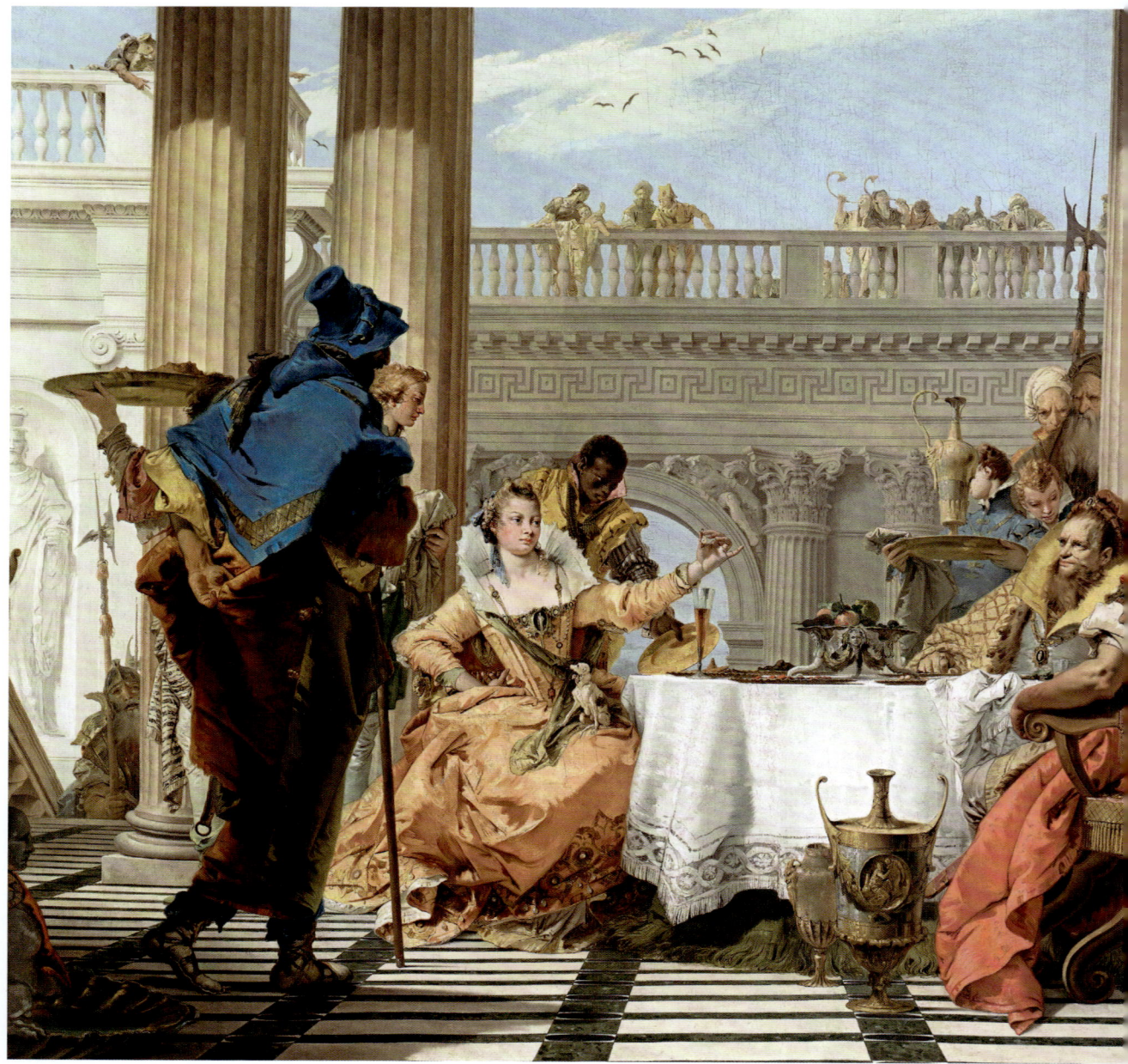

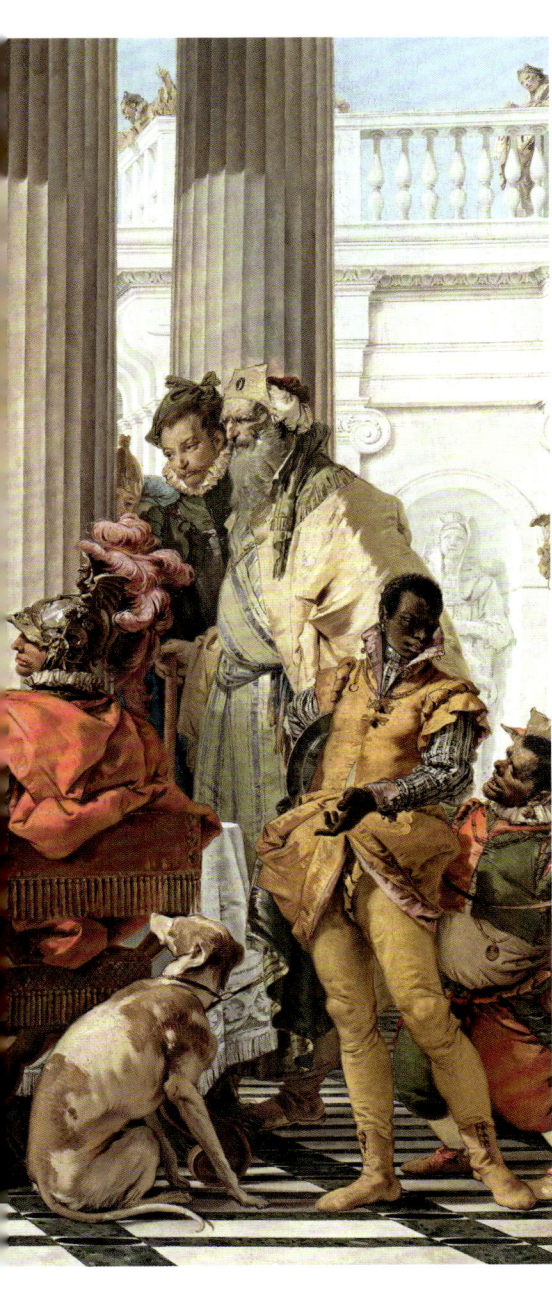

The Cleopatra feast

Le Banquet de Cléopâtre

Das Gastmahl der Kleopatra

El banquete de Cleopatra

A festa de Cleópatra

Het feestmaal van Cleopatra

Giovanni Battista Tiepolo (1696–1770)

1743/44, Oil on canvas/Huile sur toile, 250,3 × 357 cm,
National Gallery of Victoria, Melbourne

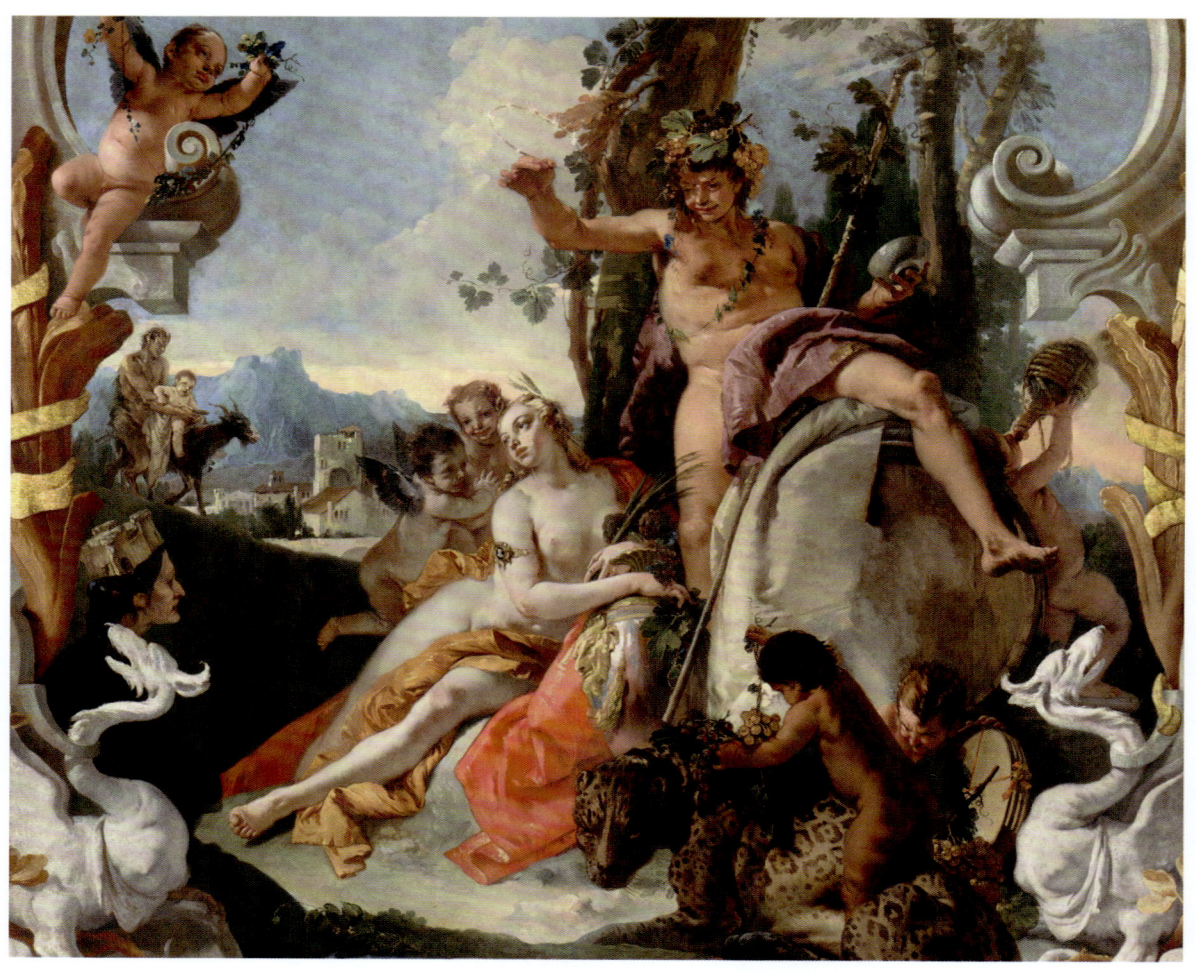

Bacchus and Ariadne

Bacchus et Ariane

Bacchus und Ariadne

Baco y Ariadna

Baco e Ariadne

Bacchus en Ariadne

Giovanni Battista Tiepolo (1696–1770)

1743/45, Oil on canvas/Huile sur toile, 213,4 × 231,8 cm, National Gallery of Art, Washington

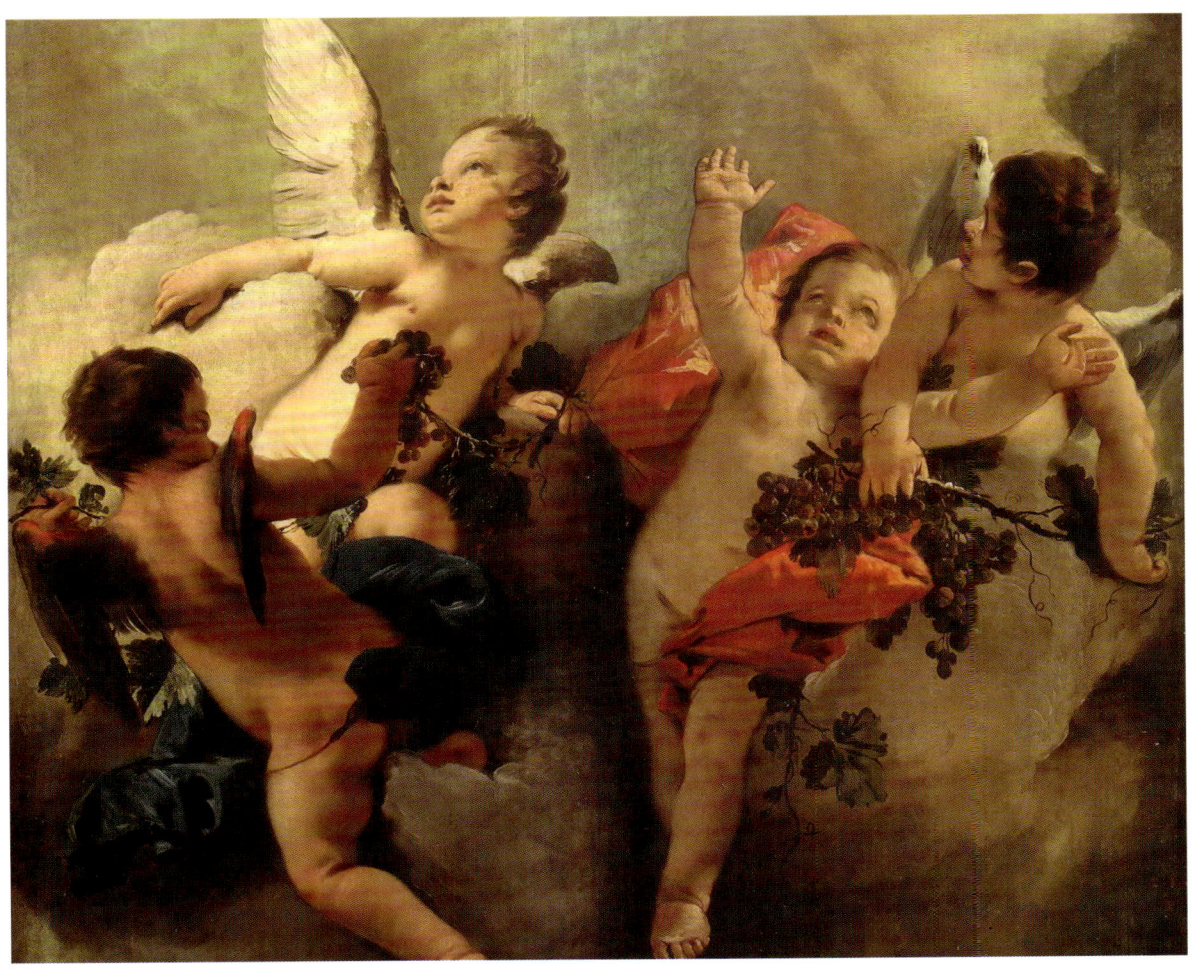

Four Cherubim with Grapes
(allegory of autumn)

Quatre putti aux raisins
(Allégorie de l'automne)

Vier Putten mit Weintrauben
(Allegorie des Herbstes)

Cuatro querubines con uvas
(alegoría del otoño)

Quatro putti com uvas
(alegoria do Outono)

Vier putti met druiven
(Allegorie van de herfst)

Giovanni Battista Tiepolo (1696–1770)

1740s, Oil on canvas/Huile sur toile, 149 × 145 cm, State Hermitage Museum, St. Petersburg

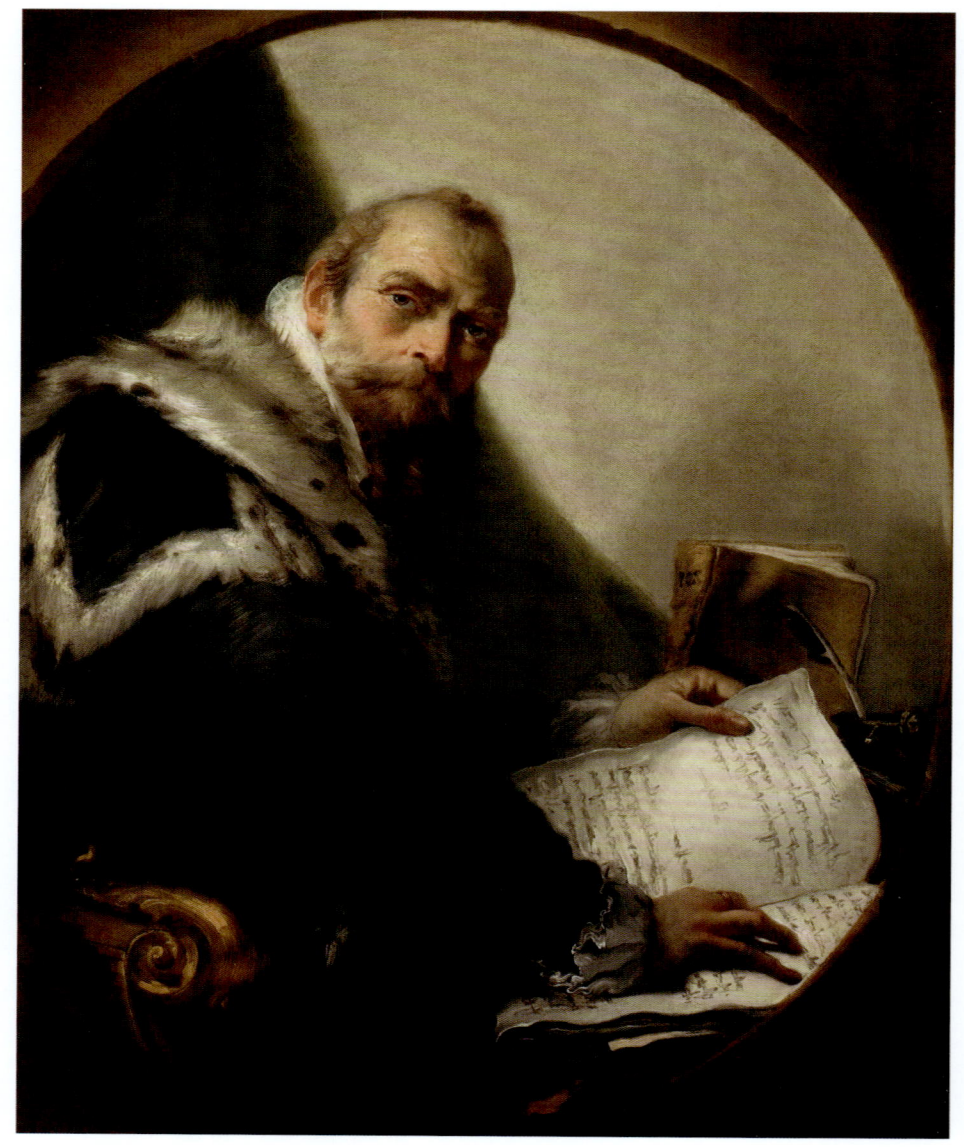

***Portrait of
Antonio Riccobono***

***Portrait
d'Antonio Riccobono***

***Bildnis des
Antonio Riccobono***

***Retrato de
Antonio Riccobono***

***Retrato de
Antonio Riccobono***

***Portret van
Antonio Riccobono***

*Giovanni Battista Tiepolo
(1696–1770)*

*c. 1743, Oil on canvas/
Huile sur toile, 102 × 89 cm,
Pinacoteca della Accademia
dei Concordi, Rovigo*

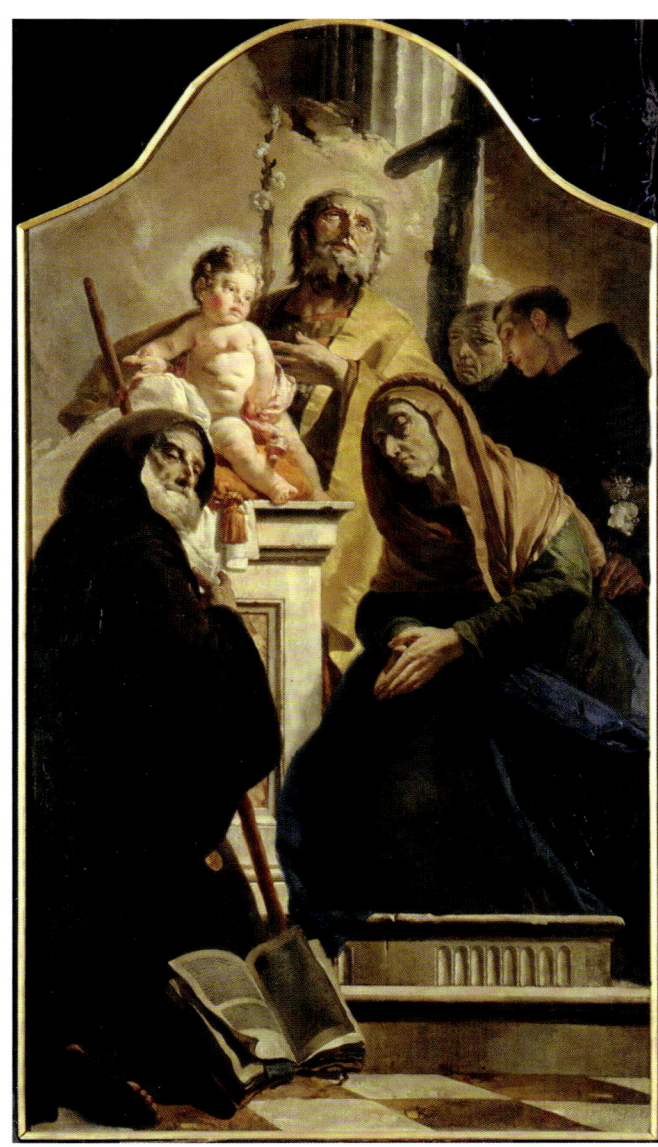

Saint Joseph with the Boy Jesus and the Saints Francis of Paula, Anna, Anthony and Peter of Alcantara

Saint Joseph avec l'enfant Jésus, sainte Anne, et les saints François de Paule, Antoine et Pierre d'Alcantara

Der Heilige Joseph mit dem Jesusknaben und den Heiligen Franz von Paula, Anna, Antonius und Petrus von Alcantara

San José con el niño Jesús y los santos Francisco de Paula, Ana, Antonio y Pedro de Alcántara

São José com o menino Jesus e os Santos Francisco de Paula, Ana, Antônio e Pedro de Alcântara

Jozef met de jonge Jezus en de heiligen Franciscus van Paola, Anna, Antonius en Petrus van Alcantara

Giovanni Battista Tiepolo (1696–1770)

1734, Oil on canvas/Huile sur toile, 210 × 114 cm, Galleria dell'Accademia, Venezia

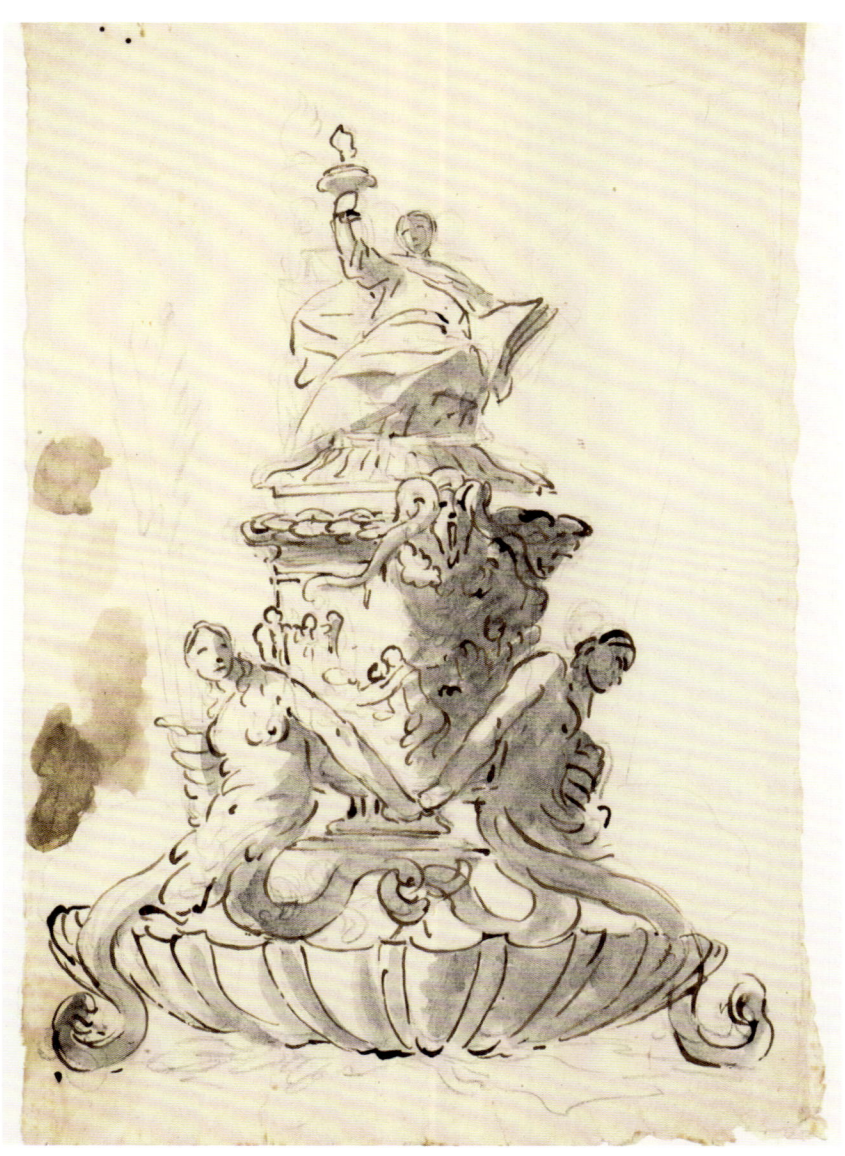

Study for an Inkstand

Étude pour un encrier

Studie für ein Tintenfass

Estudio para un tintero

Estudo para um tinteiro

Studie voor een inktpot

Giovanni Battista Tiepolo (1696–1770)

c. 1737-48, Pen and brown ink, grey wash, with splashes of grey lavur on the left, over black chalk/Plume et encre brune, lavis gris, avec des éclaboussures de lavis grise à gauche, craie noire, 45 × 31 cm, Metropolitan Museum of Art, New York

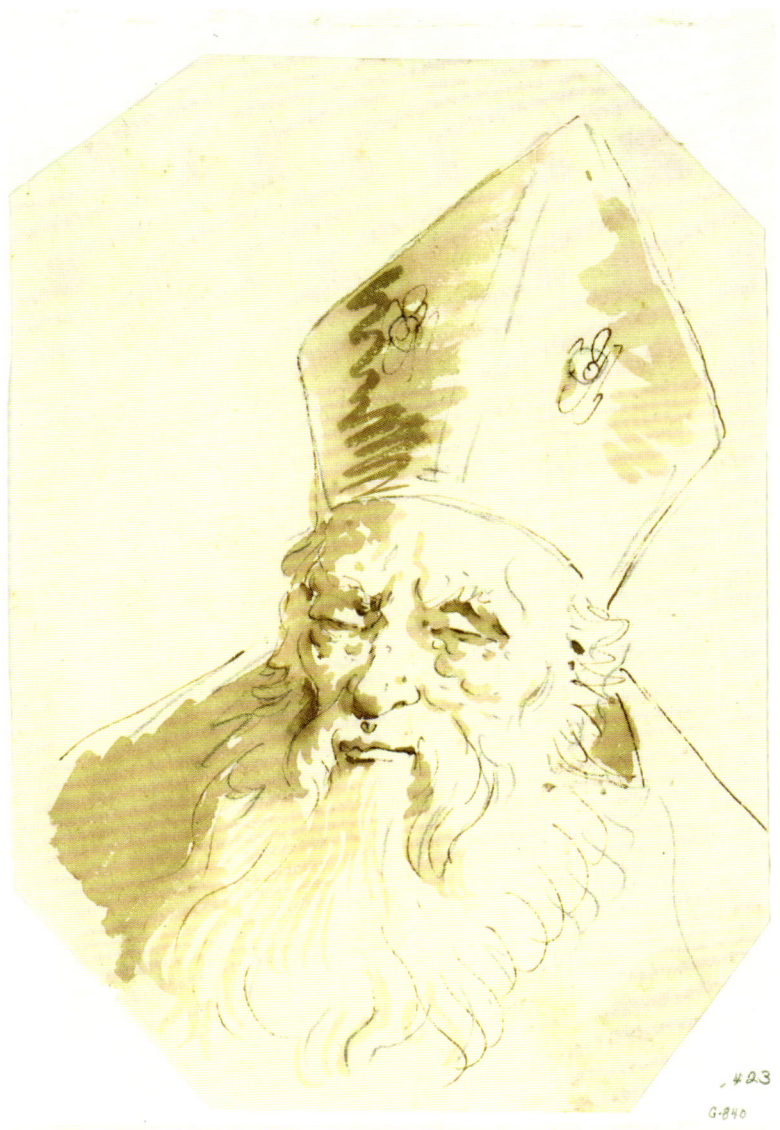

Head of a Bishop
Portrait d'un évêque
Kopf eines Bischofs
Cabeza de un obispo
Cabeça de um bispo
Hoofd van een bisschop

Giovanni Battista Tiepolo
(1696–1770)

c. 1739-60, Pen and light brown
ink, wash, on black chalk/Plume
et encre brune, lavis, craie noire,
21,1 × 14,5 cm, Metropolitan
Museum of Art, New York

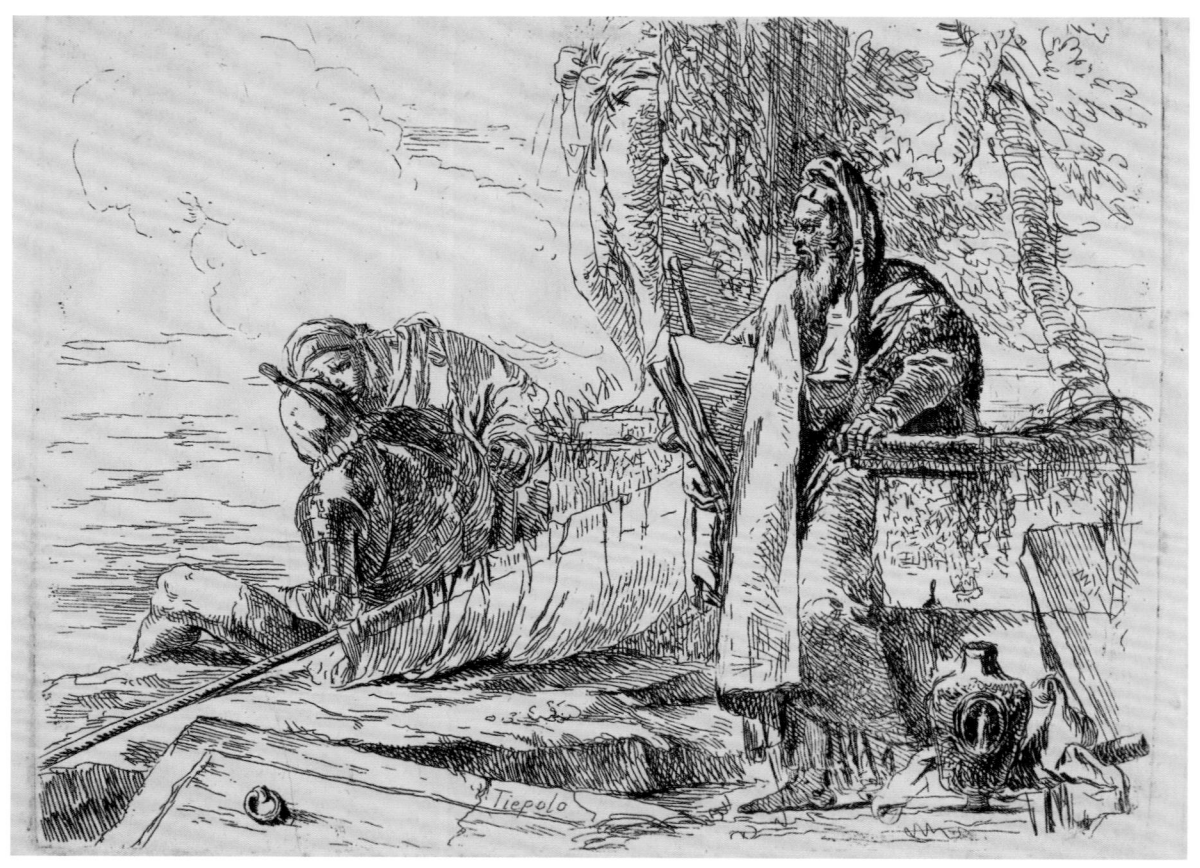

Capricci: Standing Philosopher with Two Other Figures

Capricci : Philosophe debout avec deux autres personnages

Capricci: Stehender Philosoph mit zwei anderen Figuren

Capricci: filósofo de pie con otras dos figuras

Capricci: filósofo permanente com duas outras figuras

Capricci: Staande filosoof met twee andere figuren

Giovanni Battista Tiepolo (1696–1770)

1740-1750, Etching/Gravure, 13,5 × 17,4 cm, Art Institute of Chicago, Chicago

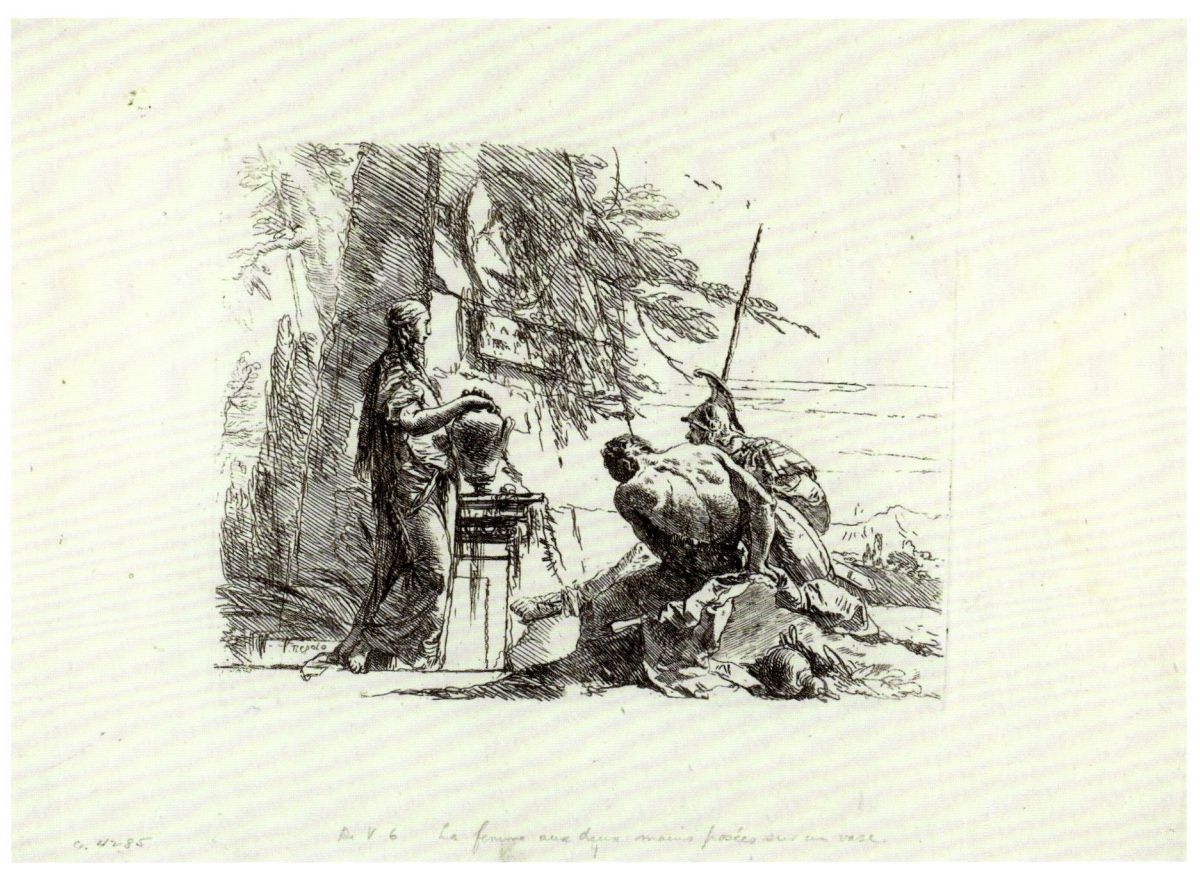

Capricci: Woman with Her Hands on a Vase, Soldier and Slave

Capricci : Femme avec ses mains sur un vase, soldat et esclave

Capricci: Frau mit ihren Händen an einer Vase, Soldat und ein Sklave

Capricci: una mujer con sus manos en un jarrón, soldado y esclavo

Capricci: Mulher com as mãos num vaso, soldado e escravo

Capricci: Vrouw met haar handen op een vaas, soldaat en een slaaf

Giovanni Battista Tiepolo (1696–1770)

1740-1750, Etching/Gravure, 13,8 × 17,6 cm,
Art Institute of Chicago

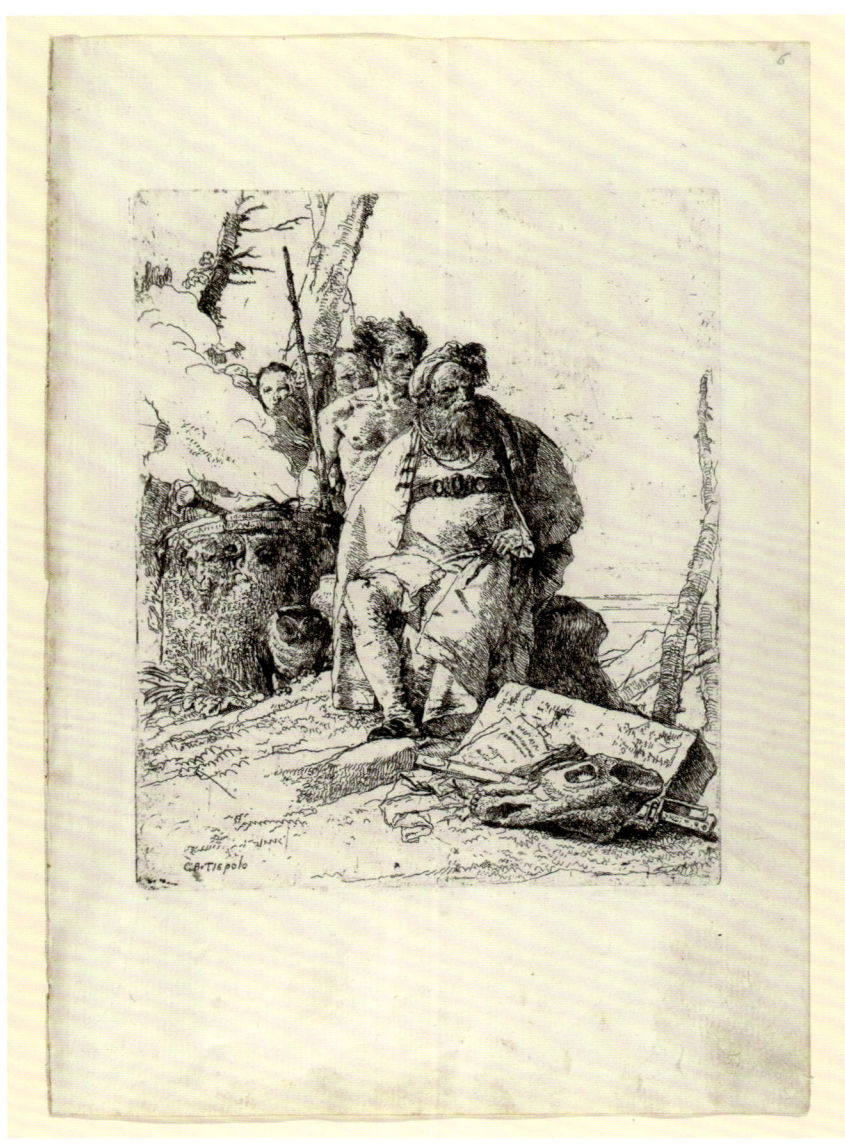

*Scherzi: Magician with Four
Figures Near a Smoking Altar*

*Scherzi : Magicien avec quatre
personnages près d'un autel fumant*

*Scherzi: Zauberer mit vier Figuren
nahe einem rauchenden Altar*

*Scherzi: mago con cuatro figuras
cerca de un altar humeante*

*Scherzi: Feiticeiro com quatro
figuras perto de um altar de fumo*

*Scherzi: Tovenaar met vier figuren
in de buurt van een rokend altaar*

Giovanni Battista Tiepolo (1696–1770)

*1743, Etching/Gravure, 22,2 × 18,1 cm,
Metropolitan Museum of Art, New York*

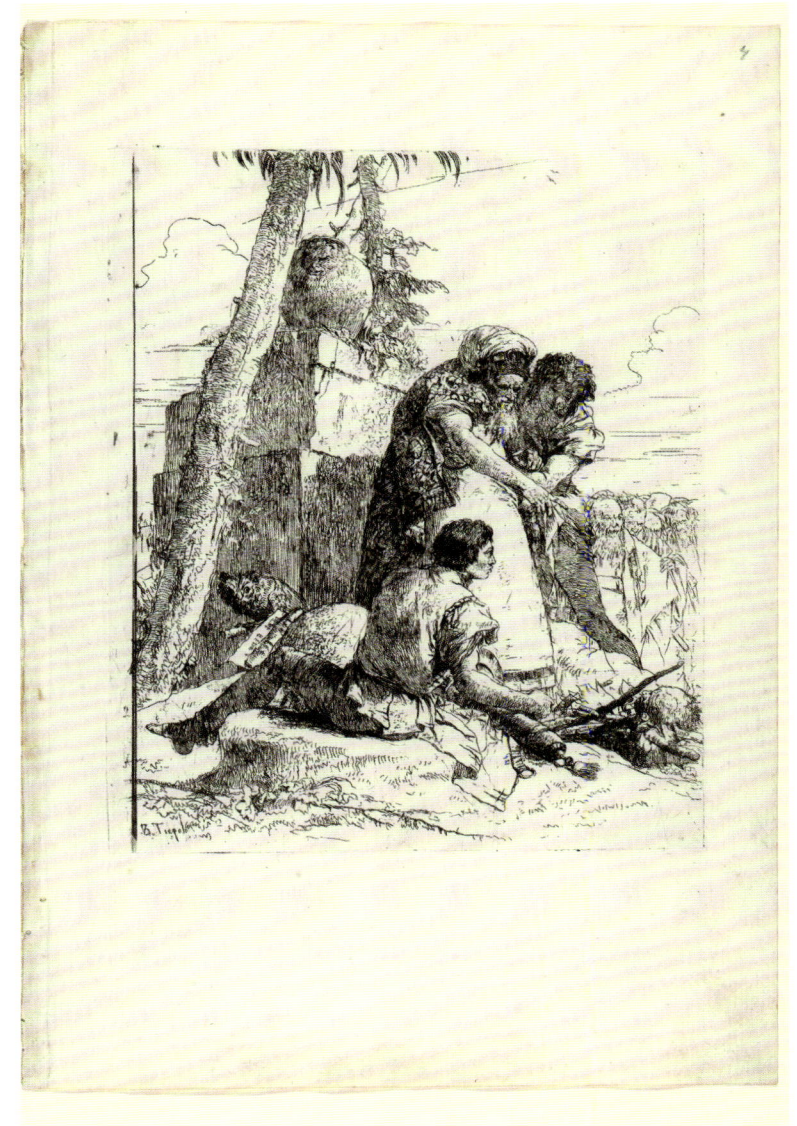

*Scherzi: Magician Pointing Out a
Burning Head to Two Youths*

*Scherzi : Magicien montrant une
tête en feu à deux jeunes gens*

*Scherzi: Zauberer, zwei Jugendlichen
einen brennenden Kopf zeigend*

*Scherzi: mago, dos adolescentes
mostrando una cabeza ardiente*

*Scherzi: Feiticeiro, dois adolescentes
mostrando uma cabeça queimada*

*Scherzi: Tovenaar die twee jongelingen
op een brandend hoofd wijst*

Giovanni Battista Tiepolo (1696–1770)

1743, Etching/Gravure, 22,8 × 18,5 cm,
Metropolitan Museum of Art, New York

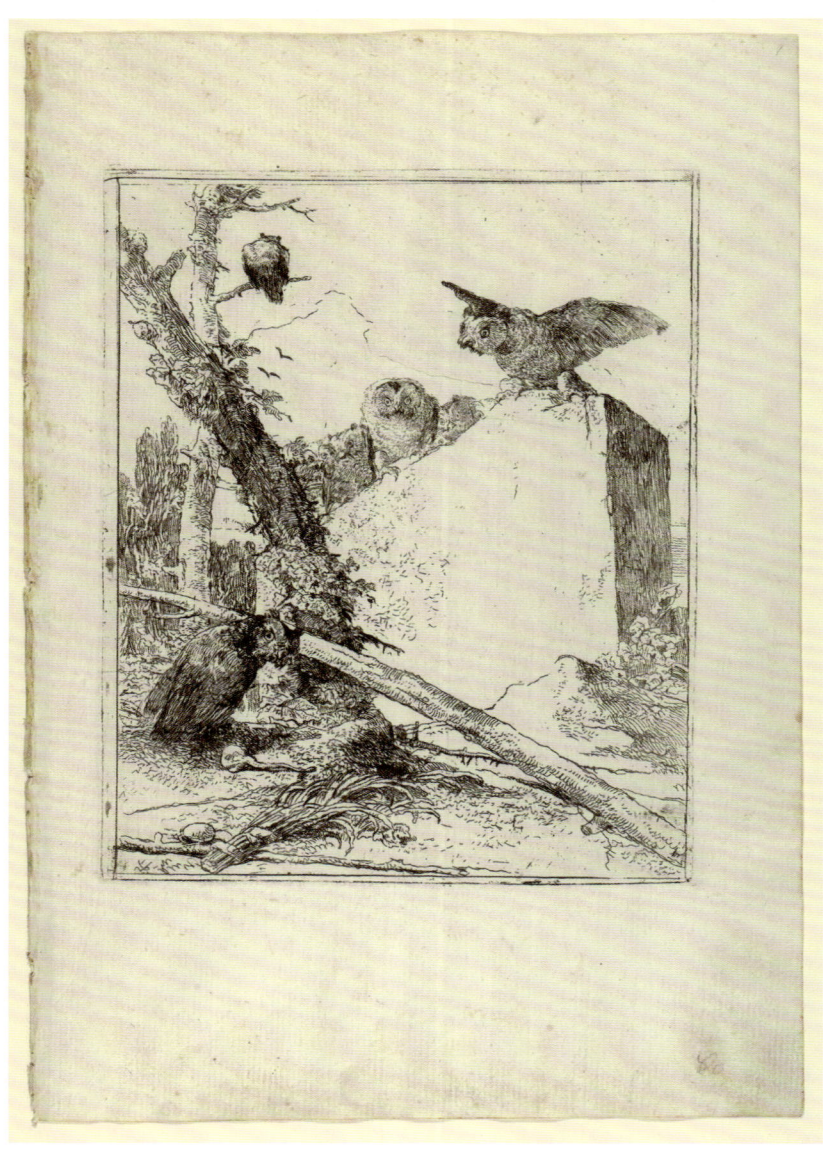

Scherzi: Frontispiece

Scherzi : Frontispice

Scherzi: Frontispiz

Scherzi: frontispicio

Scherzi: Frontispiece

Scherzi: Frontispice

Giovanni Battista Tiepolo (1696–1770)

1743, Etching/Gravure, 22,6 × 18,2 cm,
Metropolitan Museum of Art, New York

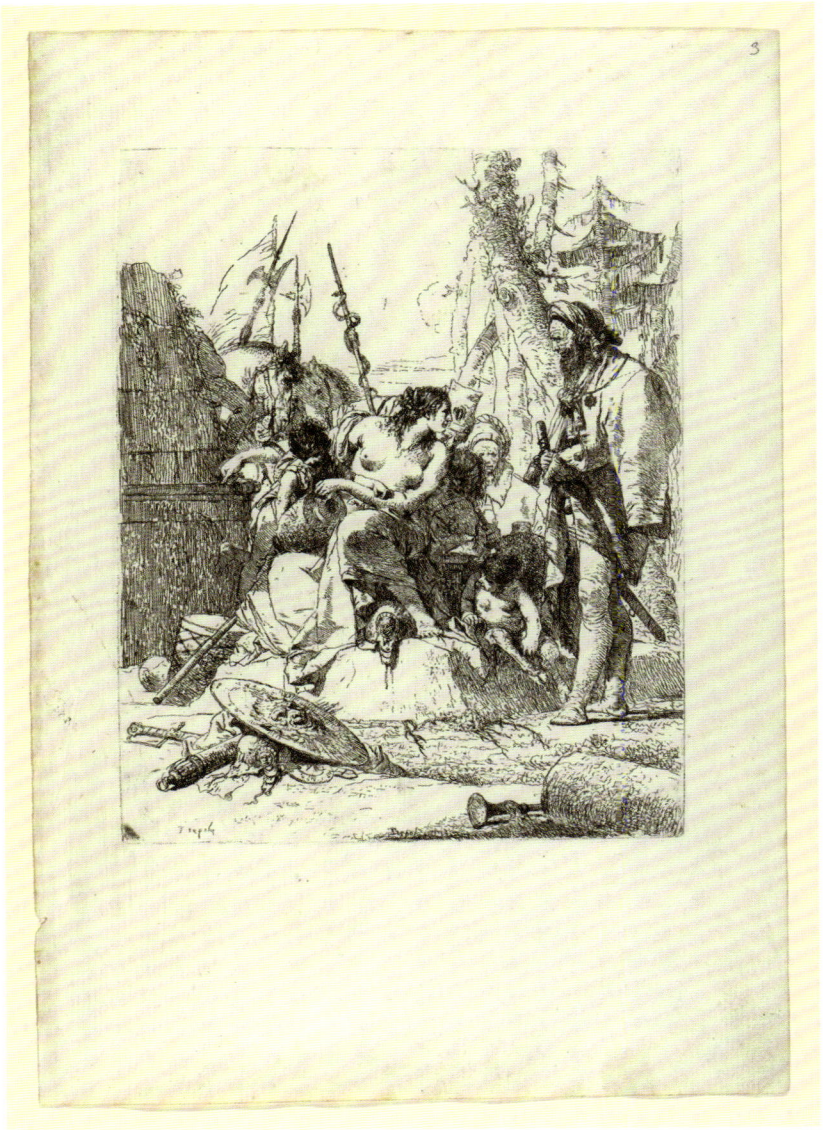

Scherzi: Half-Dressed Nymph with Two Children, Surrounded by Four Men

Scherzi : Nymphe à moitié habillée avec deux enfants, entourée de quatre hommes

Scherzi: Halbnackte Nymphe mit zwei Kindern, umringt von vier Männern

Scherzi: Ninfa semidesnuda con dos hijos, rodeada de cuatro hombres

Scherzi: Ninfa semi-nua com dois filhos, rodeada por quatro homens

Scherzi: Halfnaakte nimf met twee kinderen, omringd door vier mannen

Giovanni Battista Tiepolo (1696–1770)

1743, Etching/Gravure, 22,2 × 17 cm, Metropolitan Museum of Art, New York

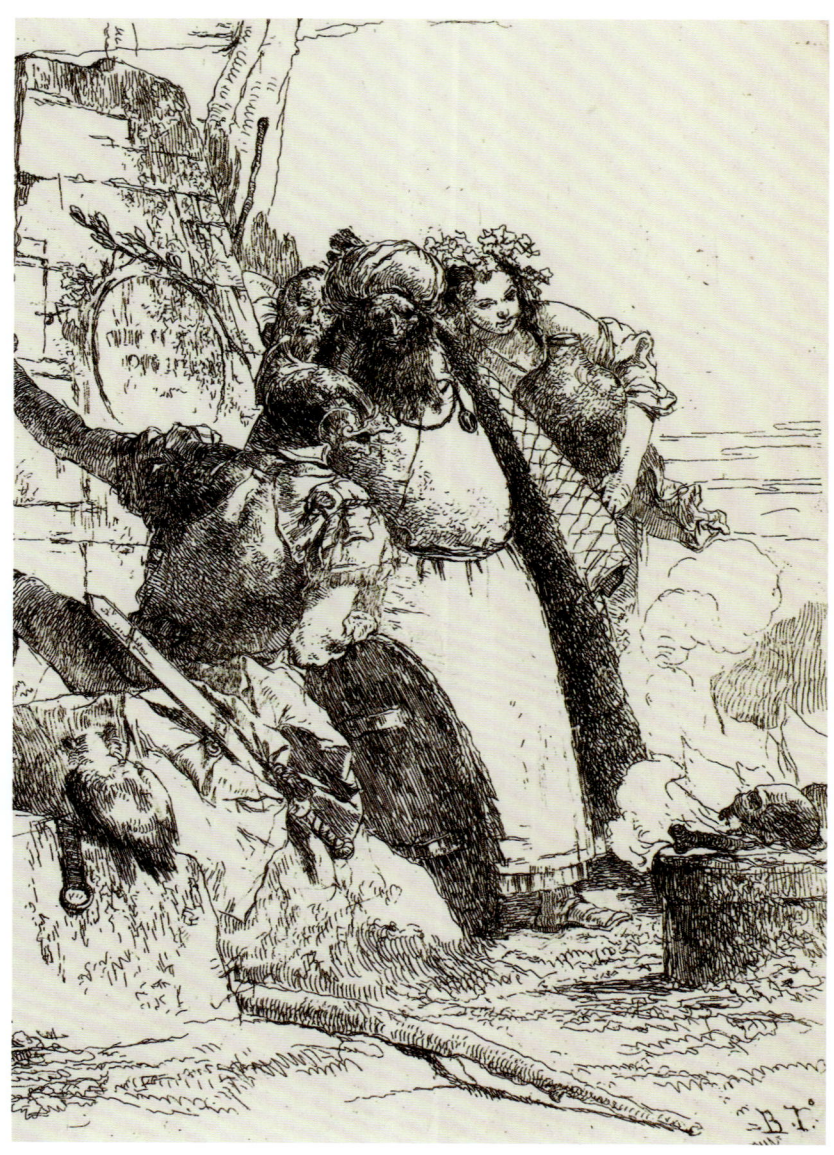

Scherzi: A Magician, a Soldier and Three Figures Watching a Burning Skull

Scherzi : Un magicien, un soldat et trois personnages regardant un crâne brûler

Scherzi: Ein Zauberer, ein Soldat und zwei Figuren beobachten einen brennenden Schädel

Scherzi: un mago, un soldado y dos figuras observan un cráneo en llamas

Scherzi: Um mágico, um soldado e duas figuras observam um crânio queimado

Scherzi: Een tovenaar, een soldaat en twee figuren bekijken een brandende schedel

Giovanni Battista Tiepolo (1696–1770)

1735-40, Etching/Gravure, 22,2 × 17,8 cm, Art Institute of Chicago

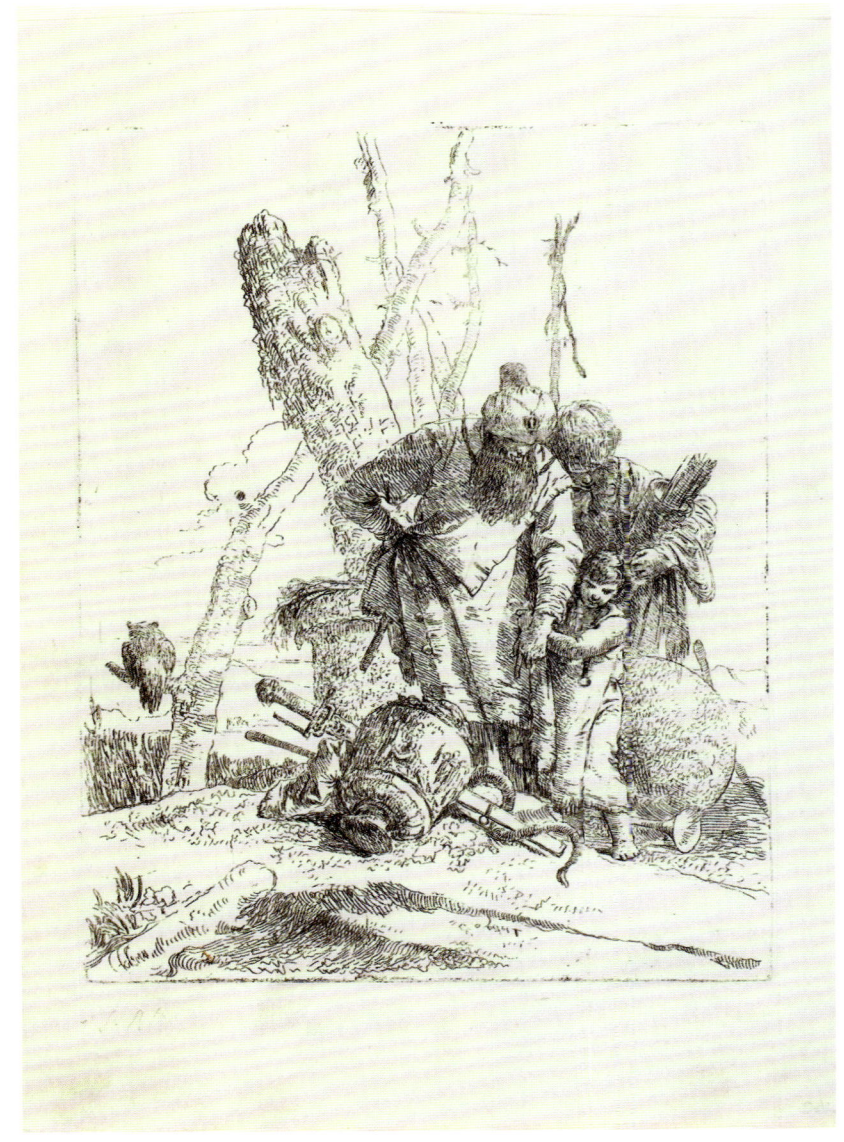

Scherzi: Two Astrologers and a Boy
Scherzi : Deux astrologues et un garçon
Scherzi: Zwei Astrologen und ein Knabe
Scherzi: dos astrólogos y un niño
Scherzi: Dois astrólogos e um menino
Scherzi: Twee astrologen en een jongen

Giovanni Battista Tiepolo (1696–1770)

1735-40, Etching/Gravure, 22,5 × 17,5 cm,
Art Institute of Chicago

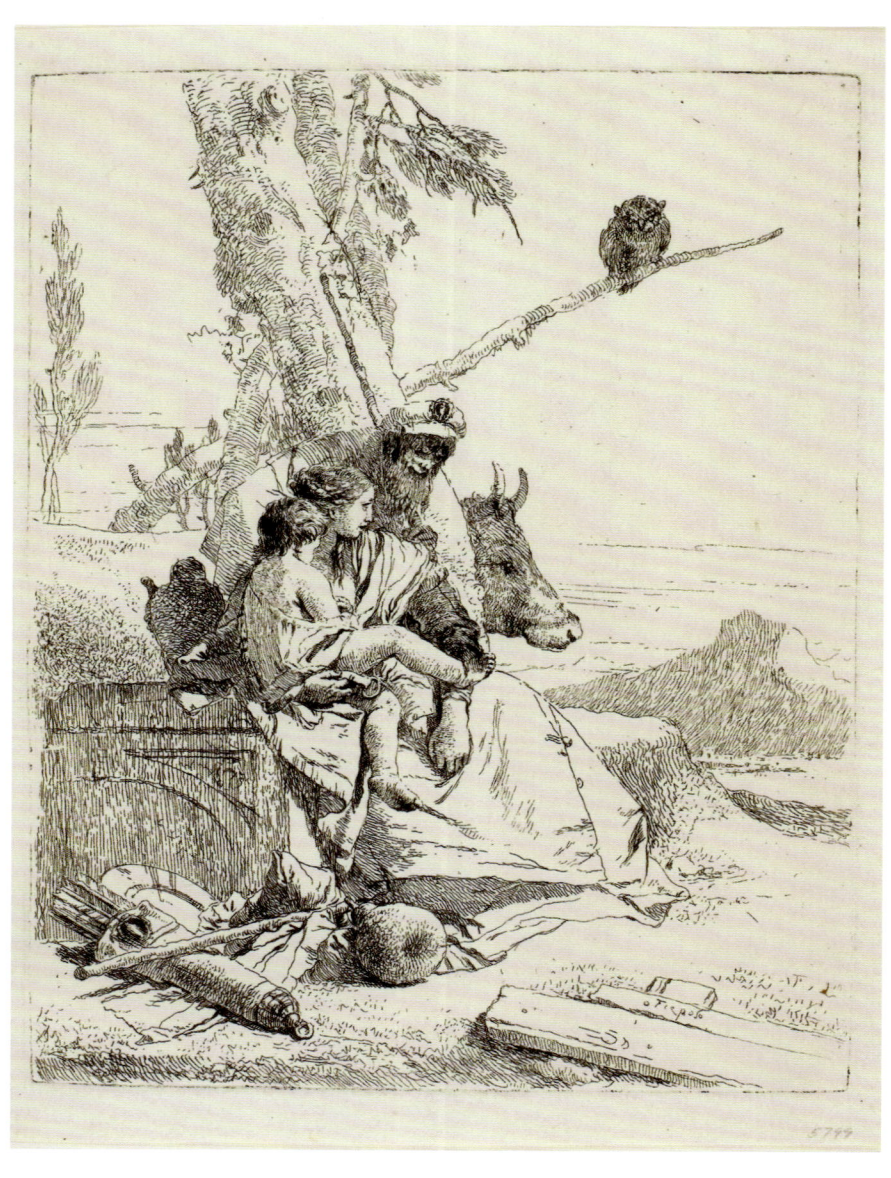

The Family of the Oriental Farmer

*Scherzi : La famille du
paysan oriental*

*Die Familie des
orientalischen Bauern*

La familia del campesino oriental

A família do agricultor oriental

De familie van de oosterse boer

Giovanni Battista Tiepolo (1696–1770)

*1735-40, Etching/Gravure,
22,2 × 17,6 cm, Art Institute of Chicago*

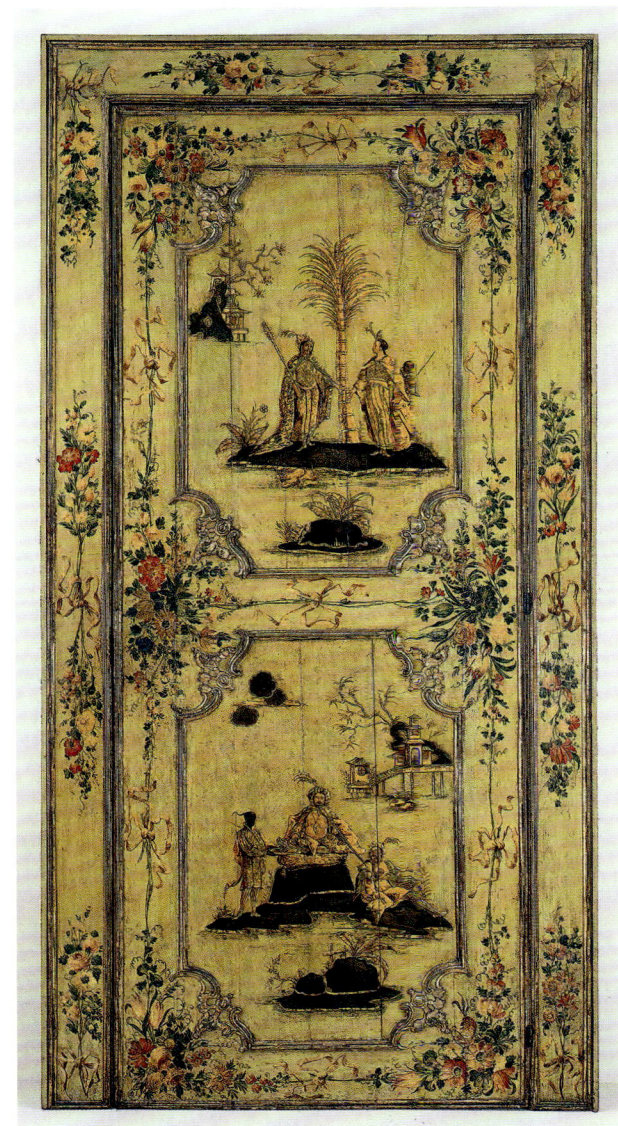

Door Decoration

Décoration de porte

Türdekoration

Decoración de puertas

Decoração de portas

Deurdecoratie

Giovanni Battista Tiepolo (1696–1770)

1745-55, Wood, gesso and varnish with multi-coloured decoration and gilding/Bois enduit de gesso et laqué, avec décor polychrome et dorure, 279,4 × 139,7 cm, Art Institute of Chicago

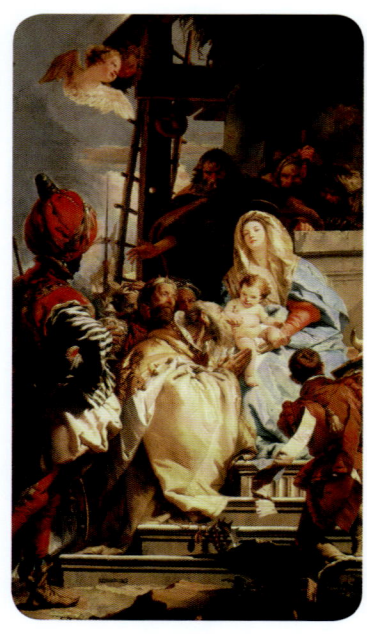

The Adoration of the Magi
L'Adoration des Rois mages
Die Anbetung der Könige
La adoración de los Reyes Magos
A Adoração dos Magos
De aanbidding der koningen

Giovanni Battista Tiepolo (1696–1770)

1753, Oil on canvas/Huile sur toile,
408 × 210,5 cm,
Alte Pinakothek, München

Würzburg and Venice 1750-1762

Towards the middle of the century, Tiepolo began a creative phase in which his sons Giovanni Domenico and Lorenzo increasingly supported him in the strenuous fresco work. The main work of this decade, and probably his entire œuvre, was the decoration of the Prince-Bishop's Residence in Würzburg, Franconia. Its status as Opus Magnum is based both on the formal perfection of the individual frescoes and on the complete exploitation of the possibilities offered by Balthasar Neumann's fantastic architecture. Tiepolo was thus able to connect the various elements almost perfectly by grisailles on secondary surfaces and the attachment of coloured groups on the long sides. Even though

Würzburg et Venise 1750-1762

À partir de 1750, Tiepolo se fait de plus en plus assister par ses fils Giovanni Domenico et Lorenzo pour les fresques, qui demandent un gros effort physique. Ils l'aident pour l'œuvre maîtresse de cette décennie et sans doute de toute sa vie, le décor de la Résidence de Würzburg, en Franconie. Ce titre d'opus magnum est justifié tant par la perfection formelle de chacune des fresques que par le remarquable parti qu'il a tiré de l'architecture fantastique de Balthasar Neumann. Tiepolo a su raccorder magistralement les différents éléments en insérant des grisailles entre les grandes compositions aux coloris éclatants. Même si les thèmes lui ont été imposés, Tiepolo accomplit

Würzburg und Venedig 1750–1762

Gegen Mitte des Jahrhunderts beginnt eine Schaffensphase, in der Tiepolo immer häufiger von seinen Söhnen Giovanni Domenico und Lorenzo bei der kraftraubenden Arbeit an den Fresken unterstützt wurde. Dies galt insbesondere für das Hauptwerk dieses Jahrzehnts, und wohl seines gesamten Œuvres, der Ausschmückung der Fürstbischöflichen Residenz im fränkischen Würzburg. Der Rang als Opus Magnum basiert sowohl auf der formalen Perfektion der einzelnen Fresken als auch auf der vollkommenen Ausnutzung der Möglichkeiten, die ihm die phantastische Architektur Balthasar Neumanns bot. So verstand es Tiepolo nahezu perfekt, die verschiedenen Elemente durch Grisaillen

Prince-Bishop's Residence, Kaisersaal
La Résidence de Würzburg, la salle impériale
Fürstbischöfliche Residenz, Kaisersaal
Residencia del Príncipe Obispo, Kaisersaal
Residência do Príncipe Bispo, Kaisersaal
Residentie van de prins-bisschop, keizerszaal

Giovanni Battista Tiepolo (1696–1770)

*c. 1750-52, Fresco/Fresque, Fürstbischöfliche
Residenz, Würzburg*

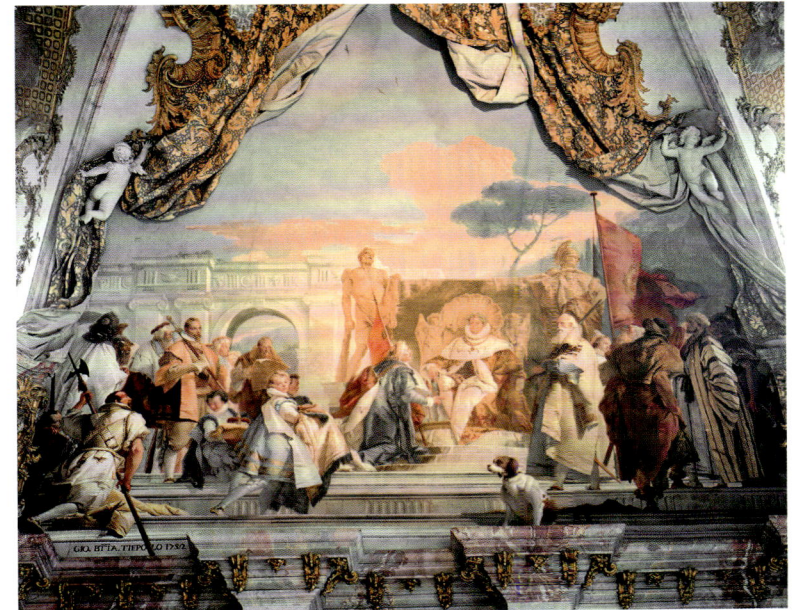

Wurzburgo y Venecia 1750-1762

Hacia mediados de siglo, Tiepolo inició una fase creativa en la que sus hijos Giovanni Domenico y Lorenzo le apoyaron cada vez más en la ardua labor de elaboración de los frescos. Esto se aplicó en particular a la obra principal de esta década, y probablemente a toda su obra, la decoración de la Residencia del Príncipe Obispo en Wurzburgo, Franconia. Su condición de Opus Magnum se basa tanto en la perfección formal de los frescos individuales como en el aprovechamiento completo de las posibilidades que ofrece la fantástica arquitectura de Balthasar Neumann. De esta manera, Tiepolo pudo conectar los distintos elementos casi perfectamente mediante grisaillas en las superficies

Würzburg e Veneza 1750-1762

Em meados do século, Tiepolo iniciou uma fase criativa na qual seus filhos Giovanni Domenico e Lorenzo o apoiaram cada vez mais na árdua obra dos afrescos. Isto aplica-se em particular à obra principal desta década, e provavelmente a todo o seu œuvre, a decoração da Residência do Príncipe Bispo em Würzburg, na Frankônia. O seu estatuto de Opus Magnum baseia-se tanto na perfeição formal dos afrescos individuais como na exploração completa das possibilidades oferecidas pela fantástica arquitetura de Balthasar Neumann. Tiepolo foi assim capaz de ligar os vários elementos quase perfeitamente através de grisaillas em superfícies secundárias e da fixação

Würzburg en Venetië 1750-1762

Tegen het midden van de eeuw begon een creatieve fase waarin Tiepolo's zonen Giovanni Domenico en Lorenzo hem in toenemende mate ondersteunden bij het zware werk aan de fresco's. Dat gold met name voor het belangrijkste werk van dat decennium, en waarschijnlijk van zijn hele oeuvre, namelijk de decoratie van de residentie van de prins-bisschop in het Frankische Würzburg. De status daarvan van opus magnum is zowel gebaseerd op de formele perfectie van de afzonderlijke fresco's als op de optimale benutting van de mogelijkheden die de illusionistische architectuur van Balthasar Neumann bood. Zo kon Tiepolo de verschillende elementen bijna perfect met elkaar

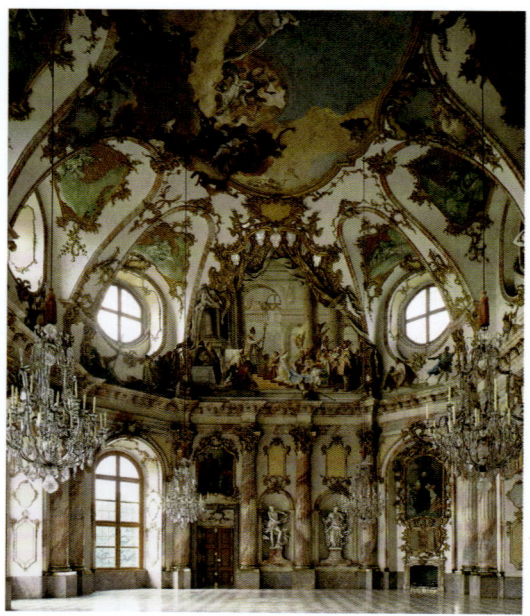

the themes of the large frescoes were fixed, Tiepolo impressively managed to unite everything into a harmonious whole and abolish the boundaries between the arts.

On a smaller scale, but no less convincing, Tiepolo succeeded in a similar crossover project with the decorations in the Villa Valmarana ai Nani in Vicenza. Here he paid tribute to literature by dedicating five rooms of the villa to five different literary masterpieces, from Homer's *Iliad* to the epic *The Liberated Jerusalem of Torquato Tasso*. The division of labour between father and son for this project seems to have been different, with the father leaving the decoration of the guest house

là une prouesse en créant un ensemble harmonieux et en effaçant les frontières entre peinture et architecture.

À une échelle plus modeste, mais avec un résultat tout aussi brillant, il s'attaque à un autre projet où les arts dialoguent, à la villa Valmarana ai Nani, à Vicence. Là, il rend hommage à la littérature et évoque dans les cinq pièces décorées cinq chefs-d'œuvre, de *l'Iliade* d'Homère au poème épique du Tasse, *La Jérusalem délivrée*. Tiepolo semble avoir adopté là un autre mode de répartition du travail entre lui et son fils qui a exécuté tout le décor du pavillon dévolu aux hôtes, avec des scènes de genre plus légères mais néanmoins magistrales.

Au cours des années suivantes, Tiepolo peint plusieurs grands retables, en

an Nebenflächen und die Anbringung farbiger Gruppen an den Längsseiten miteinander zu verbinden. Auch wenn die Themen der großen Fresken fest vorgegeben waren, gelang es Tiepolo auf beeindruckende Weise, alles zu einem harmonischen Ganzen zu vereinen und die Grenzen zwischen den Künsten aufzuheben.

In kleinerem Maßstab, aber nicht weniger überzeugend, gelang Tiepolo ein solch kunstübergreifendes Projekt mit den Dekorationen in der Villa Valmarana ai Nani in Vicenza. Hier war es die Literatur, der er Tribut zollte, indem er fünf Räume der Villa fünf unterschiedlichen literarischen Meisterwerken widmete, von Homers *Ilias* bis zum Epos *Das befreite Jerusalem*

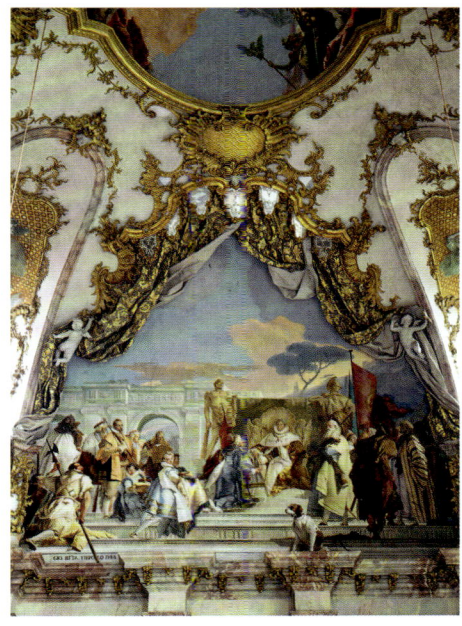

secundarias y la fijación de grupos
de colores en los ladoslongitudinales.
A pesar de que los temas de los
grandes frescos estaban fijos, Tiepolo
logró unirlos a todos en un conjunto
armonioso y abolir las fronteras entre
las artes.
A menor escala, pero no menos
convincente, Tiepolo logró un proyecto
de arte cruzado con las decoraciones de
la Villa Valmarana ai Nani en Vicenza. En
este caso fue la literatura a la que rindió
homenaje dedicando cinco salas de la
villa a cinco obras maestras literarias
diferentes, desde la *Ilíada* de Homero
hasta la épica *Jerusalén Liberada* de
Torquato Tassos. Aquí la división del
trabajo entre los Tiepolo, padre e hijo,
parece haber sido diferente, ya que

de grupos coloridos nos lados longos.
Embora os temas dos grandes afrescos
fossem fixos, Tiepolo conseguiu de forma
impressionante unir tudo num todo
harmonioso e abolir as fronteiras entre
as artes.
Em uma escala menor, mas não
menos convincente, Tiepolo conseguiu
tal projeto de cruzamento com as
decorações na Villa Valmarana ai Nani
em Vicenza. Aqui foi a literatura à qual
prestou homenagem, dedicando cinco
salas da villa a cinco obras-primas
literárias diferentes, desde a *Ilíada*
de Homero até à epopeia *A Jerusalém
Liberada* Torquato Tassos. Aqui a
divisão do trabalho entre pai e filho
Tiepolo parece ter sido diferente, já que
o primeiro deixou a pintura completa

verbinden door middel van grisaille op
secundaire vlakken en het aanbrengen
van kleurige groepen op de lange
zijden. Hoewel de thema's van de grote
fresco's vaslager, slaagde Tiepolo er
indrukwekkend in om alles tot een
harmonieus geheel te maken en de
grenzen tussen de kunstvormen op te
heffen.
Op kleinere schaal, maar niet minder
overtuigend realiseerde Tiepolo zo'n
overkoepelend kunstproject met de
decoraties in de Villa Valmarana ai Nani
in Vicenza. Hier was het de literatuur
waaraan hij hulde bracht, door vijf
kamers van de villa te wijden aan vijf
verschillende literaire meesterwerken,
van Homerus' *Ilias* tot Torquato Tasso's
epos *Jeruzalem bevrijd*. De werkverdeling

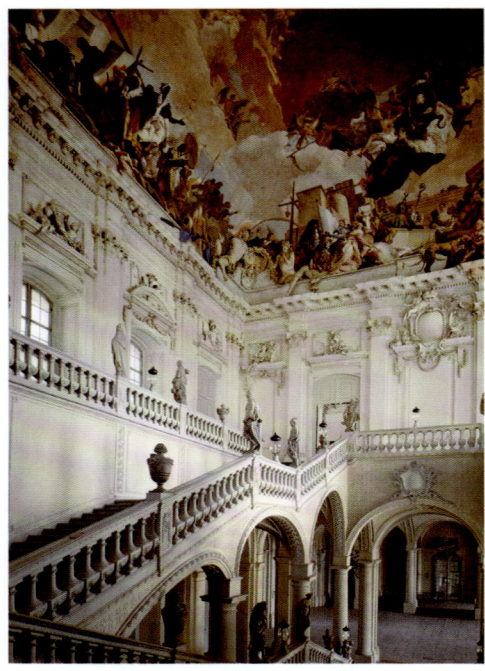

to his son, with lighter, yet masterfully executed genre scenes.

In the following years Tiepolo created several large altarpieces, notably for churches in Folzano, Este and Udine. However the most important commission in terms of art history, was probably another fresco commission for the Pisani family, whose dedication he used to decorate the ceilings of their Venetian villa.

particulier pour des églises à Folzano, à Este et à Udine. Toutefois, sa commande la plus intéressante, du point de vue de l'histoire de l'art, est *l'Apothéose de la famille Pisani* qu'il peint sur un plafond de leur palais vénitien.

Torquato Tassos. Hier scheint die Arbeitsteilung zwischen Vater und Sohn Tiepolo eine andere gewesen zu sein, überließ ersterer doch seinem Sohn wohl die komplette Ausmalung des Gästehauses mit leichteren, aber dennoch meisterhaft ausgeführten Genreszenen.

In den folgenden Jahren schuf Tiepolo mehrere große Altarbilder, namentlich für Kirchen in Folzano, Este und Udine. Kunsthistorisch am bedeutendsten dürfte jedoch wieder ein Freskenauftrag gewesen sein, nämlich der für die Familie Pisani, mit deren Apotheose er die Decken ihrer venezianischen Villa ausschmückte.

*Staircase in the Prince-
Bishop's Residence*

*La Résidence de Würzburg, le
grand escalier d'honneur*

*Treppenhaus in der
Fürstbischöflichen Residenz*

*Escalera en la residencia
del Príncipe Obispo*

*Escadaria na Residência
do Príncipe Bispo*

*Trappenhuis in de residentie
van de prins-bisschop*

*1752/53, Fresco/Fresque,
Fürstbischöfliche Residenz, Würzburg*

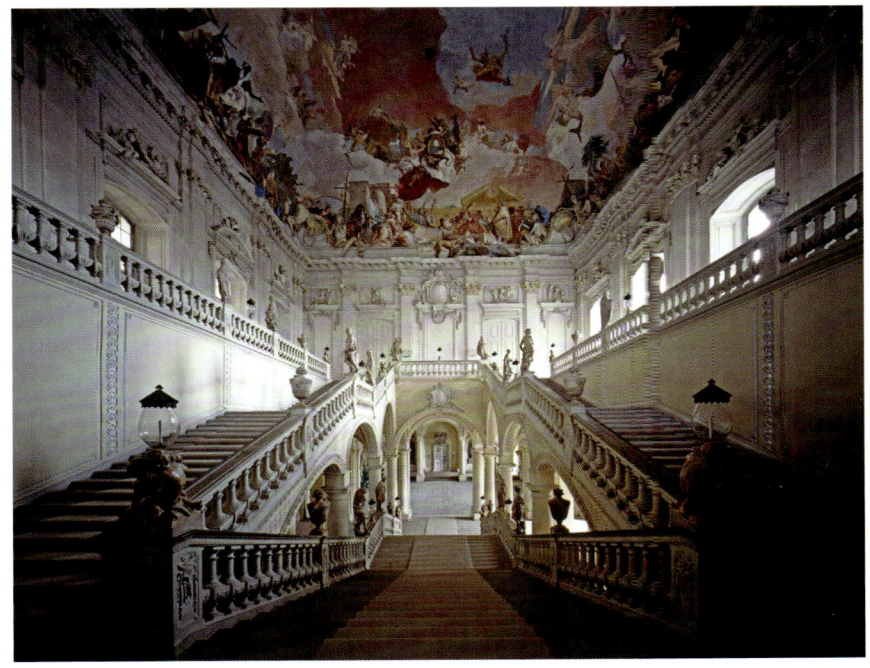

el primero dejó la pintura completa
de la casa de huéspedes a su hijo, con
escenas de género más ligeras, pero
magistralmente ejecutadas.
En los años siguientes, Tiepolo realizó
varios retablos de gran tamaño,
especialmente para las iglesias de
Folzano, Este y Udine. El encargo más
importante en términos de historia del
arte, sin embargo, fue probablemente
de nuevo un encargo de frescos para la
familia Pisani, cuya apoteosis utilizó para
decorar los techos de su villa veneciana.

da casa de hóspedes para seu filho,
com cenas de gênero mais leves, mas
magistralmente executadas.
Nos anos seguintes, Tiepolo criou vários
retábulos grandes, nomeadamente
para as igrejas de Folzano, Este e
Udine. A comissão mais importante em
termos de história da arte, no entanto,
foi provavelmente novamente uma
comissão de afrescos para a família
Pisani, cuja apoteose ele usou para
decorar os tetos de sua villa veneziana.

tussen vader en zoon Tiepolo lijkt hier
anders te zijn geweest, aangezien de
eerste de volledige beschildering van
het gasthuis aan zijn zoon overliet, met
lichtere, maar meesterlijk uitgevoerde
genretaferelen
In de jaren daarna maakte Tiepolo
enkele grote altaarstukken, met name
voor kerken in Folzano, Este en Udine.
De kunsthistorisch belangrijkste
opdracht was waarschijnlijk weer
een fresco-opdracht, namelijk voor de
familie Pisani, met wier apotheose hij
de plafonds van hun Venetiaanse villa
versierde.

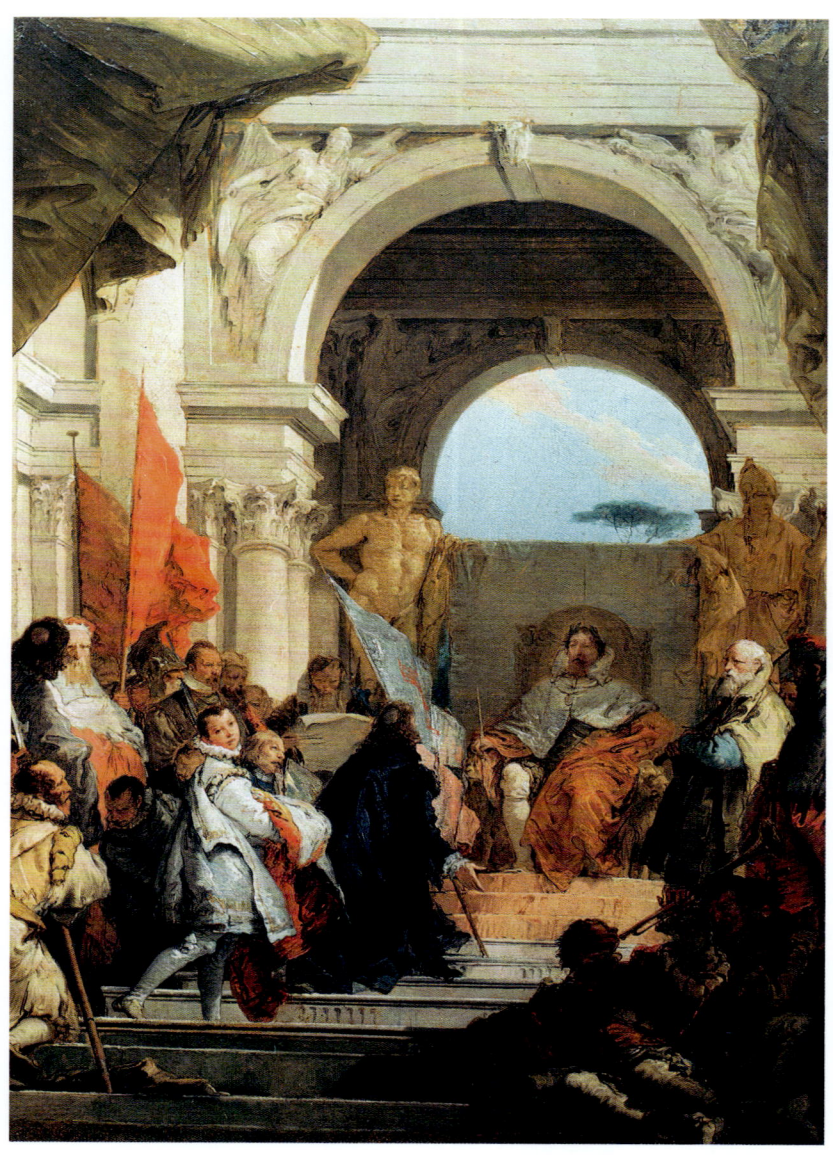

Emperor Frederick Barbarossa Invests Bishop Herold as Duke of Franconia in 1168

L'Investiture de l'évêque Harold comme duc de Franconie

Die Belehnung Bischof Herolds mit dem Herzogtum Franken durch Kaiser Barbarossa

La investidura del Obispo Harold como Duque de Franconia

O encontro do Bispo Herold com o Ducado da Francónia pelo Imperador Barbarossa

Keizer Barbarossa geeft aartsbisschop Herold het hertogdom Franken in leen

Giovanni Battista Tiepolo (1696–1770)

c. 1752, Oil on canvas/Huile sur toile, 71,8 × 51,4 cm, Metropolitan Museum of Art, New York

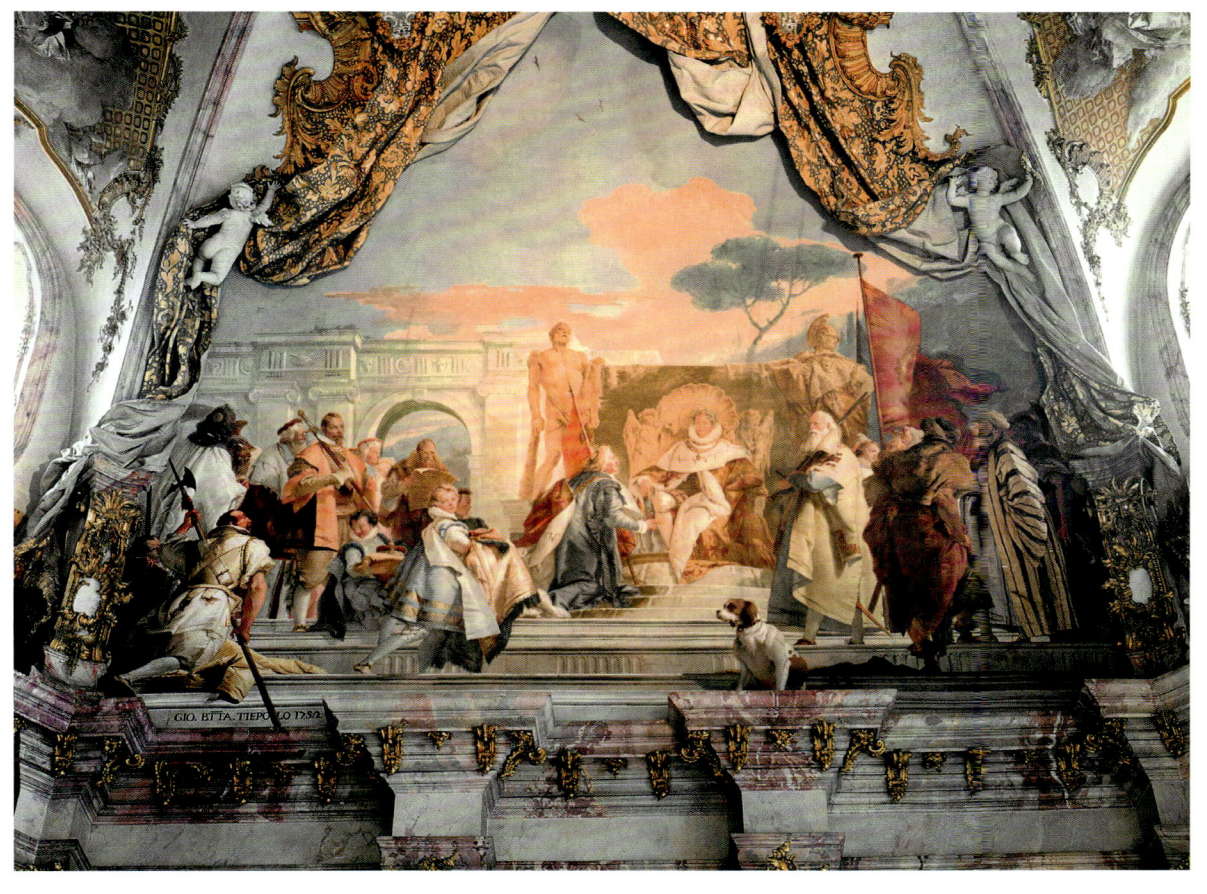

Prince-Bishop's Residence, Kaisersaal
La Résidence de Würzburg, la salle impériale
Fürstbischöfliche Residenz, Kaisersaal
Residencia del Príncipe Obispo, Kaisersaal
Residência do Príncipe Bispo, Kaisersaal
Residentie van de prins-bisschop, keizerszaal

Giovanni Battista Tiepolo (1696–1770)

c. 1750-52, Fresco/Fresque, Fürstbischöfliche Residenz, Würzburg

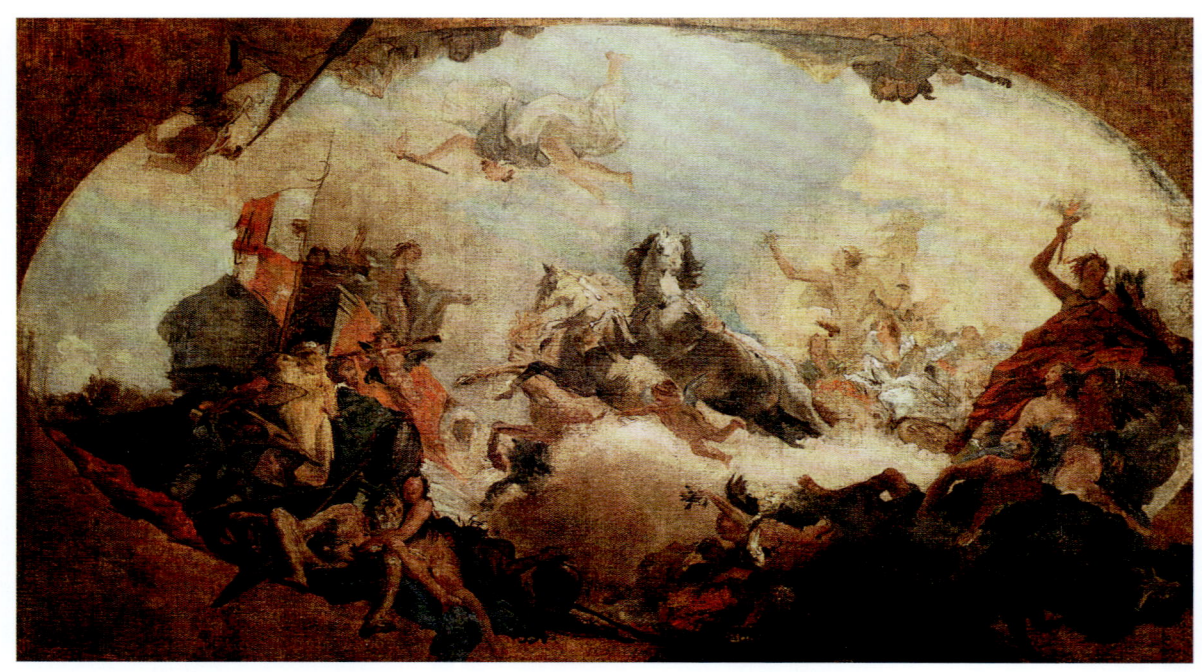

**Apollo Presenting Beatrice of Burgundy
to Friedrich Barbarossa as his Bride**

*Apollon mène Béatrice de Bourgogne
à l'empereur Frédéric Barberousse*

**Apoll führt Beatrix von Burgund dem
Kaiser Friedrich Barbarossa als Braut zu**

*Apolo trae a Beatriz de Borgoña al emperador
Federico Barbarroja como su novia*

**Apollo traz Beatrix of Burgundy ao Imperador
Friedrich Barbarossa como sua noiva**

*Apollo brengt Beatrix van Bourgondië
naar keizer Frederik Barbarossa*

Giovanni Battista Tiepolo (1696–1770)

c. 1750-52, Oil on canvas/Huile sur toile, 68 × 119 cm, Mainfränkisches Museum, Würzburg

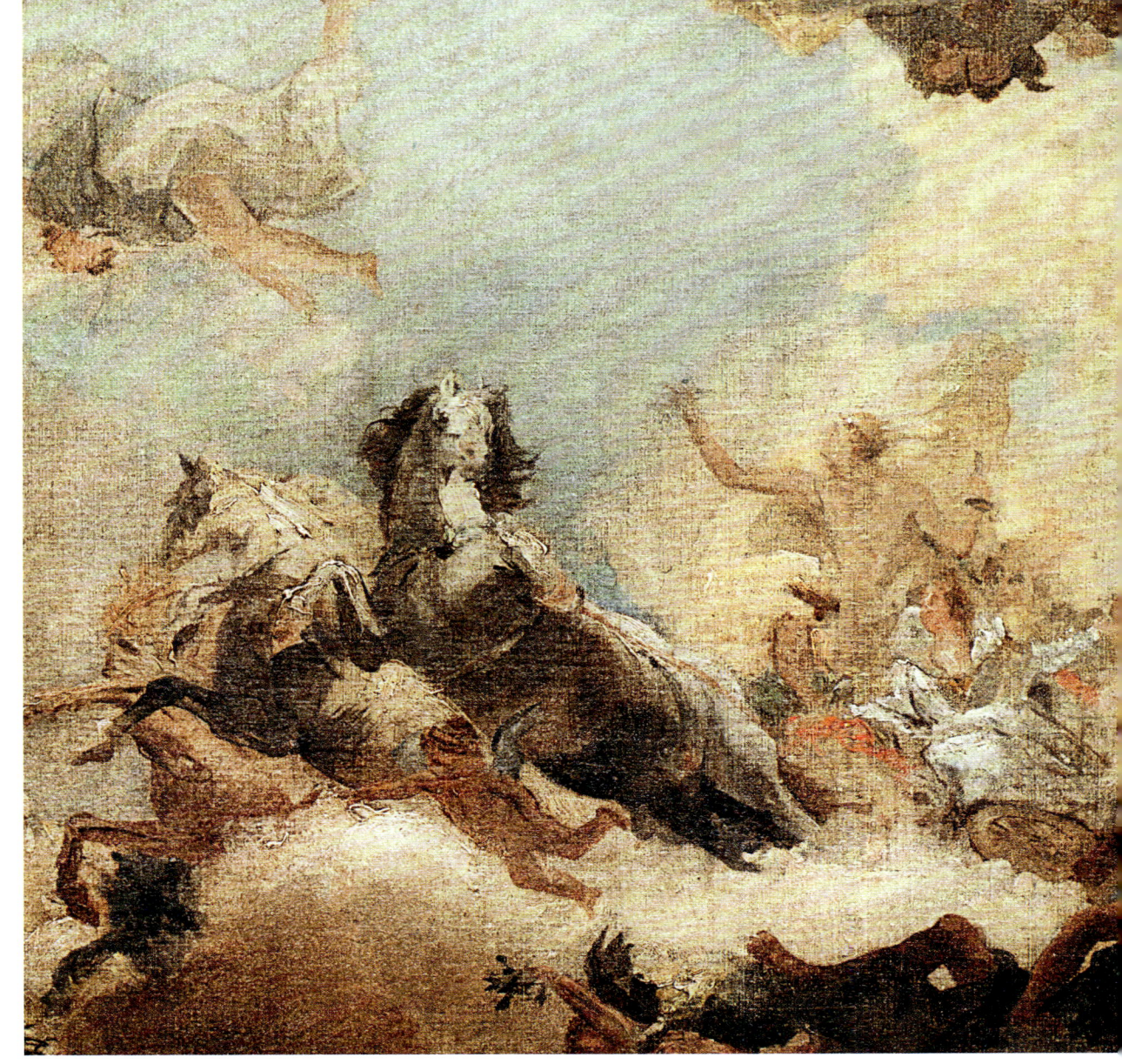

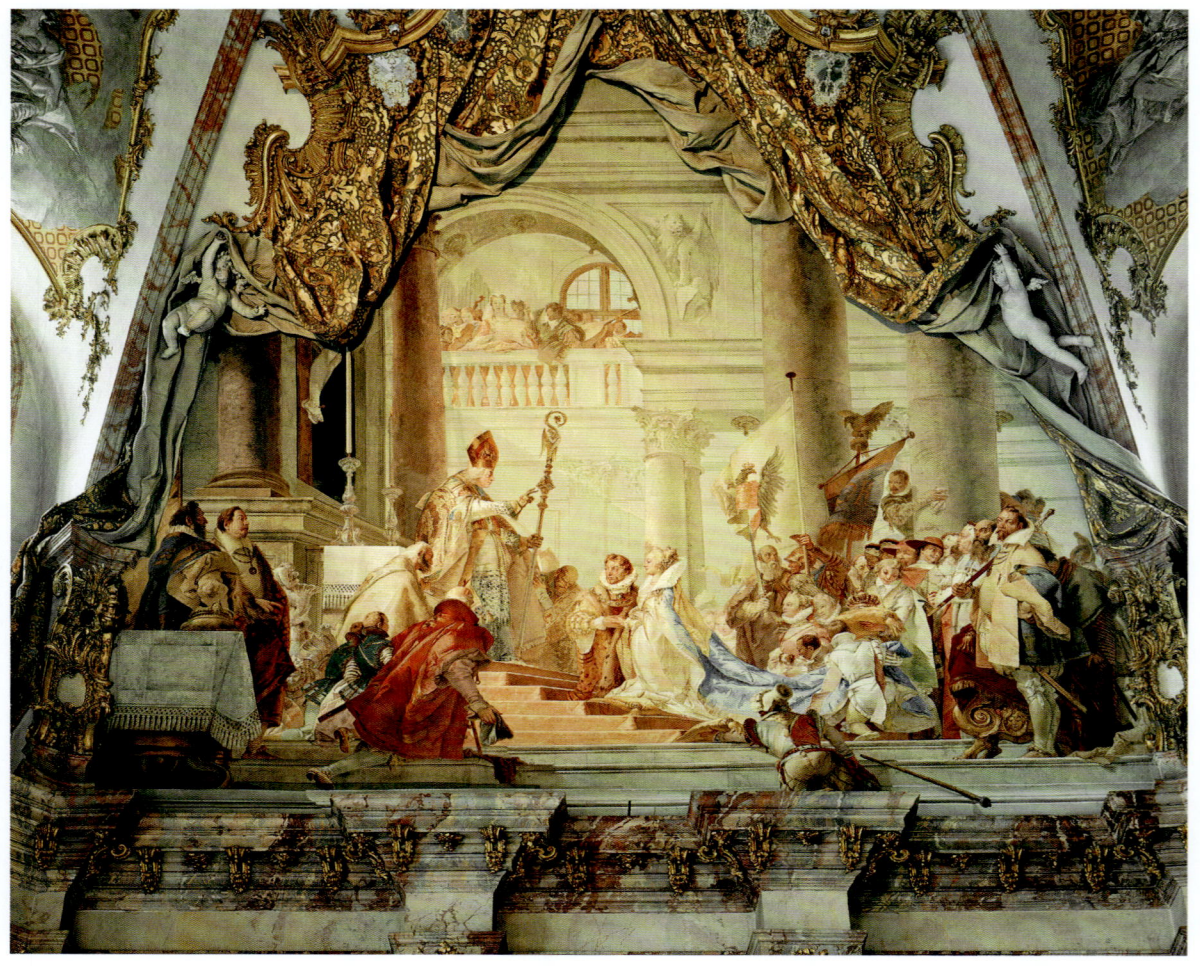

The Marriage of Emperor
Friedrich Barbarossa

Le Mariage de l'empereur
Frédéric Barberousse

Die Vermählung des Kaisers
Friedrich Barbarossa

Las bodas del emperador
Federico Barbarroja

O Casamento do Imperador
Frederico Barbarossa

Keizer Frederik Barbarossa's huwelijk
met Beatrix van Bourgondië

Giovanni Battista Tiepolo (1696–1770)

c. 1750-52, Fresco/Fresque, Fürstbischöfliche Residenz, Würzburg

The Marriage of Emperor Friedrich Barbarossa

In the main hall of the Würzburg Residenz, Tiepolo designed three large frescoes on the ceiling, on the north and south sides, all of which deal with the life of Emperor Friedrich Barbarossa. Among these, the one that shows the marriage of the Staufer king to Beatrix of Burgundy, is generally regarded as the most successful. Here, too, the enormous luminosity of the colours is fascinating.

Las bodas del emperador Federico Barbarroja

En la sala principal de la Residencia de Wurzburgo, Tiepolo diseñó tres grandes frescos en el techo, en los lados norte y sur, todos ellos relacionados con la vida del emperador Friedrich Barbarossa. Entre ellos, el que muestra el matrimonio del rey Staufer con Beatriz de Borgoña es generalmente considerado como el más exitoso. También en este caso, la enorme luminosidad de los colores utilizados es fascinante.

Le Mariage de l'empereur Frédéric Barberousse

Dans la grande salle de la Résidence de Würzburg, Tiepolo déploie trois grandes fresques sur la vie de l'empereur Frédéric Barberousse, l'une au plafond, les deux autres sur les murs nord et sud. Celle qui représente les noces du souverain de la maison Hohenstaufen avec Béatrice de Bourgogne est considérée en général comme la plus réussie. Ici aussi, la luminosité fabuleuse du coloris ne manque pas de fasciner.

O Casamento do Imperador Frederico Barbarossa

No salão principal da residência de Würzburg, Tiepolo projetou três grandes afrescos no teto, nos lados norte e sul, todos eles relacionados com a vida do imperador Friedrich Barbarossa. Entre estes, aquele que mostra o casamento do rei Staufer com Beatriz de Borgonha é geralmente considerado como o mais bem sucedido. Também aqui, a enorme luminosidade das cores utilizadas é fascinante.

Die Vermählung des Kaisers Friedrich Barbarossa

Im Hauptsaal der Würzburger Residenz gestaltete Tiepolo drei große Fresken an der Decke, an der Nord- und der Südseite, die alle das Leben des Kaisers Friedrich Barbarossa behandeln. Unter diesen gilt dasjenige, das die Vermählung des Stauferkönigs mit Beatrix von Burgund zeigt, allgemein als das gelungenste. Auch hier fasziniert die enorme Leuchtkraft der eingesetzten Farben.

Keizer Frederik Barbarossa's huwelijk met Beatrix van Bourgondië

In de grote hal van de residentie in Würzburg schilderde Tiepolo drie grote fresco's op het plafond, aan de noord- en zuidzijde, die allemaal betrekking hadden op het leven van keizer Frederik Barbarossa. Het huwelijk van de Hohenstaufen-vorst met Beatrix van Bourgondië wordt algemeen beschouwd als het best gelukte. Ook hier fascineert de enorme helderheid van de gebruikte kleuren.

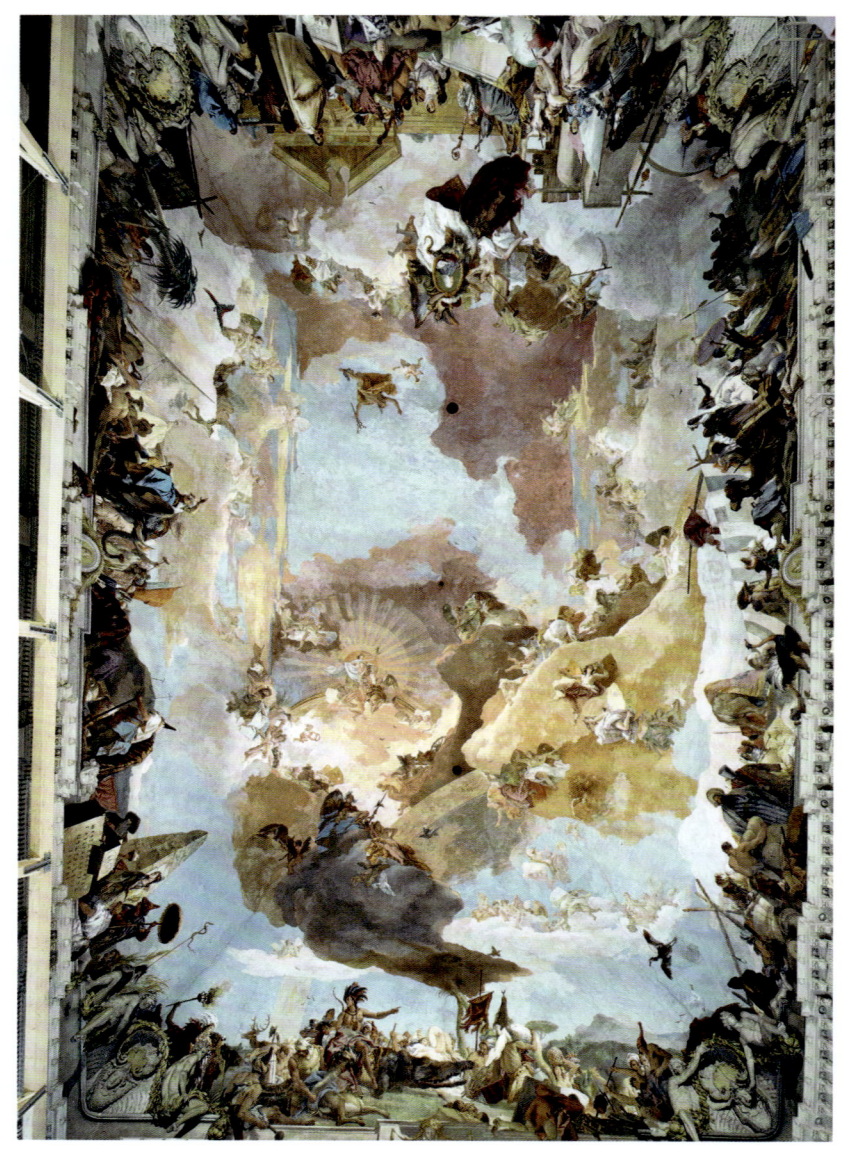

Apollo and the Four Continents

Apollon et les quatre continentse

Apoll und die vier Kontinente

Apolo y los cuatro continentes

Apolo e os Quatro Continentes

Apollo en de vier continenten

Giovanni Battista Tiepolo (1696–1770)

1750-53, Fresco/Fresque, 1900 × 1350 cm,
Fürstbischöfliche Residenz, Würzburg

Apollo and the Four Continents

Even though Tiepolo only came to Würzburg to paint the dining hall, it is known that the client had already intended to have the Venetian decorate the staircase of his residence. He needed 218 work days on the scaffold to complete this undisputed major work, which to this day effectively complements the fantastic architecture of Balthasar Neumann.

Apollon et les quatre continents

Tiepolo est arrivé à Würzburg pensant ne peindre que le plafond du salon, mais il est notoire que son commanditaire avait l'intention de lui faire décorer aussi l'escalier de sa Résidence. Le Vénitien a passé 218 journées de travail sur l'échafaudage pour exécuter ce qui est sans conteste son œuvre maîtresse, et le complément parfait de l'architecture rococo de Balthasar Neumann.

Apoll und die vier Kontinente

Auch wenn Tiepolo nur für die Ausmalung des Speisesaals nach Würzburg kam, weiß man, dass der Auftraggeber schon zuvor beabsichtigt hatte, auch das Treppenhaus seiner Residenz vom Venezianer verschönern zu lassen. 218 Tagwerke auf dem Gerüst brauchte dieser, sein unbestrittenes Hauptwerk zu vollenden, das bis heute die fantastische Architektur Balthasar Neumanns auf wirkungsvolle Weise ergänzt.

Apolo y los cuatro continentes

Aunque Tiepolo sólo vino a Wurzburgo para pintar el comedor, se sabe que el cliente ya tenía la intención de que el veneciano decorara la escalera de su residencia. Se necesitaron 218 días de trabajo en el andamio para completar su indiscutible obraprincipal, que hasta el día de hoy complementa eficazmente la fantástica arquitectura de Balthasar Neumann.

Apolo e os Quatro Continentes

Mesmo que Tiepolo só veio a Würzburg para pintar a sala de jantar, sabe-se que o cliente já tinha a intenção de ter o veneziano decorar a escadaria de sua residência. As obras de 218 dias no andaime precisavam disso para completar sua obra principal indiscutível, que até hoje efetivamente complementa a fantástica arquitetura de Balthasar Neumann.

Apollo en de vier continenten

Hoewel Tiepolo alleen naar Würzburg kwam om de eetzaal te beschilderen, is het bekend dat de opdrachtgever al van plan was om het trappenhuis door de Venetiaan te laten decoreren. Die had 218 dagen op de steiger nodig om zijn onbetwiste meesterwerk te voltooien, dat tot op heden de fantastische architectuur van Balthasar Neumann effectief aanvult.

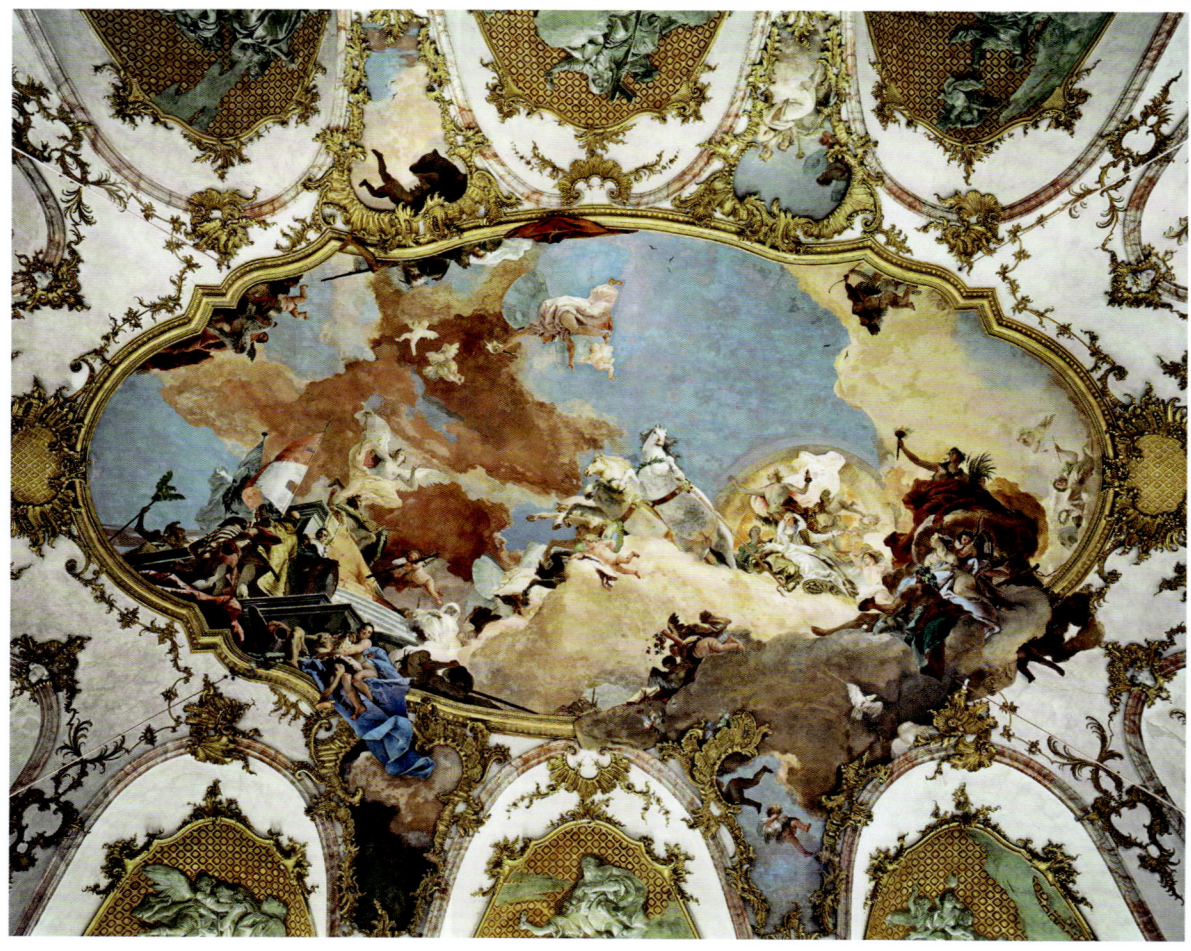

**Apollo Presenting Beatrice of Burgundy
to Friedrich Barbarossa as his Bride**

**Apollon mène Béatrice de Bourgogne
à l'empereur Frédéric Barberousse**

**Apoll führt Beatrix von Burgund dem
Kaiser Friedrich Barbarossa als Braut zu**

**Apolo trae a Beatriz de Borgoña al emperador
Federico Barbarroja como su novia**

**Apollo traz Beatrix of Burgundy ao Imperador
Friedrich Barbarossa como sua noiva**

**Apollo brengt Beatrix van Bourgondië
naar keizer Frederik Barbarossam**

Giovanni Battista Tiepolo (1696–1770)

1750-52, Fresco/Fresque, 900 × 1800 cm, Fürstbischöfliche Residenz, Würzburg

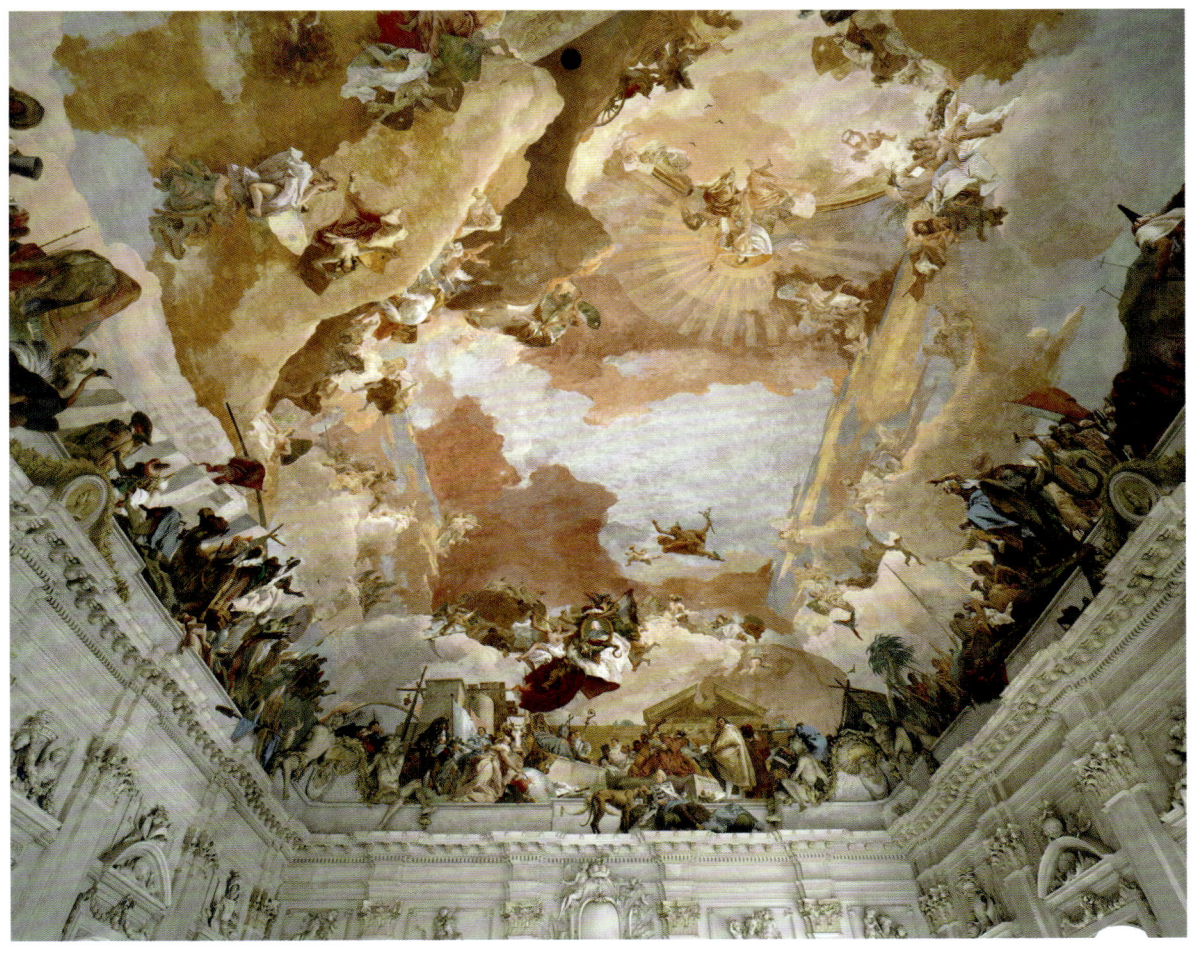

**Frescoes in the Stairwell of the
Prince-Bishop's Residence**

*La Résidence de Würzburg, fresque au-
dessus du grand escalier d'honneur*

Giovanni Battista Tiepolo (1696–1770)

1752/53, Fresco/Fresque, Fürstbischöfliche Residenz, Würzburg

**Fresken im Treppenhaus der
Fürstbischöflichen Residenz**

*Frescos en el hueco de la escalera de
la residencia del Príncipe Obispo*

**Frescos nas escadas da Residência
do Príncipe Bispo**

*Fresco's in het trappenhuis van de
prins-bisschoppelijke residentie*

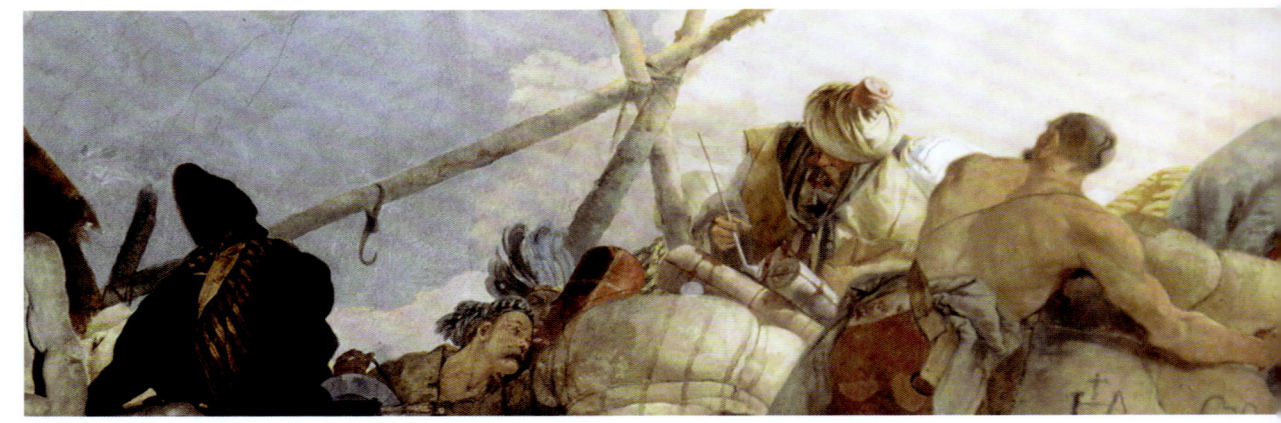

The Continent of Africa, left Side
Apollon et les quatre continents, l'Afrique, partie gauche
Der Erdteil Afrika, linke Hälfte
El continente africano, mitad izquierda
O continente africano, metade esquerda
Het continent Afrika, linkerhelft

Giovanni Battista Tiepolo (1696–1770)

1750-53, Fresco/Fresque, Fürstbischöfliche Residenz, Würzburg

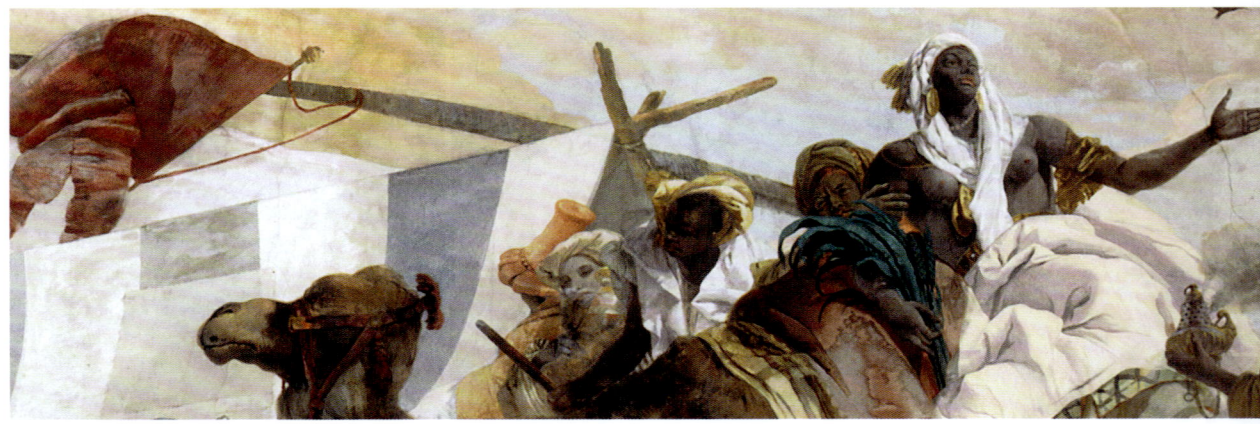

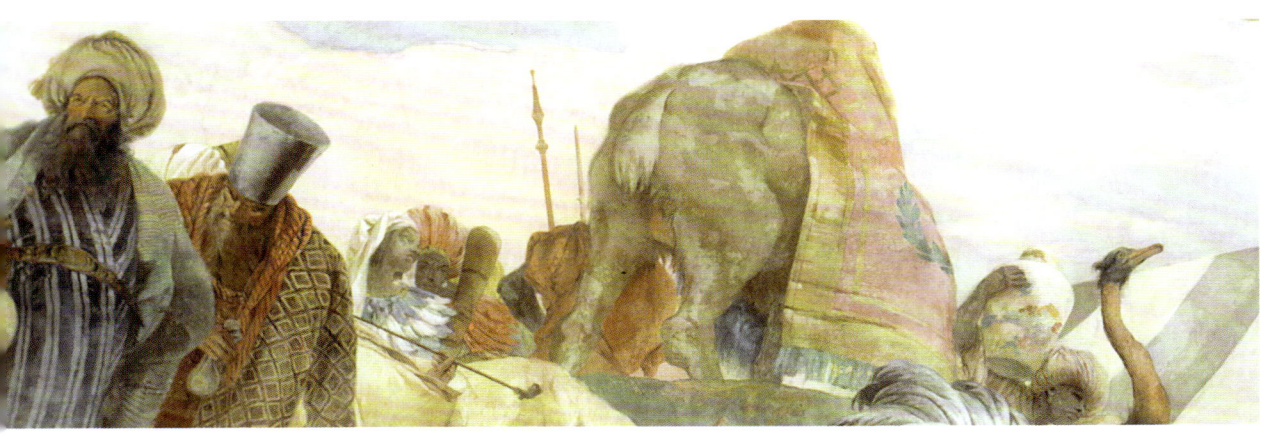

The Continent of Africa, right Side
Apollon et les quatre continents, l'Afrique, partie droite
Der Erdteil Afrika, rechte Hälfte
El continente africano, mitad derecha
O continente africano, metade direita
Het continent Afrika, rechterhelft
Giovanni Battista Tiepolo (1696–1770)
1750-53, Fresco/Fresque, Fürstbischöfliche Residenz, Würzburg

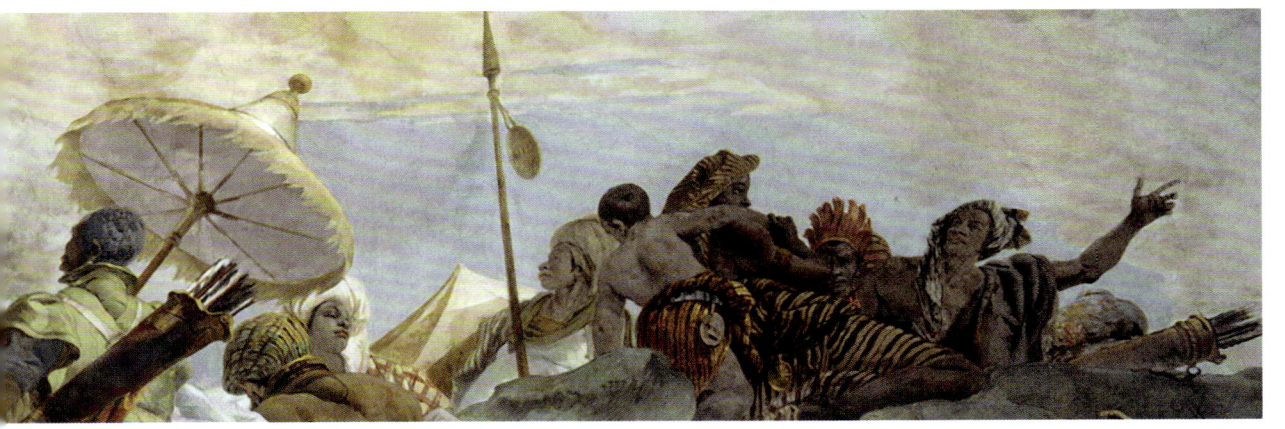

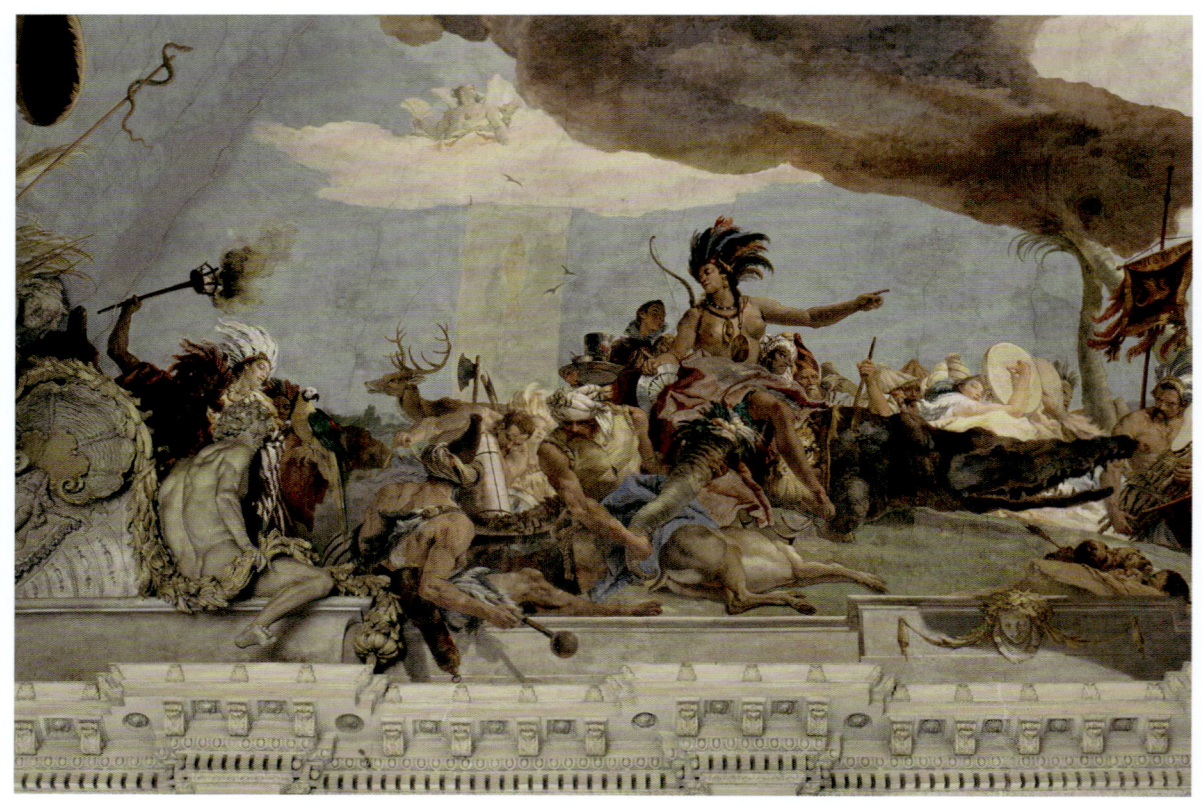

The Continent of America

Apollon et les quatre continents, l'Amérique

Der Erdteil Amerika

El continente americano

O continente da América

Het continent Amerika

Giovanni Battista Tiepolo (1696–1770)

1750-53, Fresco/Fresque, Fürstbischöfliche Residenz, Würzburg

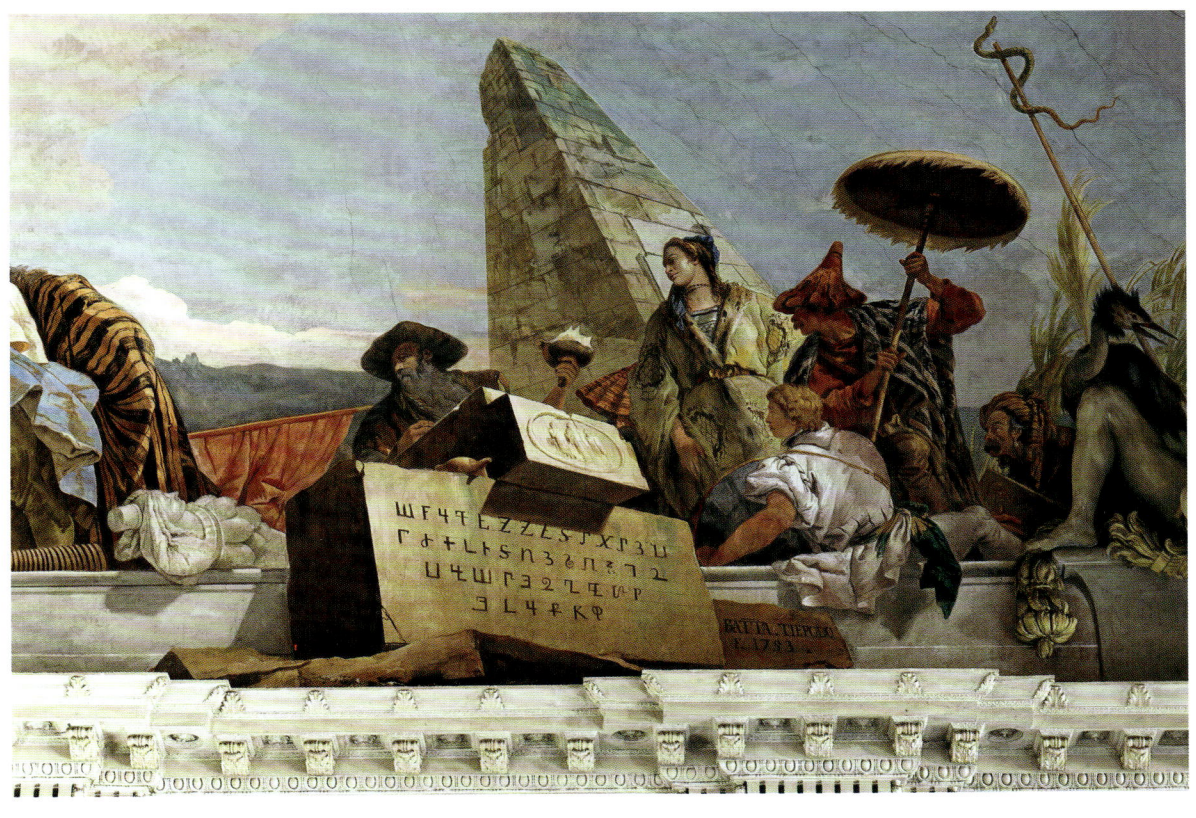

The Continent of Asia, right Side
Apollon et les quatre continents, l'Asie, partie droite
Der Erdteil Asien, rechte Hälfte
El continente asiático, mitad derecha
O continente asiático, metade direita
Het continent Azië, rechterhelft
Giovanni Battista Tiepolo (1696–1770)
1750-53, Fresco/Fresque, Fürstbischöfliche Residenz, Würzburg

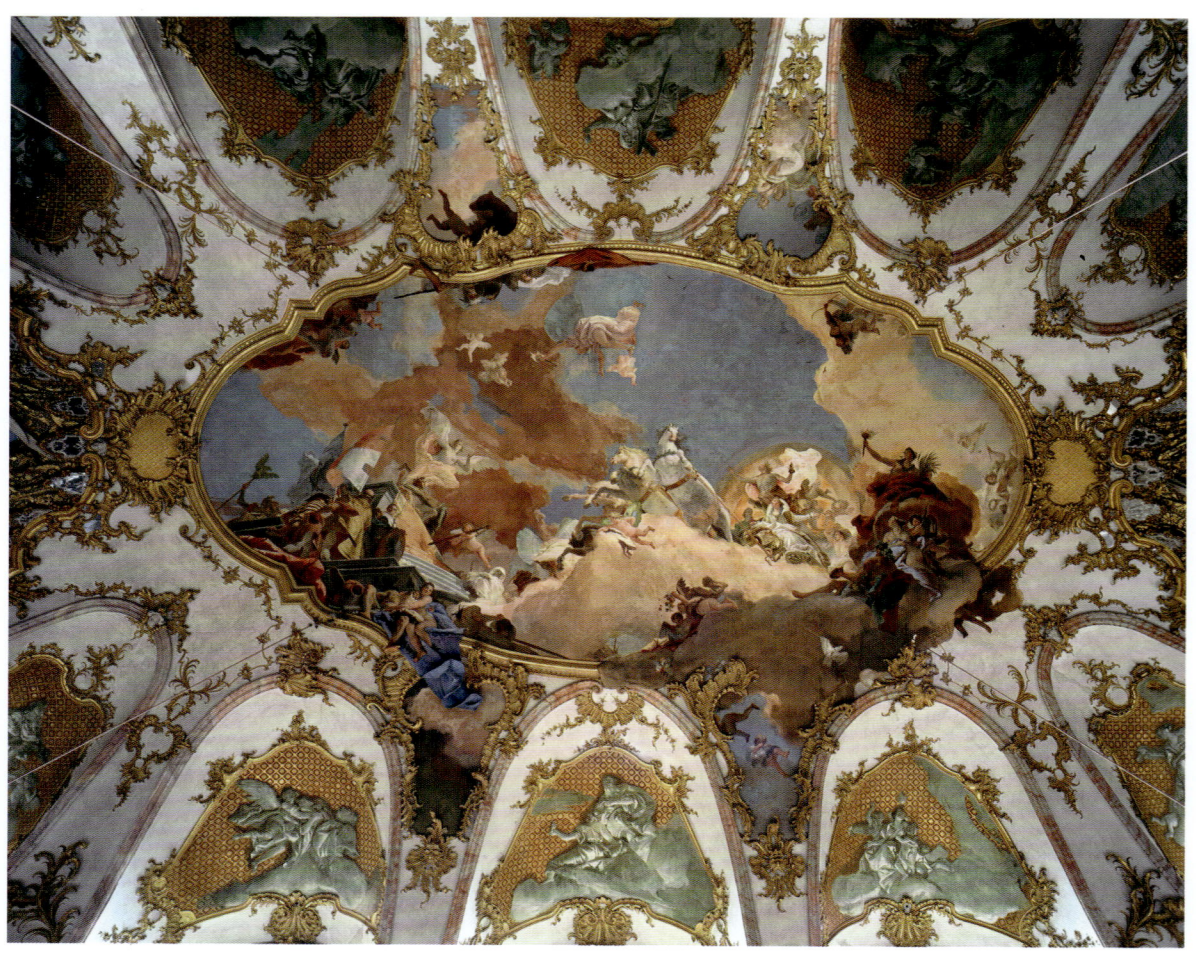

Ceiling Fresco in the Emperor's Hall
Fresque au plafond de la salle impériale

Giovanni Battista Tiepolo (1696–1770)

1750-53, Fresco/Fresque, Fürstbischöfliche Residenz, Würzburg

Deckenfresko im Kaisersaal
Fresco en el techo del Kaisersaal

Afresco de tecto no Kaisersaal
Plafondfresco in de keizerszaal

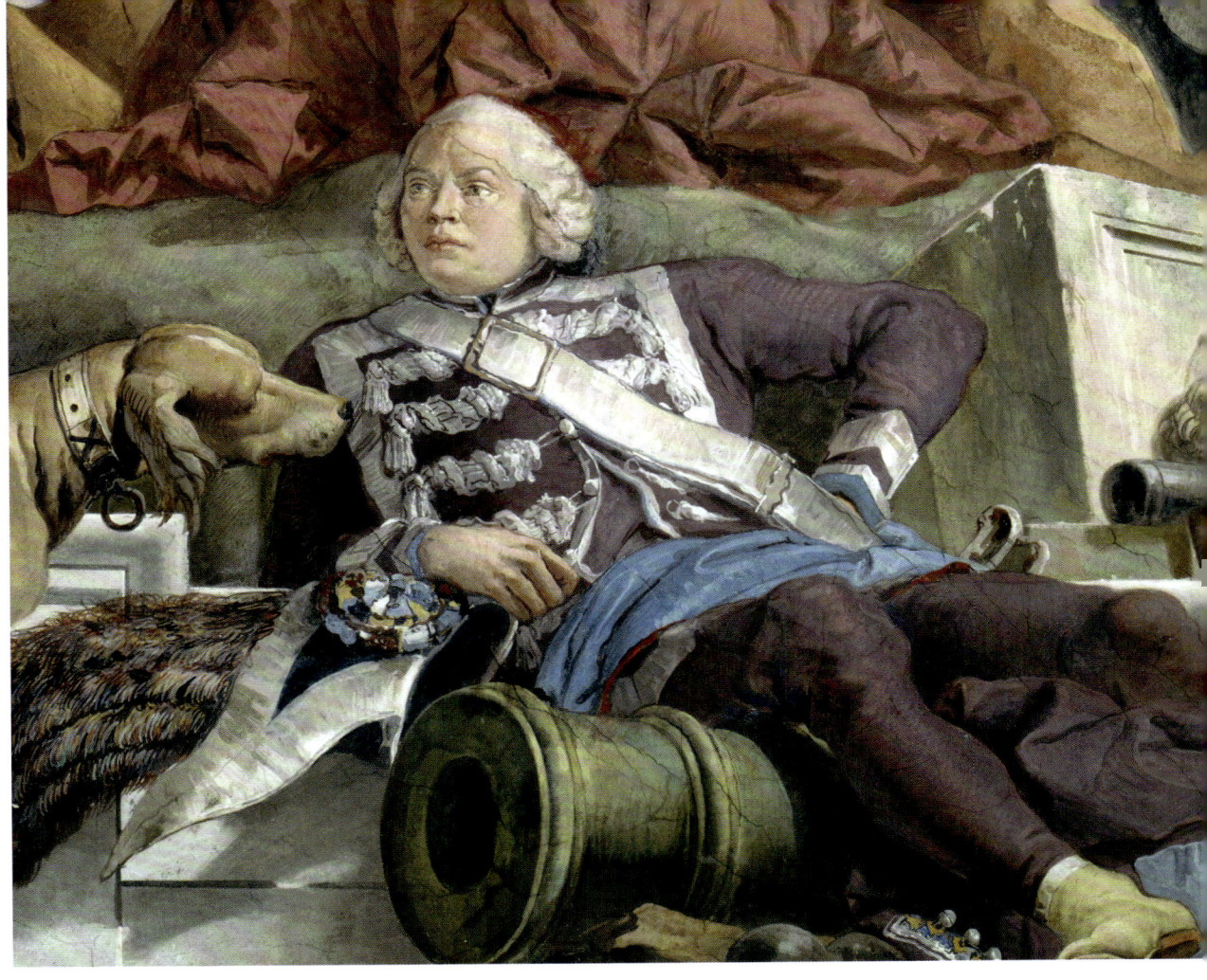

Extract from the Continent of Europe:
The Architect Balthasar Neumann

Apollon et les quatre continents, détail de
l'Europe : l'architecte Balthasar Neumann

Giovanni Battista Tiepolo (1696–1770)

1750-53, Fresco/Fresque, Fürstbischöfliche Residenz, Würzburg

Ausschnitt aus dem Erdteil Europa:
Der Architekt Balthasar Neumann

Extracto del continente europeo: el
arquitecto Balthasar Neumann

Extracto do continente europeu: O
arquitecto Balthasar Neumann

Uitsnede uit Het continent Europa:
de architect Balthasar Neumann

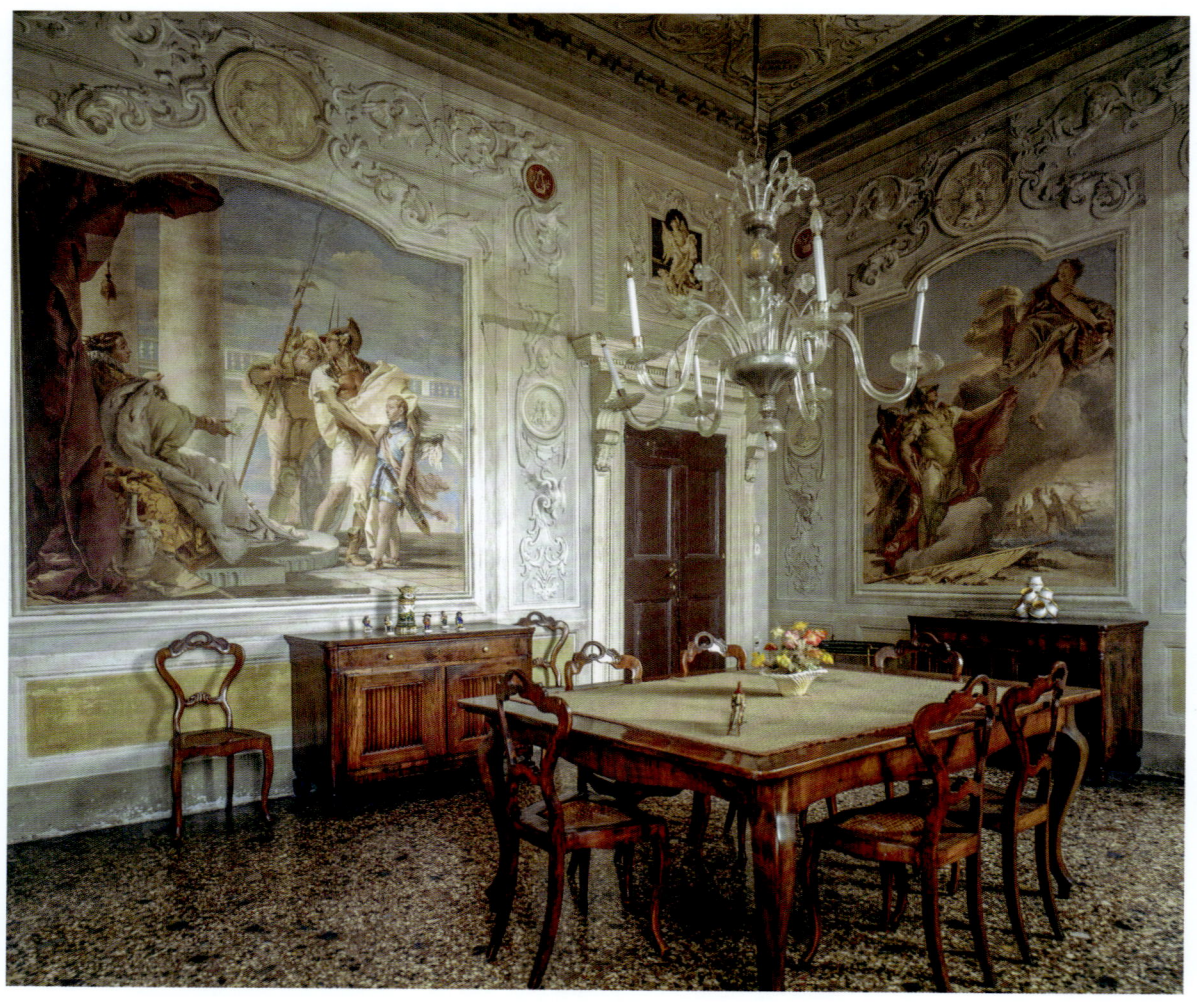

Frescoes in the Villa Valmarana ai Nani
Fresques de la villa Valmarana ai Nani
Giovanni Battista Tiepolo (1696–1770)
1757, Fresco/Fresque, Villa Valmarana ai Nani, Vicenza

Fresken in der Villa Valmarana ai Nani
Frescos en la Villa Valmarana ai Nani

Frescos na Villa Valmarana ai Nani
Fresco's in de Villa Valmarana ai Nani

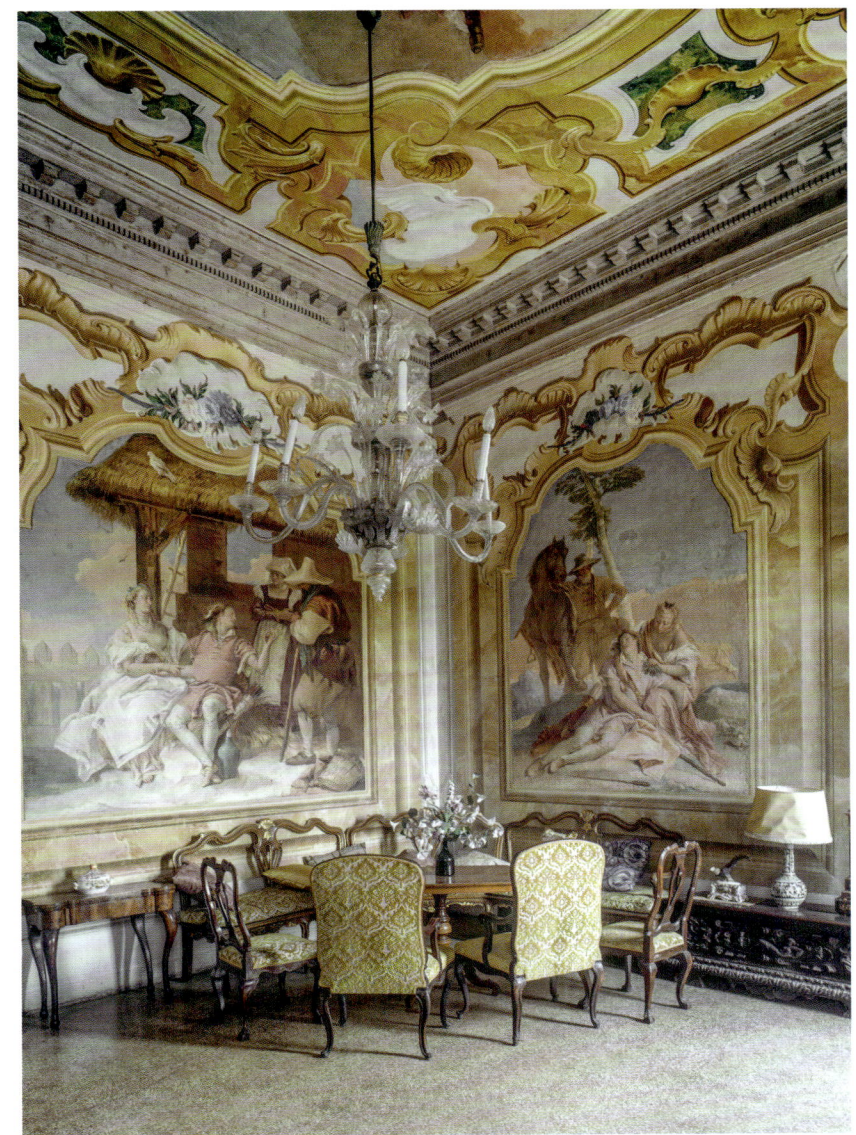

Frescoes in the Villa Valmarana ai Nani
Fresques de la villa Valmarana ai Nani
Fresken in der Villa Valmarana ai Nani
Frescos en la Villa Valmarana ai Nani
Frescos na Villa Valmarana ai Nani
Fresco's in de Villa Valmarana ai Nani
Giovanni Battista Tiepolo (1696–1770)

1757, Fresco/Fresque,
Villa Valmarana ai Nani, Vicenza

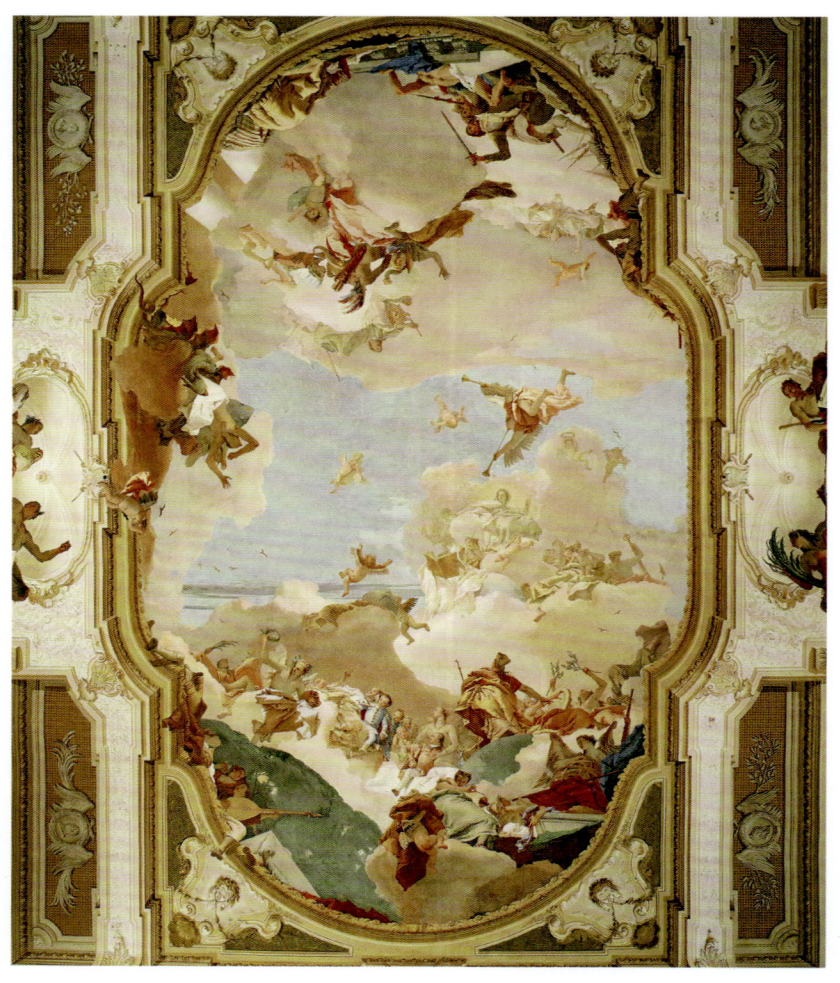

Apotheosis of the Pisani Family
Apothéose de la famille Pisani
Apotheose der Familie Pisani
Apoteosis de la familia Pisani
Apoteose da Família Pisani
Apotheose van de familie Pisani

Giovanni Battista Tiepolo (1696–1770)

1760-62, Fresco/Fresque, 2350 × 300 cm,
Villa Pisani, Stra

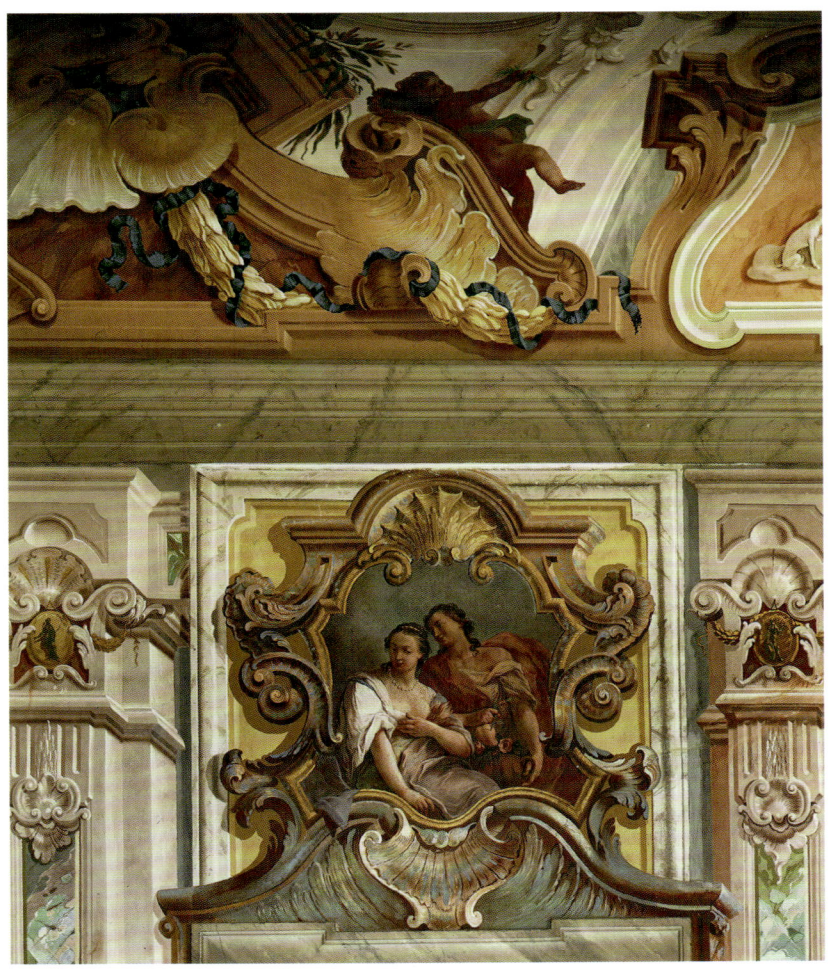

Detail from the Frescoes of Villa Pisani

Détail des fresques de la villa Pisani

**Ausschnitt aus den Fresken
der Villa Pisani**

Detalle de los frescos de Villa Pisani

Detalhe dos frescos da Villa Pisani

Detail van de fresco's in de Villa Pisani

Giovanni Battista Tiepolo (1696–1770)

1760-62, Fresco/Fresque, Villa Pisani, Stra

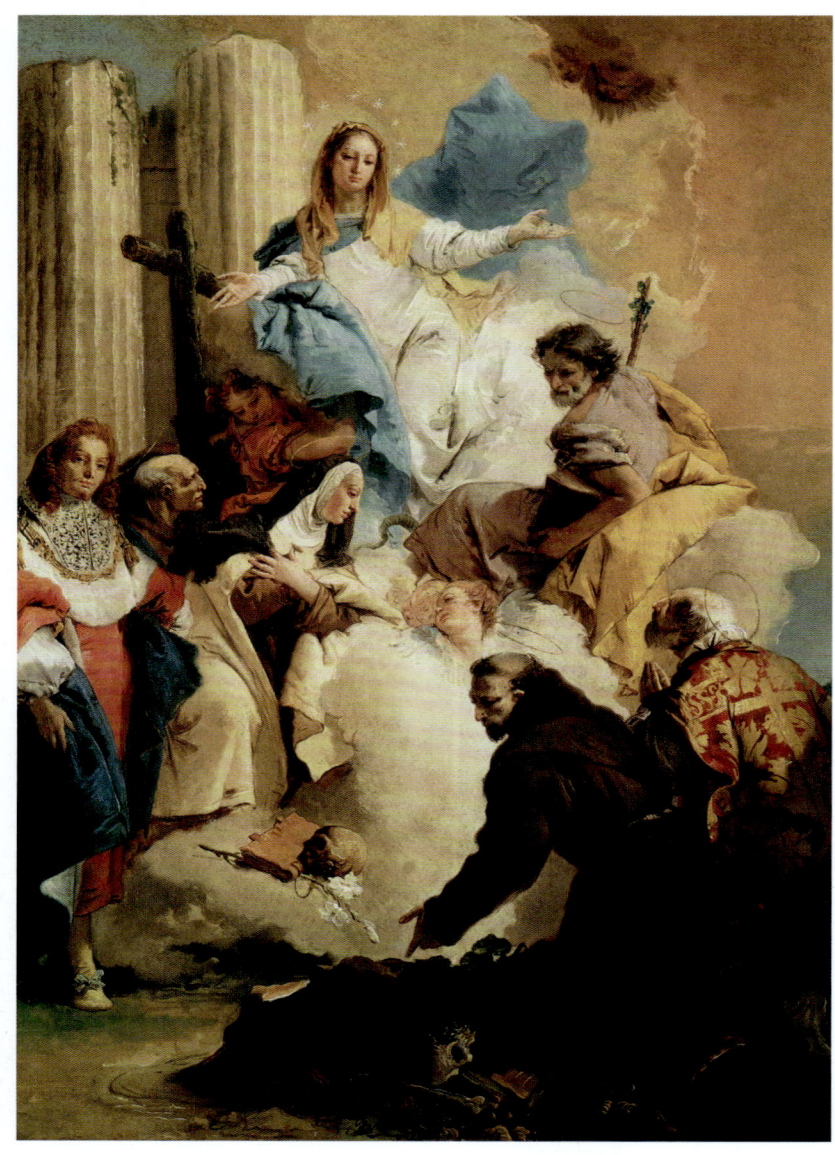

Five Saints Appear to Mary and Joseph

Marie et Joseph apparaissent à cinq saints

Maria und Josef erscheinen fünf Heiligen

María exhortando a santa Teresa para que nombrara a san José patrono de la Orden

Maria e José aparecem cinco santos

Maria en Jozef verschijnen aan vijf heiligen

Giovanni Battista Tiepolo
(1696–1770)

c. 1750-60, Oil on canvas/Huile sur toile, 72,8 × 56 cm, Szépmüvészeti Múzeum, Budapest

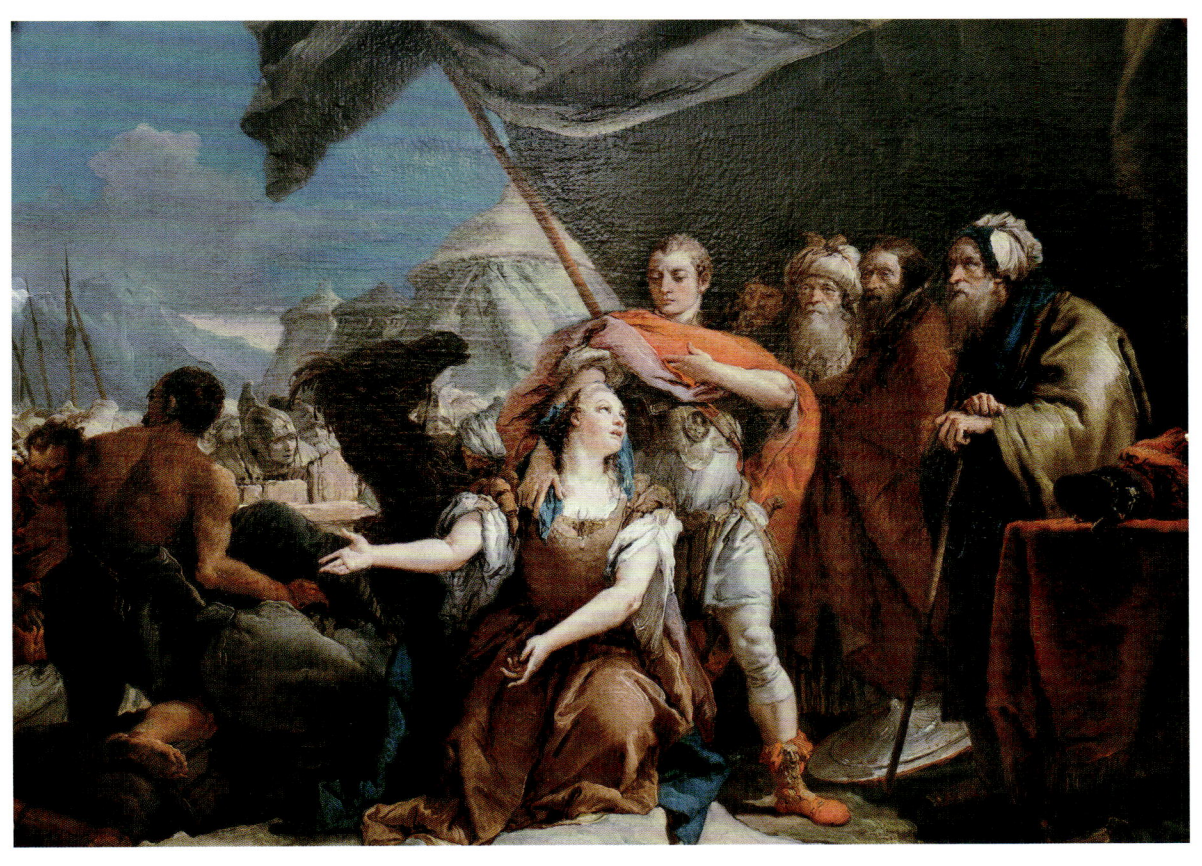

David and Abigail
David et Abigaïl
David und Abigail
David y Abigail
David e Abigail
David en Abigaïl

Giovanni Battista Tiepolo (1696–1770)

c. 1751, Oil on canvas/Huile sur toile,
82 × 105 cm, Städtische Sammlungen, Fürth

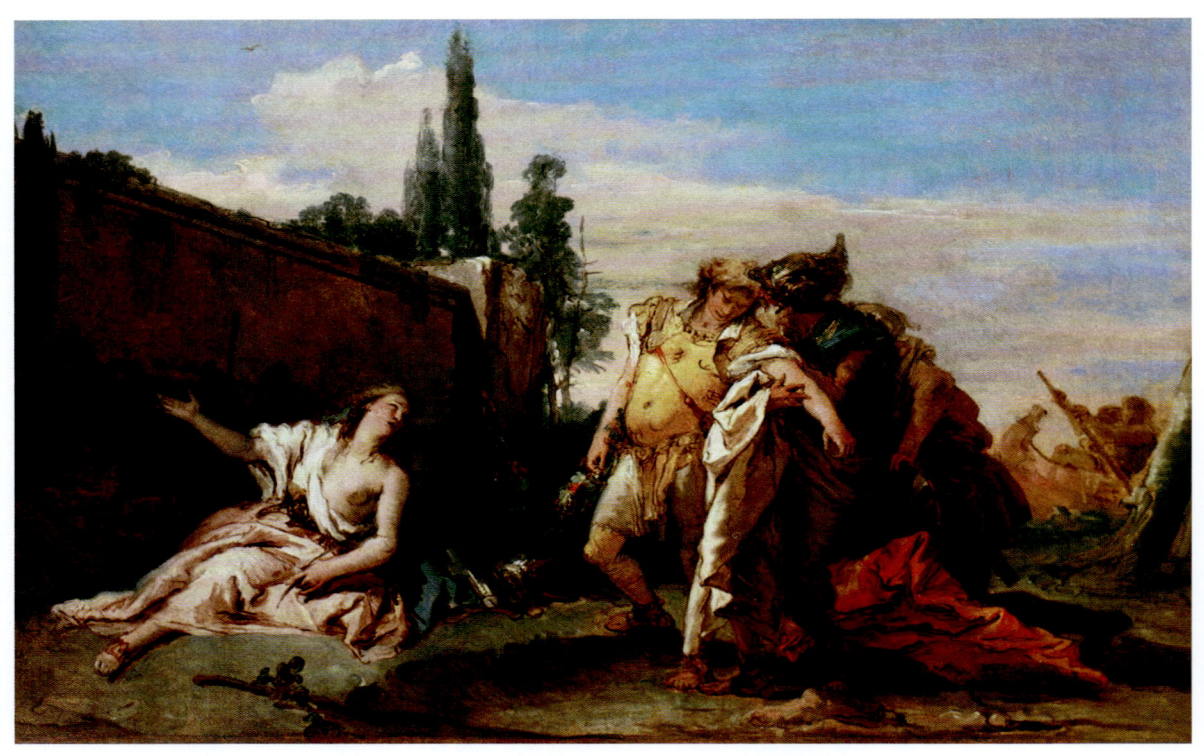

Rinaldo's Farewell to Armida
Renaud abandonne Armide
Rinaldos Abschied von Armida
Rinaldo se despide de Armida
A despedida de Rinaldo da Armida
Rinaldo's afscheid van Armida

Giovanni Battista Tiepolo (1696–1770)

c. 1753, Oil on canvas/Huile sur toile, 39 × 61 cm, Gemäldegalerie, Berlin

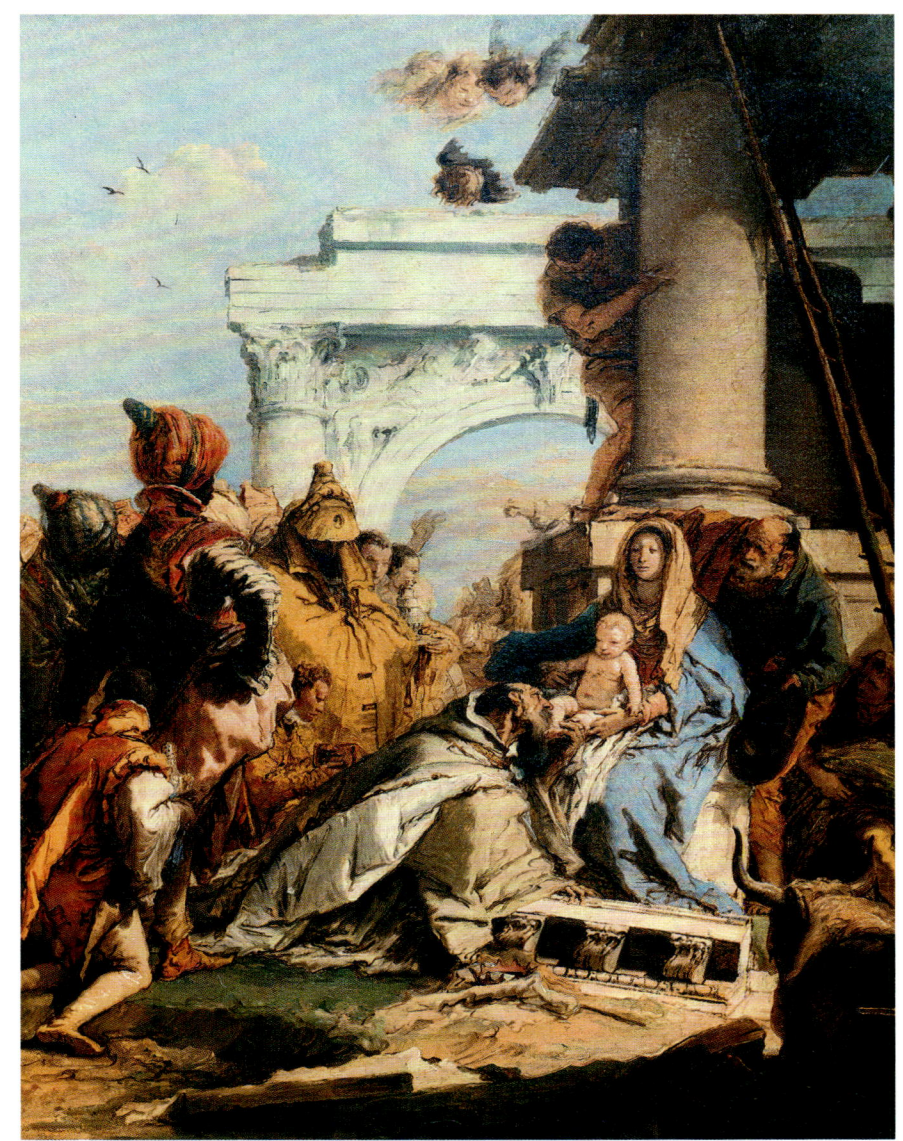

Adoration of the Magi
L'Adoration des Rois mages
Anbetung der Könige
Adoración de los Reyes Magos
Adoração dos Magos
Aanbidding der koningen

Giovanni Battista Tiepolo (1696–1770)

c. 1758/59, Oil on canvas/Huile sur toile, 60,3 × 47,6 cm, Metropolitan Museum of Art, New York

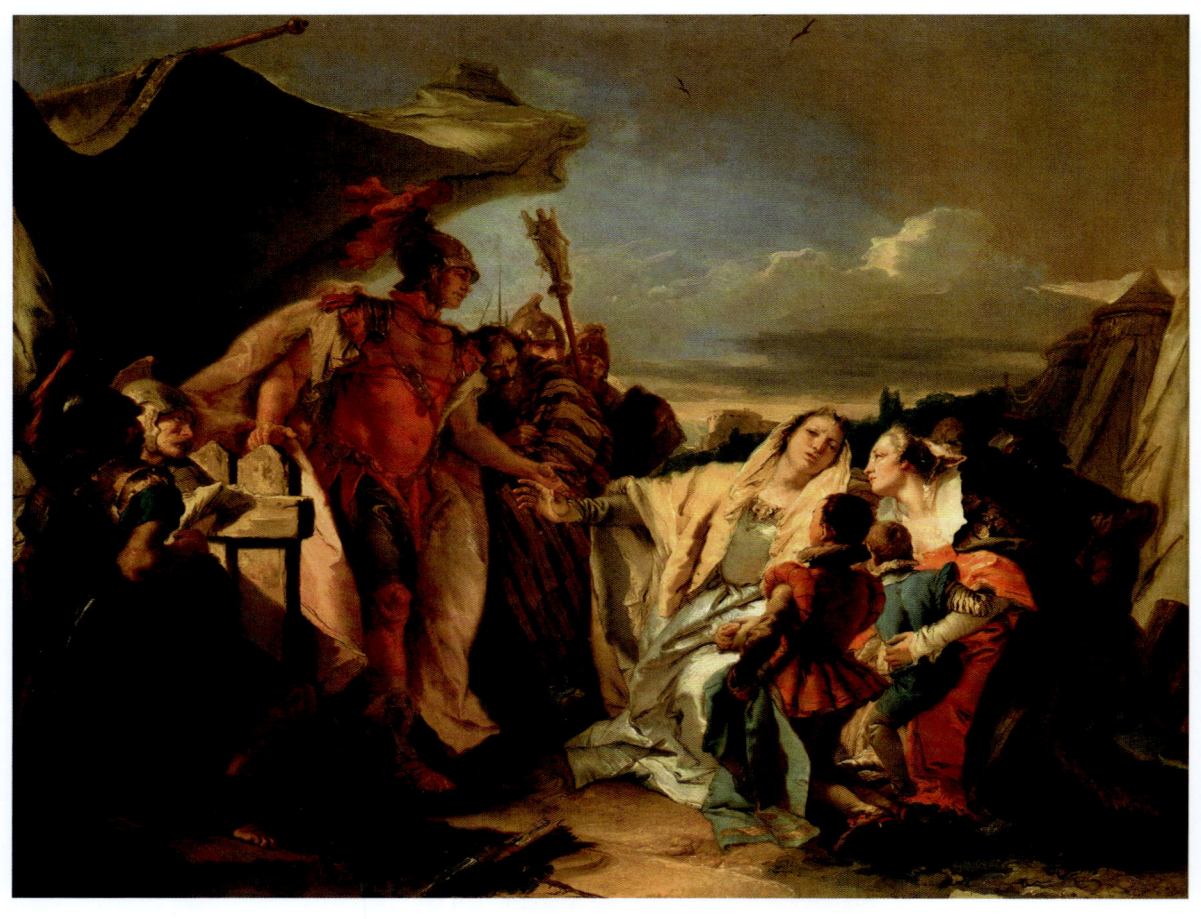

Coriolanus Before the Walls of Rome

Les Femmes devant Coriolanus

Giovanni Battista Tiepolo (1696–1770)

c. 1752/53, Oil on canvas/Huile sur toile, 103,3 × 122 cm, Martin von Wagner-Museum, Würzburg

Coriolan vor den Mauern Roms

Coriolan ante las puertas de Roma

Coriolan em frente às mulheres

Coriolanus voor de muren van Rome

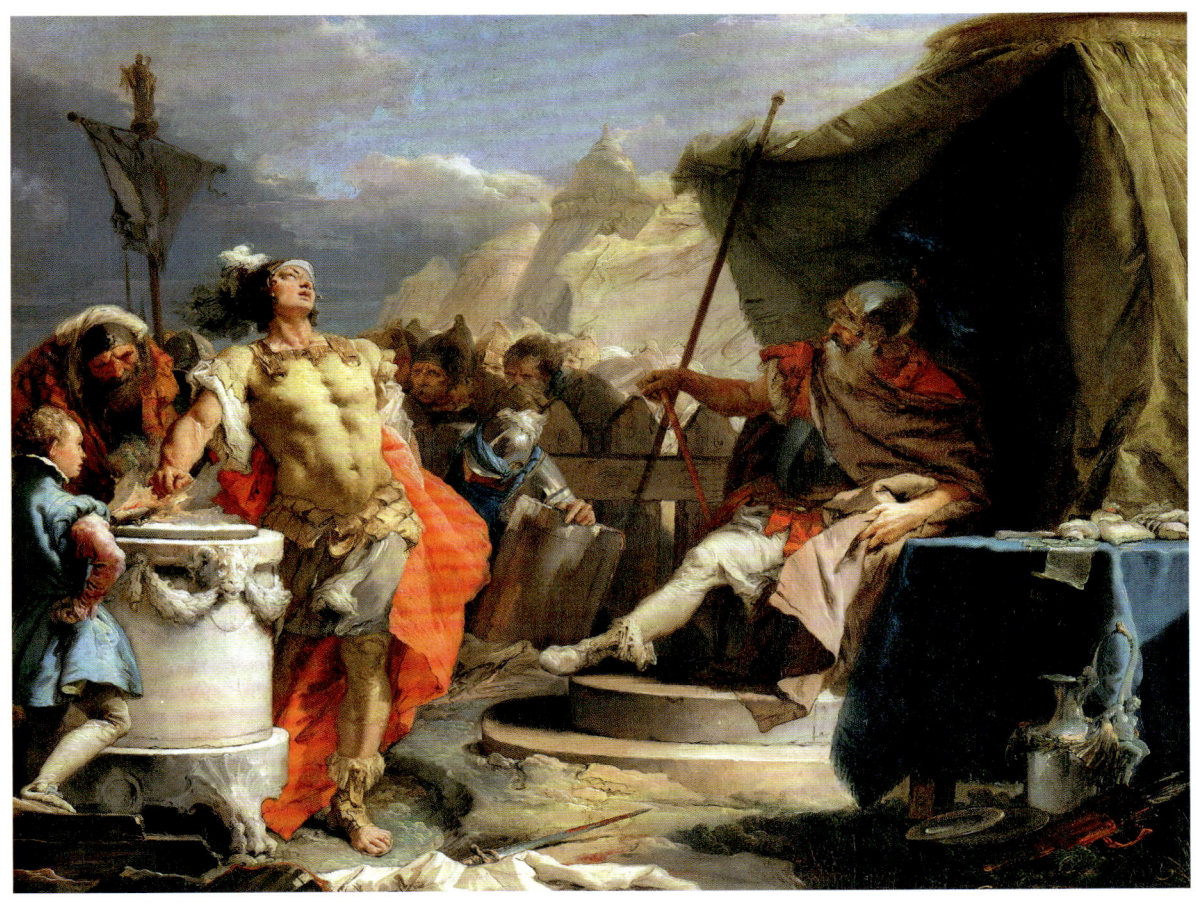

Mucius Scaevola Before Porsenna
Mucius Scaevola devant Porsenna

Mucius Scaevola vor Porsenna
Mucius Scaevola ante Porsenna

Mucius Scaevola antes de Porsenna
Gaius Mucius Scaevola voor Porsenna

Giovanni Battista Tiepolo (1696–1770)

c. 1752/53, Oil on canvas/Huile sur toile, 103,2 × 121,7 cm, Martin von Wagner-Museum, Würzburg

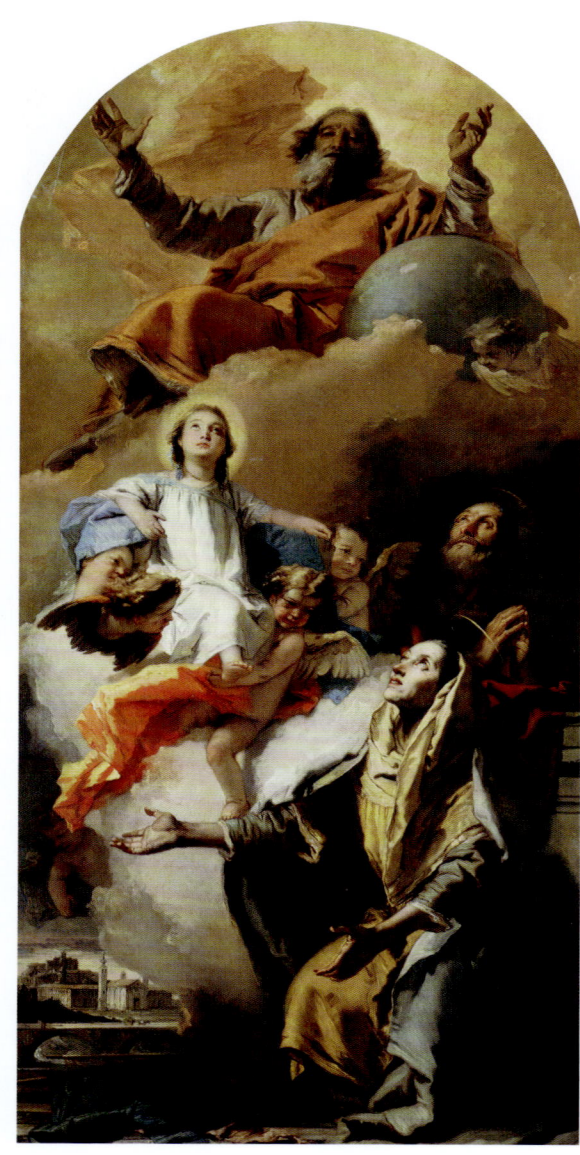

The Vision of Saint Anne

La Vision de sainte Anne

Die Vision der heiligen Anna

La visión de Santa Ana

A visão de Santa Ana

Het visioen van de heilige Anna

Giovanni Battista Tiepolo (1696–1770)

1759, Oil on canvas/Huile sur toile,
244 × 120 cm, Gemäldegalerie Alte
Meister, Dresden

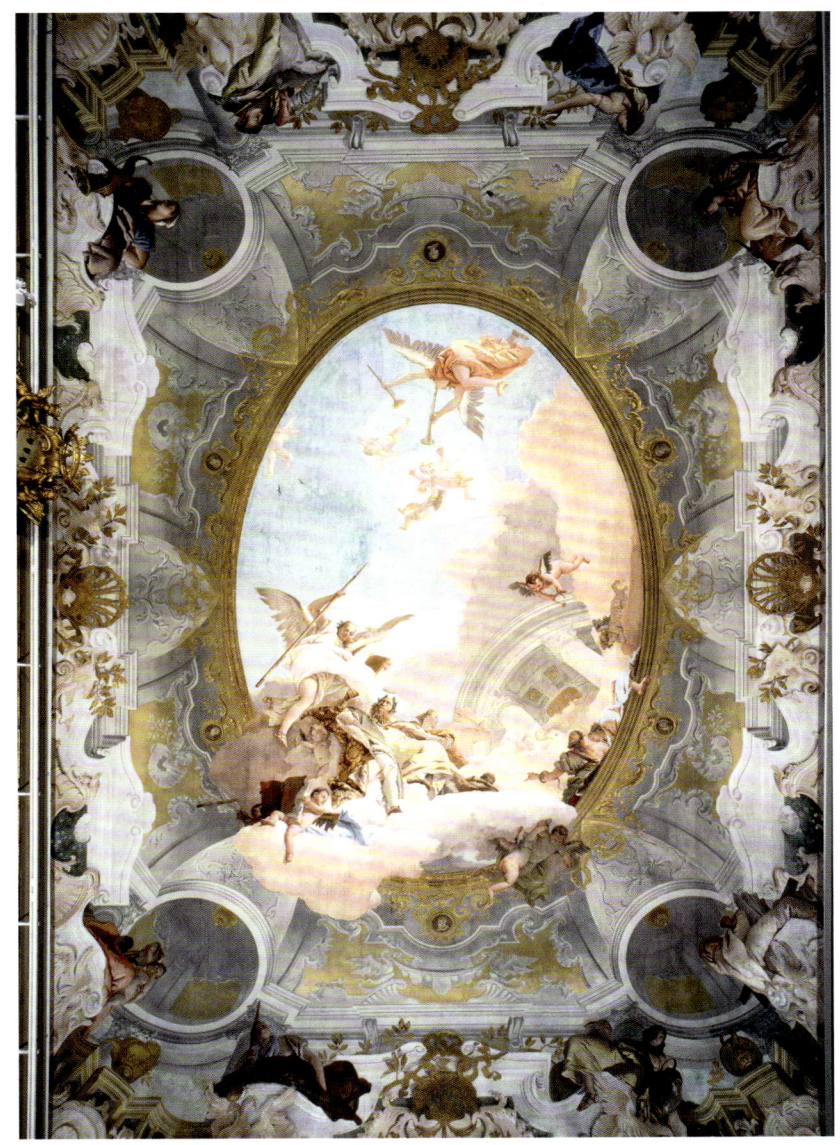

*Nobility and Virtue Lead Merit
to the Temple of Glory*

*La Noblesse et la Vertu conduisent le
Mérite au temple de la Renommée*

*Vornehmheit und Tugend geleiten das
Verdienst in den Ruhmestempel*

*Alegoría del mérito acompañado
por la nobleza y la virtud*

*Nobreza e virtude levam o
mérito ao Templo da Fama*

*Voornaamheid en Deugd leiden
Verdienstelijkheid naar de
tempel van de roeml*

Giovanni Battista Tiepolo (1696–1770)

1757, Fresco/Fresque, 600 × 1000 cm,
Ca' Rezzonico, Venezia

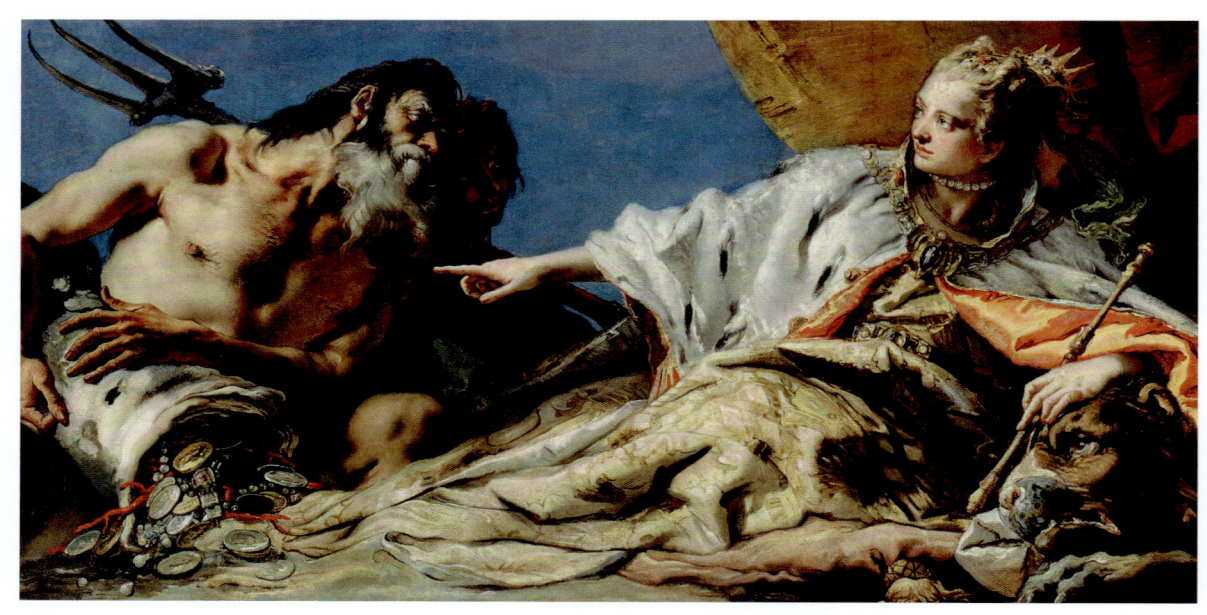

Neptune Offering Gifts to Venice

Offrande de Neptune à Venise

Neptun beschenkt Venedig

Neptuno obsequia a Venecia con un regalo

Netuno dá presente a Veneza

Neptunus biedt geschenken aan Venetië

Giovanni Battista Tiepolo (1696–1770)

1758, Oil on canvas/Huile sur toile, 135 × 275 cm, Palazzo Ducale,
Venezia

Neptune Offering Gifts to Venice
Commissioned by Tiepolo to replace a damaged Tintoretto fresco in the hall of the Four Doors in the Doge's Palace. The style, which is in part unusual for the artist, could be based on the fact that the clients did not want the uniform effect of the hall decoration to be endangered. In the neighbouring halls there are many works by Veronese and other artists of the late Renaissance.

Neptuno obsequia a Venecia con un regalo
Encargado a Tiepolo para sustituir un fresco de Tintoretto dañado en la sala de las Cuatro Puertas del Palacio Ducal. El estilo, en parte inusual para el artista, podría basarse en el hecho de que los clientes no querían que se pusiera en peligro el efecto uniforme de la decoración de la sala, pues en las salas vecinas hay muchas obras de Veronés y de otros artistas del Renacimiento tardío.

Offrande de Neptune à Venise
Cette fresque devait remplacer une œuvre abîmée de Tintoret dans la salle des Quatre Portes du palais des Doges. Il est probable que les commanditaires lui ont demandé de respecter l'uniformité de l'ensemble, ce qui expliquerait ce style assez inhabituel chez lui. Les salles voisines, en effet, accueillent de nombreux tableaux de Véronèse et d'autres peintres de la fin de la Renaissance.

Netuno dá presente a Veneza
Encomendado pela Tiepolo para substituir um afresco Tintorettos danificado no hall das Quatro Portas do Palácio do Doge. O estilo, que é em parte incomum para o artista, poderia ser baseado no fato de que os clientes não queriam que o efeito uniforme da decoração do salão fosse ameaçado. Pois nas salas vizinhas há muitas obras de Veroneses e outros artistas da Renascença tardia.

Neptun beschenkt Venedig
Bei Tiepolo in Auftrag gegeben als Ersatz für ein beschädigtes Fresko Tintorettos im Saal der Vier Türen im Dogenpalast. Der für den Künstler teils ungewöhnliche Stil könnte darin begründet sein, dass die Auftraggeber die einheitliche Wirkung der Saaldekoration nicht gefährdet wissen wollten. Denn in den Nachbarsälen finden sich viele Werke Veroneses und anderer Künstler der Spätrenaissance.

Neptunus biedt geschenken aan Venetië
Dit werk kreeg Tiepolo als opdracht ter vervanging van een beschadigd fresco van Tintoretto in de zaal van de vier deuren in het Dogepaleis. De voor de kunstenaar deels ongebruikelijke stijl kan worden toegeschoven op het feit dat de opdrachtgever niet wilde dat de ogenschijnlijke eenheid van de zaaldecoratie in gevaar kwam. Want in de aangrenzende zalen bevinden zich veel werken van Veronese en andere kunstenaars uit de late renaissance.

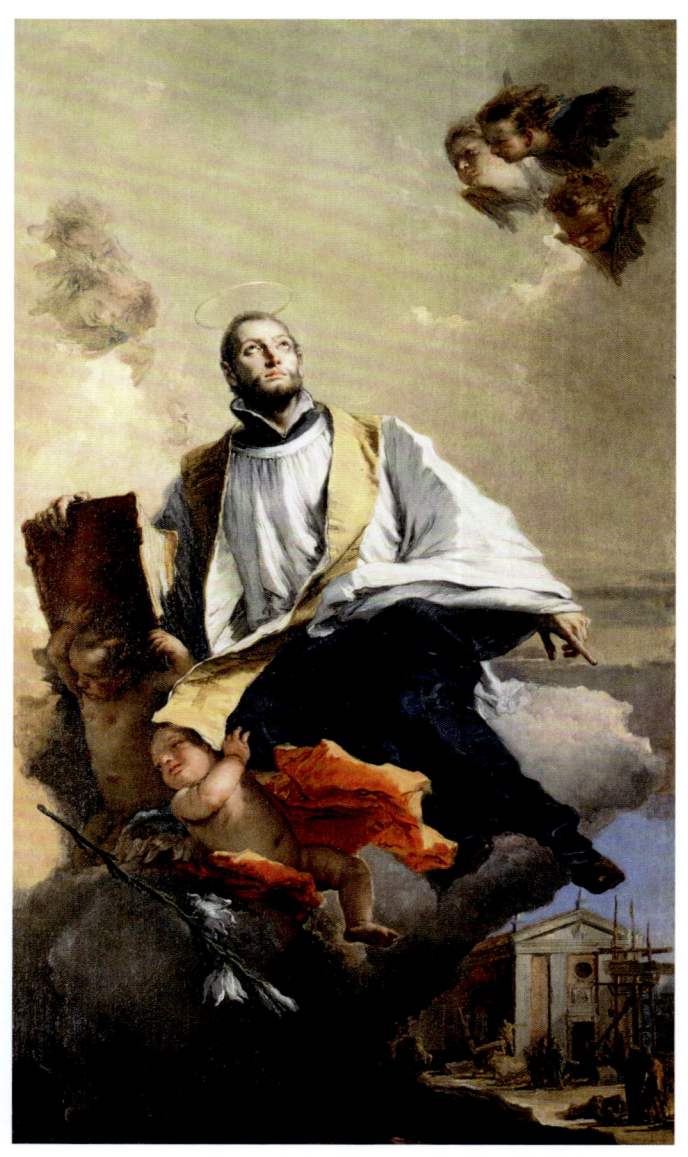

Apotheosis of the Holy Kajetan of Thiene

L'Apothéose de saint Gaétan de Thiène

Apotheose des heiligen Kajetan von Thiene

Apoteosis del santo Gaetano Thiene

Apoteose do Santo Kajetan de Thiene

Apotheose van de heilige Cajetanus van Thiene

Giovanni Battista Tiepolo (1696–1770)

*c. 1756, Oil on canvas/Huile sur toile, 210 × 119 cm,
S. Maria Maddalena, Rampazzo*

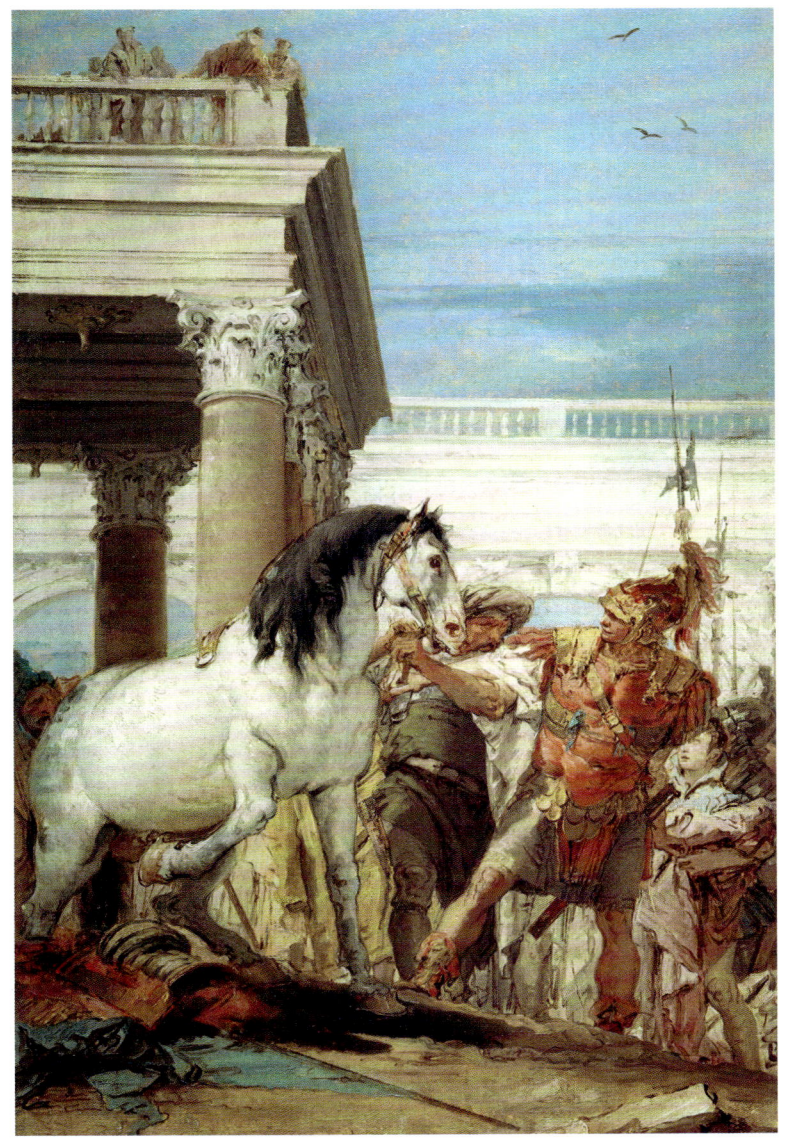

Alexander and Bucephalus
Alexandre et Bucéphale
Alexander und Bukephalos
Alejandro y Bucéfalo
Alexandre e Bukephalus
Alexander en Bucephalus

Giovanni Battista Tiepolo (1696–1770)

c. 1760, Oil on canvas/Huile sur toile,
58 × 34,7 cm, Petit Palais, Paris

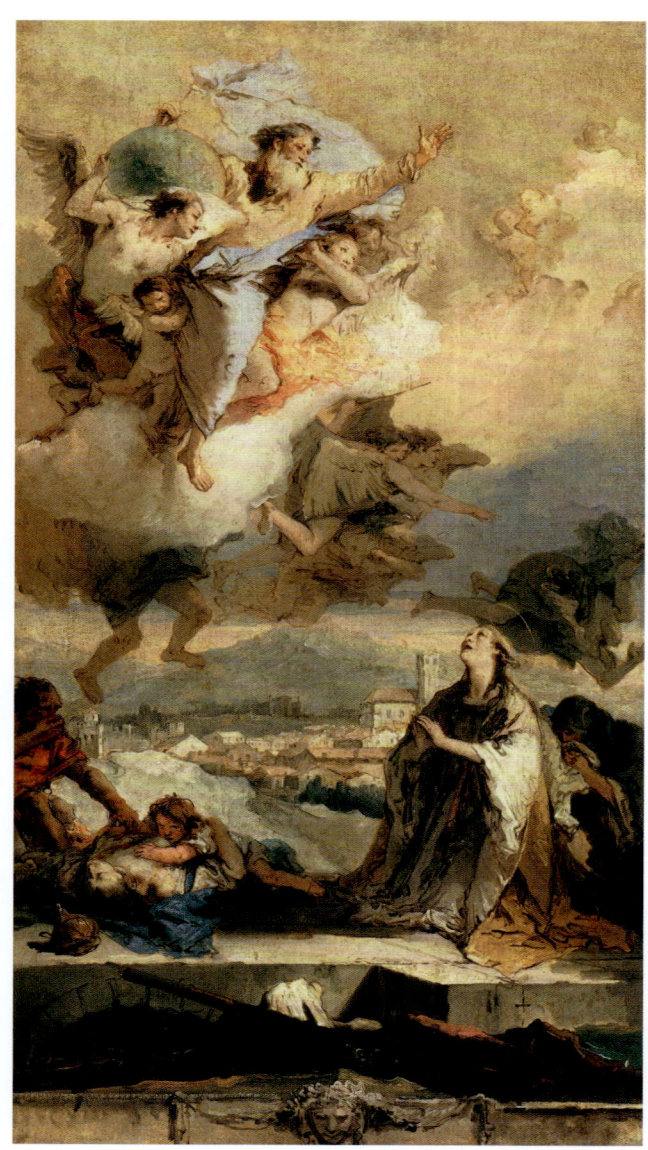

St. Thekla Prays for an End to the Plague in Este

Sainte Thècle prie pour les victimes de la peste à Este

Die hl. Thekla betet für ein Ende der Pest in Este

Santa Tecla reza por la liberación de Este de la peste

St. Thekla reza pelo fim da praga em Este

Sint-Thekla bidt voor het einde van de pest in Este

Giovanni Battista Tiepolo (1696–1770)

1758, Oil on canvas/Huile sur toile, 81,3 × 44,8 cm,
Metropolitan Museum of Art, New York

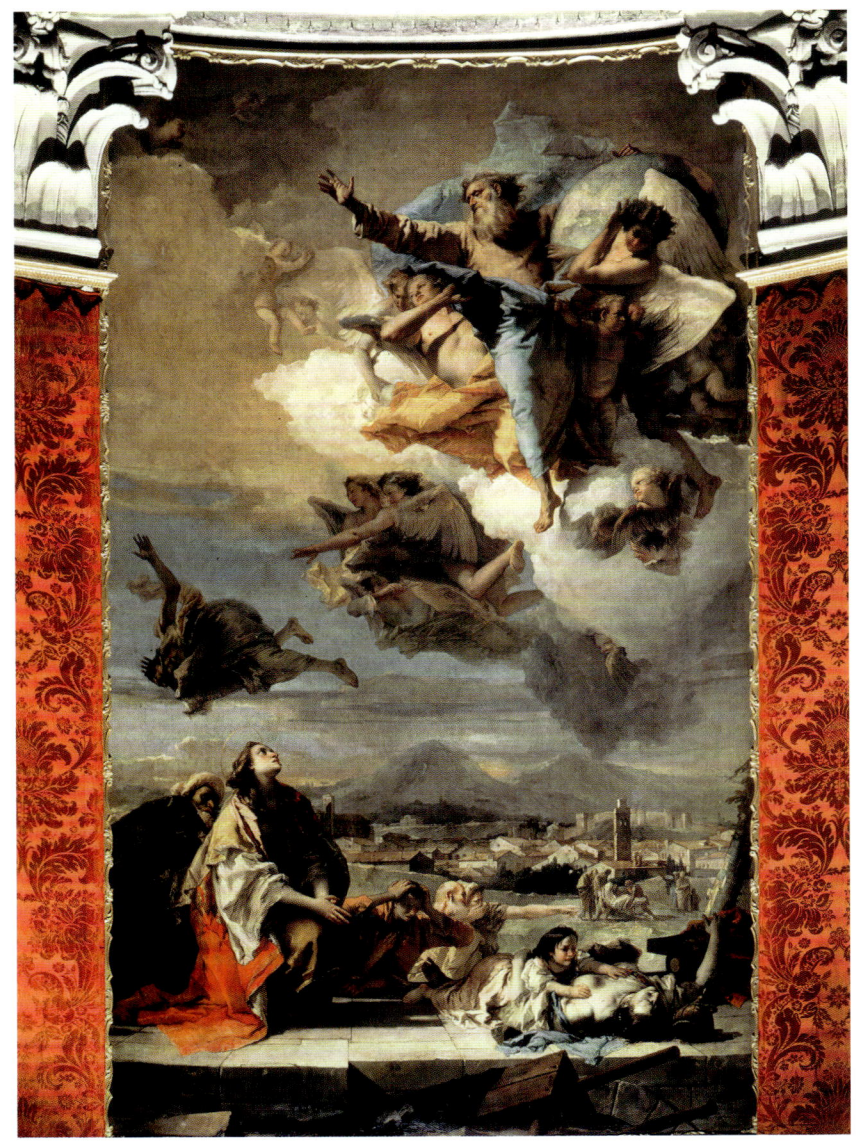

*St. Thekla Prays for an End
to the Plague in Este*

*Sainte Thècle libérant la
ville d'Este de la peste*

*Die hl. Thekla betet für ein
Ende der Pest in Este*

*Santa Tecla reza por la liberación
de Este de la peste*

*St. Thekla reza pelo fim
da praga em Este*

*Sint-Thekla bidt voor het
einde van de pest in Este*

Giovanni Battista Tiepolo (1696–1770)

1758, Oil on canvas/Huile sur toile,
675 × 350 cm, Duomo, Este

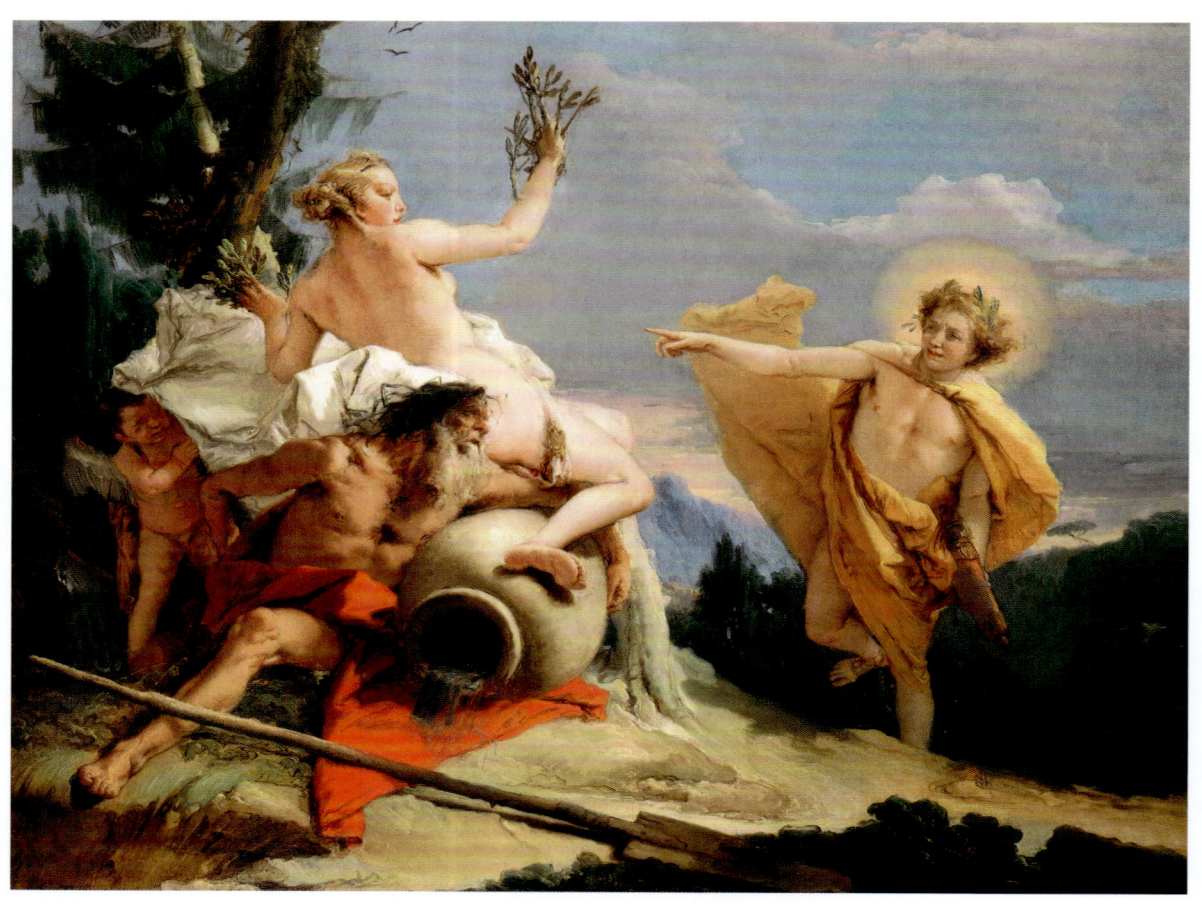

Apollo and Daphne

Apollon et Daphné

Apollo und Daphne

Apolo y Dafne

Apolo e Daphne

Apollo en Daphne

Giovanni Battista Tiepolo (1696–1770)

c. 1755-60, Oil on canvas/Huile sur toile, 68,5 × 87 cm, National Gallery of Art, Washington

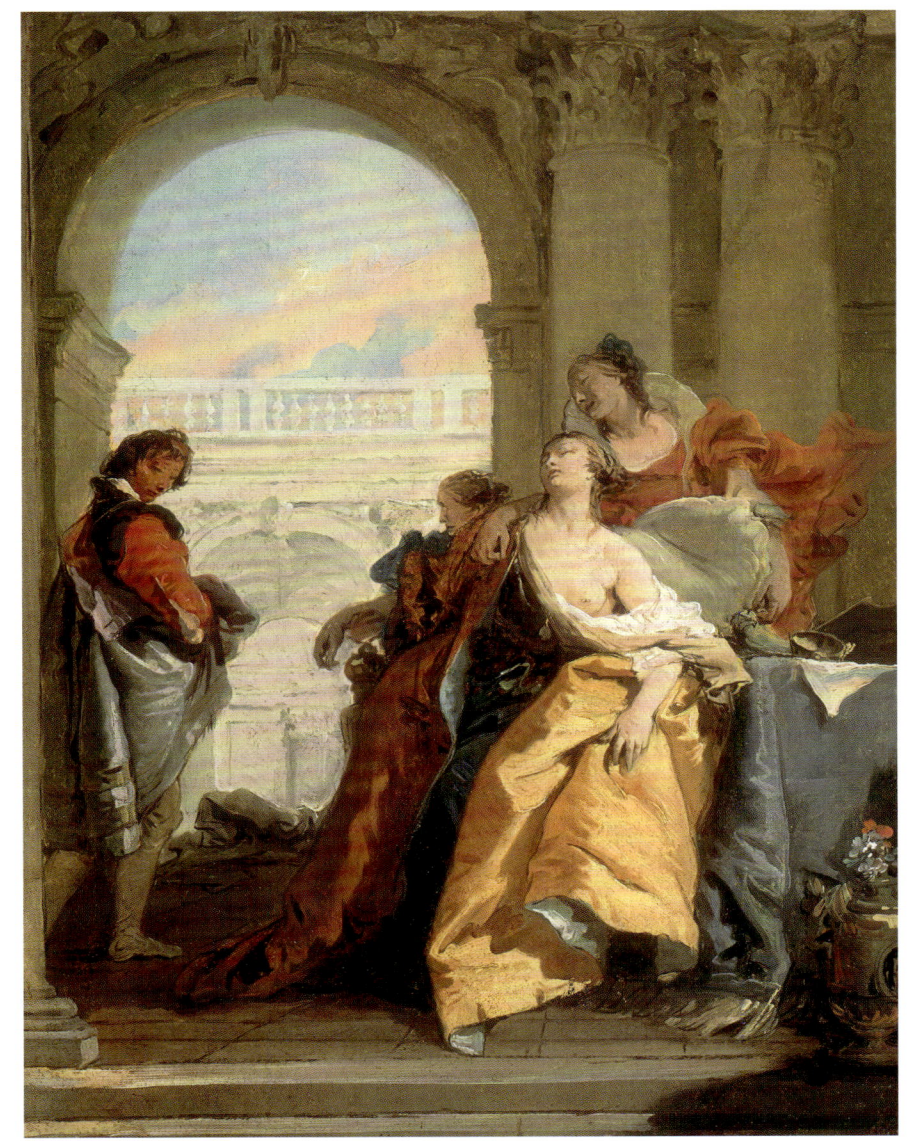

The Death of Sophonisbe
La Mort de Sophonisbe
Der Tod Sophonisbes
La muerte de Sofonisbe
A morte de Sophonisbe
De dood van Sophonisbe

Giovanni Battista Tiepolo
(1696–1770)

c. 1760, Oil on canvas/Huile sur toile,
48,3 × 38,2 cm, Museo Thyssen-
Bornemisza, Madrid

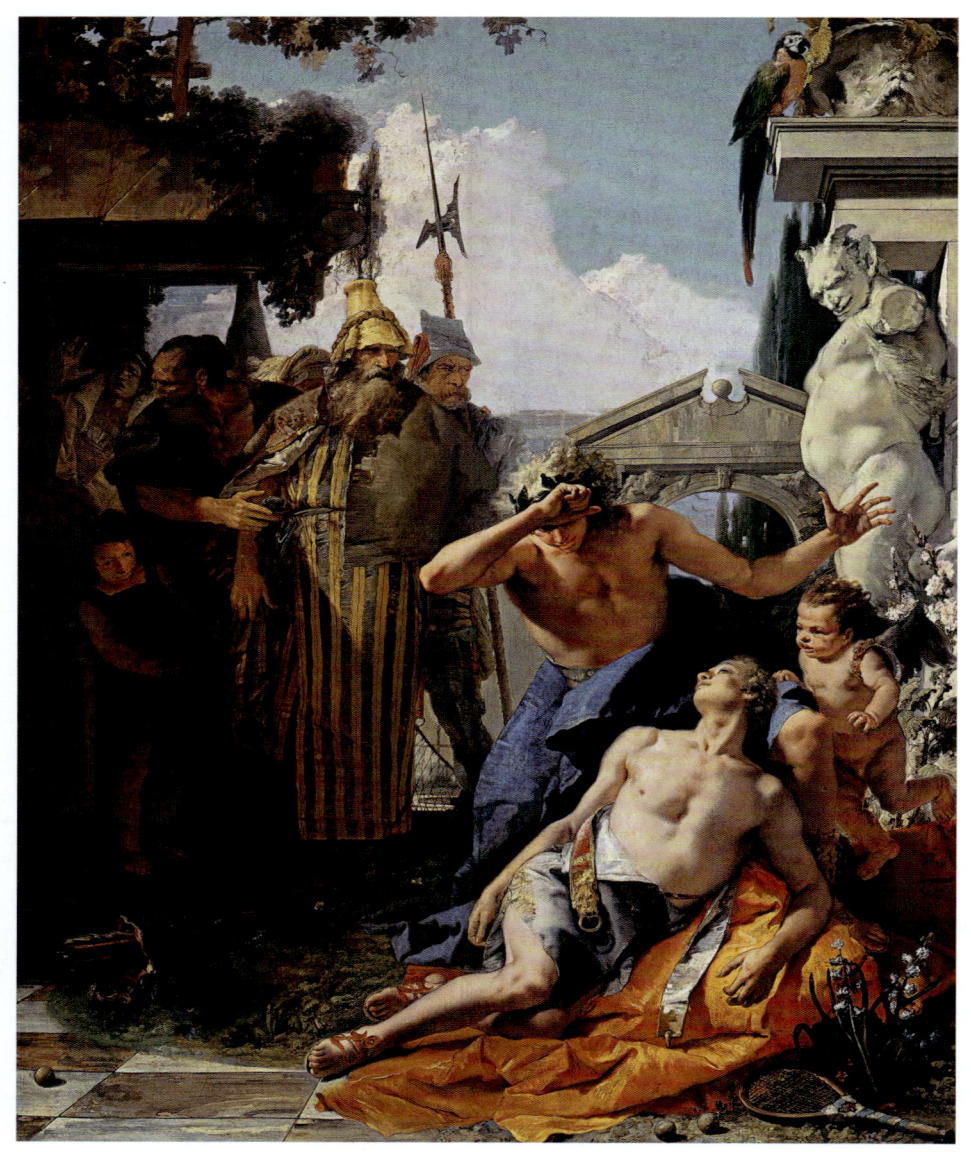

The Death of Hyacinth
La Mort de Hyacinthe
Der Tod des Hyazinth
La muerte de Jacinto
A Morte de Jacinto
De dood van Hyacinthus

*Giovanni Battista Tiepolo
(1696–1770)*

*1742-45, Oil on canvas/
Huile sur toile,
278 × 232 cm, Museo
Thyssen-Bornemisza,
Madrid*

The Death of Hyacinth

According to the latest research, it is assumed that the client was probably a Count von Schaumburg-Lippe. The general Hyazinthus from Sparta, known for his beauty, was Apollo's lover. According to Ovid, whose *Metamorphoses* served Tiepolo as source, he died tragically by a discus thrown by Apollo. Instead of a discus, the client's tennis racket is shown here.

La muerte de Jacinto

Según las últimas investigaciones, se supone que el cliente era probablemente un conde de Schaumburg-Lippe. El general hiazintio de Esparta, conocido por su belleza, era el amante de Apolo. Según Ovidio, cuya obra *Metamorfosis* sirvió a Tiepolo como fuente de inspiración, murió trágicamente a causa de un disco lanzado por Apolo. En lugar de un disco, aquí se muestra una raqueta de tenis a juego con el cliente.

La Mort de Hyacinthe

D'après des recherches récentes, il semblerait que cette œuvre ait été réalisée à la demande d'un comte von Schaumburg-Lippe. Apollon est amoureux de Hyacinthe, général de Sparte célèbre pour sa beauté. D'après les *Métamorphoses* d'Ovide, à qui Tiepolo emprunte son sujet, Hyacinthe meurt de manière tragique, tué par un disque lancé par le dieu. Ici, la raquette qui remplace le disque correspond aux goûts du commanditaire.

A Morte de Jacinto

De acordo com a última pesquisa, presume-se que o cliente era provavelmente um Conde von Schaumburg-Lippe. O general Jacinto de Esparta, conhecido pela sua beleza, era amante de Apolo. De acordo com Ovid, cujas *metamorfoses* serviram como fonte para Tiepolo, ele morreu tragicamente por um disco lançado por Apolo. Em vez de um disco, uma raquete de ténis a condizer com o cliente é mostrada aqui.

Der Tod des Hyazinth

Nach neuesten Forschungen wird vermutet, dass der Auftraggeber ein Graf von Schaumburg-Lippe gewesen sein dürfte. Der für seine Schönheit bekannte Feldherr Hyazinthus aus Sparta war der Geliebte Apolls. Nach Ovid, dessen *Metamorphosen* Tiepolo als Quelle dienten, starb dieser auf tragische Weise durch einen von Apoll geworfenen Diskus. Statt eines Diskus' ist hier ein zum Auftraggeber passender Tennisschläger zu sehen.

De dood van Hyacinthus

Volgens de laatste onderzoeken wordt aangenomen dat de opdrachtgever een graaf van Schaumburg-Lippe moet zijn geweest. De om zijn schoonheid bekende generaal Hyacinthus uit Sparta was de minnaar van Apollo. Volgens Ovidius, wiens *Metamorfosen* Tiepolo als bron dienden, stierf hij op tragische wijze door een door Apollo geworpen discus. In plaats van een discus is hier een bij de klant passend tennisracket te zien.

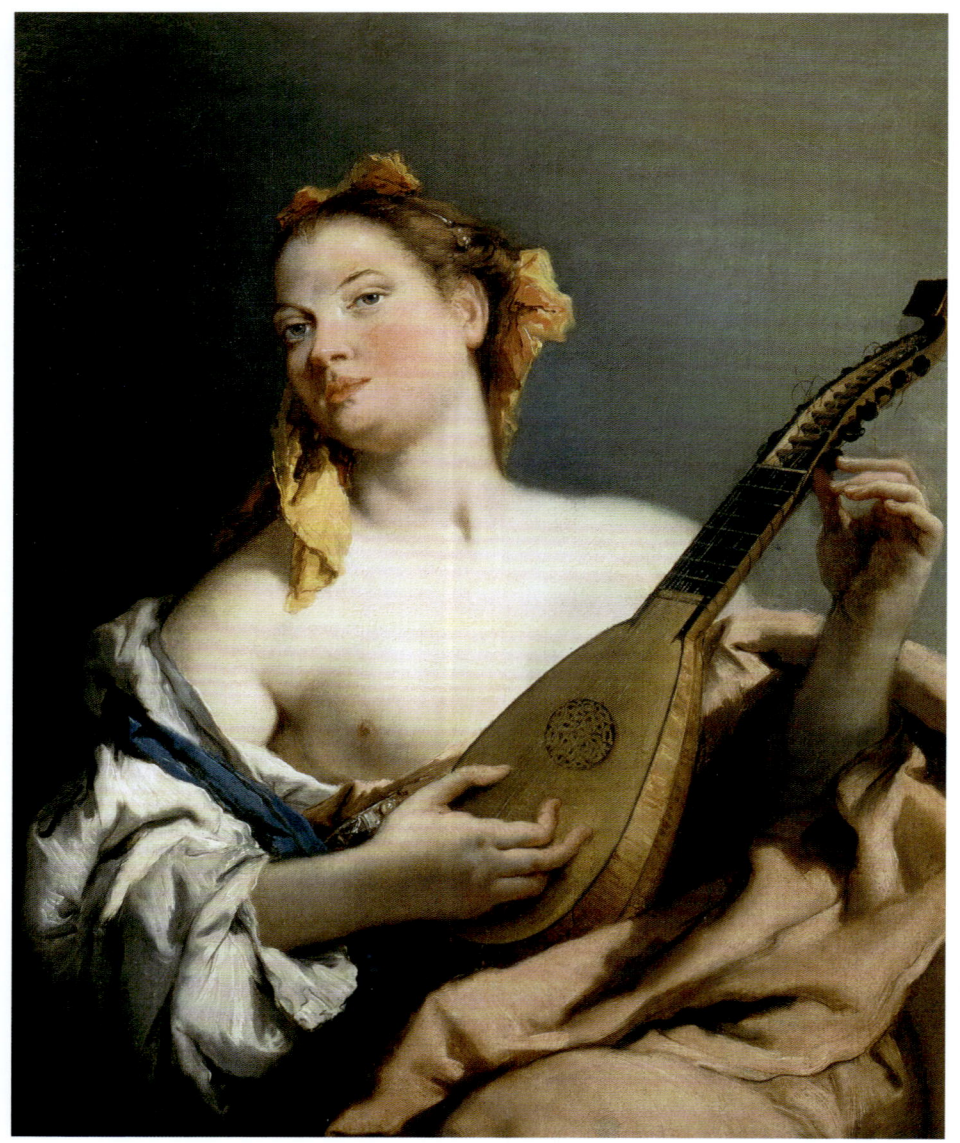

Woman with Mandolin
Femme à la mandoline
Frau mit Mandoline
Mujer con mandolina
Mulher com bandolim
Vrouw met mandoline

Giovanni Battista Tiepolo
(1696–1770)

c. 1755-60, Oil on
canvas/Huile sur toile,
92,1 × 74,9 cm, The Detroit
Institute of Arts, Detroit

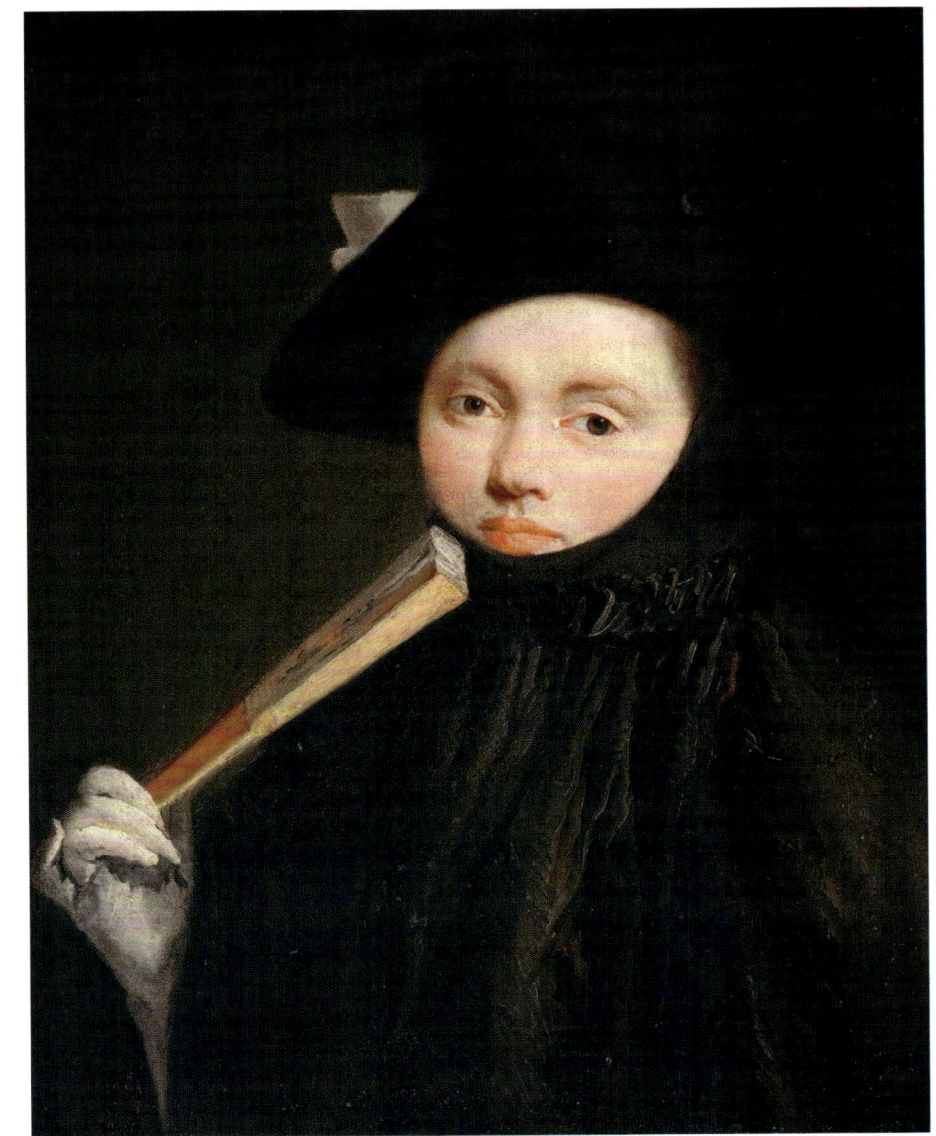

Young woman with Tricorn

Jeune femme au tricorne

Junge Frau mit Dreispitz

*Señorita en un
sombrero tricornio*

Jovem mulher com tricórnio

*Jonge vrouw met
driekantige hoed*

Giovanni Battista Tiepolo
(1696–1770)

1755-60, Oil on canvas/Huile sur
toile, 62,2 × 49,3 cm, National
Gallery of Art, Washington

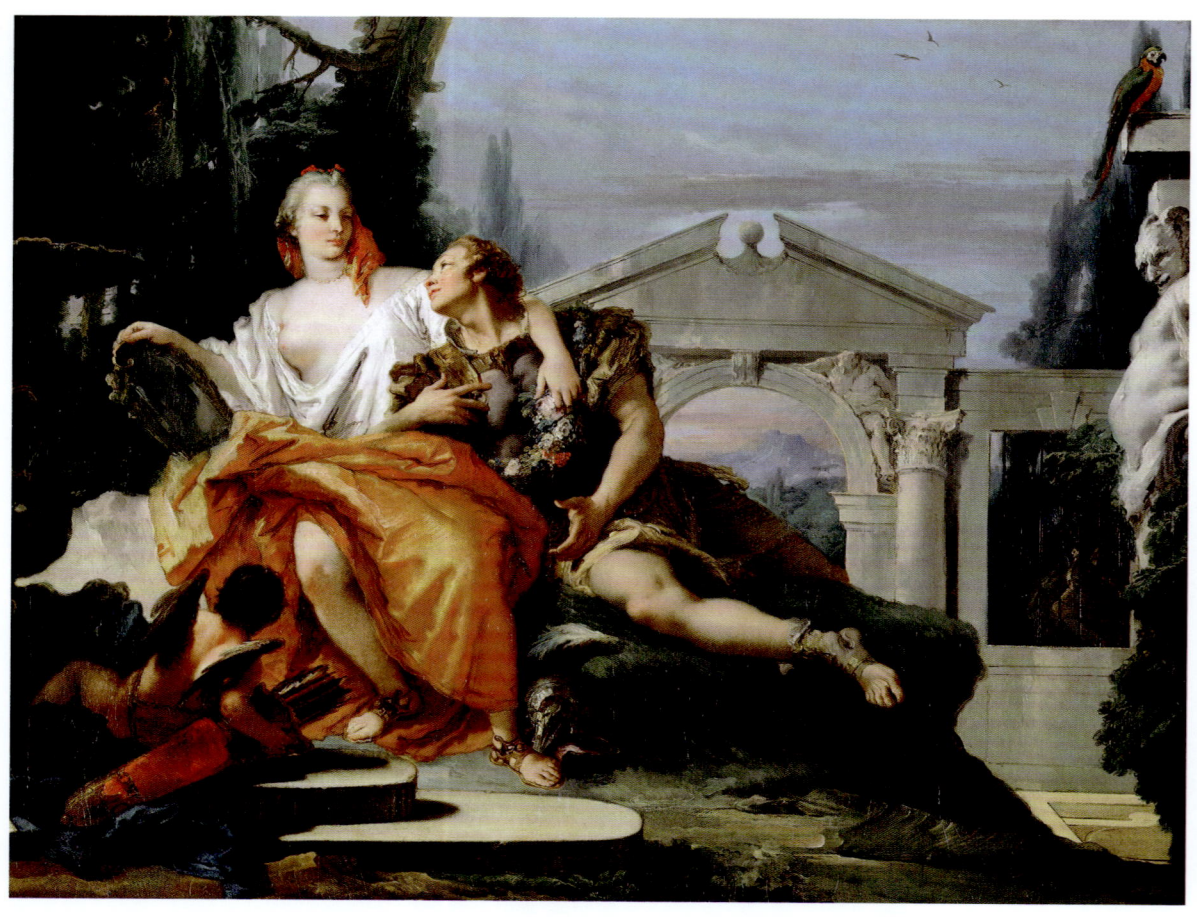

Rinaldo Under the Spell of Armidas
Renaud sous le charme d'Armide

Rinaldo im Zauberbann Armidas
Rinaldo bajo el hechizo mágico de Armidas

Rinaldo sob o feitiço mágico de Armidas
Rinaldo in de ban van Armida

Giovanni Battista Tiepolo (1696–1770)

c. 1752/53, Oil on canvas/Huile sur toile, 105 × 140 cm, Fürstbischöfliche Residenz, Würzburg

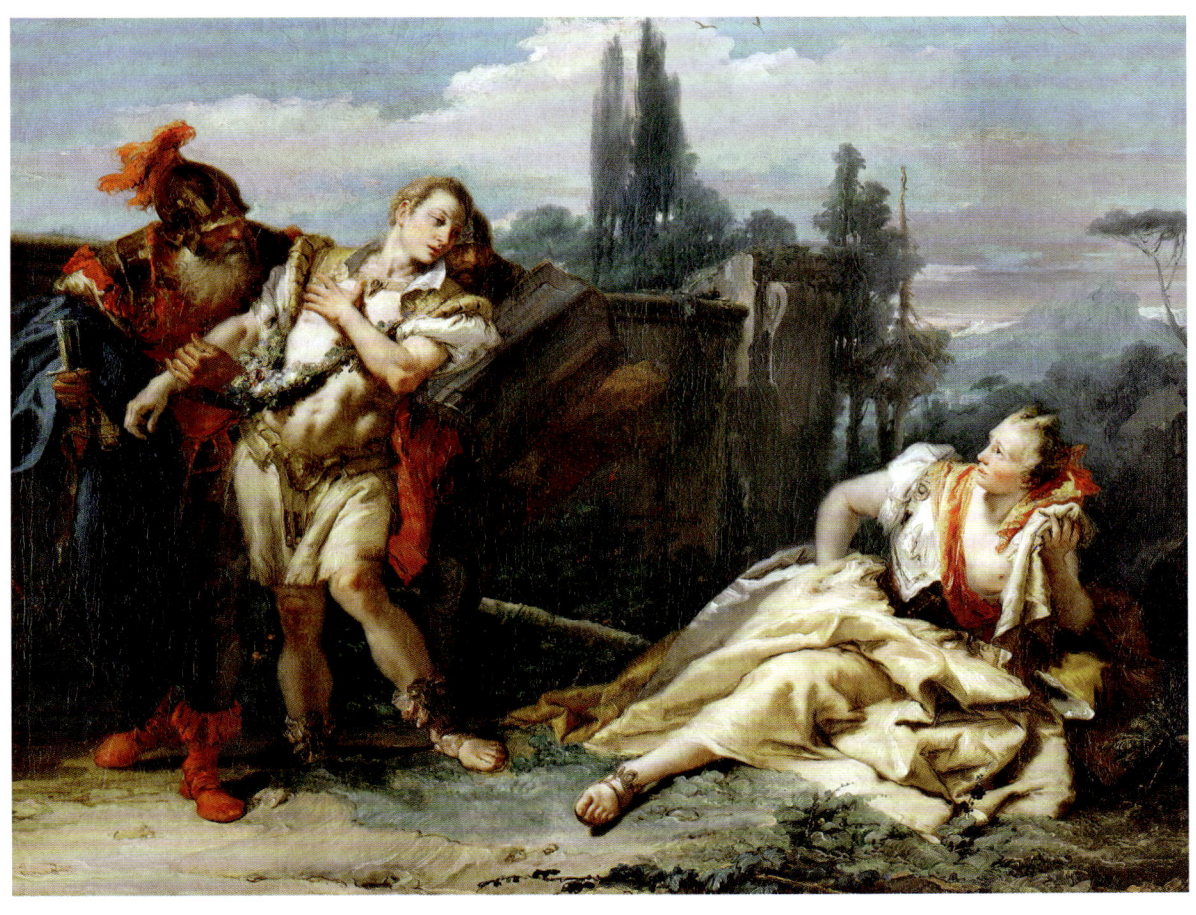

Rinaldo leaves Armida

Renaud abandonne Armide

Giovanni Battista Tiepolo (1696–1770)

c. 1752/53, Oil on canvas/Huile sur toile, 105 × 140 cm, Fürstbischöfliche Residenz, Würzburg

Rinaldo verlässt Armida

Rinaldo abandona a Armida

Rinaldo deixa Armida

Rinaldo verlaat Armida

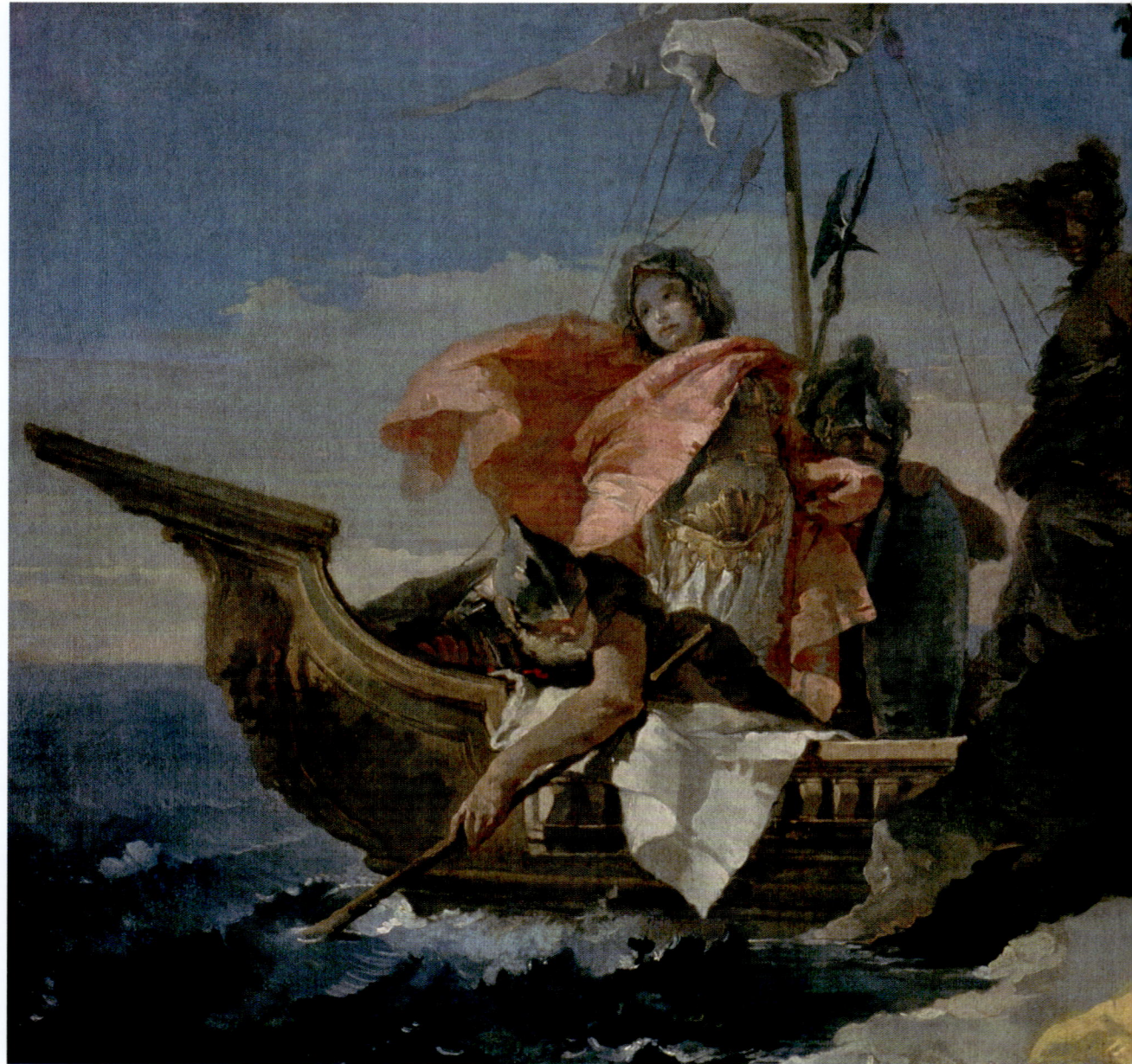

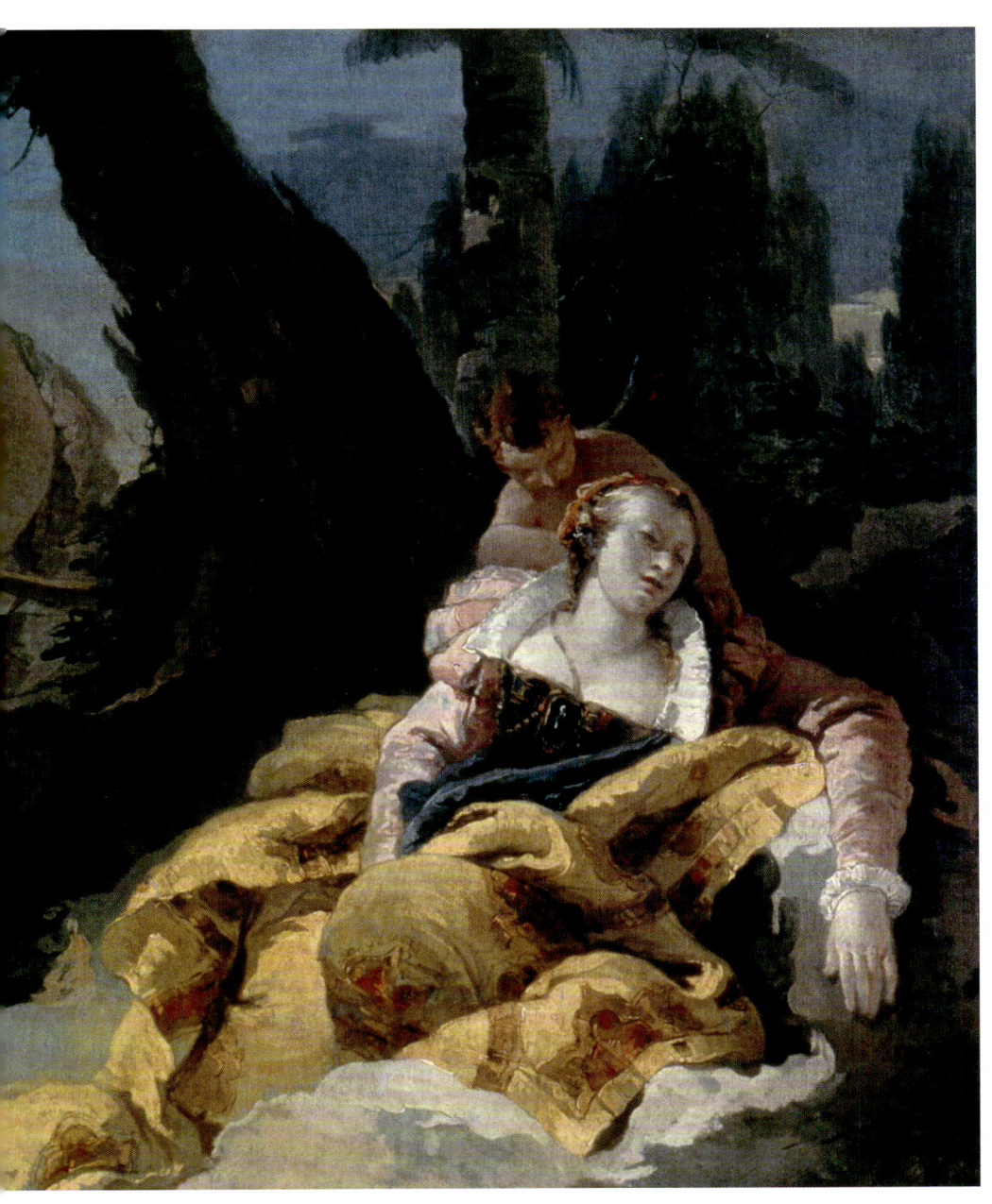

Rinaldo leaves Armida

Renaud abandonne Armide

Rinaldo verlässt Armida

Rinaldo abandona a Armida

Rinaldo deixa Armida

Rinaldo verlaat Armida

Giovanni Battista Tiepolo
(1696–1770)

c. 1750, Oil on canvas/
Huile sur toile,
69 × 132 cm, Gallerie degli
Uffizi, Firenze

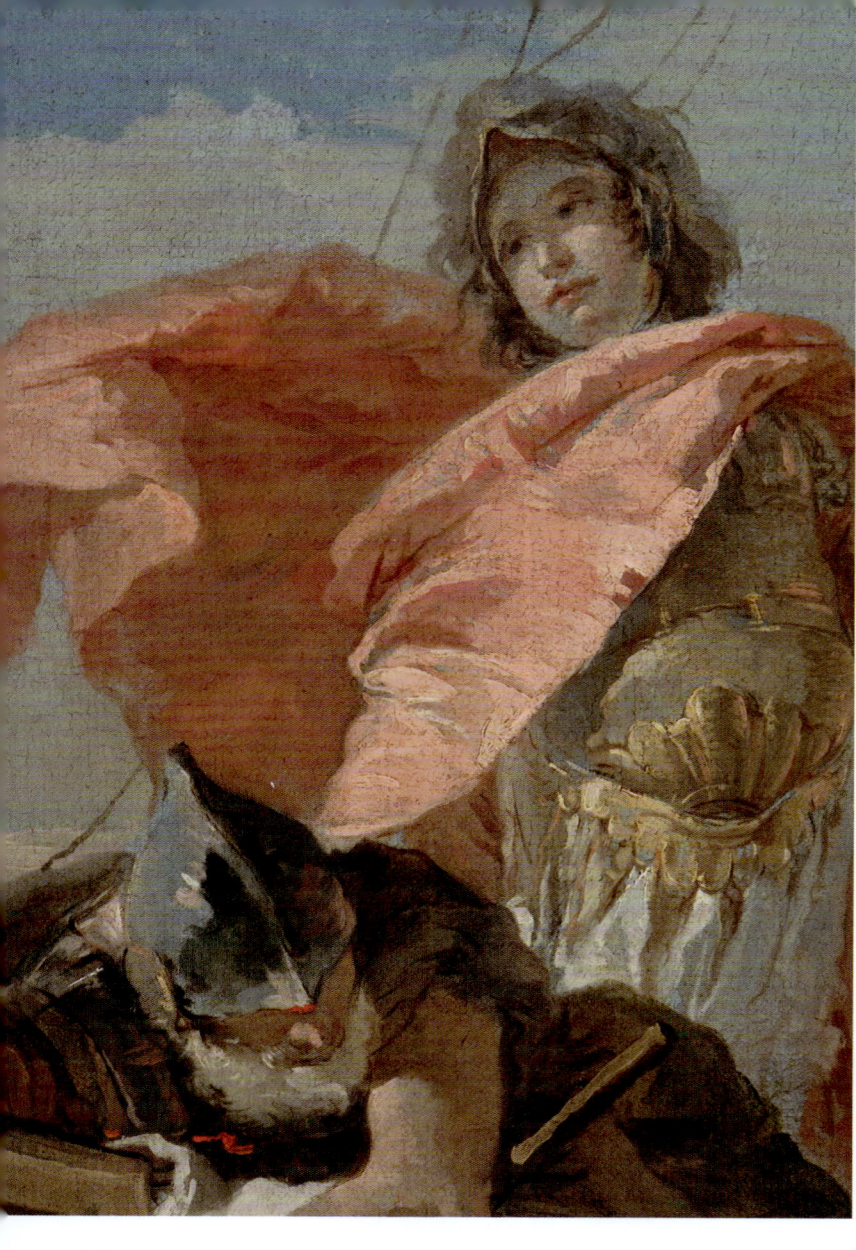

Rinaldo leaves Armida (detail: Rinaldo)
Renaud abandonne Armide (détail : Renaud)
Rinaldo verlässt Armida (Ausschnitt: Rinaldo)
Rinaldo abandona a Armida (detalle: Rinaldo)
Rinaldo deixa Armida (detalhe: Rinaldo)
Rinaldo verlaat Armida (uitsnede: Rinaldo)

Giovanni Battista Tiepolo (1696–1770)

c. 1750, Oil on canvas/Huile sur toile, 69 × 132 cm,
Gallerie degli Uffizi, Firenze

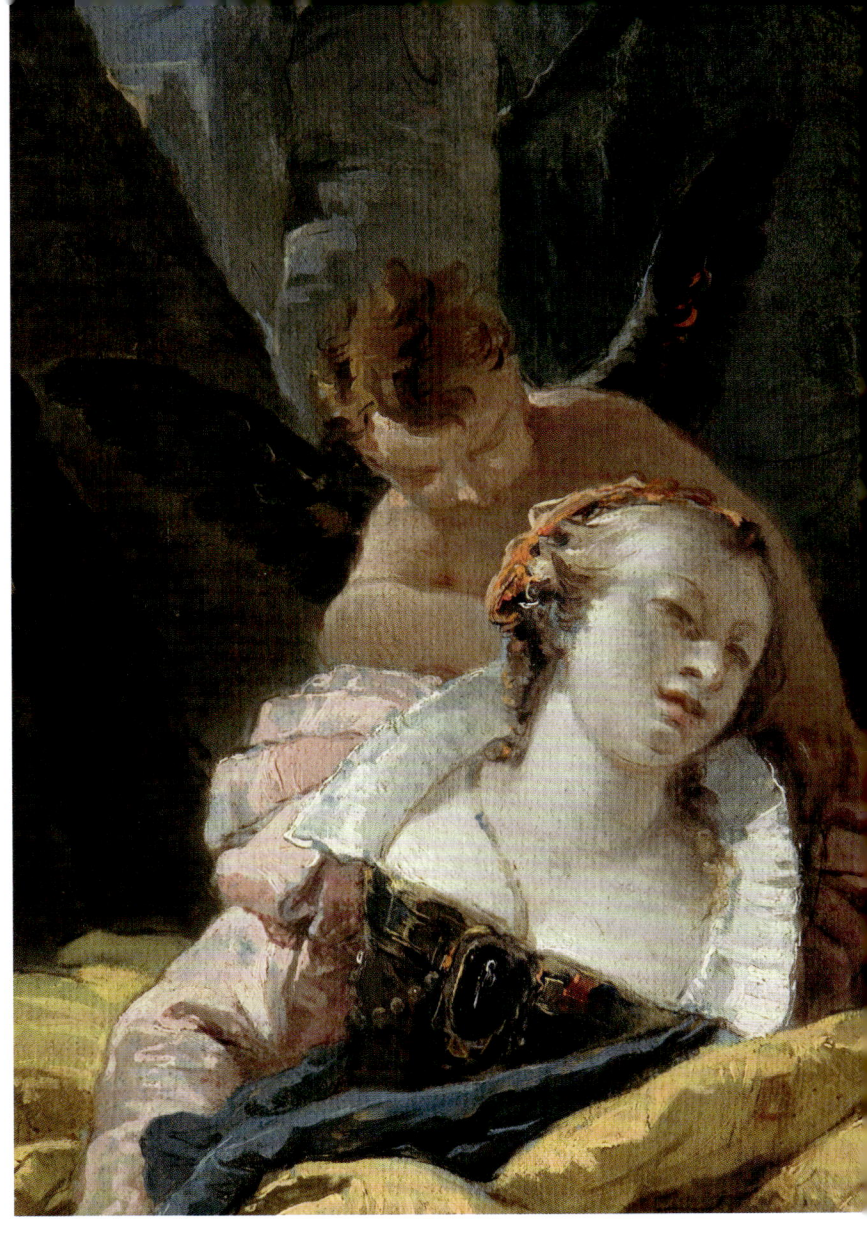

Rinaldo leaves Armida (excerpt: Armida)
Renaud abandonne Armide (détail : Armide)
Rinaldo verlässt Armida (Ausschnitt: Armida)
Rinaldo abandona a Armida (extracto: Armida)
Rinaldo deixa Armida (excerto: Armida)
Rinaldo verlaat Armida (uitsnede: Armida)
Giovanni Battista Tiepolo (1696–1770)

c. 1750, Oil on canvas/Huile sur toile, 69 × 132 cm,
Gallerie degli Uffizi, Firenze

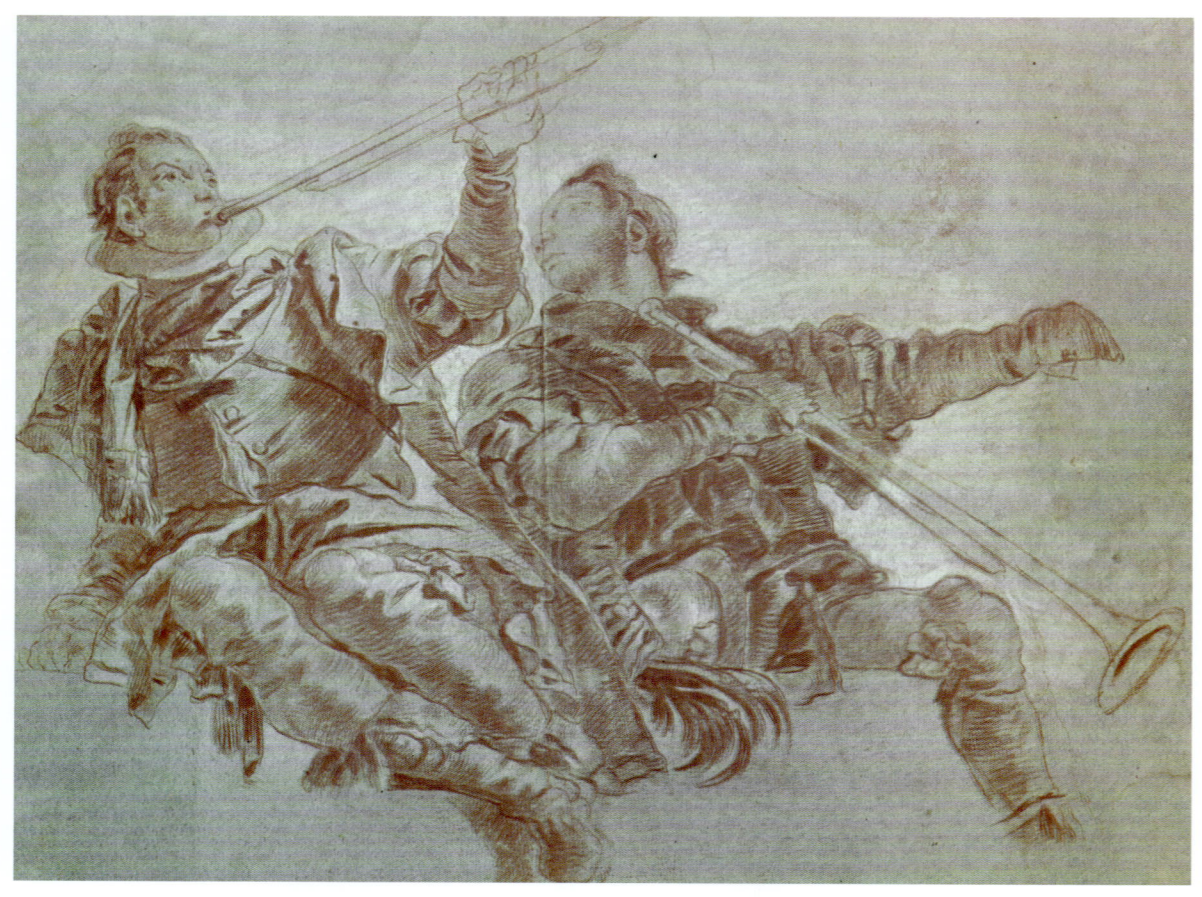

Two Trumpeters (Study for the Frescoes in the Emperor's Hall in the Prince-Bishop Residence, Würzburg)

Deux trompettistes (étude pour les fresques de la salle impériale de la Résidence de Würzburg)

Zwei Trompeter (Studie für die Fresken im Kaisersaal der Fürstbischöflichen Residenz, Würzburg)

Dos trompetistas (estudio de los frescos en la Kaisersaal de la residencia del Príncipe Obispo, Wurzburgo)

Dois trompetistas (estudo dos afrescos no Kaisersaal do Fürstbischöflichen Residenz, Würzburg)

Twee trompettisten (studie voor de fresco's in de ⌐erszaal van de prins-bisschoppelijke residentie in Würzburg)

Giovanni Battista Tiepolo (1696–1770)

c. 1750, Red chalk on Venetian paper/Sanguine et craie blanche sur papier bleu, 24,2 × 33,5 cm, Staatsgalerie Stuttgart

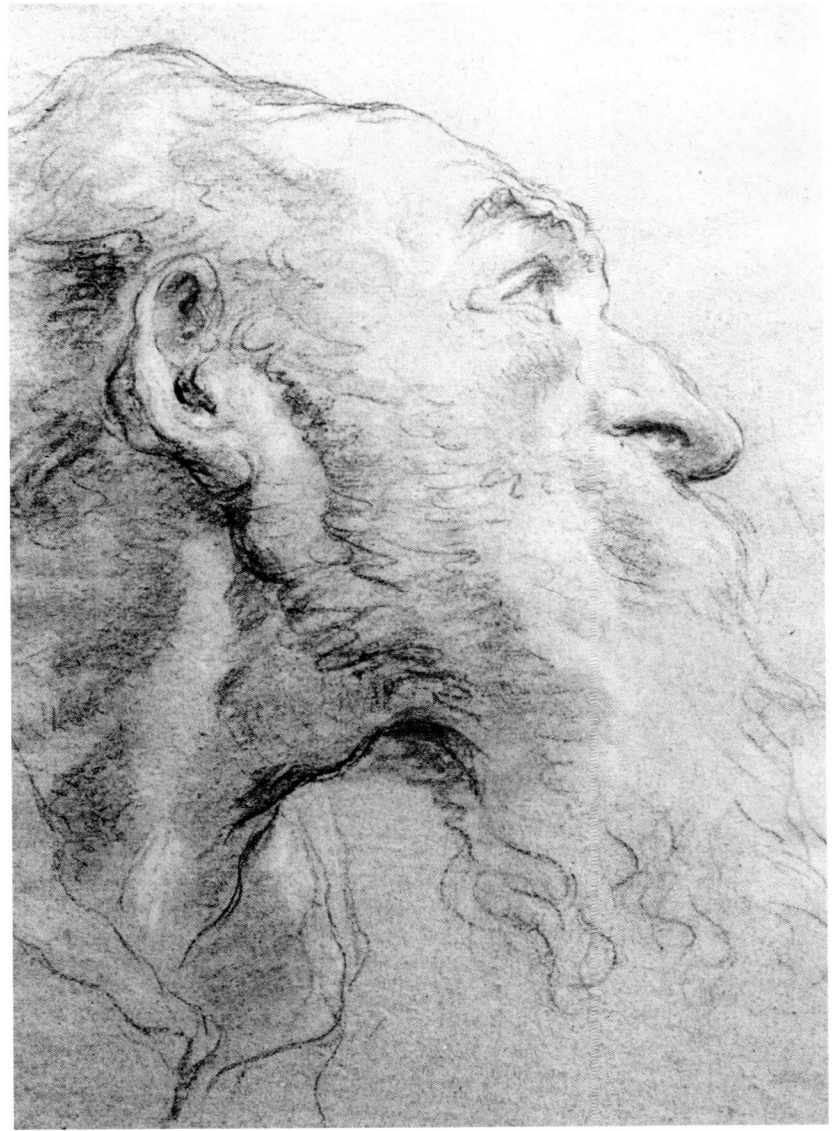

Study on the Kneeling King from the Adoration of the Magi for the Church at Münsterschwarzach

Étude du roi agenouillé de l'Adoration des Mages pour l'abbaye de Münsterschwarzach

Studie zum knieenden König aus der Anbetung der Könige für die Kirche zu Münsterschwarzach

Estudio sobre el Rey arrodillado en la Adoración de los Reyes Magos para la Iglesia de Münsterschwarzach

Estudo sobre o Rei Ajoelhado da Adoração dos Magos pela Igreja em Münsterschwarzach

Studie voor de knielende koning in de Aanbidding der koningen voor de Kerk in Münsterschwarzach

Giovanni Battista Tiepolo (1696–1770)

c. 1753, Red chalk, heightened with white on blue paper/Sanguine, rehaussée de blanc sur papier bleu, 32,5 × 24 cm, Staatliche Kunstsammlungen, Weimar

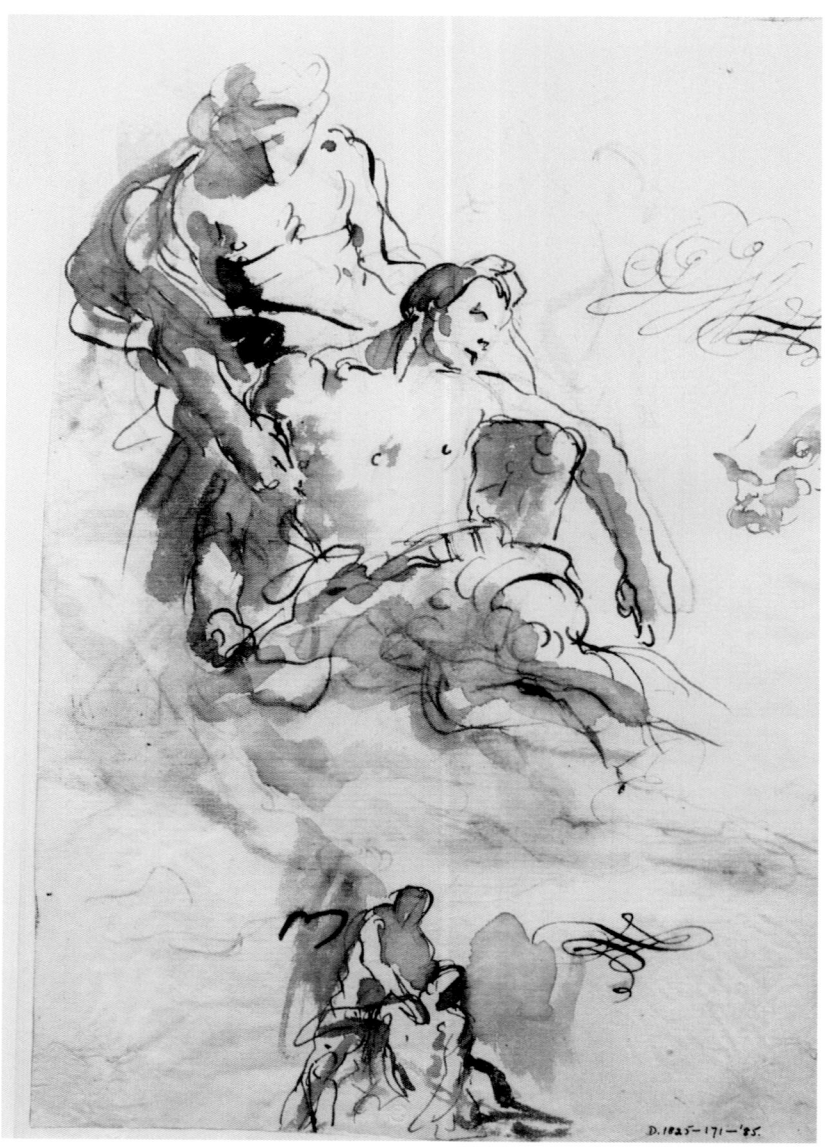

D. 1025-171-'85.

Sketches for Apollo and Hyacinth
Esquisse pour Apollon et Hyacinthe
Skizzen zu Apoll und Hyazinth
Bocetos de Apolo y Jacinto
Esboços para Apolo e Jacinto
Schetsen voor Apollo en Hyacinthus

Giovanni Battista Tiepolo (1696–1770)

c. 1752, Bister about red chalk drawing on rag paper/Crayon et bistre sur de la sanguine, 32,4 × 22,2 cm, Victoria and Albert Museum, London

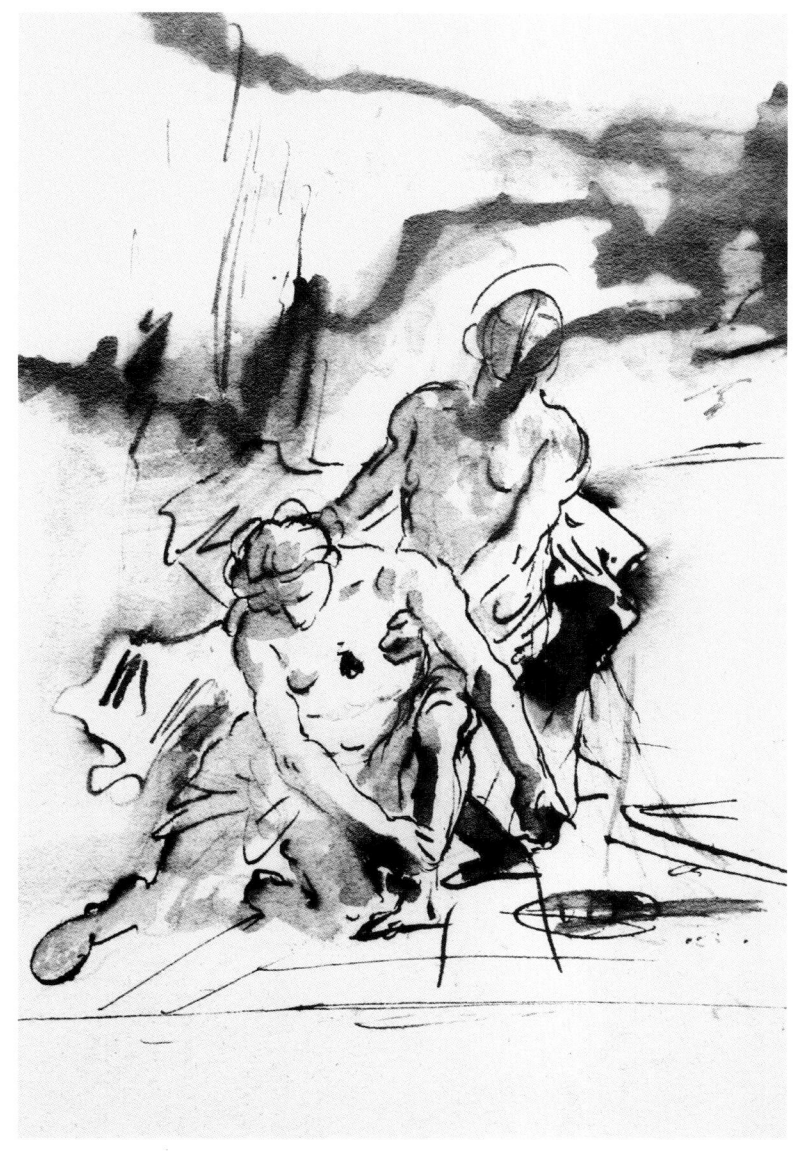

The Death of Hyacinth
La Mort de Hyacinthe
Der Tod des Hyazinth
La muerte de Jacinto
A Morte de Jacinto
De dood van Hyacinthus

Giovanni Battista Tiepolo (1696–1770)

c. 1752, Bister about red chalk drawing on rag paper/Bistre et sanguine sur papier chiffon, 36,9 × 29,2 cm, Martin von Wagner-Museum, Würzburg

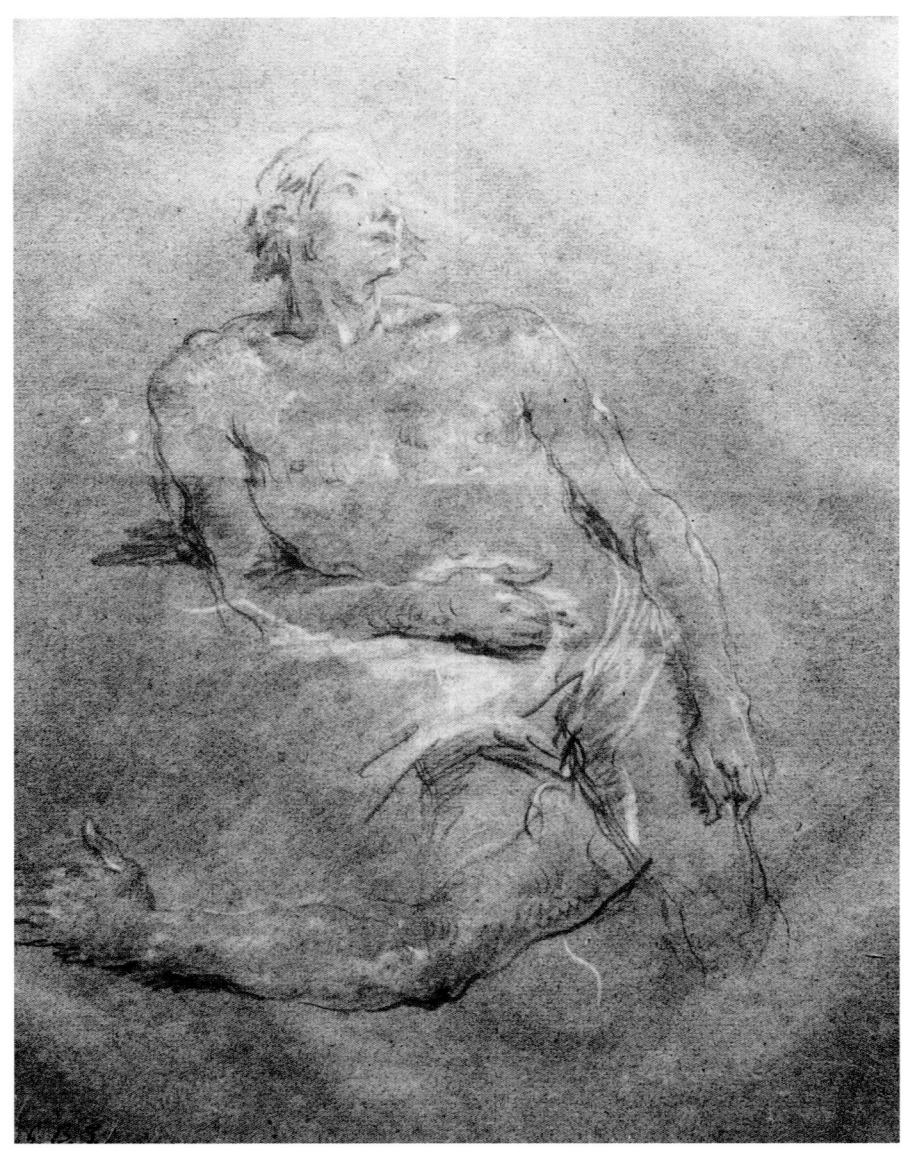

*Standing Male Nude
and Study of an Arm*

*Homme nu appuyé
sur son coude*

*Stehender männlicher Akt
und Studie eines Arms*

*Desnudo masculino de pie
y estudio de un brazo*

*Nudez masculina em pé
e estudo de um braço*

*Staand mannelijk naakt
en studie van een arm*

*Giovanni Battista Tiepolo
(1696–1770)*

*c. 1752, Red chalk, heightened
with white on blue paper/Sanguine
rehaussée de blanc sur papier
bleu, 36,8 × 28,8 cm, National
Gallery of Art, Washington*

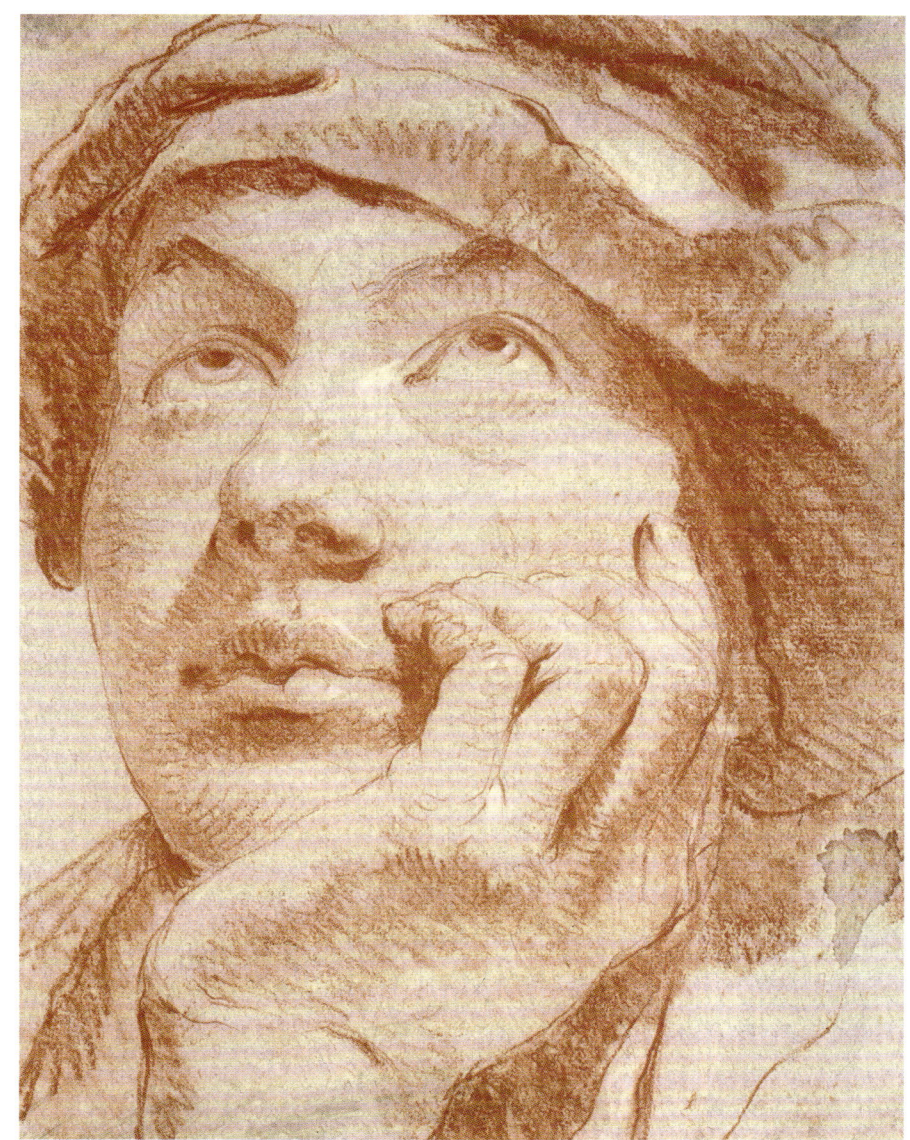

Portrait of a Young Man with Beret

Portrait d'un jeune homme au béret

Porträt eine jungen Mannes mit Barett

Retrato de un joven con boina

Retrato de um jovem com boina

Portret van een jongeman met baret

Giovanni Battista Tiepolo (1696–1770)

c. 1750, Red chalk and white chalk on blue paper/Sanguine et craie blanche sur papier bleu, 27,5 × 18,9 cm, Staatliche Kunstsammlungen, Weimar

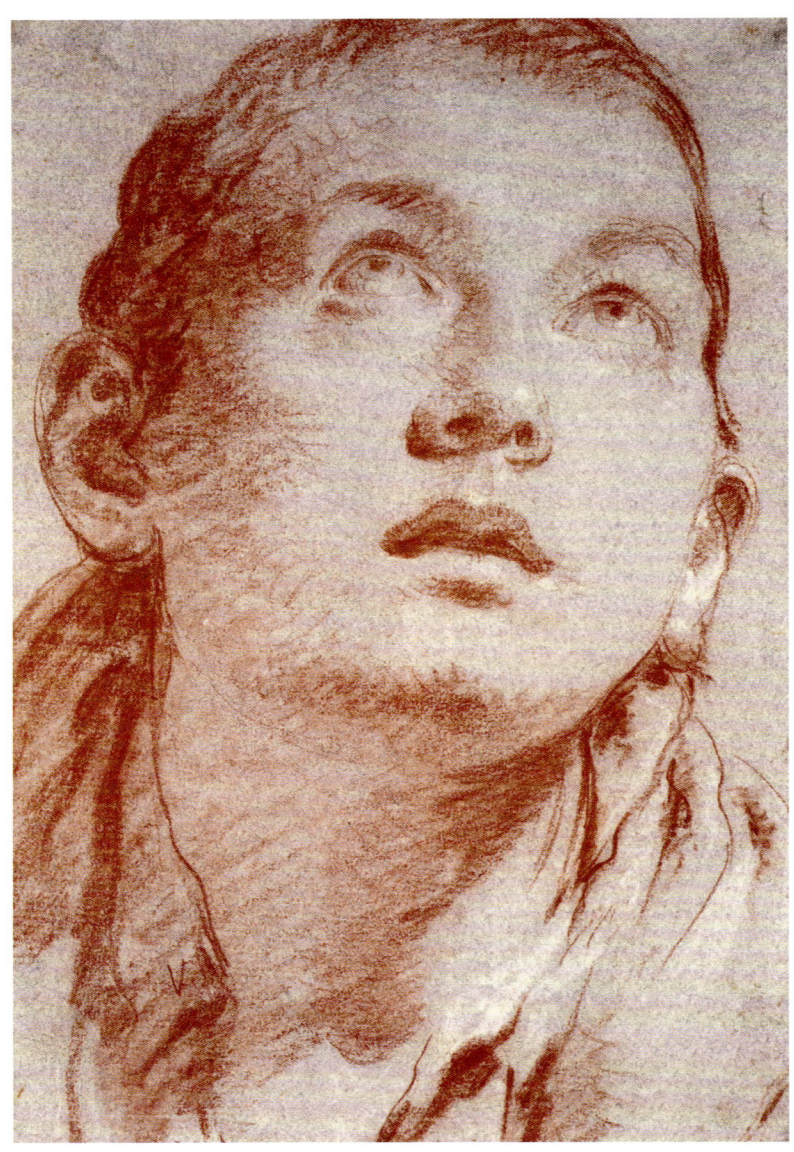

Head Study of a Young Man, Looking Up

Étude de la tête d'un jeune homme regardant vers le haut

Kopfstudie eines jungen Mannes, emporblickend

Estudio principal de un joven, mirando hacia arriba

O estudo principal de um jovem, olhando para cima

Hoofdstudie van een jongeman die omhoogkijkt

Giovanni Battista Tiepolo (1696–1770)

n.d., Red chalk and white chalk on blue paper/ Sanguine et craie blanche sur papier bleu, 27,2 × 18,2 cm, Staatliche Kunstsammlungen, Weimar

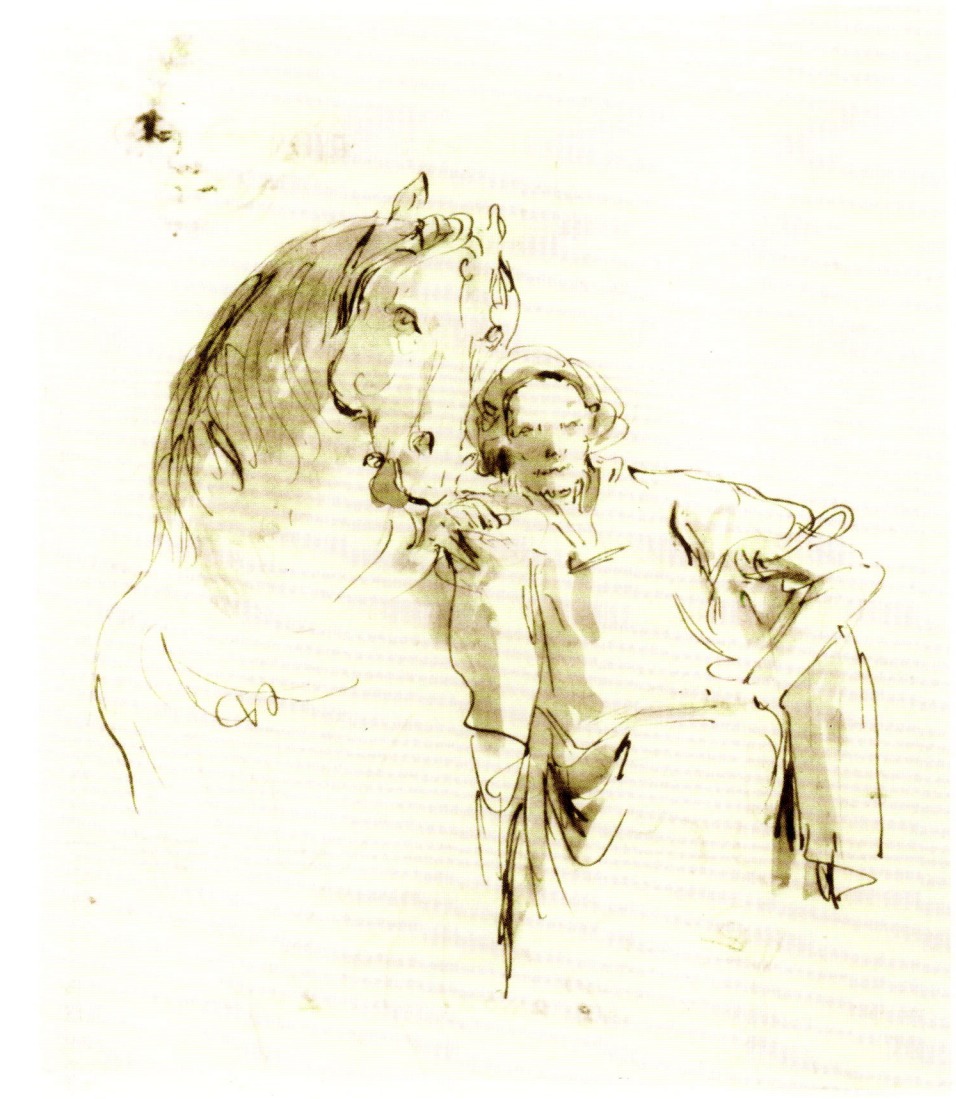

Man Leaning on a Horse

*Homme appuyé
contre un cheval*

Mann, an ein Pferd gelehnt

*Hombre apoyado
en un caballo*

Meu, encostado a um cavalo

*Man, leunend tegen
een paard*

Giovanni Battista Tiepolo
(1696–1770)

1757, Pen drawing, washed/
Plume et encre brune,
lavis brun, sur craie noire,
19,5 × 16,5 cm, Metropolitan
Museum of Art, New York

Late work in Spain 1762-1770

Tiepolo's late work can be found to a large extent in Spain. His frescoes for the throne room of the castle in Madrid stand out. *The Spanish apotheosis* there from 1764 is based on the same idea found in the staircase of the Würzburg Residenz, along with details from his fresco in Villa Pisani. Here, too, he was supported by his sons Giovanni Domenico and Lorenzo. At over 60 years of age he needed this help, especially considering the dimensionsof the ceiling frescoes.

Despite the great productivity and creativity that marked Tiepolo's work in these later years, a shadow had been

L'œuvre de la maturité en Espagne 1762-1770

L'œuvre de la maturité de Tiepolo est conservée en grande partie en Espagne. Ses fresques pour la salle du trône du palais de Madrid dominent l'ensemble. *L'Apothéose de l'Espagne* (1764) reprend le concept de la fresque pour l'escalier de la Résidence de Würzburg, tout comme certains détails rappellent ses décors pour la villa Pisani. Ses fils Giovanni Domenico et Lorenzo l'assistent ici aussi et l'on peut supposer que cette aide était bien nécessaire au peintre qui avait désormais largement dépassé la soixantaine, si l'on songe aux dimensions des surfaces concernées – en particulier des plafonds.

Spätwerk in Spanien 1762–1770

Das Alterswerk Tiepolos findet sich zu großen Teilen in Spanien. Unter seinen Arbeiten für das dortige Königshaus ragen seine Fresken für den Thronsaal des Schlosses in Madrid heraus. Die dortige *Apotheose Spaniens* 1764 basiert auf demselben Gedanken wie sie sich im Treppenhaus der Würzburger Residenz fand, aber auch Details aus seinem Fresko in der Villa Pisani verwendete er erneut. Auch hier wurde er von seinen Söhnen Giovanni Domenico und Lorenzo unterstützt, und es ist zu vermuten, dass er diese Hilfe als nun weit über 60-Jähriger auch benötigte, hält man

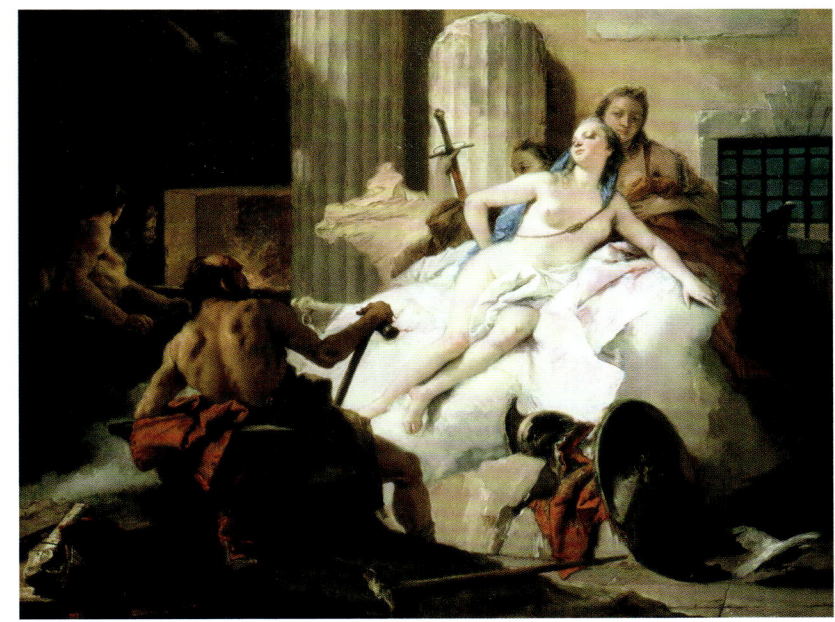

La obra tardía en España 1762-1770

La obra tardía de Tiepolo se encuentra en gran medida en España. Entre sus obras para la casa real, destacan sus frescos para el salón del trono del castillo de Madrid. *La apoteosis española* de 1764 se basa en la misma idea que la de la escalera de la Residencia deWurzburgo, pero también reutilizó detalles de su fresco de Villa Pisani. También en este caso contó con el apoyo de sus hijos Giovanni Domenico y Lorenzo, y se puede suponer que también necesitó esta ayuda cuando tenía más de 60 años, teniendo en cuenta las dimensiones, especialmente de los frescos del techo. A pesar de la gran productividad y

Trabalho tardio na Espanha 1762-1770

O trabalho tardio de Tiepolo pode ser encontrado em grande parte em Espanha. Entre as suas obras para a casa real, destacam-se os seus frescos para a sala do trono do castelo de Madrid. *A apoteose espanhola* lá de 1764 é baseada na mesma idéia como encontrada na escadaria da Residência Würzburg, mas ele também reutilizou detalhes de seu fresco em Villa Pisani. Também aqui foi apoiado pelos seus filhos Giovanni Domenico e Lorenzo, e pode-se supor que ele também precisou desta ajuda quando tinha mais de 60 anos, considerando as dimensões - especialmente dos afrescos do tecto.

Laat werk in Spanje 1762-1770

Tiepolo's late werk bevindt zich voor een groot deel in Spanje. Van zijn werken voor het koninklijk huis daar vallen zijn fresco's voor de troonzaal van het kasteel in Madrid op. *Apotheose van de Spaanse monarchie* uit 1764 is gebaseerd op dezelfde ideeën als de trap van de residentie in Würzburg, maar hij gebruikte ook details uit zijn fresco in de Villa Pisani. Ook hier werd hij ondersteund door zijn zonen Giovanni Domenico en Lorenzo, en gezien de afmetingen (vooral van de plafondschilderingen) is het aannemelijk dat hij deze hulp als ruim 60-jarige ook hard nodig had.

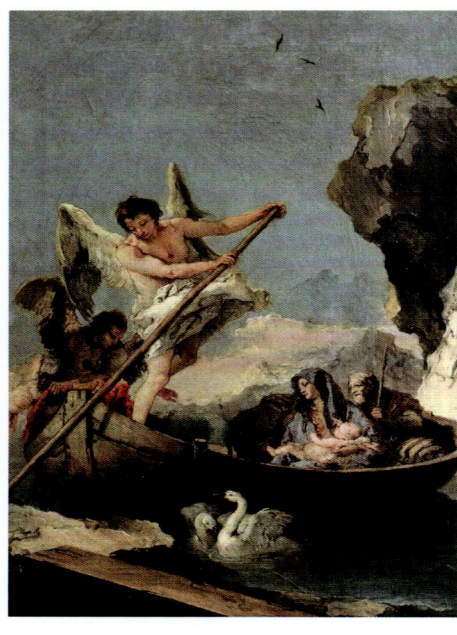

Escape to Egypt by Boat

La Fuite en Égypte

Die Flucht nach Ägypten im Boot

Huída a Egipto en barco

Escape para o Egito de barco

De vlucht naar Egypte op een boot

Giovanni Battista Tiepolo (1696–1770)

*c. 1762-70, Oil on canvas/Huile sur toile, 57 × 44 cm,
Museu Nacional de Arte Antiga, Lisboa*

cast over his time in Madrid. Anton Raphael Mengs, a 30-year younger German painter who had made friends with Johann Winckelmann in Italy, popularized his ideas about imitating Roman antiquity in Madrid, where he worked at court at the same time as Tiepolo. He probably contributed at least indirectly to the fact that Tiepolo's work increasingly fell out of favour. Thus, several altarpieces Tiepolo created for the newly founded Franciscan Convento de San Pascual in Aranjuez were suspended after his death and replaced by works by Meng. These included not only a depiction of the *Immaculate Conception*, but also the image of *Abraham and the three angels*,

En dépit de sa productivité et de sa créativité aussi considérables qu'intactes, même dans les dernières années, Tiepolo n'a pas eu la vie facile à Madrid. L'Allemand Anton Raphael Mengs, de trente ans son cadet et peintre à la Cour en même temps que lui, convertit les Madrilènes à l'imitation de l'Antiquité romaine, d'après les théories de son grand ami Johann Winckelmann, qu'il a connu en Italie. Mengs a été l'agent de la disgrâce de l'Italien, du moins indirectement, semble-t-il. Plusieurs retables peints par Tiepolo pour le couvent tout récent de San Pascual à Aranjuez, par exemple, ont été décrochés après sa mort et remplacés par des tableaux de Mengs.

sich die Dimensionen – insbesondere der Deckenfresken – vor Augen.
Trotz der noch immer erkennbaren großen Produktivität und Kreativität, von der Tiepolos Schaffen auch in diesen letzten Jahren geprägt war, lag ein Schatten über seiner Zeit in Madrid. Anton Raphael Mengs, ein 30 Jahre jüngerer deutscher Maler, der in Italien Freundschaft mit Johann Winckelmann geschlossen hatte, machte dessen Ideen zur Nachahmung der römischen Antike auch in Madrid populär, wo er zur selben Zeit am Hof wirkte wie Tiepolo. Und so trug dieser wohl zumindest indirekt dazu bei, dass dessen Werk zunehmend in Ungnade fiel. So wurden auch mehrere Altarbilder, die Tiepolo für das kurz

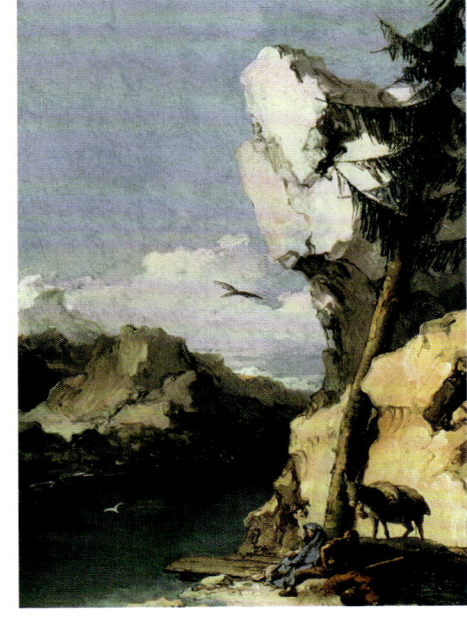

creatividad que ha marcado la obra de Tiepolo en los últimos años, todavía se podía ver una sombra sobre su estancia en Madrid. Anton Raphael Mengs, un pintor alemán 30 años más joven que se había hecho amigo de Johann Winckelmann en Italia, hizo popular su idea de imitar la antigüedad romana en Madrid, donde trabajó en la corte al mismo tiempo que Tiepolo. Así que probablemente contribuyó, al menos indirectamente, al hecho de que su trabajo fuera cada vez másde capa caída. Así, varios retablos que Tiepolo creó para el recién fundado convento franciscano de San Pascual en Aranjuez fueron suspendidos tras su muerte y sustituidos por obras de Meng. Entre ellas, no sólo

Apesar da grande produtividade e criatividade que caracterizou o trabalho de Tiepolo nos últimos anos, uma sombra sobre seu tempo em Madri ainda era visível. Anton Raphael Mengs, um pintor alemão 30 anos mais novo que tinha feito amizade com Johann Winckelmann na Itália, fez suas idéias sobre imitar a antiguidade romana popular em Madri, onde trabalhou na corte ao mesmo tempo que Tiepolo. E assim ele provavelmente contribuiu, pelo menos indiretamente, para o facto de o seu trabalho ter caído cada vez mais em desuso. Assim, vários retábulos de Tiepolo criados para o recém-fundado Convento Franciscano de San Pascual em Aranjuez foram suspensos após a sua

Ondanks de nog altijd grote productiviteit en creativiteit die Tiepolo's werk ook in deze laatste fase kenmerkte, lag er nog altijd een schaduw van zijn tijd in Madrid overheen. Anton Raphael Mengs, een dertig jaar jongere Duitse schilder die in Italië vriendschap had gesloten met Johann Winckelmann, maakte diens ideeën over het nabootsen van de Romeinse oudheid populair in Madrid, waar hij in dezelfde tijd als Tiepolo aan het hof werkte. En zo droeg hij waarschijnlijk indirect bij aan het feit dat diens werk steeds meer uit de gratie raakte. Zo werden diverse altaarstukken die Tiepolo voor het kort daarvoor opgerichte franciscaner Convento de San Pascual in Aranjuez maakte, na

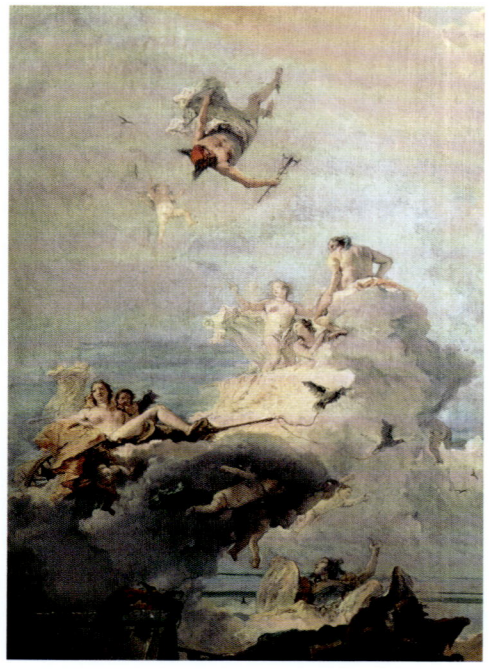

which is of particular interest as it deals with a subject to which he had already devoted himself in his earliest days in the Archbishop's Palace of Udine. This work vividly demonstrates that Giovanni Battista Tiepolo underwent tremendous changes and artistic transformations in the course of his long life.

Sont concernés *L'Immaculée Conception*, mais aussi *Abraham et les anges*, qui présente un intérêt particulier en raison de son thème, déjà utilisé par le peintre dans sa jeunesse, au palais archiépiscopal d'Udine. Cette œuvre permet de se faire une idée des progrès fabuleux et de l'évolution de l'art de Giovanni Battista Tiepolo au cours de sa longue vie.

zuvor neugegründete franziskanische Convento de San Pascual in Aranjuez schuf, nach dessen Tod abgehängt und durch Werke Mengs ersetzt. Zu diesen gehörte nicht nur eine Darstellung der *Unbefleckten Empfängnis*, sondern auch das Bild *Abraham und die drei Engel*, das von besonderem Interesse ist, behandelt es doch ein Thema, dem er sich bereits in seiner frühesten Zeit im Erzbischöflichen Palast von Udine gewidmet hat. Und so lässt sich an diesem Werk besonders gut erkennen, welch ungeheure Veränderungen und künstlerischen Wandlungen Giovanni Battista Tiepolo im Laufe seines langen Lebens durchlaufen hat.

*Study of a Mural with the
Personification of a Piece of Advice*

*Étude pour plafond avec la
personnification du Conseil*

*Studie eines Wandbildes mit der
Personifizierung eines Ratschlags*

*Estudio de un mural con la
personificación de un consejo*

*Estudo de um mural com
personificação de um conselho*

*Studie voor een muurschildering
met de personificatie van Advies*

Giovanni Battista Tiepolo (1696–1770)

c. 1762, Oil on canvas/Huile sur toile,
27 × 49 cm, National Gallery of Art,
Washington

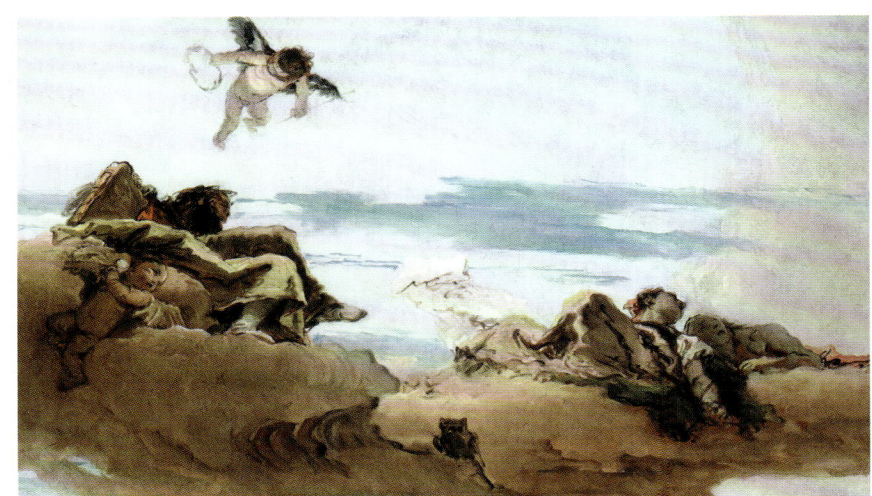

una representación de la *Inmaculada Concepción*, sino también la imagen de *Abraham y de los tres ángeles*, que es de especial interés por tratarse de un tema al que ya se había dedicado en sus primeros días en el Palacio Arzobispal de Udine. Así pues, de esta obra se desprende que Giovanni Battista Tiepolo ha experimentado grandes cambios y transformaciones artísticas a lo largo de su larga vida.

morte e substituídos por obras de Meng. Estas incluíam não só uma descrição da *Imaculada Conceição*, mas também a imagem de *Abraão e dos três anjos*, que é de particular interesse porque trata de um assunto ao qual ele já se tinha dedicado nos seus primeiros dias no Palácio do Arcebispo de Udine. E assim é particularmente evidente a partir deste trabalho que Giovanni Battista Tiepolo passou por mudanças tremendas e transformações artísticas ao longo de sua longa vida.

zijn dood van de muren gehaald en vervangen door werken van Mengs. Tot de verwijderde werken behoorde niet alleen een *Onbevlekte ontvangenis*, maar ook het schilderij van *Abraham en de drie engelen*, dat van bijzonder belang is omdat het een onderwerp betreft waarmee hij zich al in zijn vroegste dagen aan het aartsbisschoppelijk paleis van Udine had beziggehouden. En zo blijkt vooral uit dit werk dat Giovanni Battista Tiepolo in de loop van zijn lange leven enorme veranderingen en artistieke transformaties heeft ondergaan.

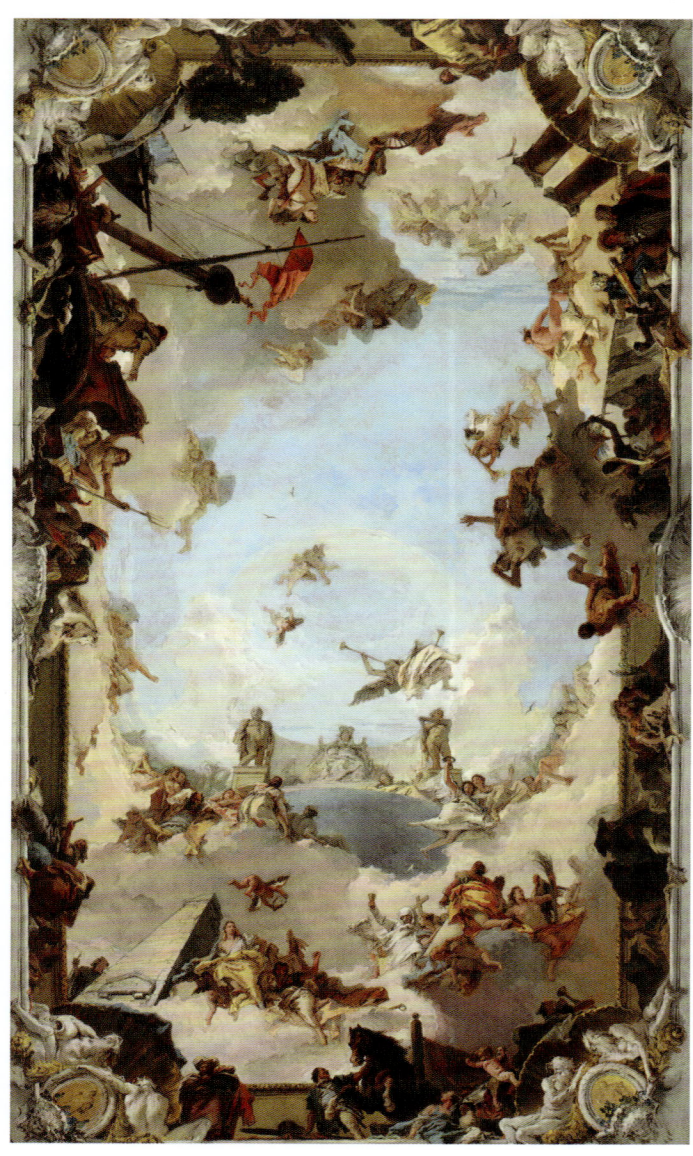

The Glorification of Spain

Richesses et bienfaits de la monarchie espagnole sous Charles III

Die Verherrlichung Spaniens

La glorificación de España

A glorificação da Espanha

De verheerlijking van Spanje

Giovanni Battista Tiepolo (1696–1770)

1762, Oil on canvas/Huile sur toile, 181 × 104,3 cm, National Gallery of Art, Washington

The Glorification of Spain

An oil sketch for the large-format ceiling fresco in the throne room of the Royal Palace in Madrid. The allegorical figure of Spain, flanked by giant statues, occupies the centre. There are also many figures that symbolize the Spanish provinces and the continents where Spanish colonies existed. Christopher Columbus is standing on his ship in the upper left corner.

La glorificación de España

Un boceto al óleo para el fresco de gran formato del techo del salón del trono del Palacio Real de Madrid. En el centro se encuentra la figura alegórica de España, flanqueada por estatuas gigantescas. También hay muchas figuras que simbolizan las provincias españolas y los continentes donde existían colonias españolas. Cristóbal Colón está parado en su barco en la esquina superior izquierda.

Richesses et bienfaits de la monarchie espagnole sous Charles III

Cette esquisse préparatoire annonce la fresque ornant le plafond de la salle du trône du palais royal à Madrid. L'allégorie de l'Espagne, qui se tient au centre, est flanquée de statues colossales. Les nombreuses figures symbolisent les provinces espagnoles, de même que les continents où les Espagnols avaient alors des colonies. En haut à gauche, on remarque Christophe Colomb sur sa caravelle.

A glorificação da Espanha

Um esboço a óleo para o afresco do tecto em grande formato na sala do trono do Palácio Real em Madrid. A figura alegórica de Espanha, ladeada por estátuas gigantescas, está no centro. Há também muitas figuras que simbolizam as províncias espanholas e os continentes onde existiam as colônias espanholas. Cristóvão Colombo está na sua nave no canto superior esquerdo.

Die Verherrlichung Spaniens

Eine Ölskizze für das großformatige Deckenfresko im Thronsaal des Königspalastes in Madrid. Im Mittelpunkt steht die allegorische Figur Spaniens, flankiert von riesenhaften Statuen. Auch zu sehen sind viele Figuren, die die spanischen Provinzen symbolisieren sollen, sowie die Kontinente, auf denen spanische Kolonien existierten. Oben links steht Christoph Kolumbus auf seinem Schiff.

De verheerlijking van Spanje

Dit is een olieverfschets voor de grote plafondschildering in de troonzaal van het koninklijk paleis in Madrid. In het midden staat de allegorische figuur van Spanje, geflankeerd door gigantische beelden. Er zijn ook veel figuren die de Spaanse provincies symboliseren, evenals de continenten waar Spaanse koloniën waren. Linksboven staat Christoffel Columbus staat op zijn schip.

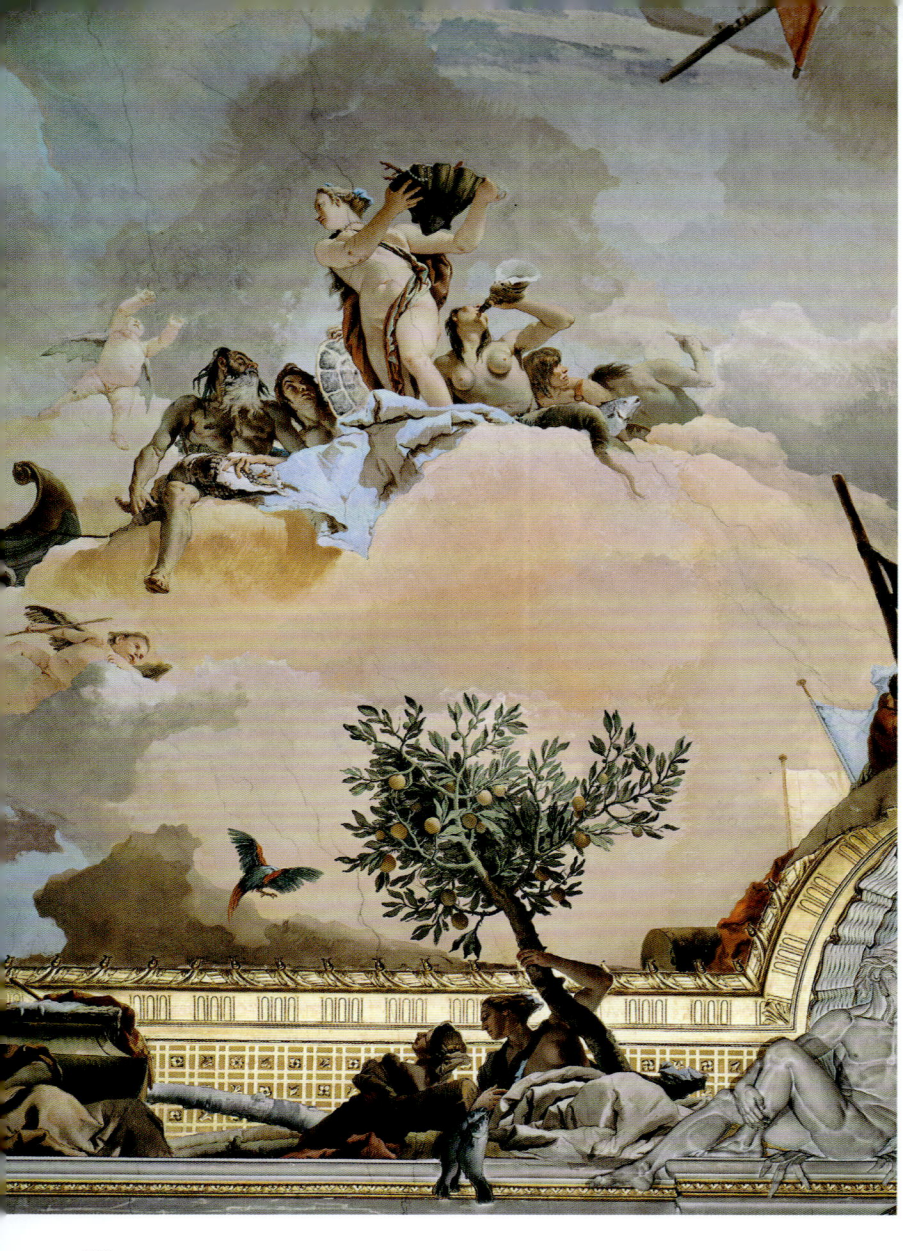

The Glorification of Spain (excerpt: Thetis and Oceanus on a Cloud)

L'Apothéose de l'Espagne (détail : Théthys et Océanos sur un nuage)

Die Verherrlichung Spaniens (Ausschnitt: Thetis und Okeanos auf einer Wolke)

La glorificación de España (extracto: Thetis y Okeanos en una nube)

A glorificação da Espanha (trecho: Thetis e Okeanos sobre uma nuvem)

De verheerlijking van Spanje (uitsnede: Thetis en Oceanus op een wolk)

Giovanni Battista Tiepolo (1696–1770)

1762-66, Fresco/Fresque, 2700 × 1000 cm, Palacio Real, Madrid

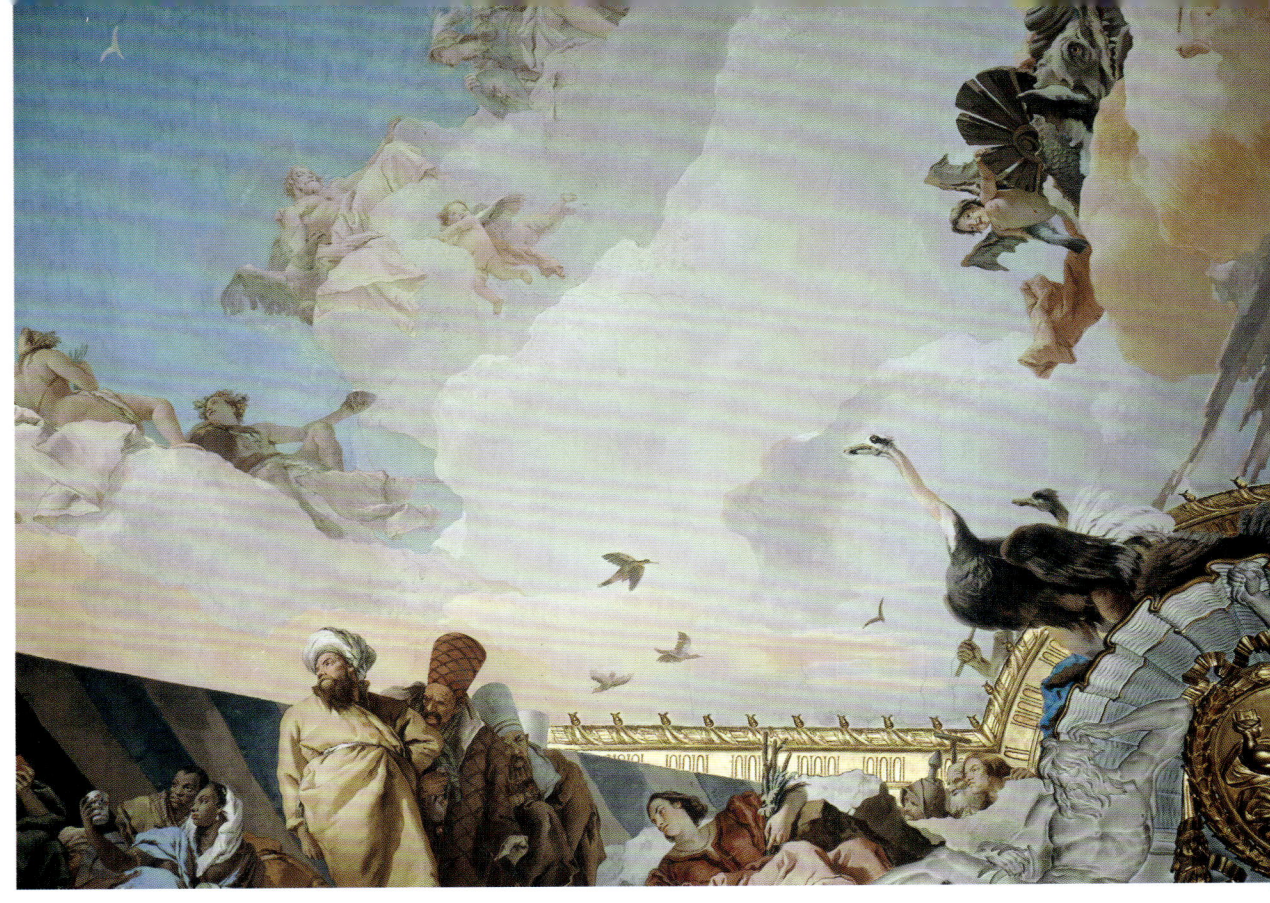

The Glorification of Spain (excerpt: The Continent of Africa, above Jupiter with the Eagle, Minerva and Bacchus)

L'Apothéose de l'Espagne (détail : Le continent africain et, au-dessus, Jupiter avec l'aigle, Minerve et Bacchus)

Die Verherrlichung Spaniens (Ausschnitt: Der Erdteil Afrika, darüber Jupiter mit dem Adler, Minerva und Bacchus)

La glorificación de España (extracto: el continente africano, sobre Júpiter con el águila, Minerva y Baco)

A glorificação da Espanha (excerto: O continente África, acima de Júpiter com a águia, Minerva e Baco)

De verheerlijking van Spanje (uitsnede: Het continent Afrika, daarboven Jupiter met de adelaar, Minerva en Bacchus)

Giovanni Battista Tiepolo (1696–1770)

1762-66, Fresco/Fresque, 2700 × 1000 cm, Palacio Real, Madrid

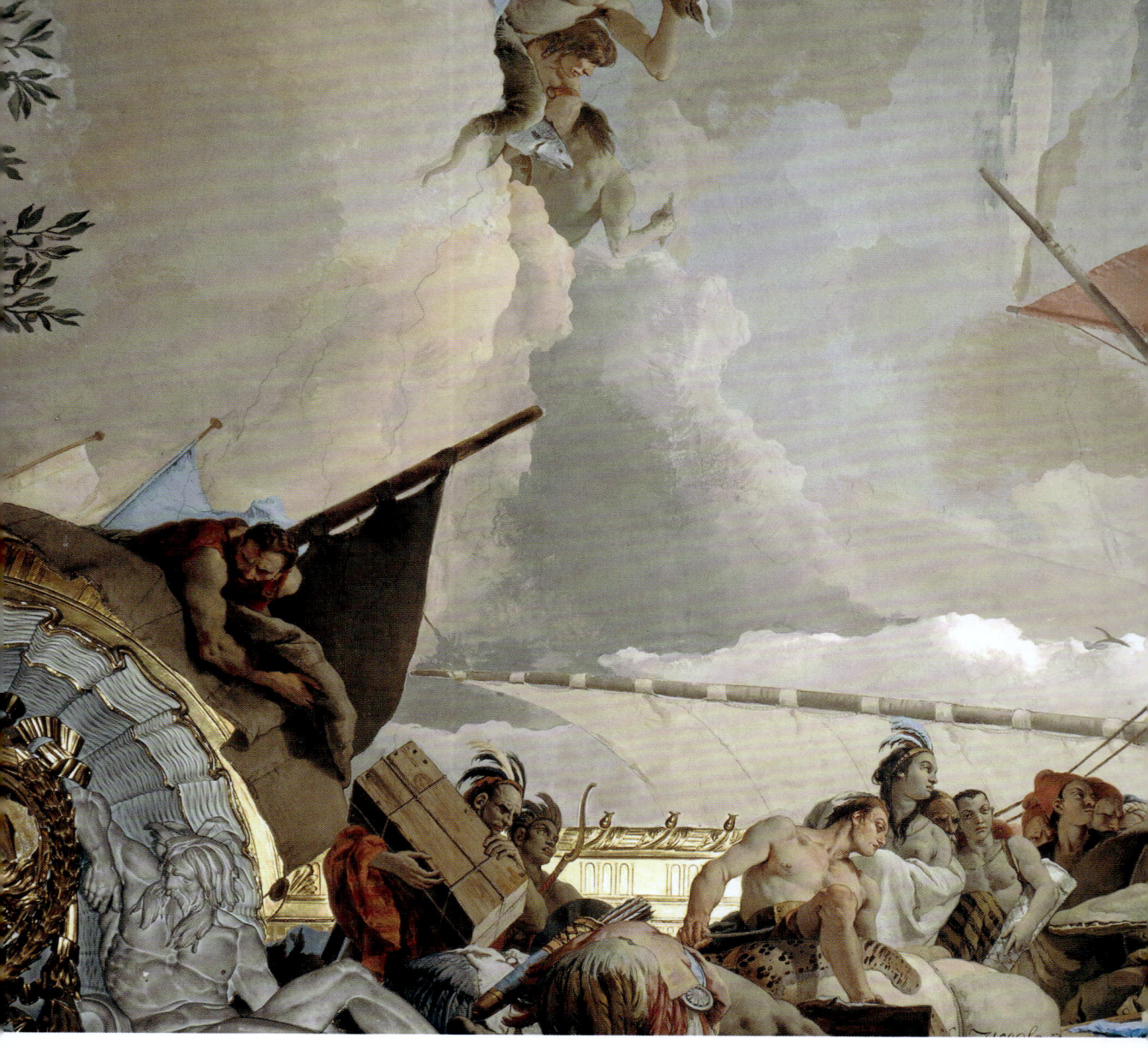

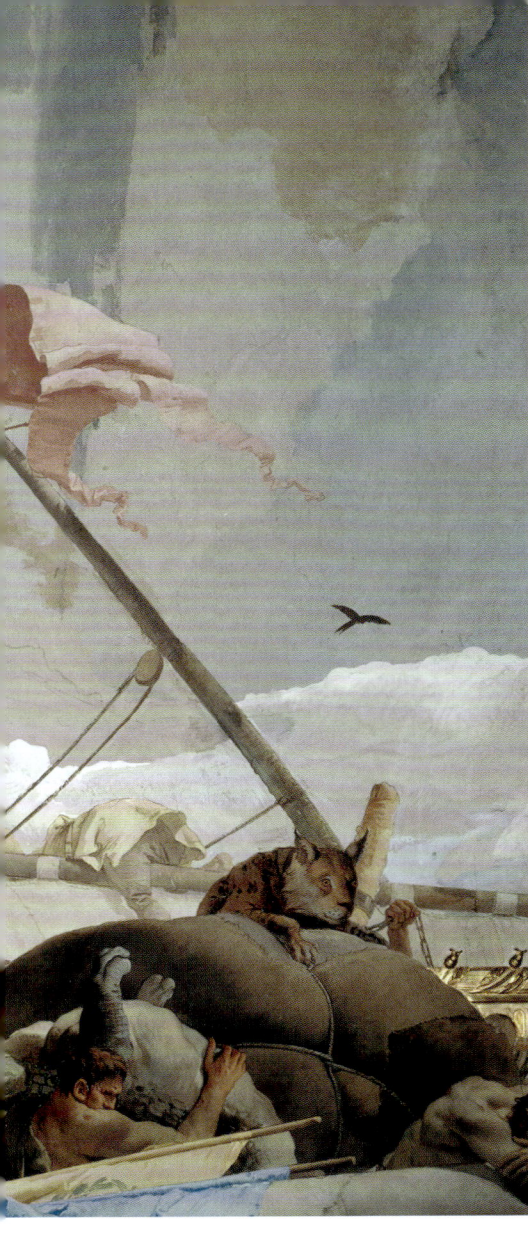

The Glorification of Spain (excerpt: Loading a Ship with the Treasures of America)

L'Apothéose de l'Espagne (détail : Chargement des trésors de l'Amérique sur un navire)

*Die Verherrlichung Spaniens (Ausschnitt: Beladen eines
Schiffes mit den Schätzen Amerikas)*

La glorificación de España (extracto: cargando un barco con los tesoros de América)

A glorificação da Espanha (excerto: Carregar um navio com os tesouros da América)

*De verheerlijking van Spanje (uitsnede: Belading van
een schip met de schatten van Amerika)*

Giovanni Battista Tiepolo (1696–1770)

1762-66, Fresco/Fresque, 2700 × 1000 cm, Palacio Real, Madrid

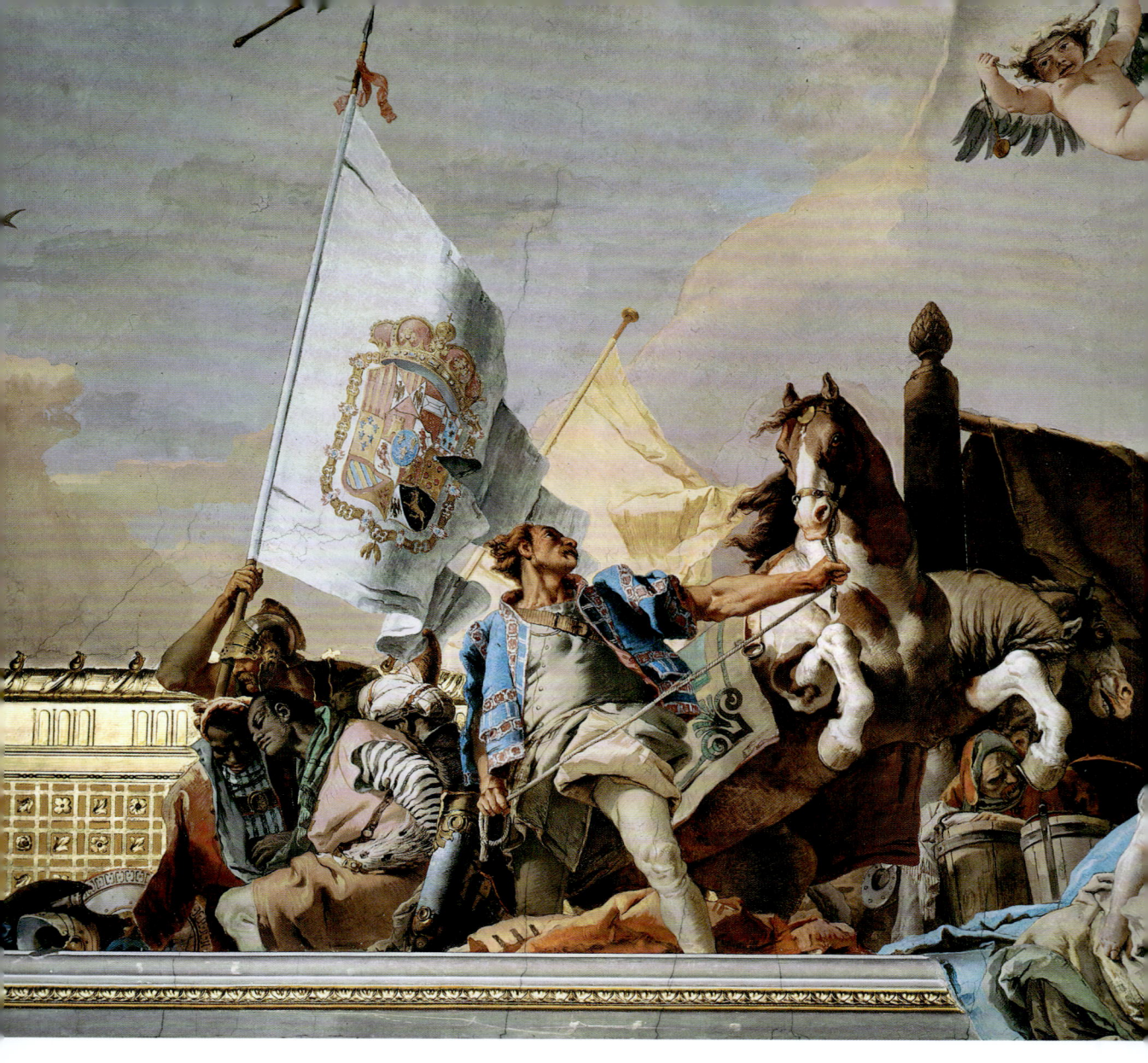

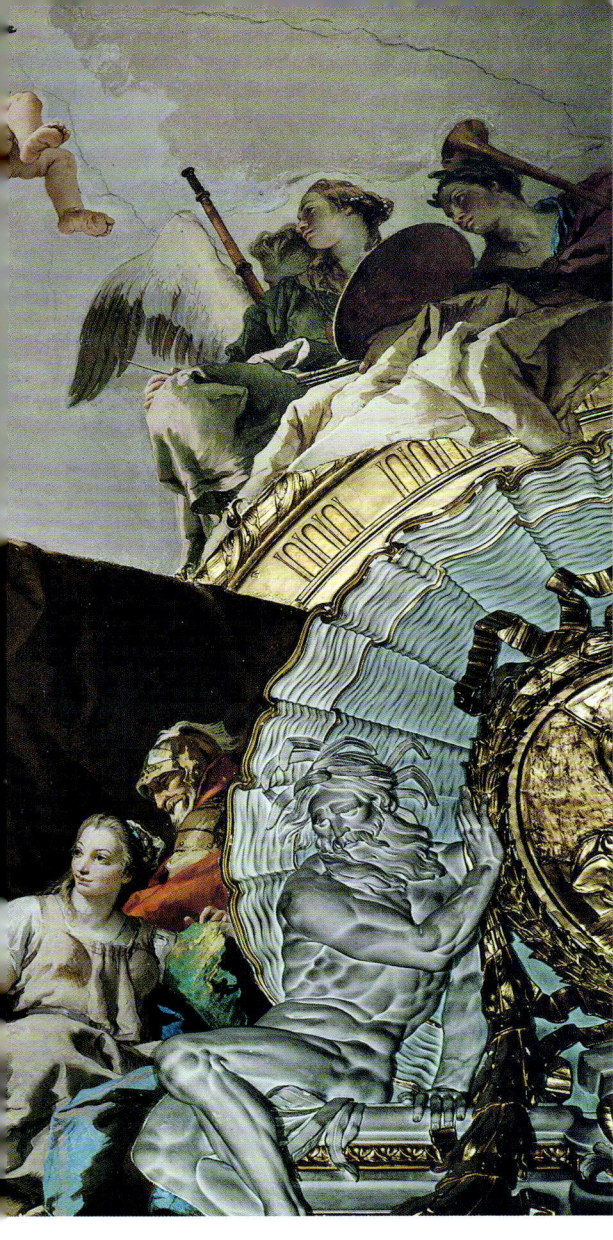

The Glorification of Spain (excerpt: Allegory of the Province of Castile)
L'Apothéose de l'Espagne (détail : Allégorie de la province de Castille)
Die Verherrlichung Spaniens (Ausschnitt: Allegorie der Provinz Kastilien)
La glorificación de España (extracto: alegoría de la Provincia de Castilla)
A Glorificação da Espanha (trecho: Alegoria da Província de Castela)
De Verheerlijking van Spanje (uitsnede: Allegorie van de provincie Castilië)

Giovanni Battista Tiepolo (1696–1770)

1762-66, Fresco/Fresque, 2700 × 1000 cm, Palacio Real, Madrid

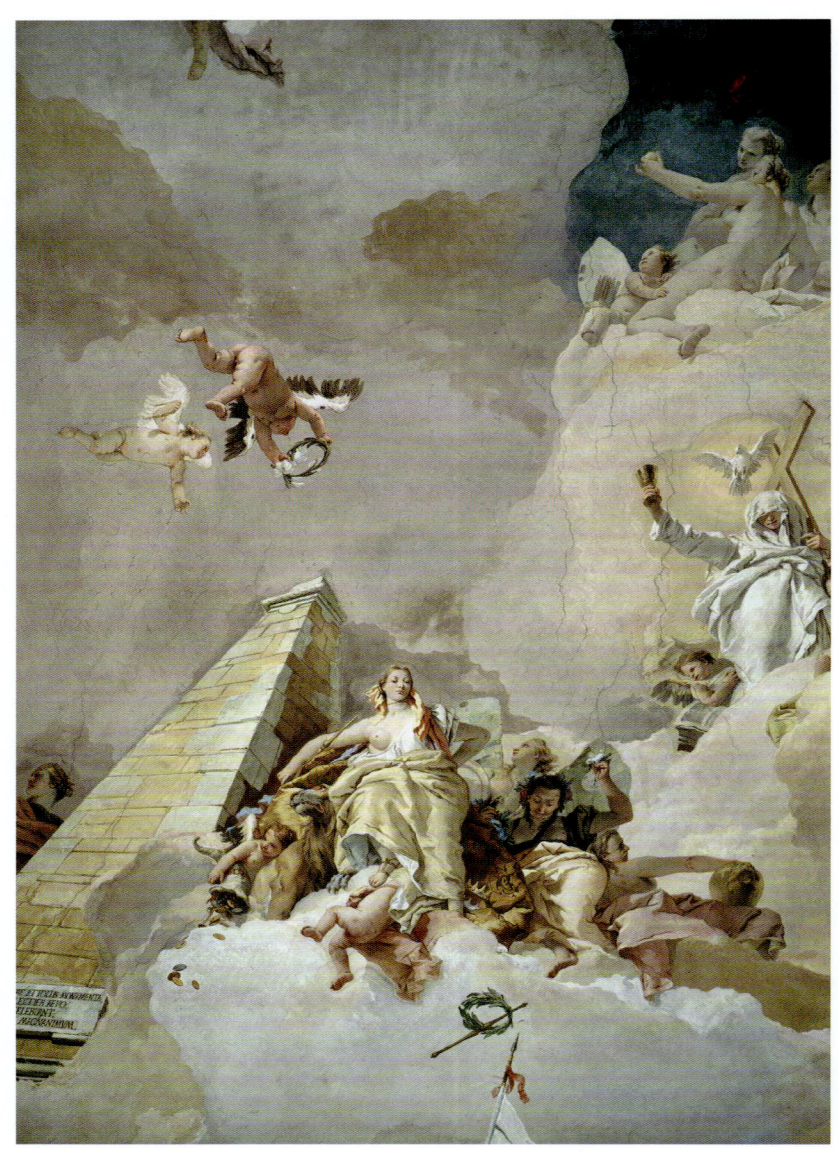

The Glorification of Spain (excerpt)

L'Apothéose de l'Espagne (détail)

*Die Verherrlichung
Spaniens (Ausschnitt)*

La glorificación de España (extracto)

A glorificação da Espanha (excerto)

De verheerlijking van Spanje (uitsnede)

Giovanni Battista Tiepolo (1696–1770)

*1762-66, Fresco/Fresque, 2700 × 1000 cm,
Palacio Real, Madrid*

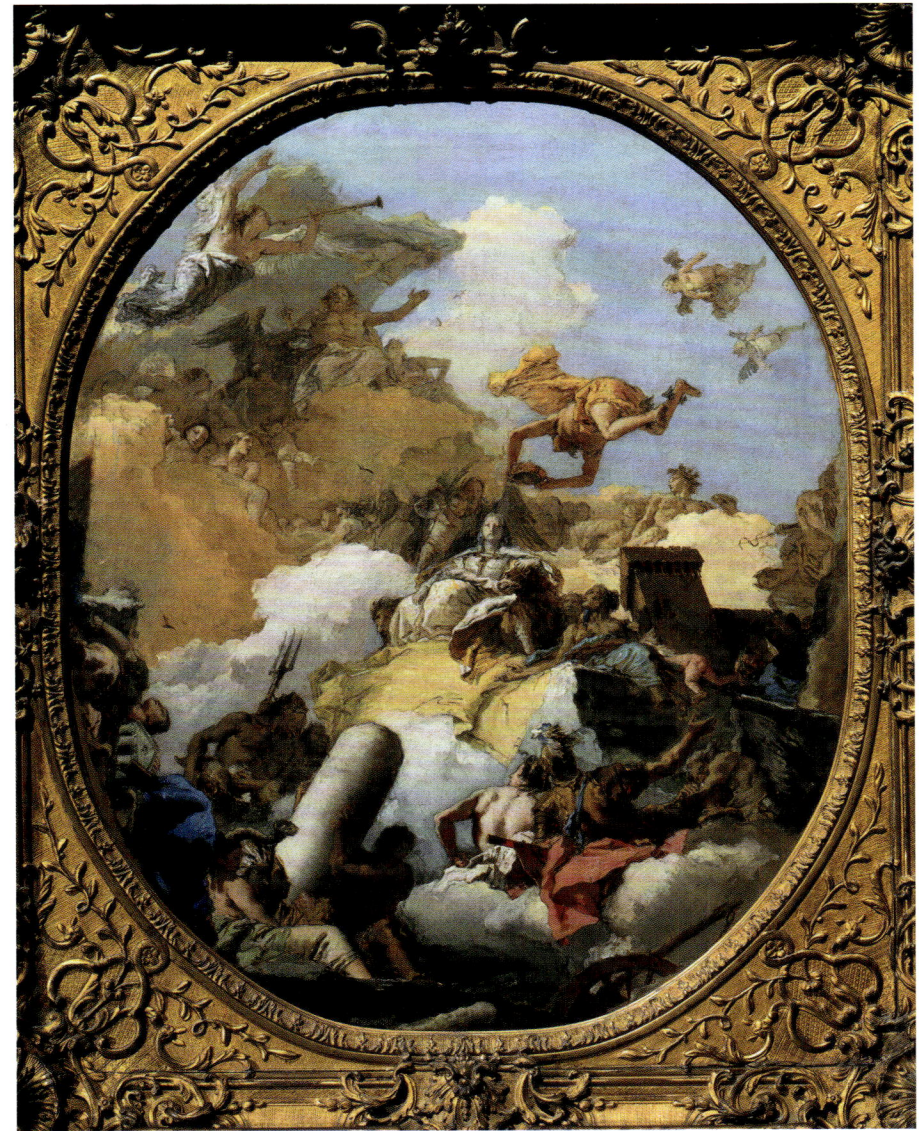

Apotheosis of the Spanish Monarchy (Bozzetto of the Ceiling Fresco)

Apothéose de la monarchie espagnole (esquisse de la fresque du plafond)

Apotheose der spanischen Monarchie (Bozzetto des Deckenfreskos)

Apoteosis de la monarquía española (bozzetto del fresco del techo)

Apoteose da Monarquia Espanhola (bozzetto do tecto fresco)

Apotheose van de Spaanse monarchie (bozzetto van het plafondfresco)

Giovanni Battista Tiepolo
(1696–1770)

c. 1764, Oil on canvas/Huile sur toile, 81,5 × 66,4 cm, Galleria dell'Accademia, Venezia

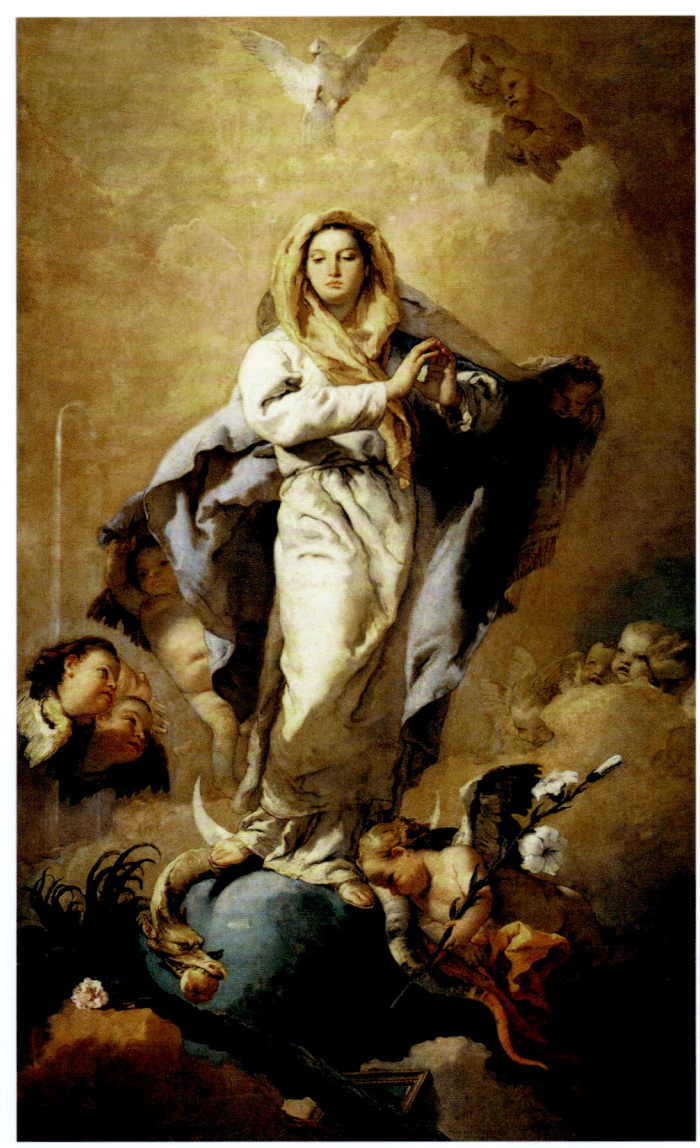

The Immaculate Conception
L'Immaculée Conception
Die Unbefleckte Empfängnis
La Inmaculada Concepción
A Imaculada Conceição
De onbevlekte ontvangenis

*Giovanni Battista Tiepolo
(1696–1770)*

*1767-69, Oil on canvas/Huile
sur toile, 281 × 155 cm, Museo
del Prado, Madrid*

The Immaculate Conception
The Virgin Mary appears on the globe and the crescent moon. Crowned by the dove of the Holy Spirit and surrounded by angels she steps on the serpent of original sin,. The picture was a royal commission for the church San Pascual de Aranjuez and hangs today in the Prado in Madrid.

La Inmaculada Concepción
La Virgen María aparece sobre el globo terráqueo y la luna creciente. Pisa la serpiente del pecado original, coronada por la paloma del Espíritu Santo y rodeada de ángeles. La imagen fue un encargo real para la iglesia de San Pascual de Aranjuez y hoy está colgada en el Prado de Madrid.

L'Immaculée Conception
La Vierge Marie se tient sur le globe terrestre et le croissant de lune. Couronnée par la colombe incarnant le Saint-Esprit et entourée d'anges, elle piétine le serpent du péché originel. Ce tableau, une commande du roi pour l'église San Pascual de Aranjuez, est conservé aujourd'hui au Prado, à Madrid.

A Imaculada Conceição
A Virgem Maria aparece no globo terrestre e na lua crescente. Ela pisa na serpente do pecado original, coroada pela pomba do Espírito Santo e rodeada de anjos. O quadro era uma comissão real para a igreja de San Pascual de Aranjuez e hoje está pendurado no Prado de Madrid.

Die Unbefleckte Empfängnis
Die Jungfrau Maria erscheint auf dem Erdball und dem Halbmond. Sie tritt auf die Schlange der Erbsünde, gekrönt von der Taube des Heiligen Geistes und umgeben von Engeln. Das Bild war ein königlicher Auftrag für die Kirche San Pascual de Aranjuez und hängt heute im Prado in Madrid.

De onbevlekte ontvangenis
De Maagd Maria verschijnt op de wereldbol en de halvemaan. Ze stapt op de slang van de erfzonde, gekroond door de duif van de Heilige Geest en omringd door engelen. Het schilderij was een koninklijke opdracht voor de kerk San Pascual de Aranjuez en hangt tegenwoordig in het Prado in Madrid.

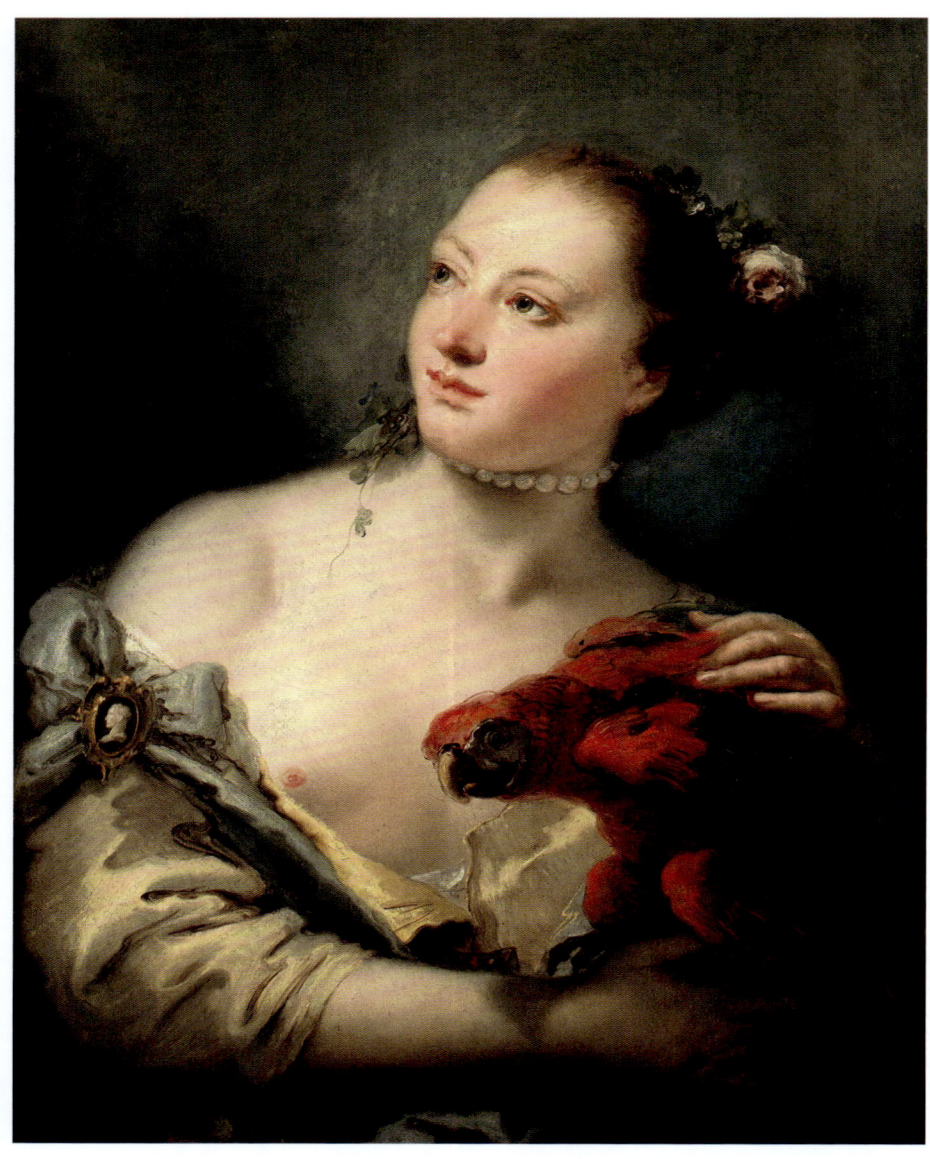

**Portrait of a Young
Woman with a Parrot**

Jeune femme au perroquet

**Bildnis einer jungen
Frau mit Papagei**

*Retrato de una mujer
joven con un loro*

**Retrato de uma jovem
mulher com um papagaio**

Vrouw met een papegaai

Giovanni Battista Tiepolo
(1696–1770)

late 1760s, Oil on canvas/
Huile sur toile, 71 × 53,4 cm,
Ashmolean Museum, Oxford

Portrait of a Young Woman with a Parrot

A fine portrait of a woman from a series of works that Tiepolo probably painted for the Russian tsarina. With clear recourse to the late Renaissance and in particular to Veronese, he depicted a lady as a courtesan - with bare breasts, jewellery and flowers in her hair. The parrot, a frequent element in Tiepolo's paintings, forms an effective colour contrast here.

Retrato de una mujer joven con un loro

Un fino retrato de una mujer sacado de una serie de obras que Tiepolo probablemente pintó para la zarina rusa. Recurriendo claramente al Renacimiento tardío, y en particular aVeronese, representaba a una dama que recordaba a una cortesana, con pechos desnudos, joyas y flores en el pelo. El loro, un elemento frecuente en las pinturas de Tiepolo, crea aquí un efectivo contraste de color.

Jeune femme au perroquet

Ce charmant portrait de femme fait très certainement partie d'une série d'œuvres peintes par Tiepolo pour la tsarine. Puisant clairement dans la Renaissance tardive et en particulier dans le répertoire de Véronèse, il met en scène une dame aux allures de courtisane, avec son sein dénudé, ses bijoux et des fleurs dans ses cheveux. Les couleurs du perroquet, un accessoire prisé de Tiepolo, forment un contraste efficace.

Retrato de uma jovem mulher com um papagaio

Um belo retrato de uma mulher de uma série de obras que Tiepolo provavelmente pintou para a czarina russa. Com claro recurso ao Renascimento tardio e em particular ao Veronês, ele retratou uma senhora lembrando uma cortesã - com seios nus, jóias e flores no cabelo. O papagaio, um elemento frequente nas pinturas de Tiepolo, forma aqui um contraste de cores eficaz.

Bildnis einer jungen Frau mit Papagei

Ein feines Frauenbildnis aus einer Reihe von Werken, die Tiepolo wohl für die russische Zarin malte. Mit deutlichem Rückgriff auf die Spätrenaissance und insbesondere auf Veronese stellte er eine an eine Kurtisane gemahnende Dame dar – mit entblößter Brust, Schmuck und Blumen im Haar. Der Papagei, ein häufiges Element in Tiepolos Bildern, bildet hier einen wirkungsvollen Farbkontrast.

Vrouw met een papegaai

Een mooi portret van een vrouw uit een serie werken die Tiepolo waarschijnlijk voor de Russische tsarina schilderde. Met een duidelijk beroep op de late renaissance en in het bijzonder Veronese schilderde hij een courtisane-achtige dame: met blote borsten, sieraden en bloemen in het haar. De papegaai, een veelvoorkomend element in Tiepolo's schilderijen, vormt hier een effectief kleurcontrast.

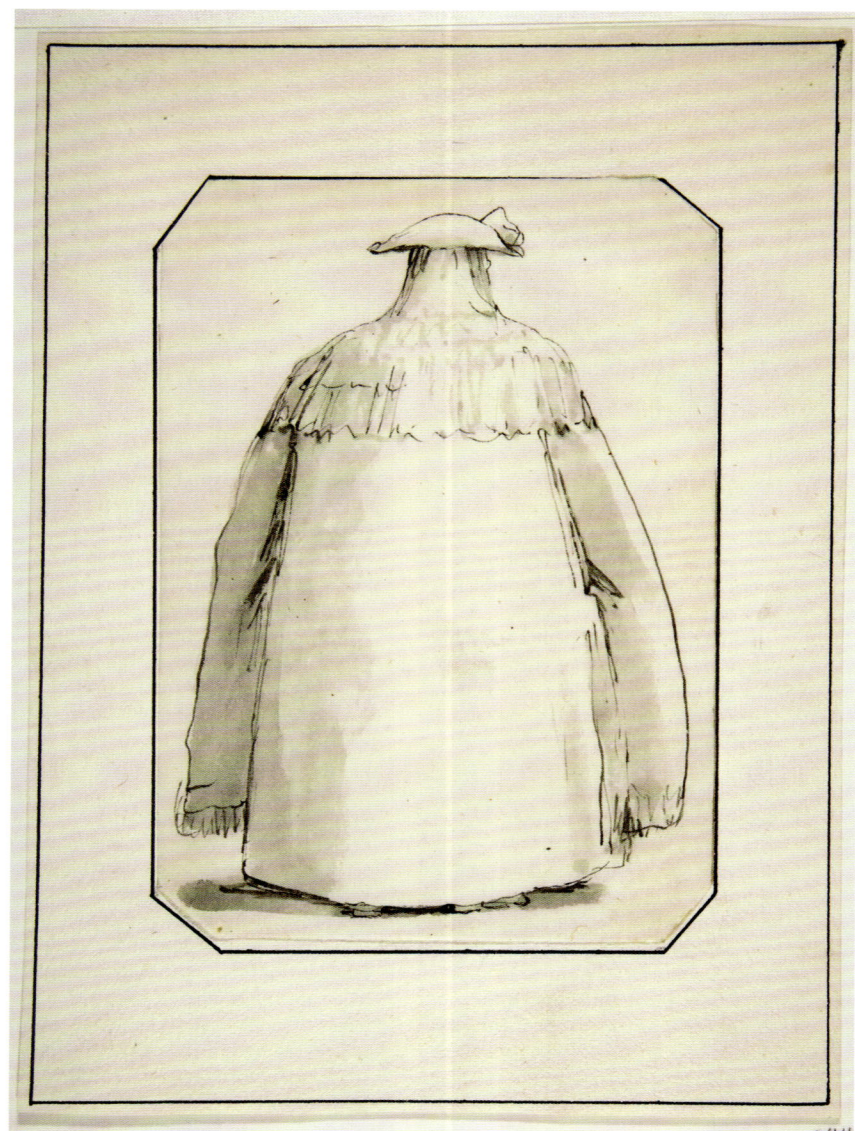

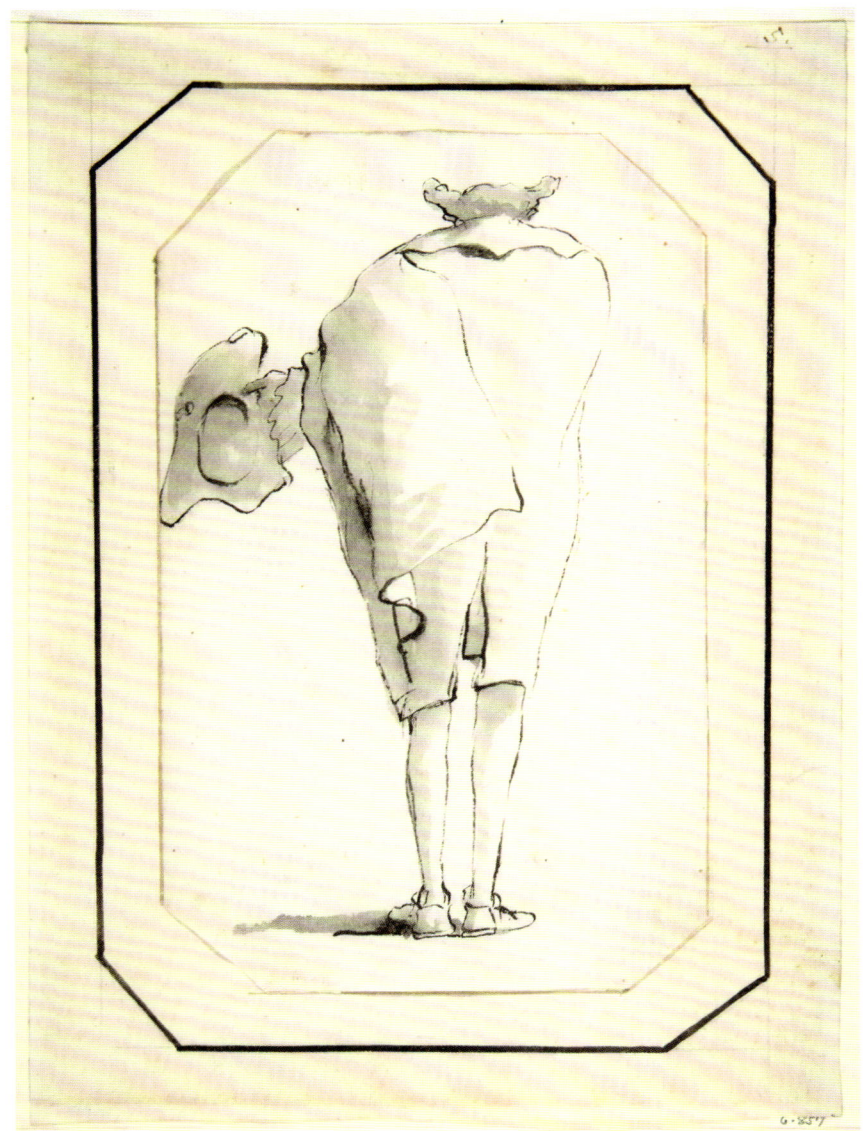

***Caricature of a Man
Holding a Cocked Hat***

***Caricature d'un homme tenant
un tricorne, vu de dos***

***Karikatur eines Mannes,
einen Dreispitz haltend***

***Caricatura de un hombre
sosteniendo un Tricorne***

***Caricatura de um homem
segurando um tricórnio***

***Karikatuur van een man die een
driekantige steek vasthoudt***

Giovanni Battista Tiepolo (1696–1770)

*1755-65, Pen and black ink, grey
wash/Plume et encre noire, lavis gris,
19,7 × 12,1 cm, Metropolitan Museum of
Art, New York*

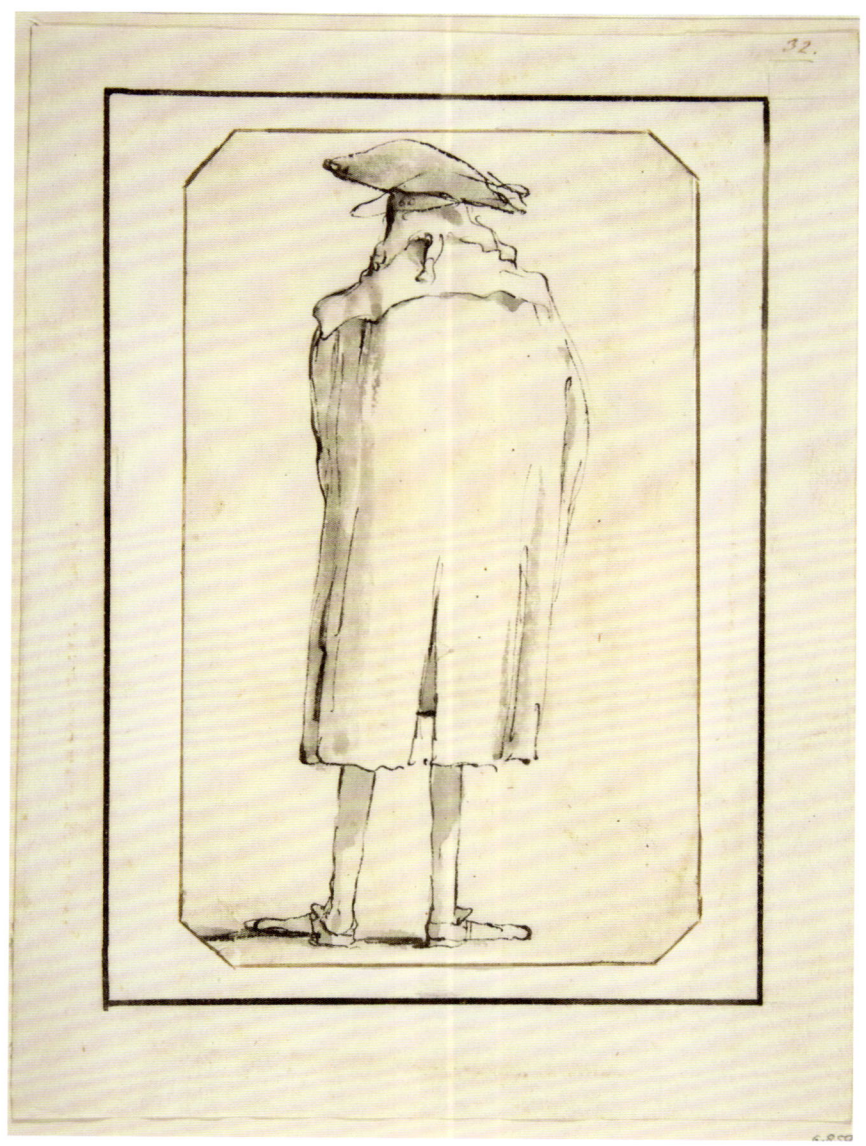

Caricature of a Man,
Seen from Behind

Caricature d'un homme vu de dos

Karikatur eines Mannes,
von hinten gesehen

Caricatura de un hombre,
visto desde atrás

Caricatura de um homem,
vista de trás

Karikatuur van een man,
van achteren gezien

Giovanni Battista Tiepolo (1696–1770)

1750-70, Pen and black ink, grey
wash/Plume et encre noire, lavis gris,
19 × 11,3 cm, Metropolitan Museum of
Art, New York

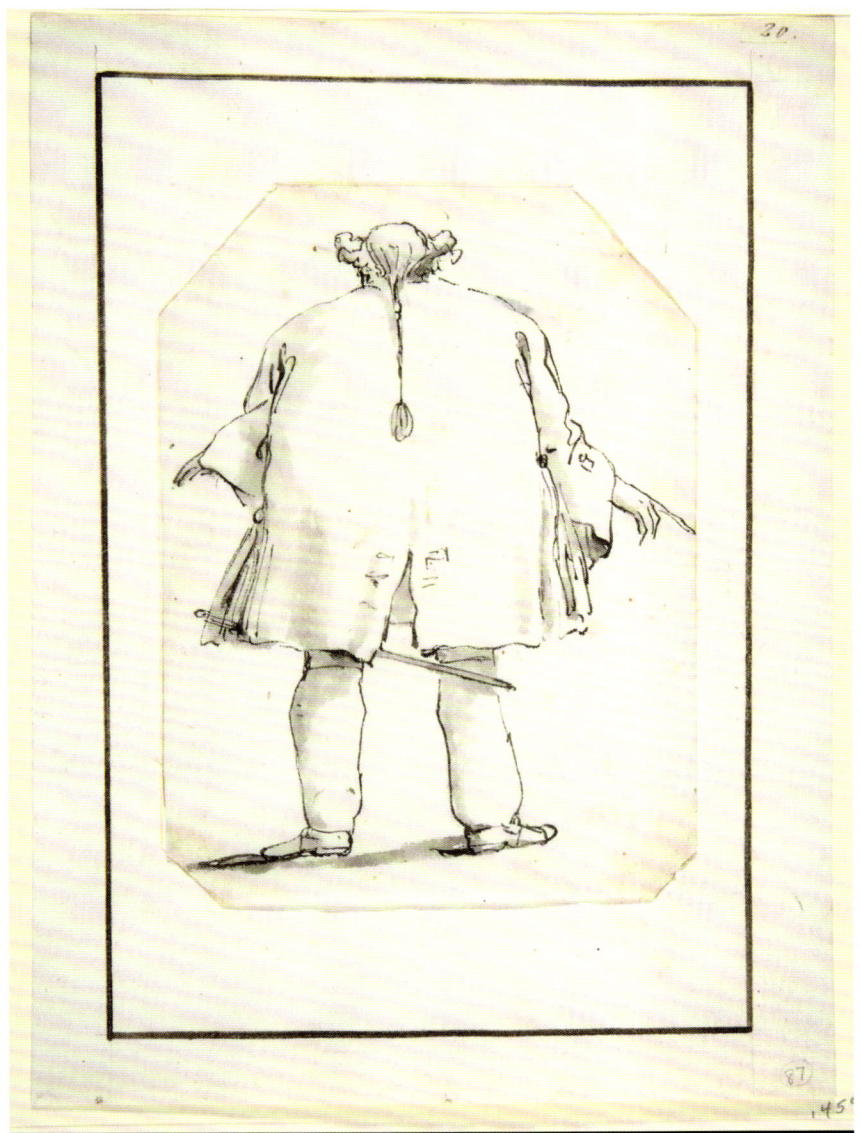

***Caricature of a Fat Man,
Seen from Behind***

***Caricature d'un homme
gros vu de dos***

***Karikatur eines dicken Mannes,
von hinten gesehen***

***Caricatura de un hombre
gordo, visto desde atrás***

***Caricatura de um homem
gordo, visto por trás***

***Karikatuur van een dikke
man, van achteren gezien***

Giovanni Battista Tiepolo (1696–1770)

*1755-65, Pen and black ink, grey
wash/Plume et encre noire, lavis gris,
16,5 × 12 cm, Metropolitan Museum of
Art, New York*

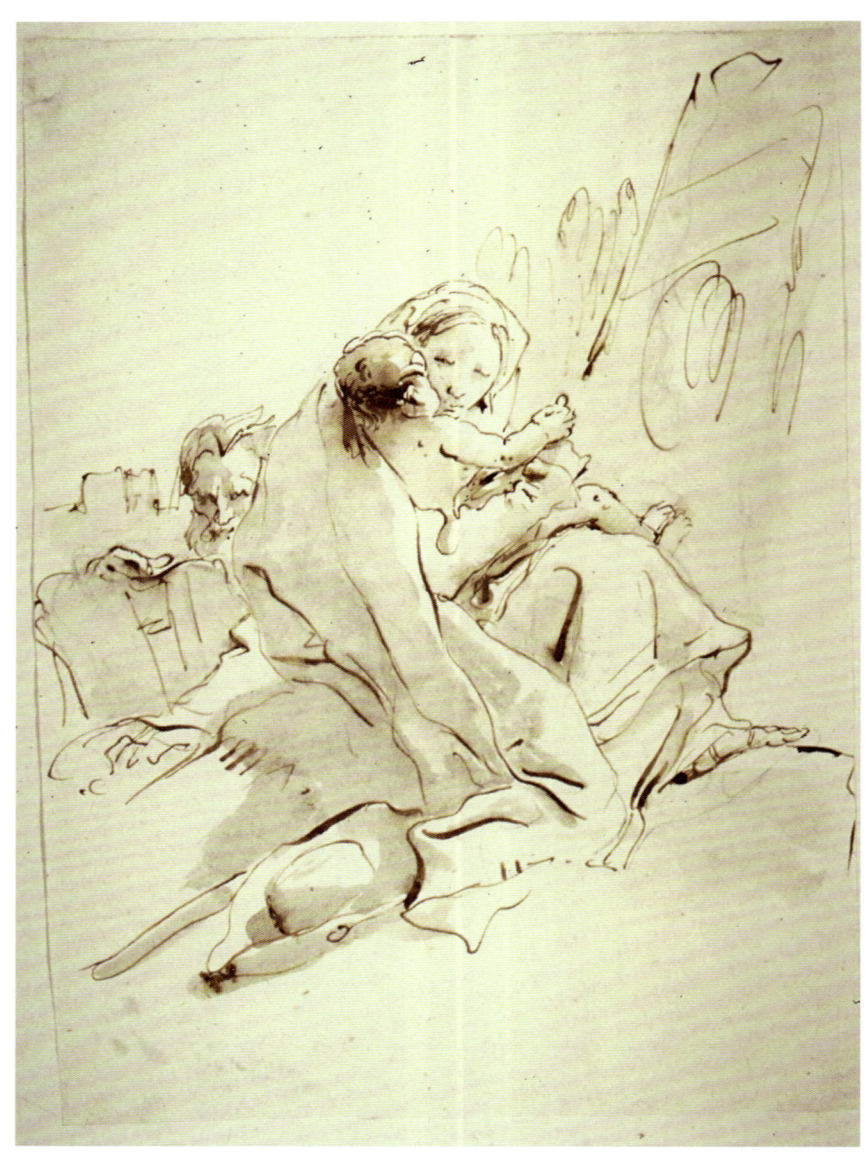

Rest on the Flight to Egypt
Repos pendant la fuite en Égypte
Ruhe auf der Flucht nach Ägypten
Descanso en la huida a Egipto
Descanse na fuga para o Egito
Rust op de vlucht naar Egypte

Giovanni Battista Tiepolo (1696–1770)

c. 1757-63, Pen and brown ink, washed
brown/Plume et encre noire, lavis gris,
28,5 × 20,8 cm, Art Institute of Chicago

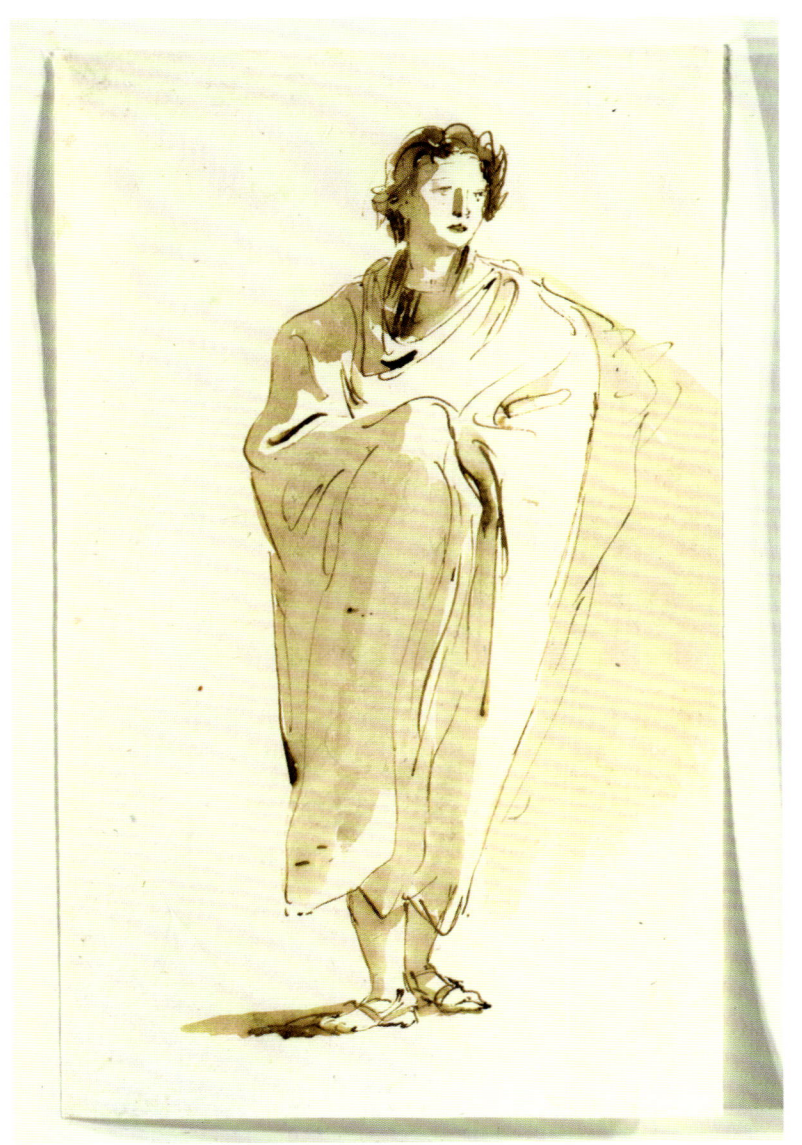

Standing Figure of a Young Man
Jeune homme debout
Stehende Figur eine Jünglings
Figura de pie de una joven
A figura permanente de um jovem
Staande figuur van een jongeman

Giovanni Battista Tiepolo (1696–1770)

c. 1757-63, Pen and brown ink, washed brown/
Plume et encre noire, lavis gris, 20 × 12 cm,
Metropolitan Museum of Art, New York

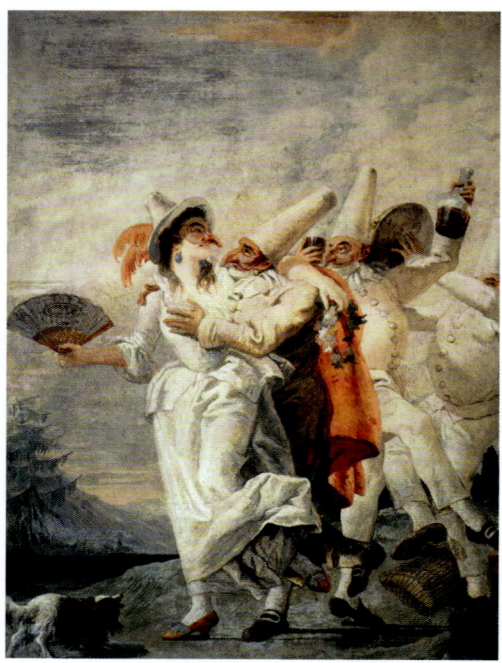

Buffoon in Love

Polichinelle amoureux

Der verliebte Possenreißer

Pulcinella enamorado

O palhaço apaixonado

De verliefde potsenmaker

Giovanni Domenico Tiepolo (1727–1804)

c. 1793, Fresco, transferred to canvas/ Fresque transposée sur toile, 196 × 147 cm, Ca' Rezzonico, Venezia

Giovanni Domenico Tiepolo

Of his two sons, it was above all Giovanni Domenico (in Italian Giandomenico) Tiepolo who was to be remembered by posterity. Lorenzo, the second born, is today almost only known as his father's collaborator in his great fresco cycles. Giovanni Domenico was born on 30 August 1727 in Venice and was introduced to art by his father as a teenager. It is believed that frescoes in the church SS. Fausti-a e Giovità in Brescia can be regarded as his first independent works. At the time he was 18 years old. As a result, his most important achievement was undoubtedly the faithful support of his

Giovanni Domenico Tiepolo

Des deux fils de Giovanni Battista, c'est surtout Giovanni Domenico (Giandomenico en italien) Tiepolo, qui passera à la postérité. Lorenzo, son frère cadet, n'est plus guère connu aujourd'hui que comme assistant de son père pour ses grands cycles de fresques.
Né le 30 août 1727 à Venise, Giovanni Domenico apprend son art auprès de son père dès son adolescence. On suppose que les premières œuvres de sa main sont les fresques de l'église SS. Faustino e Giovità à Brescia. Il les aurait peintes à dix-huit ans. Par la suite, sa contribution la plus importante est incontestablement le soutien fidèle qu'il apporte à son père

Giovanni Domenico Tiepolo

Von den beiden Söhnen Giovanni Battistas, war es vor allem Giovanni Domenico (im Italienischen Giandomenico) Tiepolo, der der Nachwelt in Erinnerung bleiben sollte. Lorenzo, der zweitgeborene, ist heute fast nur noch als Mitarbeiter seines Vaters bei dessen großen Freskenzyklen bekannt. Giovanni Domenico wurde am 30. August 1727 in Venedig geboren und von seinem Vater bereits als Jugendlicher an die Kunst herangeführt. Es wird vermutet, dass Fresken in der Kirche SS. Faustia e Giovità in Brescia als seine ersten eigenständigen Werke angesehen werden können. Zu diesem Zeitpunkt

The Buffoons at Rest
Les Autres Polichinelles
Die Rast der Possenreißer
El descanso de los bufones
O resto dos palhaços
De rust van de potsenmakers

Giovanni Domenico Tiepolo (1727–1804)

c. 1793, Fresco, transferred to canvas/
Fresque transposée sur toile, 198 × 150 cm,
Ca' Rezzonico, Venezia

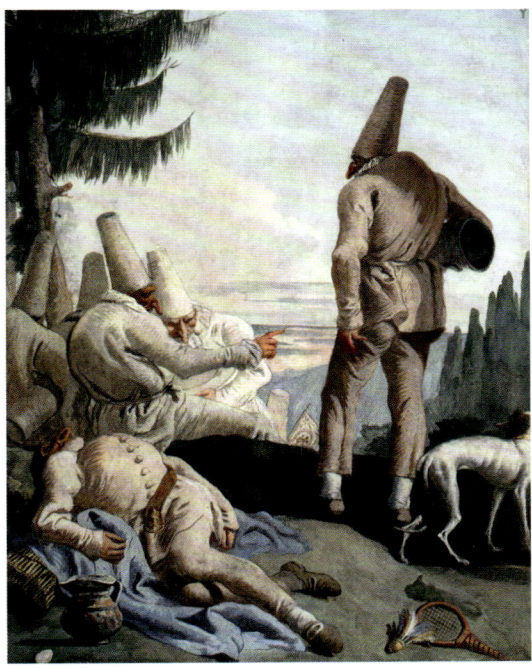

Giovanni Domenico Tiepolo

De los dos hijos de Giovanni Battista, fue sobre todo Giovanni Domenico (en italiano Giandomenico) Tiepolo quien fue recordado por la posteridad. Lorenzo, el segundo nacido, es hoy casi sólo conocido como colaborador de su padre en sus grandes ciclos de frescos. Giovanni Domenico nació el 30 de agosto de 1727 en Venecia y fue introducido en el arte por su padre cuando era adolescente. Se cree que los frescos de la iglesia SS. Faustia e Giovità en Brescia puede considerarse como su primera obra independiente. En ese momento tenía 18 años. Posteriormente, su logro más importante fue, sin duda, el fiel

Giovanni Domenico Tiepolo

Dos dois filhos de Giovanni Battista, foi sobretudo Giovanni Domenico (em italiano Giandomenico) Tiepolo que foi recordado pela posteridade. Lorenzo, o segundo nascido, é hoje quase só conhecido como o colaborador de seu pai em seus grandes ciclos de afrescos. Giovanni Domenico nasceu a 30 de Agosto de 1727 em Veneza e foi introduzido na arte pelo seu pai na adolescência. Acredita-se que os afrescos na igreja SS. Faustia e Giovità em Brescia pode ser considerada como a sua primeira obra independente. Nessa altura ele tinha 18 anos. Como resultado, sua realização mais importante foi, sem

Giovanni Domenico Tiepolo

Van de twee zonen van Giovanni Battista was het vooral Giovanni Domenico (in het Italiaans Giandomenico) Tiepolo die door het nageslacht herinnerd zou worden. Lorenzo, de tweede zoon, is nu bijna alleen nog maar bekend als medewerker van zijn vader bij diens grote frescocycli.
Giovanni Domenico werd op 30 augustus 1727 in Venetië geboren en werd als tiener door zijn vader ingewijd in de kunst. Vermoedelijk kunnen fresco's in de kerk SS Faustia e Giovità in Brescia worden beschouwd als zijn eerste zelfstandige werken. Op dat moment was hij 18 jaar oud. Daarna was zijn

221

father in his great fresco cycles. It is not easy to recognize Giovanni Domenico's own part in these frescoes, since he had almost perfectly acquired many of the stylistic devices characteristic of his father. It is clear, however, that for the most part his father developed the overall concept and that his son's contribution consisted mainly of adding a few details. The most important frescoes in his work in terms of cultural history are those in his father's villa in Zianigo and those in Würzburg.

In 1770, after the death of his father, Giovanni Domenico returned to Venice. Among the most important differences between his style and that of his father

pour ses séries de fresques. Il n'est pas toujours facile de discerner la part qui revient à Giovanni Domenico, pour qui les effets de style de son père n'avaient aucun secret. Il est clair, cependant, que le père signait le plus souvent la composition et que l'apport du fils se limitait à quelques détails. Les fresques les plus importantes auxquelles il a participé, pour l'historien de l'art, sont celles de la villa des Tiepolo à Zianigo et de celles de Würzburg.

En 1770, après la mort du maître, Giovanni Domenico rentre à Venise. Les principales différences de style entre les deux artistes sont, chez le fils, ses figures plus simples, une palette plus

war er 18 Jahre alt. In der Folge bestand seine wichtigste Leistung fraglos in der treuen Unterstützung seines Vaters bei dessen großen Freskenzyklen. Es ist nicht leicht, den eigenen Anteil Giovanni Domenicos bei diesen Fresken zu erkennen, hatte er sich doch viele der für seinen Vater charakteristischen Stilmittel nahezu perfekt angeeignet. Deutlich ist jedoch, dass sein Vater zumeist das Gesamtkonzept entwickelte und der Beitrag seines Sohnes vor allem im Hinzufügen einiger Details bestand. Die wohl kulturhistorisch bedeutsamsten Fresken, an denen er mitwirkte, sind jene in der väterlichen Villa in Zianigo und jene in Würzburg.

The Jugglers' Booth

Polichinelle et les acrobates

Die Schaubude der Gaukler

La caseta de los saltimbanquis

A cabine de exposição dos malabaristas

De kermistent van de kunstenmakers

Giovanni Domenico Tiepolo (1727–1804)

c. 1793, Fresco, transferred to canvas/Fresque, transférée sur toile, 196 × 160 cm, Villa Tiepolo, Zianigo

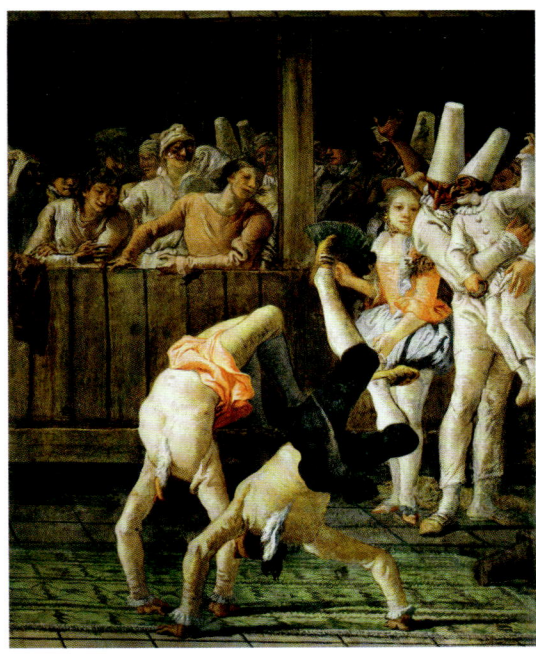

apoyo a su padre en sus grandes ciclos de frescos. No es fácil reconocer la participación de Giovanni Domenico en estos frescos, ya que había adquirido casi a la perfección muchos de los elementos estilísticos característicos de su padre. Está claro, sin embargo, que su padre desarrolló en su mayoría el concepto general y que la contribución de su hijo consistió principalmente en añadir algunos detalles. Los frescos más importantes de su obra en términos de historia cultural son los de la villa de su padre en Zianigo y los de Wurzburgo. En 1770, tras la muerte de su padre, Giovanni Domenico regresa a Venecia. Entre las diferencias más importantes

dúvida, o apoio fiel de seu pai em seus grandes ciclos de afrescos. Não é fácil reconhecer a própria parte de Giovanni Domenico nestes afrescos, uma vez que ele tinha adquirido muitos dos dispositivos estilísticos característicos do seu pai quase perfeitamente. É claro, no entanto, que seu pai desenvolveu principalmente o conceito geral e que a contribuição de seu filho consistiu principalmente em acrescentar alguns detalhes. Os afrescos mais importantes da sua obra em termos de história cultural são os da villa do seu pai em Zianigo e os de Würzburg. Em 1770, depois da morte do pai, Giovanni Domenico regressou a Veneza.

belangrijkste prestatie ongetwijfeld de trouwe steun aan zijn vader bij diens grote frescocycli. Het valt niet mee om Giovanni Domenico's eigen aandeel in deze fresco's te herkennen, omdat hij veel van de voor zijn vader kenmerkende stijlmiddelen bijna perfect beheerste. Het is echter duidelijk dat zijn vader vooral het totale ontwerp bedacht en dat de bijdrage van zijn zoon hoofdzakelijk bestond uit het toevoegen van details. De cultuurhistorisch belangrijkste fresco's waaraan hij meewerkte, zijn die in de villa van zijn vader in Zianigo en die in Würzburg. In 1770, na de dood van zijn vader, keerde Giovanni Domenico terug naar

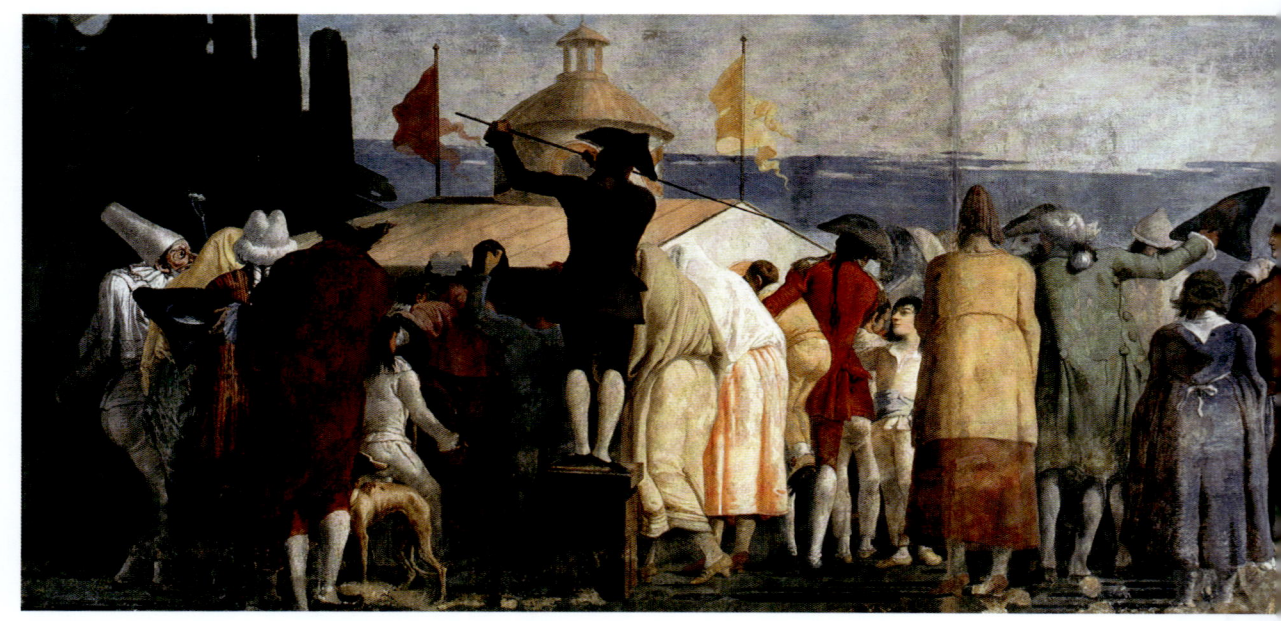

is a much simpler figure structure, softer colouring and a strong sense of the anecdotal. The latter is also the attraction of his old age works, in which, for example in the decoration of the family villa in Zianigo, he could give in to his weakness for the carnival and for Pulcinell scenes now even more. He died in Venice in 1804.

subtile et un sens poussé de l'anecdote. Cette dernière qualité fait le charme des œuvres de la maturité, comme dans le décor de la villa familiale, où, désormais, il peut donner libre cours à son faible pour le carnaval et les polichinelles. C'est à Venise qu'il disparaît, en 1804.

1770, nach dem Tod seines Vaters, kehrte Giovanni Domenico nach Venedig zurück. Zu den wichtigsten Unterschieden, die seinen Stil im Vergleich zu dem seines Vater kennzeichnen, gehören ein wesentlich einfacherer Figurenaufbau, eine weichere Farbgebung und ein starker Sinn für das Anekdotische. Letzteres macht auch den Reiz seiner Alterswerke aus, in denen er, etwa in der Ausschmückung der Familienvilla in Zianigo seiner Schwäche für den Karneval und für Pulcinellszenen nun noch mehr nachgeben konnte. Er starb 1804 in Venedig.

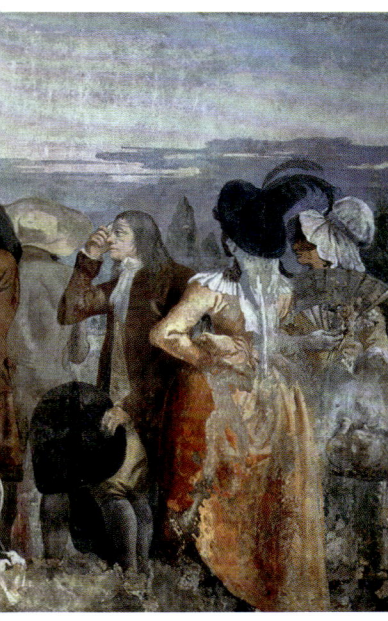

Crowd Before a Peep Show

Un nouveau monde

Menschenmenge vor einem Guckkasten

El mundo nuevo

Multidão em frente a uma caixa de espreitadela

Mensenmassa voor een kijkkast

Giovanni Domenico Tiepolo (1727–1804)

1791, Fresco, transferred to canvas/Fresque transposée sur toile, 205 × 525 cm, Ca' Rezzonico, Venezia

entre su estilo y el de su padre se encuentran una estructura de figura mucho más simple, una coloración más suave y un fuerte sentido de lo anecdótico. Este último es también el atractivo de sus obras de la vejez, en las que pudo, por ejemplo en la decoración de la villa familiar de Zianigo, ceder a su debilidad ahora aún más por el carnaval y por las escenas de Pulcinell. Murió en Venecia en 1804.

Entre as diferenças mais importantes entre o seu estilo e o do seu pai estão uma estrutura de figura muito mais simples, uma coloração mais suave e um forte sentido do anedótico. Este último é também a atração de suas obras antigas, nas quais ele poderia, por exemplo, na decoração da vila da família em Zianigo, ceder à sua fraqueza pelo carnaval e por cenas Pulcinell agora ainda mais. Ele morreu em Veneza em 1804.

Venetië. De belangrijkste verschillen tussen zijn stijl en die van zijn vader zijn een veel eenvoudigere figurenopbouw, een zachtere kleurstelling en een sterk gevoel voor het anekdotische. Dat laatste vormt ook de aantrekkingskracht van de werken uit zijn laatste fase, waarin hij, bijvoorbeeld in de decoratie van de familievilla in Zianigo, nog meer kon toegeven aan zijn zwak voor carnaval en voor hansworstscènes. Hij overleed in 1804 in Venetië.

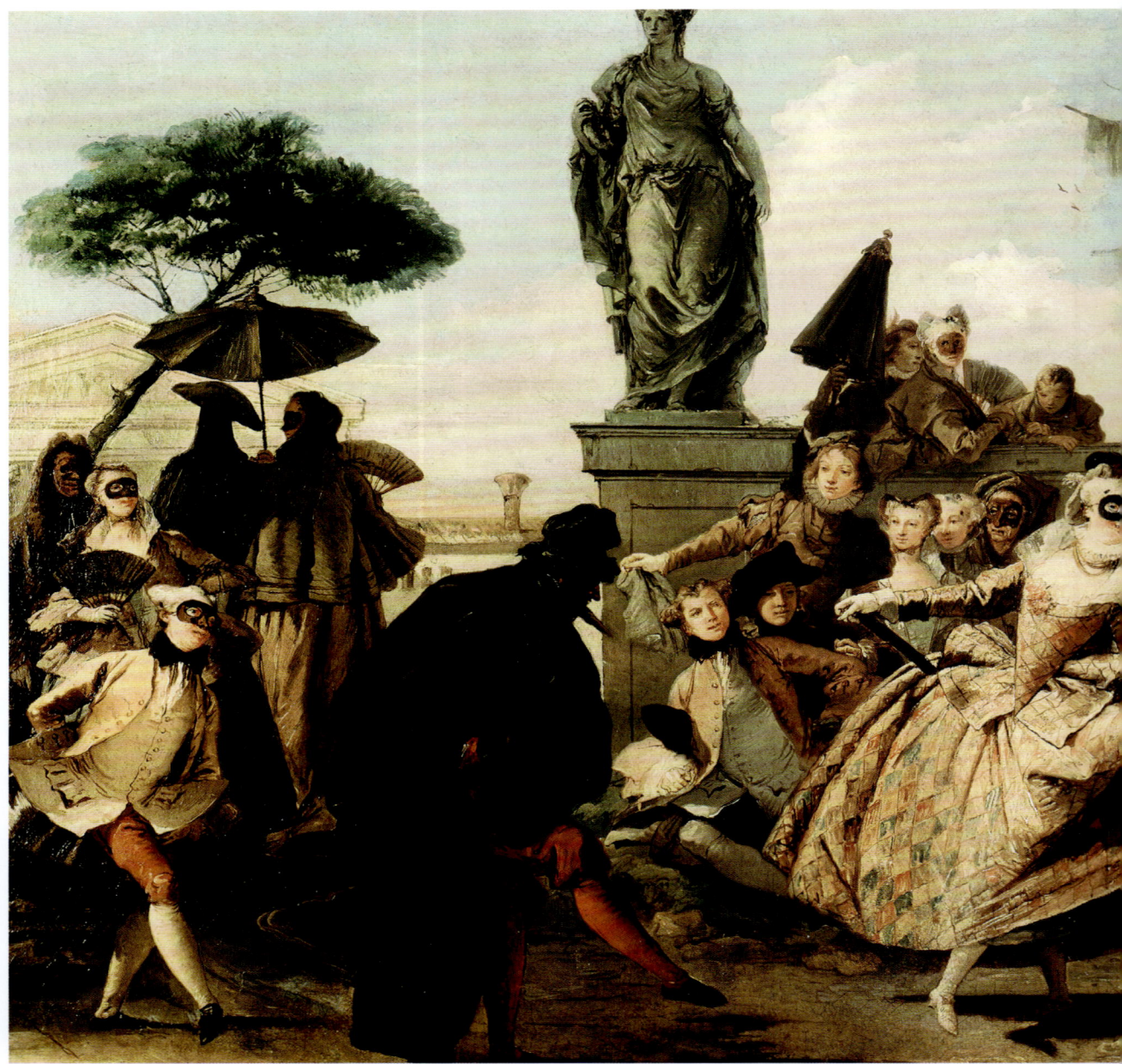

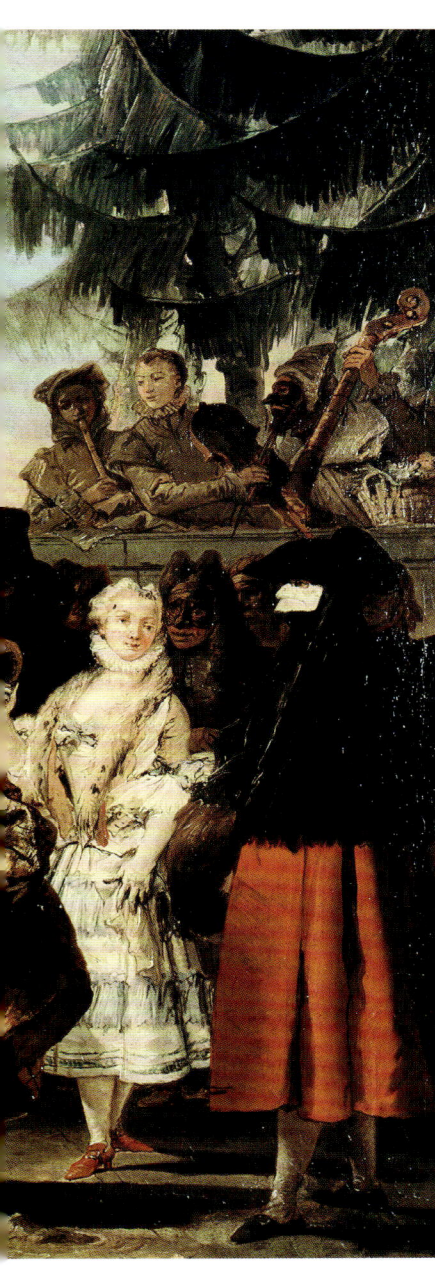

The Minuet
Le Menuet
Das Menuett
El minueto
A minueta
Het menuet
Giovanni Domenico Tiepolo (1727–1804)
1756, Oil on canvas/Huile sur toile, 80,7 × 109,3 cm,
Museu'Art de Catalunya, Barcelona

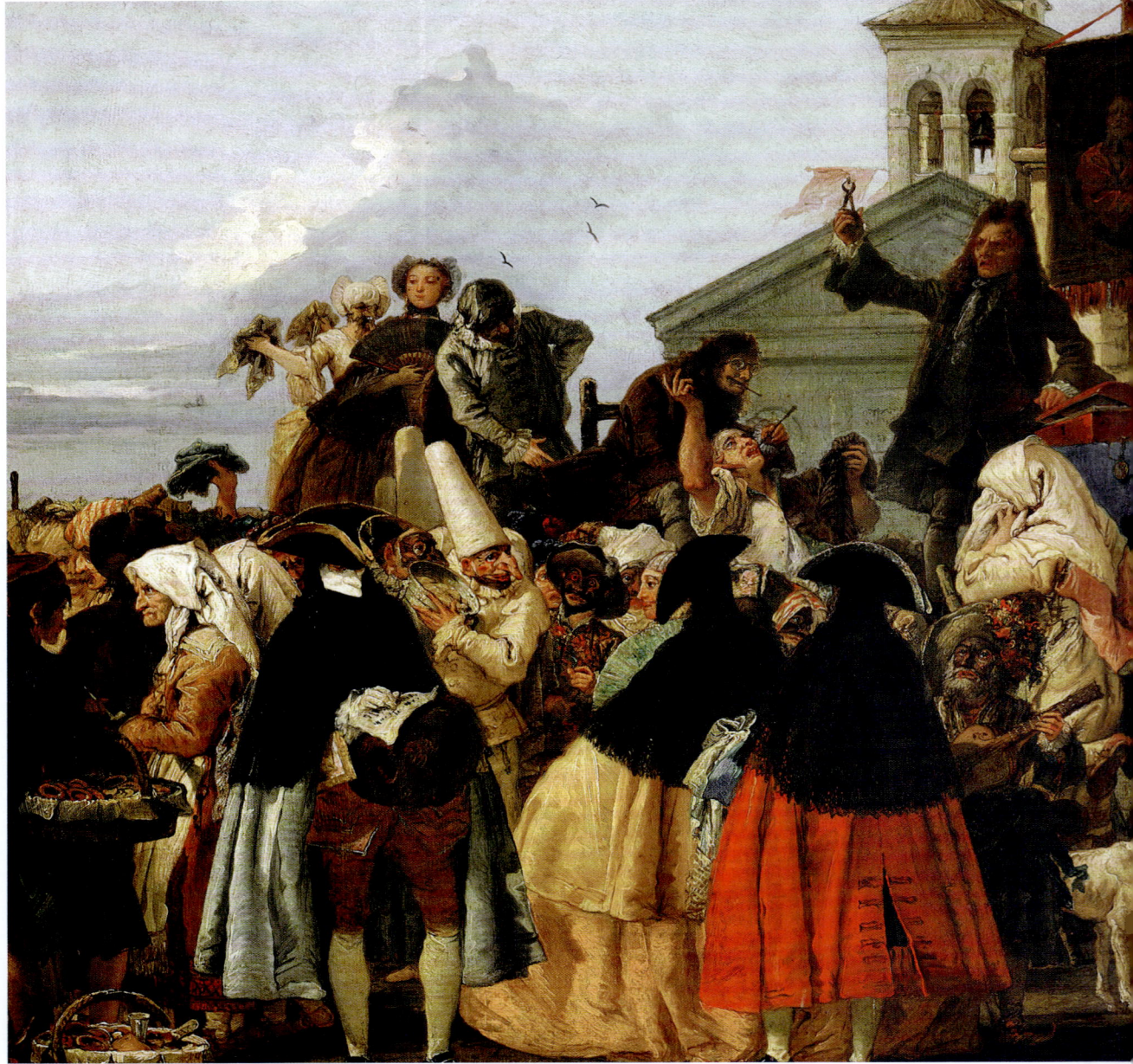

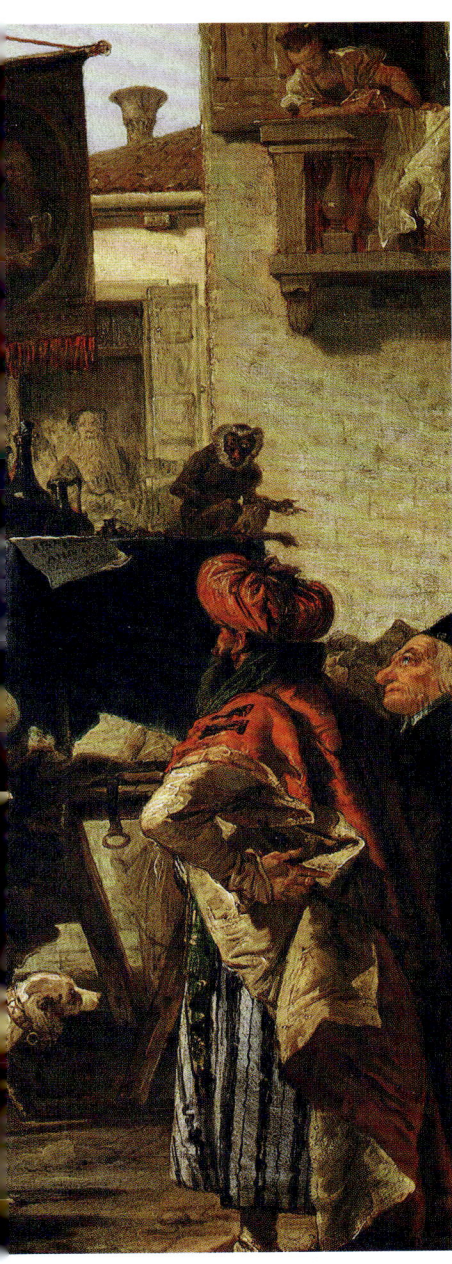

The Quack
Le Charlatan
Der Quacksalber
El curandero
O médico quack
De kwakzalver
Giovanni Domenico Tiepolo (1727–1804)
1745-50, Oil on canvas/Huile sur toile, 80,5 × 110 cm,
Musée du Louvre, Paris

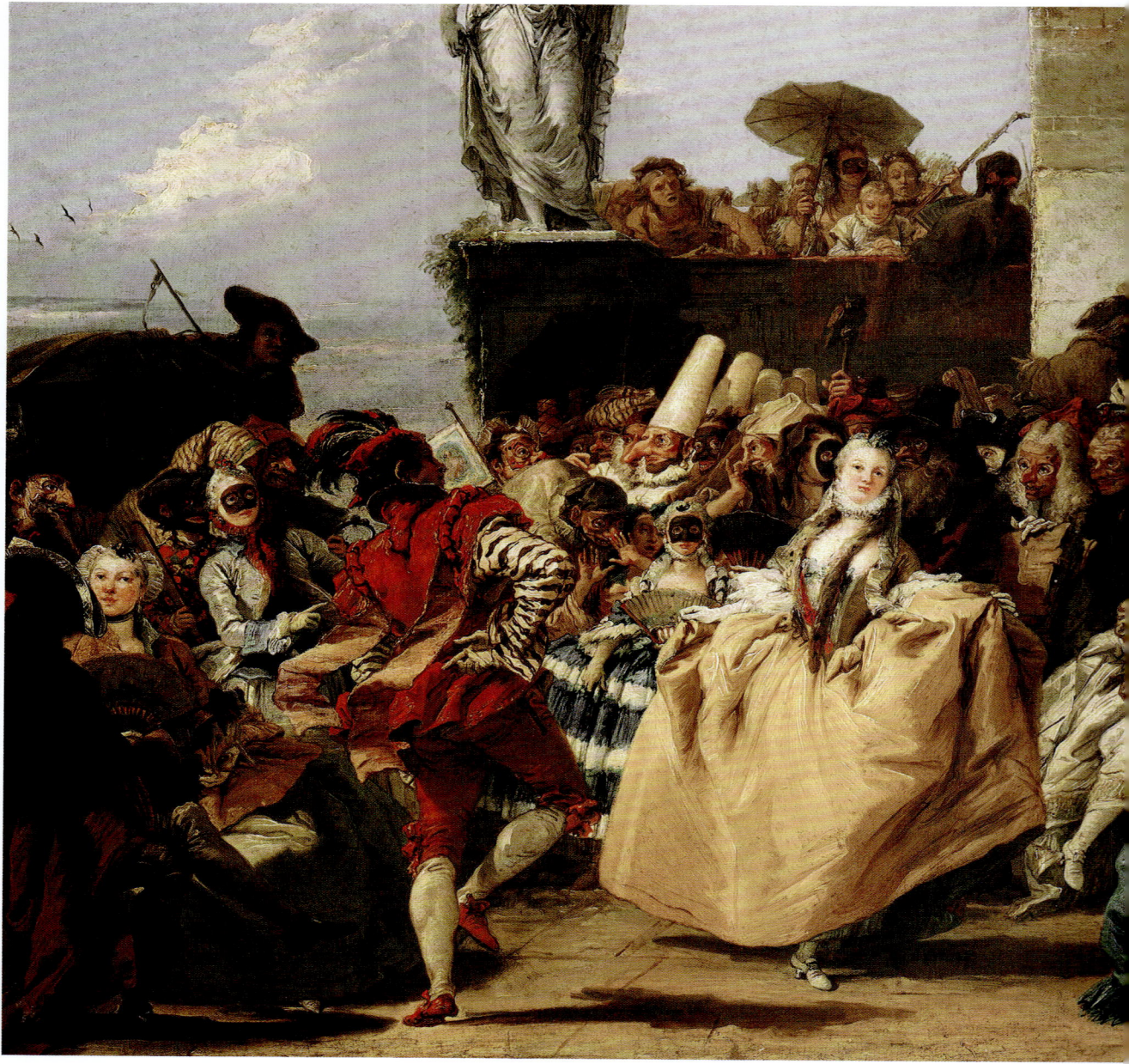

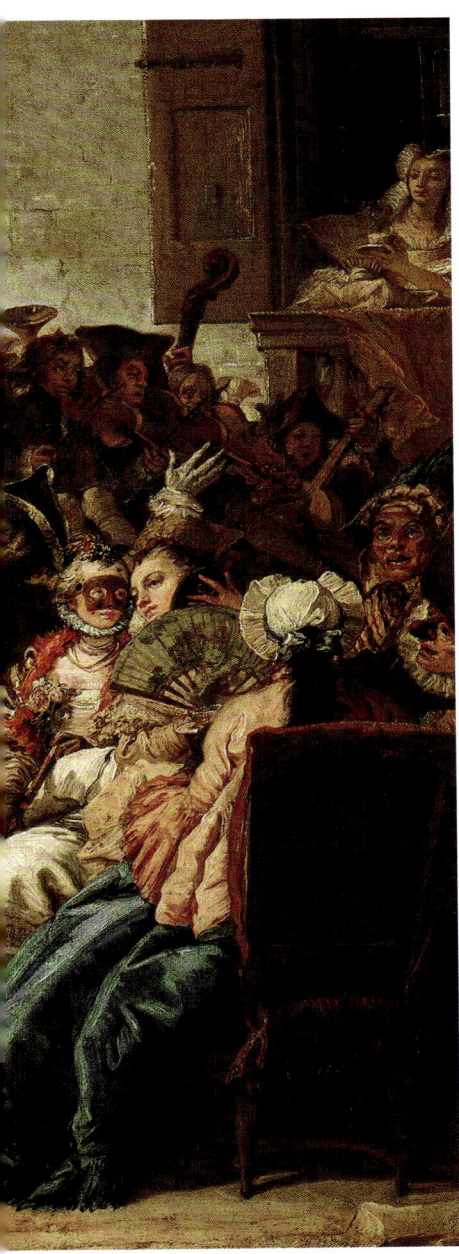

Carnival Scene

Scène de carnaval

Karnevalsszene

Escena de carnaval

Cena carnavalesca

Carnavalsscène

Giovanni Domenico Tiepolo (1727–1804)

1745-50, Oil on canvas/Huile sur toile, 80,5 × 110,5 cm, Musée du Louvre, Paris

Formerly attributed to his father, this work is now considered one of Giovanni Domenico Tiepolo's most important early works. In this scene, also known as The Minuet, we see the descendants of Veronese's Venetian aristocrats who populated Veronese's paintings 100 years earlier. One of the most beautiful representations of the carnival tradition in Venice.

Ce tableau, autrefois attribué à son père, est considéré aujourd'hui comme l'un des chefs-d'œuvre de jeunesse de Giovanni Domenico Tiepolo. Les descendants des nobles vénitiens peints par Véronèse cent ans plus tôt sont les protagonistes de cette scène, intitulée aussi Le Menuet. C'est l'une des plus belles évocations du carnaval de Venise.

Früher noch seinem Vater zugeordnet, gilt dieses Werk heute als eines der wichtigsten frühen Werke Giovanni Domenico Tiepolos. In dieser, auch als Das Menuett bekannten Szene sehen wir die Nachfahren von Veroneses venezianischen Aristokraten, welche 100 Jahre zuvor die Bilder Veroneses bevölkerten. Eine der schönsten Darstellungen der Karnevalstradition in Venedig.

Anteriormente atribuida a su padre, esta obra es considerada una de las primeras obras más importantes de Giovanni Domenico Tiepolo. En esta escena, también conocida como El Minueto, vemos a los descendientes de los aristócratas venecianos de Veronese, los cuales poblaron las pinturas de Veronese 100 años antes. Una de las más bellas representaciones de la tradición carnavalesca de Venecia.

Anteriormente atribuída ao seu pai, esta obra é hoje considerada uma das mais importantes primeiras obras de Giovanni Domenico Tiepolo. Nesta cena, também conhecida como A minueta, vemos os descendentes dos aristocratas venezianos de Verona que povoaram as pinturas de Verona 100 anos antes. Uma das mais belas representações da tradição carnavalesca de Veneza.

Dit werk, dat vroeger aan zijn vader werd toegeschreven, wordt nu beschouwd als een van Giovanni Domenico Tiepolo's belangrijkste vroege werken. In deze, ook als Het menuet bekende scène zien we de afstammelingen van de Venetiaanse aristocraten die honderd jaar eerder Veroneses schilderijen hadden bevolkt. Een van de mooiste voorstellingen van de carnavalstraditie in Venetië.

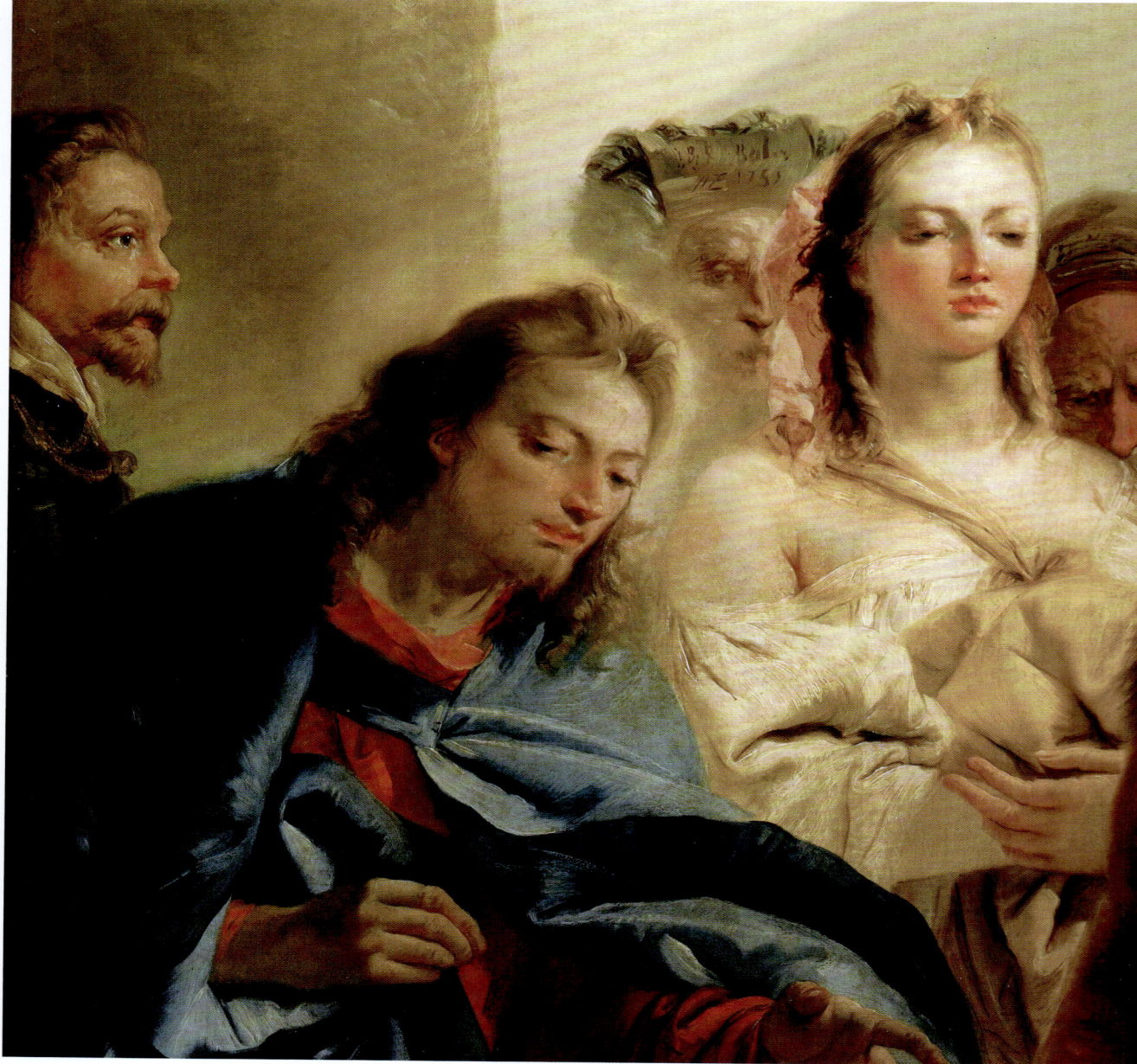

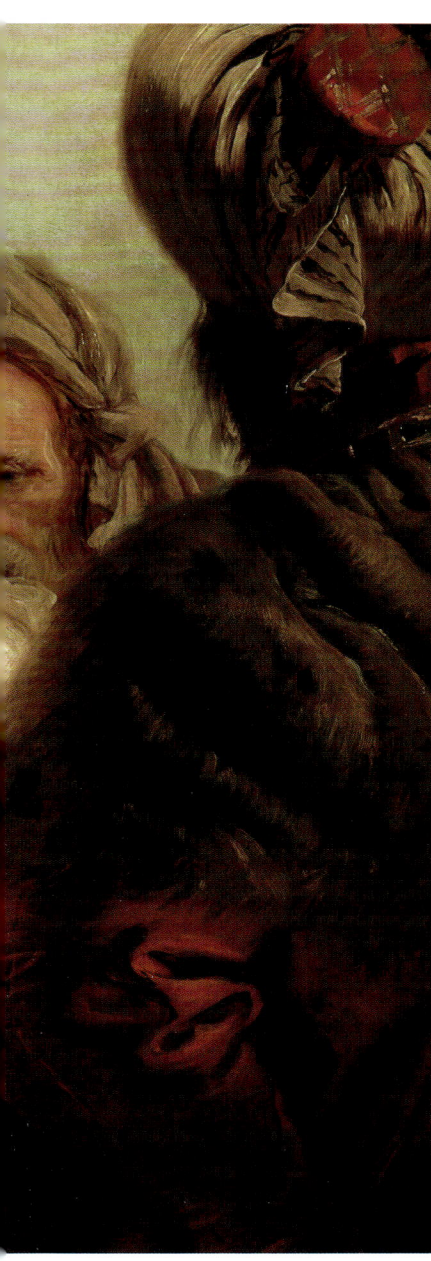

Christ and the Adulteress

Le Christ et la femme adultère

Christus und die Ehebrecherin

Cristo y la adúltera

Cristo e a Adultera

Christus en de overspelige vrouw

Giovanni Domenico Tiepolo (1727–1804)

1751, Oil on canvas/Huile sur toile, 84 × 105 cm, Musée du Louvre, Paris

Already at the age of 24, Giovanni Domenico Tiepolo painted this New Testament scene, which gained fame through the sentence, " He that is without sin among you, let him first cast a stone at her". At that time he and his brother Lorenzo were already valuable collaborators of their father. In the following years they helped especially with the decoration of the Würzburg Residenz.

Giovanni Domenico Tiepolo a peint à 24 ans seulement cette parabole du Nouveau Testament, célèbre pour la phrase : « Que celui qui n'a jamais péché lui jette la première pierre ! » À cette époque, lui et son frère Lorenzo sont déjà de précieux assistants pour leur père. Au cours des années suivantes, ils vont lui apporter une aide inestimable pour le décor de la Résidence de Würzburg.

Schon mit 24 Jahren malte Giovanni Domenico Tiepolo diese neutestamentarische Szene, die Bekanntheit durch den Satz erlangte, „Wer glaubt, ohne Schuld zu sein, werfe den ersten Stein!" Zu dieser Zeit waren er und sein Bruder Lorenzo bereits zu wertvollen Mitarbeitern des Vaters geworden. In den folgenden Jahren sollten sie ihm besonders bei der Ausschmückung der Würzburger Residenz zur Hand gehen.

Ya a la edad de 24 años, Giovanni Domenico Tiepolo pintó esta escena del Nuevo Testamento, que ganó fama con la frase: "¡Aquel que esté libre de pecado, que tire la primera piedra! En ese momento él y su hermano Lorenzo ya se habían convertido en valiosos colaboradores de su padre. En los años siguientes le ayudarían especialmente con la decoración de la Residencia de Wurzburgo.

Já aos 24 anos, Giovanni Domenico Tiepolo pintou esta cena do Novo Testamento, que ganhou fama com a frase: "Se você acha que não tem culpa, jogue a primeira pedra! Nessa altura, ele e o seu irmão Lorenzo já se tinham tornado colaboradores valiosos do seu pai. Nos anos seguintes foram para ajudá-lo especialmente com a decoração do Würzburg Residenz.

Al op 24-jarige leeftijd schilderde Giovanni Domenico Tiepolo deze nieuwtestamentische scène, die bekendheid verwierf door de zin: "Wie zonder zonde is, werpe de eerste steen!" Zijn broer Lorenzo en hij waren in die tijd al waardevolle medewerkers van hun vader. In de latere jaren moesten ze hem vooral helpen bij de decoratie van de residentie in Würzburg.

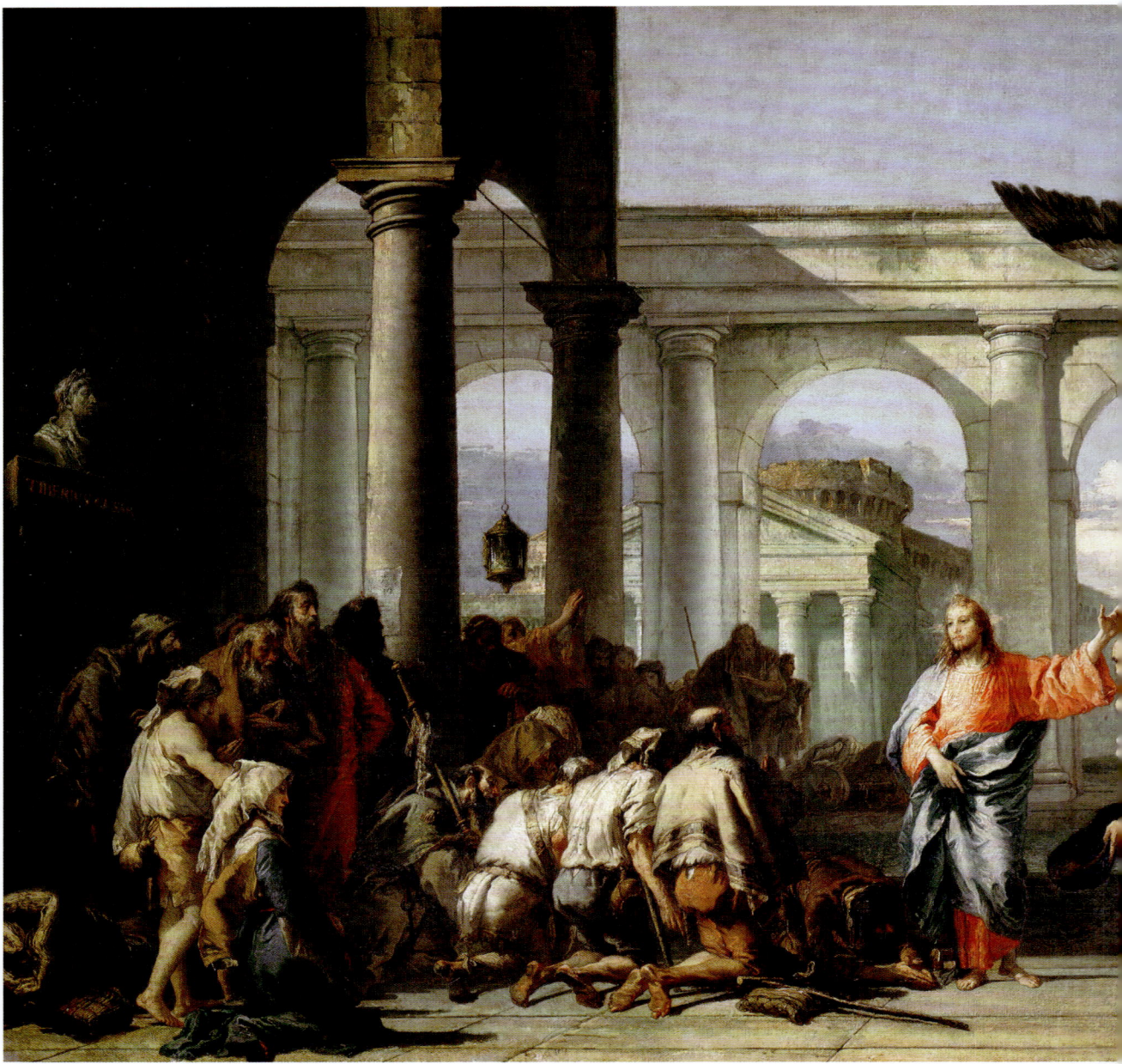

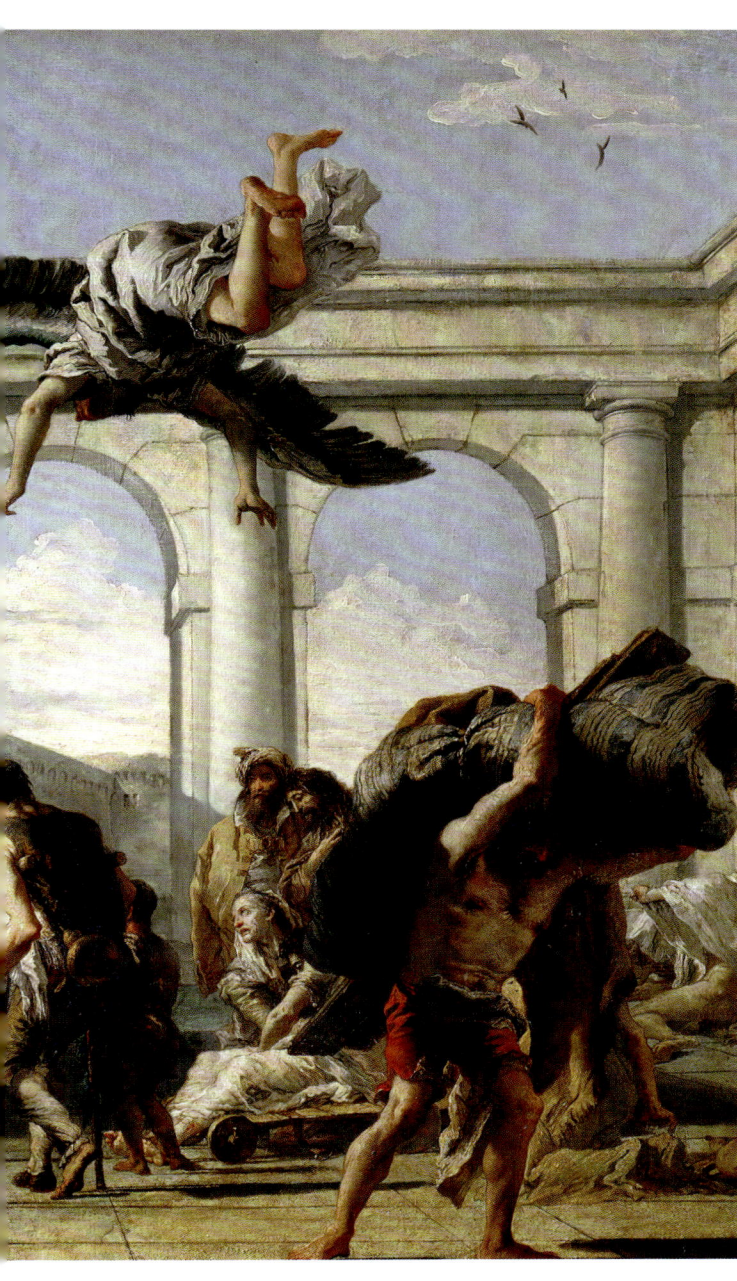

The Healing of the Lame at Bethesda
Jésus guérissant le paralytique de Bethesda
Die Heilung des Lahmen am Teich Bethesda
La curación del paralítico en el estanque de Bethesda
A cura do coxo no lago Bethesda
De genezing van de lamme te Bethesda
Giovanni Domenico Tiepolo (1727–1804)
n.d., Oil on canvas/Huile sur toile, 112 × 179 cm, Musée du Louvre, Paris

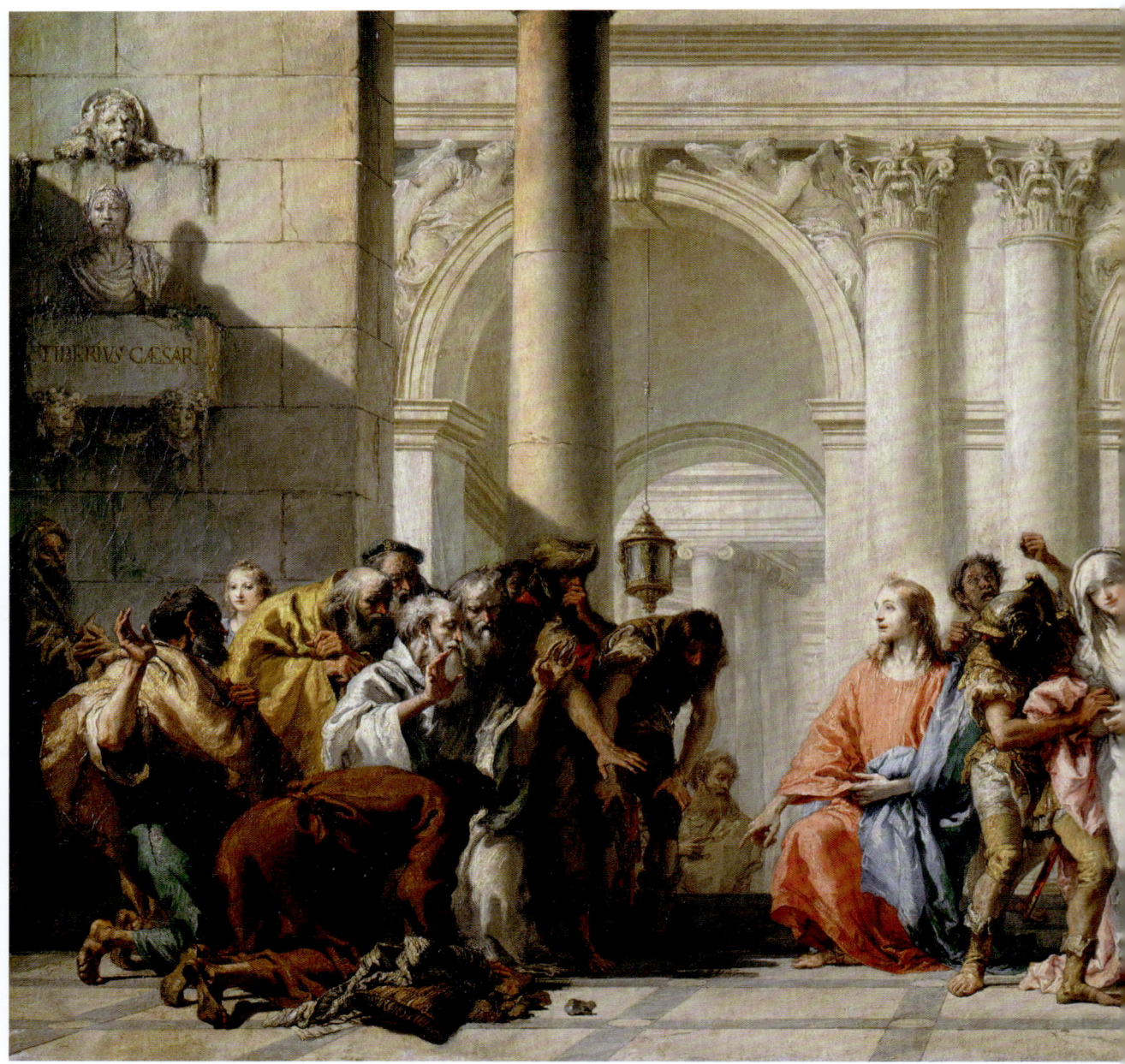

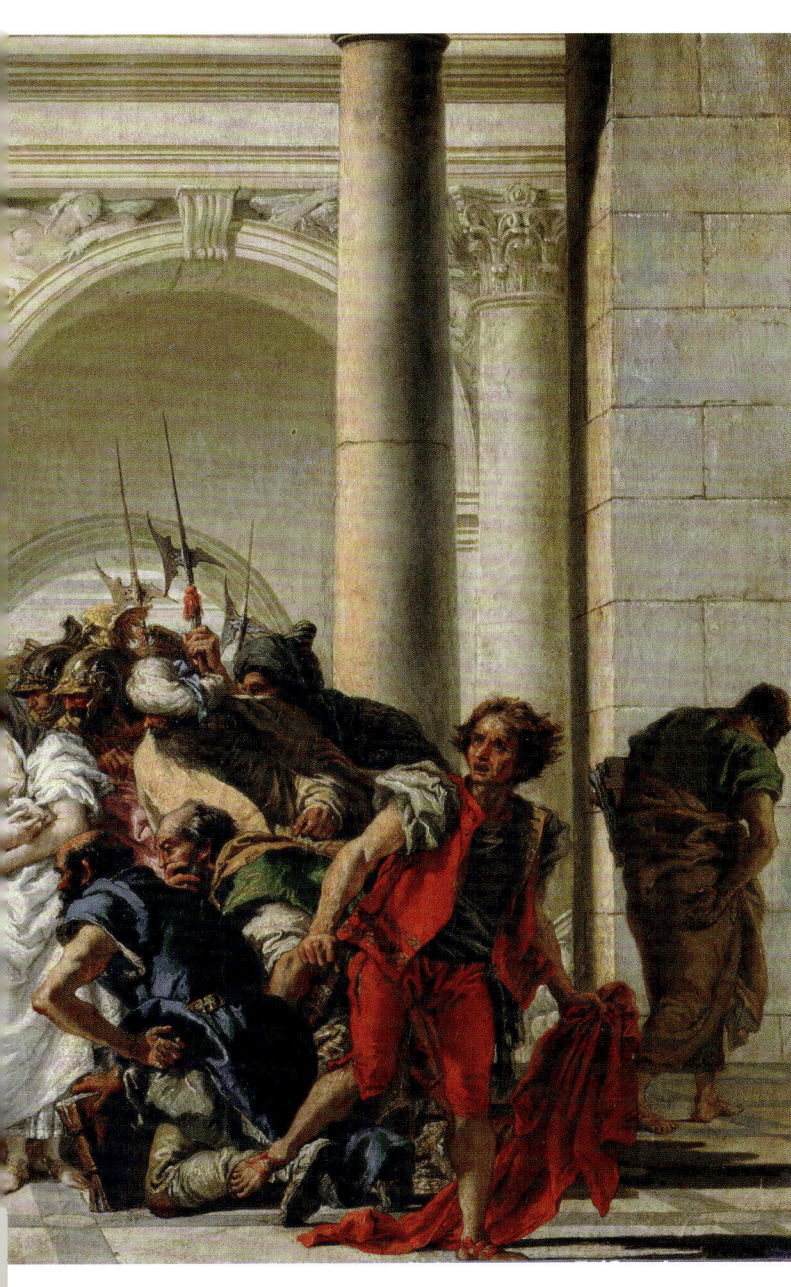

Christ and the Adulteress
Le Christ et la femme adultère
Christus und die Ehebrecherin
Cristo y la adúltera
Cristo e a Adultera
Christus en de overspelige vrouw

Giovanni Domenico Tiepolo (1727–1804)

n. d., Oil on canvas/Huile sur toile, 112 × 179 cm,
Musée du Louvre, Paris

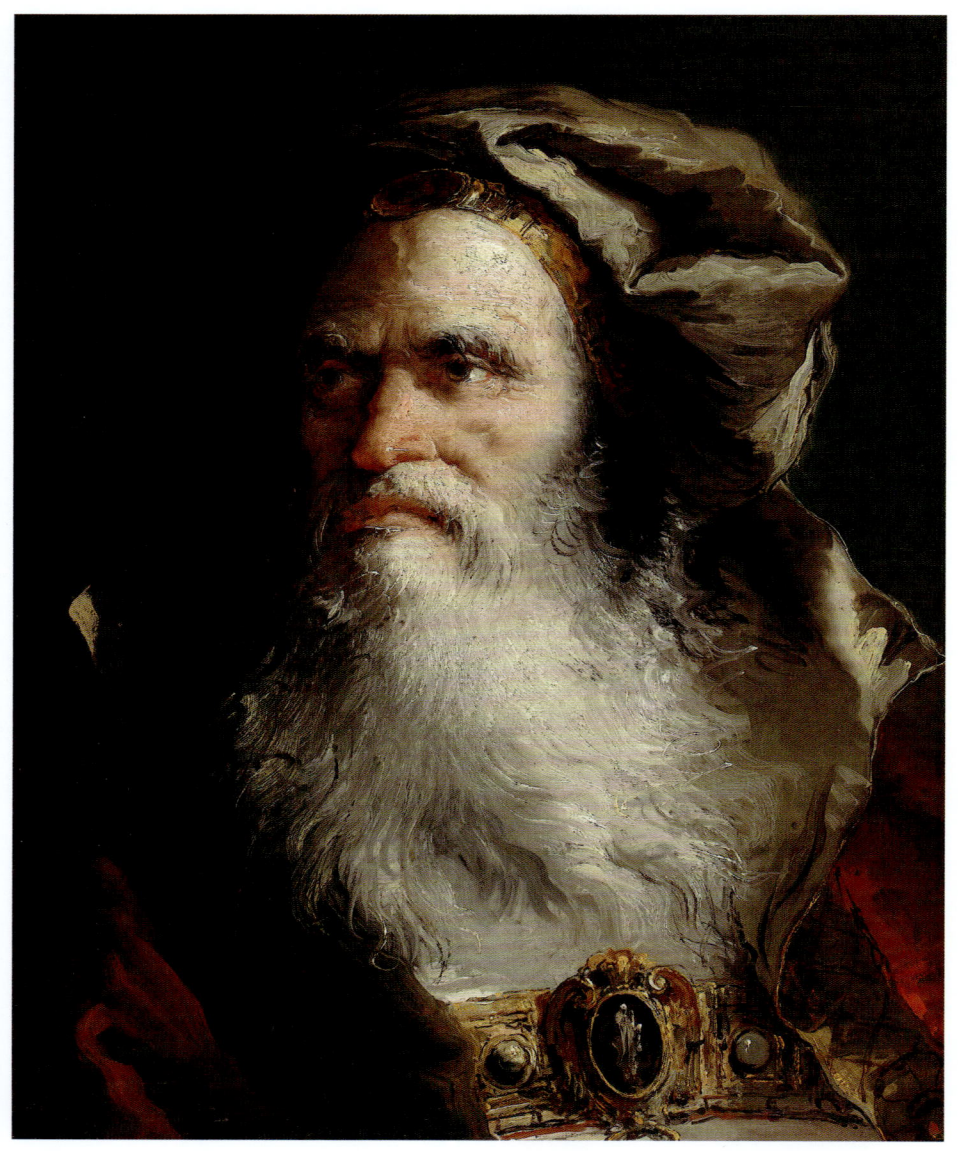

Head of a Philosopher
Tête d'un philosophe
Kopf eines Philosophen
Cabeza de filósofo
Cabeça de um filósofo
Hoofd van een filosoof

Giovanni Domenico
Tiepolo (1727–1804)

1758-64, Oil on canvas/
Huile sur toile,
60,5 × 45,8 cm, Art
Institute of Chicago

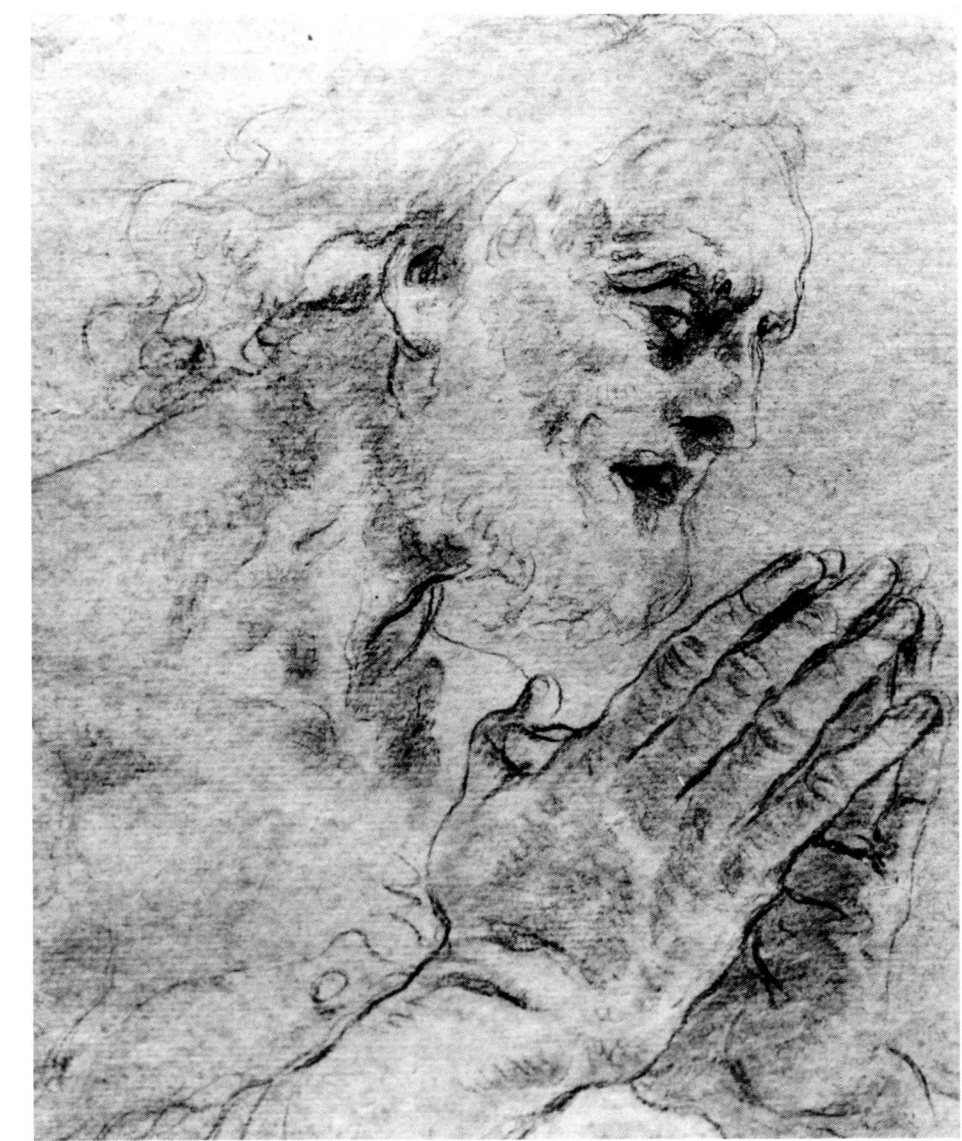

Bearded Man with Folded Hands

Homme barbu en prière

Bärtiger Mann mit gefalteten Händen

Hombre barbudo con las manos cruzadas

Homem barbudo com as mãos dobradas

Bebaarde man met gevouwen handen

Giovanni Domenico Tiepolo
(1727–1804)

1752, Red chalk on blue paper/Sanguine sur papier bleu, 23,5 × 10 cm, Fürstbischöfliche Residenz, Würzburg

Recommended Literature
Renzo Villa, Giovanni C.F. Villa,
    Tiepolo, Cinisello Balsamo 2015

Svetlana Alpers, Michael Baxandall,
    Tiepolo and the Pictorial Intelligence, New Haven 1994

Michael Levey,
    Giambattista Tiepolo: His Life and Art, New Haven 1994

Literaturempfehlungen
Adriano Mariuz,
    Tiepolo, Caselle di Sommacampagna 2012

Werner Helmberg, Matthias Staschul,
    Tiepolos Reich. Fresken und Raumschmuck in Kaisersaal der
    Residenz Würzburg, München 2009

Filippo Pedrocco,
    Tiepolo, Köln 2003

Peter O. Krückmann (Ed.),
    Tiepolo in Würzburg: Der Himmel auf Erden, München 1996

Massimo Gemin, Filippo Pedrocco,
    Giambattista Tiepolo: Leben und Werk, München 1995